UTB 2520

Eine Arbeitsgemeinschaft der Verlage

Beltz Verlag Weinheim · Basel
Böhlau Verlag Köln · Weimar · Wien
Wilhelm Fink Verlag München
A. Francke Verlag Tübingen und Basel
Haupt Verlag Bern · Stuttgart · Wien
Verlag Leske + Budrich Opladen
Lucius & Lucius Verlagsgesellschaft Stuttgart
Mohr Siebeck Tübingen
C. F. Müller Verlag Heidelberg
Ernst Reinhardt Verlag München und Basel
Ferdinand Schöningh Verlag Paderborn · München · Wien · Zürich
Eugen Ulmer Verlag Stuttgart
UVK Verlagsgesellschaft Konstanz
Vandenhoeck & Ruprecht Göttingen
Verlag Recht und Wirtschaft Heidelberg
WUV Facultas Wien

Zugänge zur Kirchengeschichte

Herausgegeben von Horst F. Rupp
Band 5

Hellmut Zschoch

Die Christenheit im Hoch- und Spätmittelalter

Von der Kirchenreform des 11. Jahrhunderts zu den Reformbestrebungen des 15. Jahrhunderts

Vandenhoeck & Ruprecht

Hellmut Zschoch, geb. 16. April 1957 in Idar-Oberstein, aufgewachsen in Mainz. 1975–1980 Studium der Evangelischen Theologie in Mainz und München. 1981/82 Vikariat in Lich/Oberhessen und am Theologischen Seminar in Friedberg. 1982–1986 Assistent von Prof. Dr. Reinhard Schwarz am Institut für Kirchengeschichte der Evang.-Theol. Fakultät der Universität München. 1986/87 Promotion »Klosterreform und monastische Spiritualität im 15. Jahrhundert« zur spätmittelalterlichen Observanzbewegung im Augustiner-Eremitenorden (Tübingen 1988). 1986–1990 Pfarrer in Wald-Michelbach/Odenwald. 1990–1995 erneut Assistent bzw. Oberassistent in München. 1993 Habilitation »Reformatorische Existenz und konfessionelle Identität« über den reformatorischen Theologen Urbanus Rhegius (Tübingen 1995). 1994 Lehrstuhlvertretung an der Evang.-Theol. Fakultät der Universität Tübingen. Seit 1995 Professor für Kirchengeschichte an der Kirchlichen Hochschule Wuppertal.

Verfasser von Aufsätzen und Artikeln zur Christentumsgeschichte des Mittelalters, der Reformation und der Neuzeit. Herausgeber der Bände »Liebe – Leben – Kirchenlehre« und »Protestantismus und Kultur« (Neukirchen-Vluyn / Wuppertal 1998 und 2002).

Bibliografische Information Der Deutschen Bibliografie

Die Deutsche Bibliografie verzeichnet diese Publikation in der Deutschen Nationalbibliografie; detaillierte bibliografische Daten sind im Internet über <http://dnb.ddb.de> abrufbar.

ISBN 3-8252-2520-8
ISBN 3-525-03700-7

Printed in Germany.

Einbandgestaltung: Atelier Reichert, Stuttgart
Satz: Text & Form, Garbsen
Druck und Bindung: Hubert & Co., Göttingen

ISBN 3-8252-2520-8 **(UTB Bestellnummer)**

»… der lieben frouwen min,
die ich in minem herzen dicke grüeze:
si mac vil wol min himelriche sin.«

Otto von Botenlauben († 1244),
Kreuzfahrer und Minnesänger

Vorwort

Das Hoch- und Spätmittelalter ist die große Zeit des »christlichen Abendlandes«. Dennoch – oder gerade deshalb – ist es dem Christentum der Gegenwart, zumal dem protestantischen, fern und fremd. Die Bemühung um das Verstehen des Vergangenen kann diese – ja auch faszinierende – Fremdheit nicht aufheben. Aber immerhin soll sie, wie es die Reihe, in der dieses Buch erscheint, verheißt, »Zugänge« eröffnen und damit auch das Fremde als Teil der eigenen Geschichte wahrnehmen helfen. Mit dem Stichwort »Reform«, das im Untertitel dieses Buches zweimal erscheint, markiere ich einen Zugang über ein Grundproblem der Epoche: Wie kann das Christentum als kulturprägende Kraft der mittelalterlichen Welt seine Gestalt zeitgemäß erneuern und zugleich seinen normativen Ursprüngen treu bleiben? Das christliche Hoch- und Spätmittelalter läßt sich – im Großartigen wie im Abgründigen – erschließen als eine von religiösen Kräften angetriebene »Reformzeit«. Davon ausgehend dienen auch die entsprechend der Konzeption der Reihe in den Text integrierten Quellenstücke dazu, das mittelalterliche Ringen um die Gestalt des Christlichen in seinem Erfahrungsgehalt und in seiner Differenziertheit wahrzunehmen; überdies regen sie hoffentlich zu eigenständigem Weiterdenken an.

Wenn es um Zugänge geht, ist die Darstellung vom Zwang zur Vollständigkeit entlastet: Die im folgenden behandelte »Christenheit des Hoch- und Spätmittelalters« ist die abendländische; für die Geschichte des östlichen Christentums verweise ich auf die von Wolfgang Hage in Band 4 der »Zugänge zur Kirchengeschichte« (s.u. Anm. 1) angedeuteten Linien. Sozialgeschichtliche Zusammenhänge berühre ich nur gelegentlich, und auch im Blick auf die hoch- und spätmittelalterliche Theologie beschränkt sich die Darstellung auf historische Zugänge und bietet keine materiale Entfaltung. Nur – nachdrücklich! – hinweisen kann ich auf die Wege, die von Kunst und Literatur zur Erschließung des mittelalterlichen Christentums führen.

Ich schließe das Buch ab mit dem lebhaften Gefühl des Dankes für die mir an der Kirchlichen Hochschule Wuppertal im Zusammenwirken mit allen ihren Mitgliedern gegebenen Möglichkeiten des Lebens und Arbeitens. Mein Dank gilt insbesondere dem Team der Bibliothek der KiHo unter der Leitung von Frau Diplom-Bibliothekarin Ingrid Leifert für die vielen Hilfen bei der Benutzung der eigenen Bestände und für die umstandslose Erledigung zahlreicher Fernleihwünsche. Ich danke meiner ehemaligen Assistentin, Frau Pfarrerin z.A. Anne-Kathrin Quaas, und ihrem künftigen Nachfolger, Herrn Vikar Arne Dembek, sowie den studentischen Hilfskräften David Bongartz, Mirjam Ochel, Sven Seuthe und Frauke Wienecke, die das entstehende Manuskript sorgfältig und kritisch gelesen und für Klärungen und Korrekturen gesorgt haben. Großer Dank gebührt Herrn Professor Dr. Horst F. Rupp, dem Herausgeber der Reihe »Zugänge zur Kirchengeschichte«, für seine Ermutigung auf dem Weg und seine hilfreichen Bemerkungen zum fertigen Text. Von Herzen danke ich sodann den Verantwortlichen im Verlag Vandenhoeck & Ruprecht, namentlich Frau Dr. Reinhilde Ruprecht, Herrn Martin Rethmeier und Frau Eva Jain, für die überaus freundliche und kompetente Betreuung des Bandes. Die Widmung des Buches schließlich deutet einen Dank an, der über das, was sich an dieser Stelle in Worte fassen läßt, weit hinausgeht.

Wuppertal, im Oktober 2003 Hellmut Zschoch

Inhalt

Zu Quellennachweisen, Literaturangaben und Abkürzungen

1. Sofern ich die in diesem Band wiedergegebenen ***Quellen*** neu übersetzt habe, ist in der Anmerkung jeweils diejenige Ausgabe des Originaltextes angegeben, die mir als Vorlage gedient hat. Wo ich eine vorliegende Übersetzung übernommen habe oder mich an sie anlehne, ist diese angegeben und durch »Ü« gekennzeichnet. Dabei sind Veränderungen aufgrund des Vergleichs mit dem Originaltext oder zur sprachlichen Glättung nicht vermerkt. Auf folgende *Quellenreihen* und allgemeine *Quellensammlungen* wird in den Anmerkungen ohne weitere bibliographische Angaben verwiesen:

AQDGMA	Ausgewählte Quellen zur deutschen Geschichte des Mittelalters.
CChr.CM	Corpus Christianorum, Continuatio mediaevalis.
DH	*Denzinger, Heinrich*: Kompendium der Glaubensbekenntnisse und kirchlichen Lehrentscheidungen, lat.-dt. hg. von *Peter Hünermann,* Freiburg u.a. ^{37}1991.
FC	Fontes christiani.
KlProt 1	*Benrath, Gustav Adolf* (Hg.): Wegbereiter der Reformation, KlProt 1, Bremen 1967, Nachdr. Wuppertal 1988.
KTGQ 2^5	Kirchen- und Theologiegeschichte in Quellen, Bd. 2: Mittelalter, neu bearb. und hg. von *Adolf Martin Ritter, Bernhard Lohse* und *Volker Leppin*, Neukirchen-Vluyn ^{5}2001.
MGH	Monumenta Germaniae historica (mit Angabe der Unterreihe).
PL	Patrologiae cursus completus (Migne), Series Latina.
SC	Sources chrétiennes.
TKTG	Texte zur Kirchen- und Theologiegeschichte.

2. Die Anmerkungen enthalten abgesehen von Verweisen auf andere Bände der Reihe »Zugänge zur Kirchengeschichte« keine ***Literaturangaben***. Hinweise auf grundlegende und weiterführende Literatur enthält das an den Kapiteln der Darstellung orientierte Literaturverzeichnis.

3. ***Abkürzungen*** erfolgen nach dem Abkürzungsverzeichnis der Theologischen Realenzyklopädie (TRE), hg. von *Siegfried M. Schwertner*, Berlin/New York ^{2}1994. Biblische Bücher sind nach dem Abkürzungsverzeichnis von Religion in Geschichte und Gegenwart (RGG^4), Bd. 1, Tübingen 1998, abgekürzt.

I. Die große Kirchenreform seit der Mitte des 11. Jahrhunderts

1. »Freiheit der Kirche« unter päpstlicher Leitung

König Heinrich III. hatte 1046 für ein Ende der römischen Papstwirren gesorgt, um die geistliche Leitungsgewalt in der Christenheit, das sacerdotium, zu stabilisieren. Sie sollte sich wieder in geordneter Harmonie mit der gleichfalls religiös autorisierten weltlichen Leitungsgewalt, dem regnum, befinden.[1] Die königliche Kirchenreform verschaffte dem Papsttum eine bis dahin ungekannte Handlungsfähigkeit, die es den Päpsten erlaubte, ihrem Anspruch auf die geistliche Leitung der gesamten Christenheit Gestalt zu geben und ihn mit dem entschiedenen Willen zur Erneuerung der Kirche am Maßstab der frühen Christenheit und der Alten Kirche zu verbinden.

Daß es sich dabei nur um eine auf Rom zentrierte und zentral vom römischen Bischof geleitete Kirche handeln konnte, stand für die Reformpäpste und ihre Berater außer Frage. Gegenüber einer konkurrierenden Deutung der frühchristlichen und altkirchlichen Normen erfolgte deshalb schon 1054 der Bruch mit der Ostkirche,[2] die fortan nur noch gelegentlich ins Blickfeld der abendländischen Christenheit und der römischen Kirchenpolitik geriet. Humbert von Silva Candida († 1061), der Verfasser der gegen den Patriarchen von Konstantinopel gerichteten Bannbulle, unterstrich in seiner – nur fragmentarisch erhaltenen – Schrift »Von der heiligen Römischen Kirche« (De sancta Romana ecclesia, 1053/54), daß nur die Römische Kirche von Christus eingesetzt worden sei und daß ihr deshalb als »Mutter aller Kirchen« die gesamtkirchliche Leitung zustehe. Dieser Linie folgend erhob Petrus Damiani († 1072) die Übereinstimmung mit Rom zum obersten Kriterium der Rechtgläubigkeit:

---

1 S. *Wolfgang Hage*, Das Christentum im frühen Mittelalter (476–1054). Vom Ende des weströmischen Reiches bis zum west-östlichen Schisma, Zugänge zur Kirchengeschichte 4, Göttingen 1993 [= Zugänge 4], 140–143.

2 S. a.a.O., 161–163.

»Die Römische Kirche hat allein der gegründet und auf den Felsen des alsbald wachsenden Glaubens errichtet, der ihr mit dem seligen Schlüssel zum ewigen Leben sowohl die Verfügungsgewalt über das irdische wie über das himmlische Reich übertragen hat [vgl. Mt 16,19]. Nicht irgendeine irdische Setzung, sondern jenes Wort, durch das Himmel und Erde gemacht und alle Elemente geschaffen worden sind, hat die Römische Kirche gegründet, aufgrund seiner Anordnung wirkt sie, durch seinen Willen wird sie erhalten. Daher besteht kein Zweifel, daß jeder, der irgendeiner Kirche ihr Recht entzieht, ein Unrecht begeht, daß aber derjenige, der versucht, der Römischen Kirche ein Recht zu rauben, das ihr von jenem höchsten Haupt aller Kirchen übergeben worden ist, zum Häretiker wird. ... Denn der verletzt den Glauben, der gegen die handelt, welche die Mutter des Glaubens ist«.[3]

Der Leitungsanspruch eines handlungsfähig gewordenen Papsttums und die kirchliche Reformgesinnung verbanden sich in dem programmatischen Gedanken der »Libertas ecclesiae«, der Freiheit der Kirche. Dieser Leitbegriff zielte auf die Kirche als eigenständiges Rechtssubjekt, das keiner anderen Rechtsgewalt unterworfen sein sollte. Die rechtliche Souveränität der vom Papst geleiteten Kirche entsprach in der Sicht der Reformer der Stiftung Christi, die sie vor allem in den an Petrus gerichteten Worten Mt 16,18f. und Joh 21,15–17 fanden. Die Freiheit der Kirche war als Freiheit des Heiligen Geistes eins mit der Freiheit Gottes selbst, wie Humbert von Silva Candida gegen die Praxis des kirchlichen Ämterkaufs (s.u. I.3.a) formulierte:

»Aber nun komme gleich, segenspendender Geist, und verbinde dich mit unserem Rufen! ... O du im höchsten Maße freier Gott und Herr aller, du Gott, dem Vater und dem Sohn in allen Dingen Gleichartiger und Gleichewiger, schütze deine einzigartige Freiheit vor frevlerischen Händlern, vor den geldgierigen Erben des Simon aus Samarien. ... Daraus geht unsere Freiheit hervor, die auch wir schon jetzt durch dich in Hoffnung vorwegnehmen und deren wir uns rühmen in der Freiheit der Kinder Gottes, wie der Apostel frohlockt: ›Wo der Geist des Herrn ist, da ist Freiheit‹ [2Kor 3,17].«[4]

Was die Rechtspraxis anging, konnte der Gedanke der Freiheit der Kirche sich auf Cluny und seine Befreiung aus eigenkirchenrechtlicher Bevormundung bei gleichzeitiger unmittelbarer Unterordnung

3 Petrus Damiani an Hildebrand, Dezember 1059: MGH.B 4/2, 233f.
4 Humbert von Silva Candida, Adversus Simoniacos I: MGH.LL 1, 102.

unter den Heiligen Stuhl beziehen.[5] So hob Papst Gregor VII. (1073–1085, vormals Hildebrand) auf der römischen Fastensynode des Jahres 1080 den Vorbildcharakter der cluniazensischen Reform für die Gesamtkirche hervor:

»Ihr wißt, ... daß in jener Region unter allen [Klöstern] nur eines existiert, das gewissermaßen als erbliches Eigen dem seligen Petrus und dieser Kirche [von Rom] durch besonderes Recht gehört, nämlich das von Cluny, welches dem Recht und dem Schutz dieses heiligen Apostolischen Stuhls von seinen ersten Anfängen an hauptsächlich unterstellt wurde ...... Weil die Äbte und Mönche niemals in irgendeiner Weise als abtrünnige Söhne dieser Kirche hervortraten, ... ahmten [sie] stets die Freiheit und Würde dieses heiligen römischen Sitzes nach, die sie sich von vornherein aneigneten, und bewahrten sich dessen Autorität von Generation zu Generation in vortrefflicher Weise. Denn sie beugten ihre Nacken niemals irgendeiner fremden oder weltlichen Gewalt, weil sie stets allein unter der Oberhoheit und dem Schutz des seligen Petrus und seiner Kirche verblieben.«[6]

Zur Freiheit der Kirche gehörte für die Reformer des 11. Jahrhunderts konstitutiv die päpstliche Leitung, diejenige freie Rechtsgewalt, die vom Bischof von Rom und – von seiner Vollmacht abgeleitet – vom übrigen Klerus ausgeübt wird. Bezeichnend für die Konzentration der Reformspiritualität auf den päpstlichen Primat ist, daß die traditionelle Bezeichnung des Papstes als »Nachfolger« bzw. »Stellvertreter des Petrus« durch die Rede vom »Stellvertreter Christi« ersetzt bzw. ergänzt wurde. Über ein Jahrhundert später bringt Papst Innozenz III. (1198–1216) den Gehalt dieses Wandels in der Titulatur prägnant zum Ausdruck:

»Wir sind zwar Nachfolger des Apostelfürsten [Petrus], aber wir sind nicht seine Stellvertreter, nicht Stellvertreter irgendeines Apostels oder Menschen, sondern wir sind Stellvertreter von Jesus Christus selbst.«[7]

In dem Willen, einer freien Kirche Gestalt zu geben, waren Spiritualität und Institutionalität nicht voneinander zu trennen. Die Betonung der kirchlichen Eigenständigkeit und der geistlichen Dimension der

---

5 S. Zugänge 4 (s. Anm. 1), 121.

6 Gregor VII., Fastensynode 1080: *Ü Johannes Laudage* (Hg.), Der Investiturstreit, Köln/ Wien 1990, 65/67.

7 Innozenz III. an den Bischof von Faenza, 8. August 1198: PL 214, 292.

Kirche verband sich unlöslich mit der Ausarbeitung und Durchsetzung ihres papst- und kleruszentrierten Rechtssystems, das die Kirche dem Einfluß der »Welt«, d.h. der Laien, entziehen sollte. Indem die Reform mit innerer Folgerichtigkeit fortschritt von der Freiheit der Kirche zur Bindung der gesamten Christenheit an die Kirche, entstand aus der vom König angestoßenen Reform schließlich der im Investiturstreit aufflammende und das hohe Mittelalter bleibend prägende Konflikt zwischen sacerdotium und regnum um die Oberhoheit in der christlichen Welt (s.u. II.1 und 3).

Die Ausweitung des die »Freiheit der Kirche« realisierenden päpstlichen Leitungsanspruchs ist am deutlichsten erkennbar in einer als »Dictatus Papae« bekannten Aufzeichnung Papst Gregors VII., der seit den Tagen Leos IX. zum innersten Kreis der römischen Kirchenreformer gehört hatte. In der Sammlung seiner Briefe hat sich diese wohl Anfang 1075 entstandene Zusammenstellung von 27 Sätzen erhalten:

»I. Die Römische Kirche ist allein vom Herrn gegründet. II. Nur der Römische Papst wird zu Recht der allgemeine genannt. III. Nur er kann Bischöfe absetzen oder begnadigen. ...VIII. Nur er kann die kaiserlichen Insignien führen. IX. Nur des Papstes Füße werden von allen Fürsten geküßt. X. Nur sein Name wird in den Kirchen feierlich genannt. XI. Dieser Name ist einzig in der Welt. XII. Ihm steht es zu, Kaiser abzusetzen. ... XVI. Keine Synode darf ohne seinen Befehl eine allgemeine genannt werden. XVII. Kein Rechtssatz und keine Rechtssammlung sind ohne seine Billigung verbindlich. XVIII. Sein Urteil darf von keinem widerrufen werden, und nur er selbst kann es widerrufen. XIX. Er darf von niemandem gerichtet werden. ... XXI. Die größeren Rechtsfälle jeder Kirche müssen vor ihn gebracht werden. XXII. Die Römische Kirche hat niemals geirrt und wird nach dem Zeugnis der Schrift in Ewigkeit nicht irren. XXIII. Der Römische Papst wird, wenn er rechtmäßig geweiht ist, durch die Verdienste des heiligen Petrus unbezweifelbar heilig ...... XXVI. Nicht für katholisch wird gehalten, wer nicht mit der Römischen Kirche übereinstimmt. XXVII. Er kann die Untertanen aus der Treuebindung an ungerechte Herrscher lösen.«[8]

Es ist viel gerätselt worden, welchen Zweck dieser Text ursprünglich verfolgt hat, ob es sich z. B. um Überschriften für eine geplante Zu-

---

8 Gregor VII., Dictatus papae: *Ü Jürgen Miethke/Arnold Bühler* (Hg.), Kaiser und Papst im Konflikt, Düsseldorf 1988, 62.

sammenstellung kirchenrechtlicher Normen oder um Leitsätze für die päpstliche Kirchenpolitik handelte. In jedem Fall ist unverkennbar, wie massiv Gregor VII. aus der Christusunmittelbarkeit seines Amtes eine unvergleichliche Spitzenstellung des Papstes ableitete. Sie gebührt ihm sowohl als Universalbischof mit voller Rechtsgewalt über die kirchliche Hierarchie wie als Quelle der weltlichen Herrschaft in der Christenheit, namentlich des Kaisertums. Gregor akzentuierte die Identifizierung der Römischen Kirche mit der »katholischen« (= allgemeinen) Kirche der altkirchlichen Glaubensbekenntnisse juristisch, theologisch und spirituell, indem er die Nichtjudizierbarkeit, die Irrtumslosigkeit und die persönliche Amtsheiligkeit des Papstes einschärfte. Nicht umsonst wird aufgrund der Zuspitzung des papstzentrierten Reformprogramms durch Gregor VII. die gesamte Kirchenreformbewegung seit der Mitte des 11. Jahrhunderts gewöhnlich als »gregorianische Reform« bezeichnet.

Die Durchsetzung des Reformprogramms der »Freiheit« der vom Papst geleiteten Kirche war getragen vom religiösen Pathos der Rückkehr zur alten und damit wahren, ursprünglichen Gestalt des Christentums. Diese Religiosität der Reform spricht aus einer Gregor VII. zugeschriebenen Äußerung, die in der ersten Hälfte des 12. Jahrhunderts in das »Decretum Gratiani«, die maßgebliche Sammlung des Kirchenrechts, aufgenommen wurde:

»Wenn jemand sich etwa auf die gewohnte Ordnung berufen will, muß man beachten, daß der Herr sagt: ›Ich bin die Wahrheit und das Leben‹ [Joh 14,6]. Er sagt nicht: ›Ich bin die Gewohnheit‹, sondern ›die Wahrheit‹. Und gewiß … muß man jegliche gewohnte Ordnung, so eingebürgert sie auch sein mag, der Wahrheit gegenüber hintansetzen, und eine Praxis, die der Wahrheit widerstreitet, muß abgestellt werden.«[9]

---

9 Gregor VII., Epistolae Vagantes, Nr. 67: hg. von *Herbert E.J. Cowdrey*, Oxford 1972, 151.

2. Die Reform der päpstlichen Kirchenleitung

Die Kirchenreform hatte mit der Erneuerung des Papsttums durch den deutschen König begonnen. Für die römischen Reformer kam es darauf an, diese Erneuerung an der Spitze der Kirche dauerhaft zu stabilisieren, damit der Reformimpuls sich auf die Gesamtkirche, ja auf die gesamte Christenheit übertrug. Petrus Damiani hatte schon 1045 diesem Konzept einer Reform »von oben« Ausdruck verliehen:

»Wenn nämlich der Römische Stuhl nicht zu seiner ordnungsgemäßen Verfassung zurückkehrt, wird gewiß die ganze Welt in ihrem schweren Irrtum verharren. Und es ist höchst notwendig, daß die Erneuerung bei dem beginnt, der auch im Ursprung des menschlichen Heils das Fundament gebildet hat.«[10]

Der frühe Tod Heinrichs III. im Jahre 1056 und das Machtvakuum, das auf Jahre hinaus durch die Nachfolge seines erst fünfjährigen Sohnes Heinrich IV. entstand, stellten die neugewonnene Handlungsfähigkeit des Papsttums auf die Probe. Es mußte sich nun herausstellen, ob sich die Verbindung des päpstlichen Leitungsanspruchs mit dem gesamtkirchlichen Reformwillen auch ohne den Schutz und ohne die Personalentscheidungen des Königs bzw. Kaisers aufrechterhalten ließ; das Programm der »Freiheit der Kirche« mußte sich gerade an der Spitze der Kirche bewähren. Dabei stellten die nicht lange nach dem Tod Heinrichs III. erforderlich werdenden Neubesetzungen des päpstlichen Stuhles die eigentliche Bewährungsprobe dar. Viktor II., der letzte von Heinrich eingesetzte Papst, starb im Juli 1057. Die reformgesinnten Kardinäle dokumentierten ihre Freiheit, indem sie einen der Ihren, Friedrich von Lothringen, den Bruder eines politischen Gegners Heinrichs III., als Stephan IX. zum Papst erhoben. Dem deutschen Königshof wurde die Wahl erst nach vollzogener Weihe mit der Bitte um Zustimmung angezeigt. Stephan IX. betrachtete sich aber auch ohne solche Zustimmung als legitimen Papst, so daß seine Erhebung dann als erstes Beispiel einer »kanonischen«, d.h. allein als kirchlicher Rechtsakt vollzogenen Wahl (canonica electio) verstanden werden konnte. Als Stephan IX. schon im März 1058 verstarb, gestaltete sich die Nachfolge schwierig. Der römische Stadtadel versuchte durch die sofortige Erhebung eines Pap-

10 Petrus Damiani an den päpstlichen Kanzler Petrus, 1045: MGH.B 4/1, 138f.

stes (Benedikt X.) alte Rechte wiederzubeleben und an die Jahre vor 1046 anzuknüpfen. Die Reformkardinäle brachen mit der Tradition, indem sie nicht in Rom, sondern in Florenz zusammentraten, wo sie den dortigen Bischof zum Papst wählten. Er nannte sich Nikolaus II. und erinnerte damit an einen strengen Vertreter des päpstlichen Primats im 9. Jahrhundert.[11] Angesichts der unklaren Situation wurde seine Wahl nach der erfolgten Zustimmung des Königshofes wiederholt, doch machte auch Nikolaus II. die Amtsausübung nicht von der königlichen Bestätigung abhängig. Nach seinem Einzug in Rom im Januar 1059 hielt er in der Osterzeit eine Synode ab, die den bei seiner Wahl praktizierten Grundsätzen rechtliche Form gab und damit sowohl diese Wahl legitimierte als auch künftige Wahlen normierte. In dem von der Synode beschlossenen Papstwahldekret heißt es:

»Deswegen haben wir uns durch das Vorbild unserer Vorgänger und anderer heiliger Väter belehren lassen und entscheiden durch unsere Anordnung, daß beim Tod des Bischofs dieser universalen Römischen Kirche zunächst die Kardinalbischöfe mit höchst sorgfältiger Überlegung beraten sollen, daß sie dann möglichst bald die Kardinalkleriker zu sich heranziehen sollen und daß der übrige Klerus und das Volk erst anschließend zum Konsens der neuen Wahl herbeikommen sollen. … Sie sollen aber jemanden aus dem Schoß derselben Kirche wählen, wenn eine geeignete Person ausfindig zu machen ist, oder man soll jemanden aus einer anderen Kirche annehmen, wenn aus der [römischen] selbst keine geeignete Person gefunden wird, und hierbei bleibe unbeschadet die schuldige Ehre und Ehrerbietung gegenüber unserem geliebten Sohn Heinrich, der vorderhand als König bezeichnet wird und von dem man hofft, daß er einst mit Gottes Erlaubnis Kaiser sein wird, so wie wir es ihm schon zugestanden haben, und die gegenüber seinen Nachfolgern, die von diesem Apostolischen Stuhl dieses Recht persönlich erlangt haben werden. Wenn aber die Verworfenheit der schändlichen und ungerechten Menschen so stark geworden sein sollte, daß eine reine, echte und unentgeltliche Wahl nicht in Rom stattfinden kann, dann sollen die Kardinalbischöfe zusammen mit den gottesfürchtigen Klerikern und katholischen Laien – auch wenn es nur wenige sein sollten – die rechtliche Vollmacht besitzen, den Bischof des Apostolischen Sitzes dort zu wählen, wo es ihnen nach ihrer Meinung angemessener erscheint.«[12]

---

11 S. Zugänge 4 (s. Anm. 1), 117f. und 157f.

12 Papstwahldekret, 1059: *Ü Johannes Laudage* (Hg.), Der Investiturstreit, Köln/ Wien 1990, 43/45.

Die Papstwahlordnung von 1059 stellte eine beträchtliche Neuerung dar, indem sie beim Wahlvorgang die Zustimmung durch Klerus und Volk von Rom zugunsten des exklusiven Wahlrechts der Kardinäle zurückdrängte. Die Regelungen über eine im Notfall mögliche Wahl und Amtsausübung des Papstes außerhalb von Rom verdeutlichten, daß die Funktion des stadtrömischen Bischofs gegenüber dem Gedanken des päpstlichen Universalepiskopats massiv an Bedeutung verloren hatte. Die Erwähnung des Königs war von Respekt getragen, vermied aber substantielle Aussagen über die königlichen Rechte; eine wohl um 1076 im Umfeld des Königshofes entstandene Fälschung versuchte darum, die Rechte des deutschen Herrschers deutlicher zu wahren. Das echte Dekret von 1059 war demgegenüber beherrscht vom Gedanken der kirchlichen Eigenständigkeit und Unabhängigkeit, den es durch größtmögliche Ausschaltung des Laienelements aus einem zentralen kirchlichen Entscheidungsvorgang in die Praxis umzusetzen versuchte. Seine Regelungen wurden zwar auch bei den folgenden Papstwahlen nicht immer beachtet – ausgerechnet Gregor VII. wurde 1073 durch eine tumultuarische Akklamation erhoben! –, seine Grundzüge blieben jedoch in den folgenden Jahrhunderten erhalten und prägen den Kern der Wahlhandlung bis heute.

Dazu gehört insbesondere die herausgehobene Funktion der Kardinäle bei der Papstwahl. Als Organ der Gesamtkirche hatte sich das Kardinalskollegium unter den Reformpäpsten nach 1046 herauszubilden begonnen, als auswärtige Kleriker im päpstlichen Beraterstab den Einfluß des stadtrömischen Adels zurückdrängten. Die früher vornehmlich mit liturgischen Pflichten an den römischen Hauptkirchen verbundene Einrichtung des Kardinalats diente dabei in neuer Weise als institutioneller Rahmen für den Kreis der reformgesinnten Vertrauten des Papstes. So wurde Humbert von Moyenmoutier, seit 1049 im Rang eines Erzbischofs von Sizilien, 1050 Kardinalbischof von Silva Candida, Petrus Damiani 1057 Kardinalbischof von Ostia. Dadurch daß ihnen die Wahl des Papstes zustand, wurden die Kardinäle zu den eigentlichen Trägern der Römischen Kirche; Petrus Damiani kennzeichnete ihre Bedeutung zutreffend als die von »Senatoren« der Universalkirche:

»Ferner soll die Römische Kirche, die der Stuhl der Apostel ist, die alte Kurie der Römer nachahmen. Wie sich nämlich die Mitglieder jenes irdischen Senats … gemeinsam alle Mühe gaben, die Menge der anderen Völker der römischen Herrschaft zu unterwerfen, so sollen sich jetzt die Tempelhüter des Apostolischen Stuhls, die geistlichen Senatoren der Weltkirche, tatkräftig nur darum kümmern, wie sie die Menschheit den Gesetzen Christi, des wahren Herrschers, untertan machen.«[13]

Die rechtliche Ordnung des Kardinalskollegiums, das schließlich aus 7 Kardinalbischöfen, 28 Kardinalpriestern und 18 Kardinaldiakonen bestand, kam am Ende des 11. Jahrhunderts unter Urban II. (1088–1099) im wesentlichen zum Abschluß.

Als zentrale Reformgruppe wirkten die Kardinäle zugleich entscheidend mit an der Durchsetzung des Reformprogramms auf dem Wege von Verwaltung und Recht. Es entsprach der gesteigerten Realisierung des universalen päpstlichen Leitungsanspruchs, daß den römischen Adelsfamilien auch ihre diesbezüglichen Funktionen in der Umgebung des Papstes zunehmend entzogen wurden und sich ein Verwaltungszentrum etablierte, für das sich am Ende des 11. Jahrhunderts die in Analogie zum Königshof (curia regis) gebildete Bezeichnung »(Römische) Kurie« (curia Romana) einbürgerte. Hand in Hand damit ging die Sammlung von Rechtstexten als Normen der papstkirchlichen Zentralisierung. Den Kern dieser Sammlung von »canones« – d.h. Sätzen des Kirchenrechts, das davon abgeleitet als »kanonisches Recht« bezeichnet wird – bildeten die im 9. Jahrhundert entstandenen, sich als Rechtssätze der frühen Christenheit gebenden »(Pseudo-) Isidorischen Dekretalen«,[14] mit denen sich der Primatsanspruch der Päpste besonders klar belegen ließ. Im Dienste der für die Praxis der päpstlichen Kirchenleitung erforderlichen Interpretation und Ordnung der Rechtssätze entstand im ausgehenden 11. Jahrhundert die Kirchenrechtswissenschaft, die Kanonistik. Ihre bedeutendsten Vertreter waren Bernold von Konstanz († 1100) und Ivo von Chartres († 1115), die Grundsätze und Methoden einer systematisch verfahrenden kanonistischen Hermeneutik entwickelten und damit den Grund legten für die in der ersten Hälfte des 12. Jahrhunderts (vor 1140) verfaßte, maßgebende Sammlung des Kirchenrechts, das »Decretum Gratiani«. Der Gedanke einer gerechten, d.h. ihrem Wesen entsprechenden Ordnung der Kirche verband die Systematisierung und Verfeinerung des kirchlichen Rechts mit der auf die

---

13 Petrus Damiani, Contra philargyriam et munerum cupiditate: PL 145, 540.
14 S. Zugänge 4 (s. Anm. 1), 101.

kirchliche Eigenart bezogenen Religiosität der Reformer. Das prinzipielle Ineinander von Kirche als Rechtssystem und Kirche als exklusivem Ort des – durch den Klerus vermittelten – Heils prägte die abendländische Christenheit des hohen und späten Mittelalters; in der Neuzeit wurde diese Verbindung zum spezifischen Merkmal der römisch-katholischen Konfessionskirche.

Die Praxis der päpstlichen Amtsführung orientierte sich seit der Mitte des 11. Jahrhunderts deutlich an dem Anspruch auf die zentrale Leitungsgewalt. Leo IX. hatte diesen Anspruch durch die persönliche Leitung von Synoden in verschiedenen Kirchenprovinzen unterstrichen.[15] Seine Nachfolger verließen Italien zwar seltener, demonstrierten ihre Zuständigkeit aber systematisch durch die Entsendung von Legaten, die über Visitationen und Synoden in die Angelegenheiten der Kirchenprovinzen eingreifen konnten, z.B. bei der Besetzung von Bischofssitzen. Auch brieflich mischten sich die Päpste mehr und mehr in die Angelegenheiten auch entfernter Kirchengebiete ein. Kirchliche Zentren mit einer gegenüber Rom eigenständigen Tradition, wie z.B. Mailand (s.u. I.3.a und II.1.b), wurden diszipliniert. Regionale liturgische Überlieferungen, wie die bis ins 6. Jahrhundert zurückreichende altspanische, sogenannte mozarabische Liturgie, sollten durch den römischen Brauch ersetzt werden, damit der einheitlichen Leitung der Christenheit auch ein gleichförmiger Gottesdienst entsprach. Gregor VII. schrieb an die Könige von León und Navarra:

»Es ist völlig klar, wie groß die Eintracht war, die Spanien ursprünglich mit Rom im Hinblick auf Frömmigkeit und Gottesdienstordnung verband. … Deshalb ermahne ich euch, sehr geliebte Söhne, daß ihr wie gute Kinder auch nach langanhaltenden Trennungen nun endlich die Römische Kirche als eure wahre Mutter erkennt und uns so als Brüder gewinnt. Übernehmt Ordnung und Gottesdienst der Römischen Kirche, nicht der Kirche von Toledo oder irgendeiner anderen, sondern derjenigen, die von Petrus und Paulus durch Christus auf den starken Felsen gegründet und mit Blut geweiht worden ist, der die Pforten der Hölle, d.h. die Lästerreden der Häretiker, nichts anhaben können [vgl. Mt 16,18]. Haltet ihre Ordnung ein wie die anderen Königreiche des Westens und des Nordens!«[16]

15 S. a.a.O., 141f.

16 Gregor VII. an Alfons VI. von León und Sancho IV. von Navarra, 19. März 1074: MGH.ES 2, 93.

Die Erzbischöfe wurden als Metropoliten ihrer Kirchenprovinzen eng an die römische Disziplin gebunden. Alexander II. verlangte, sie sollten das Pallium, das vom Papst verliehene und die Bindung an Rom symbolisierende Zeichen ihrer Würde, persönlich in Empfang nehmen und dabei den folgenden Treueid schwören:

»Ich … werde von dieser Stunde an Treue bewahren dem heiligen Petrus und der heiligen Römischen Kirche, meinem Herrn Papst Alexander und seinen Nachfolgern, die durch die Wahl der Mehrheit der Kardinäle erhoben werden. Ich werde mich nicht an Plänen und Taten beteiligen, die sich gegen ihr Leben, ihr körperliche Unversehrtheit oder ihre Freiheit richten. … Soweit es mir in meinem Amt möglich ist, werde ich ihnen helfen, das römische Papsttum und die Besitztümer des heiligen Petrus zu bewahren und zu verteidigen. Einen römischen Legaten werde ich ehrerbietig begrüßen und verabschieden und ihm alles zukommen lassen, was er benötigt. Wenn ich zu einer Synode gerufen werde, werde ich mein Kommen nicht aufschieben, es sei denn ich wäre durch kirchenrechtlich anerkannte Ursachen verhindert. An den Gedenktagen der Apostel werde ich entweder selbst oder durch einen Beauftragten ihre Gräber besuchen und bleibe nur mit apostolischer Erlaubnis fern. So wahr mir Gott helfe und diese Evangelien.«[17]

Die von den Päpsten der zweiten Hälfte des 11. Jahrhunderts energisch betriebene Zentralisierung der abendländischen Kirche stieß im Episkopat auch auf Widerstand. Ein stärker kollegiales Kirchenverständnis, verbunden mit dem Bewußtsein der eigenen Würde und Unabhängigkeit des Bischofsamtes, spricht etwa aus der wütenden Äußerung des Erzbischofs Liemar von Bremen über den Umgang Gregors VII. mit den Bischöfen:

»Dieser gefährliche Mensch will den Bischöfen befehlen, was er will, gerade als ob sie seine Gutsbeamten wären; und wenn sie nicht alles getan haben, so müssen sie nach Rom kommen oder werden ohne gerichtliche Verhandlung suspendiert.«[18]

Nur selten wurde freilich grundsätzliche Kritik am päpstlichen Leitungsanspruch laut, wie etwa beim sogenannten Normannischen An-

---

17 Formular Alexanders II.: *Victor Wolf von Glanvell* (Hg.), Die Kanonessammlung des Kardinals Deusdedit, Paderborn 1905, Nachdr. Aalen 1967, 599.

18 Liemar von Bremen an Bischof Hezil von Hildesheim, Januar 1075: *Ü Gerd Tellenbach*, Libertas, Stuttgart 1936, Nachdr. Stuttgart u.a. 1996, 171.

onymus, der den römischen Primat zum menschlichen Recht herabstufte, ihm also jegliche religiöse Dignität absprach:

»Auch wenn die heiligen Väter bezeugen, daß der Römischen Kirche ein Vorrang gebührt, dann geschieht das wegen der Macht des Reiches und der Bedeutung der Stadt, damit nämlich diejenige, die das Haupt der Welt und die Erste im Irrtum war, auch das Haupt der [wahren] Religion würde. Das ist gleichwohl von Menschen bestimmt worden, nicht von Christus – also von Gott – oder von den Aposteln. Und deswegen gründet in dieser Einrichtung nicht unsere Erlösung. Und gäbe es diesen Vorrang nicht, würde uns das nicht zum Verderben gereichen.«[19]

3. Die Klerusreform

Die Reformer des 11. Jahrhunderts sahen die Kirche als von Christus gestiftete Heilsanstalt in erster Linie im Klerus realisiert. Diesem Kirchenbegriff entsprachen die entschiedenen Anstrengungen, einen würdigen, d.h. seinen religiösen Aufgaben gerecht werdenden Klerus zu schaffen. Zur »Freiheit der Kirche« gehörte ein »freier« Klerus, frei von Bindungen menschlichen Rechts, einer eigenen, »geistlichen« Rechtssphäre zugehörig, die gewährleistet, daß er uneingeschränkt das von Christus gebrachte Heil im kirchlichen Handeln repräsentieren und vermitteln kann. Deshalb sollten die Kleriker frei sein sowohl von Bindungen, die sich aus dem mittelalterlichen Lehnswesen ergaben, als auch von familiären Verpflichtungen.

a. Der Kampf für die Kirchlichkeit der Ämterbesetzung

Bei der Erneuerung des Klerus richtete sich das Augenmerk mit besonderer Intensität darauf, wie kirchliche Ämter erlangt wurden. Nicht erst im 11. Jahrhundert war die Koppelung einer geistlichen Handlung, namentlich der Weihe und der Übertragung einer Pfründe, mit einer Geldleistung verpönt. Ein solcher »Ämterkauf« wurde auf den »Erzketzer« Simon Magus (s. Apg 8,18–24) zurückgeführt und

19 [Normannischer Anonymus], An liceat sacerdotibus inire matrimonium: MGH.LL 3, 660.

daher als »Simonie« bezeichnet. Der Vorwurf der Simonie wurde schon im frühen Mittelalter immer wieder erhoben; er richtete sich dann gegen Kleriker, die Ämter gegen Geld – oder auch bloß gegen bestimmte Zusagen – entweder vergaben oder erhielten. Es erwies sich dabei als zunehmend schwierig, den Tatbestand der Simonie genau gegenüber den im allgemeinen Rechtsleben üblichen Gebühren und dem sich an gesellschaftliche Konventionen anpassenden Austausch von Geschenken abzugrenzen. Für die Reform des 11. Jahrhunderts wurde bedeutsam, daß solche Praktiken überall dort verstärkt eine Rolle spielten, wo nicht-klerikale Instanzen, also »Laien«, an der Übertragung kirchlicher Ämter mitwirkten. In der Folge des germanischen Eigenkirchenwesens[20] war eine solche Beteiligung von adligen Grundherren, von Fürsten und Königen der Normalfall. Mit der Übertragung von Klerikerstellen wurde daher in aller Regel ein Rechtsverhältnis begründet, das auch Vermögensfragen berührte, z.B. die Verfügung über ein Kirchengebäude und den zugehörigen Grund und Boden. Je höher man in der kirchlichen Hierarchie aufstieg, um so massiver war überdies die Bindung der Kleriker durch ein politisches Treueversprechen. Im deutschen Reich waren die Bischöfe im Rahmen des sogenannten ottonisch-salischen Reichskirchensystems[21] fest in die Gestaltung und Sicherung der königlichen Herrschaft eingebunden. Die Initiative Heinrichs III. zur Erneuerung des Papsttums im Jahre 1046 bewegte sich durchaus im Rahmen dieses Systems; im Grunde behandelte er den Papst dabei als obersten seiner Reichsbischöfe.

Erst im Zuge der Bemühungen, die Kirchlichkeit der Kirche unter dem Papst neu zur Darstellung zu bringen und dabei die Kleriker und ihr Amt gegenüber den Laien zu profilieren, rückte die Verbindung von kirchlichem Amt und weltlich-laikaler Rechtsgewalt ins Zwielicht der »Simonie«. Die programmatische Ausweitung des Simoniebegriffes auf die Schnittstellen geistlicher und weltlicher Rechtstitel im Zusammenhang mit der Übertragung kirchlicher Ämter besorgte Humbert von Silva Candida. Er verfaßte in den Jahren vor 1059 sein großes Werk »Drei Bücher gegen die Simonisten« (Libri tres adversus simoniacos), das die entscheidenden Stichworte für die folgen-

---

20 S. Zugänge 4 (s. Anm. 1), 81.
21 S. a.a.O., 123f.

den Auseinandersetzungen um die Kirchlichkeit der Ämterbesetzung lieferte und die päpstlichen Positionen der Folgezeit stark beeinflußte. Humbert definierte die »Simonie« als Häresie gegen den bei der Verleihung von kirchlichen Ämtern wirkenden Heiligen Geist. Zugleich weitete er den Simoniebegriff aus, indem er jede Beteiligung von Laien an der Übertragung kirchlicher Ämter, die »Laieninvestitur«, als Ämterkauf brandmarkte. Er lehnte die herkömmliche Unterscheidung von kirchlicher Weihe (Übertragung der spiritualia, der geistlichen Amtsvollmacht) und weltlichem Rechtsakt (Übertragung der temporalia, der mit dem Amt verbundenen weltlichen Rechtstitel) ab und forderte die Freiheit des gesamten Vorgangs der Einweisung in ein kirchliches Amt von laikaler Mitwirkung. Humbert ging sogar so weit, die von »simonistischen« Priestern gespendeten Sakramente für ungültig zu erklären. Seine Auffassung, nur in jeder Hinsicht »reine« Amtsträger könnten gültig, also zum Heil der Empfangenden, Sakramente spenden, fand aber keinen Anklang, weil sie das Amtsverständnis der Donatisten des 4. Jahrhunderts erneuerte, dessen Zurückweisung durch Augustinus kirchlich rezipiert worden war.[22] Auf der Linie der augustinischen Sakramententheologie setzte sich Petrus Damiani für die Gültigkeit der Sakramentsspendung unabhängig von der Qualität des Priesters ein:

»Denn nicht aus dem Verdienst des Priesters, sondern aus dem Amt, das dieser versieht, wird das Mysterium der Weihe auf einen anderen übertragen, und es lohnt sich nicht, auf den Weihenden zu schauen, wie jener gelebt hat, sondern man muß nur auf das Amt achten, das er empfangen hat. Denn wie es viele gibt, die den Dienst der Taufe verrichten, und doch nur einen, der tauft, so mag es auch viele Priester geben, es gibt doch nur einen [nämlich Christus], der im eigentlichen und besonderen Sinn die Weihe vollzieht.«[23]

Unbeschadet aller Differenzierungen im einzelnen wirkte Humberts Polemik gegen jegliche Laienbeteiligung bei kirchlichen Ämterbesetzungen nachhaltig. Sein Simoniebegriff schlug sich auf jener Lateransynode von 1059, die auch das Papstwahldekret verabschiedete,

---

22 S. *Manfred Jacobs*, Die Reichskirche und ihre Dogmen. Von der Zeit Konstantins bis zum Niedergang des weströmischen Reiches, Zugänge zur Kirchengeschichte 3, Göttingen 1987 [= Zugänge 3], 124–126.

23 Petrus Damiani, Liber Gratissimus: *Ü Johannes Laudage* (Hg.), Der Investiturstreit, Köln/ Wien 1990, 25/27.

in einem Beschluß nieder, den Nikolaus II. in seinem Synodalschreiben »Vigilantia universalis« den Repräsentanten der Gesamtkirche mitteilte:

»... daß durch Laien kein Kleriker oder Priester auf irgendeine Weise eine Kirche innehaben soll, weder umsonst noch für Geld, ...; und daß durch die simonistische Häresie niemand geweiht oder befördert werde zu irgendeinem kirchlichen Amt; daß Laien über Kleriker jedweden Standes nicht urteilen und sie nicht aus den Kirchen hinauswerfen dürfen«.[24]

Diese eher beiläufig erfolgten Bestimmungen tasteten kirchliche Eigentumsrechte von Laien nicht prinzipiell an und richteten sich auch noch nicht gegen die königliche Investiturpraxis. Sie belegen aber die Durchsetzung und Verbreitung eines neuen Begriffs von Simonie, der geeignet war, im Interesse an der Kirchlichkeit der Kirche Klerus und Laien deutlicher voneinander abzusetzen. Der weite Simoniebegriff führte freilich auch zu erheblichen Unklarheiten hinsichtlich der konkreten Tatbestände. Wenn alle konventionellen Gebühren und Gaben sowie jede Beteiligung von Laien im Zusammenhang mit der Übernahme eines kirchlichen Amtes als »Simonie« zu werten waren, konnte fast jeder Amtsträger in den Verdacht dieses Vergehens geraten. Es war somit ein Leichtes, kirchliche Gegner der Simonie zu bezichtigen; Denunziationen waren in der Folgezeit an der Tagesordnung. Die dadurch hervorgerufene Unruhe übertrug sich auf die Laien, die mancherorts ohnehin ein wachsames Auge auf die Verquickung geistlicher Funktionen mit feudaler Herrschaft hatten. Durch ihr – von Spekulationen über die Wirksamkeit der Sakramentsspendung »simonistischer« Priester weiter geschürtes – Mißtrauen gegenüber der geistlichen Vollmacht eines als weltlich gebunden wahrgenommenen Klerus verstärkten die Laien paradoxerweise den Druck zur vollständigen Ausschaltung von Laien aus der kirchlichen Ämterstruktur und damit zur Klerikalisierung der Kirche. Die Position des Papsttums wurde gestärkt, denn ein konsequent nicht-»simonistischer« Klerus konnte sich nur auf die päpstliche Autorität stützen. Schon 1060 sicherte Nikolaus II. auf einer weiteren Lateransynode nur notdürftig, unter Vorbehalt, den Bestand des bisherigen Klerus durch eine Unterscheidung verschiedener Fälle von Simonie, aktiver und passiver:

---

24 Nikolaus II., Synodalschreiben »Vigilantia universalis«, 1059: *Ü* a.a.O., 41.

»Simonisten, die auf simonistische Weise geweiht wurden oder weihen, sollen gemäß den kirchlichen Kanones ihre eigene Stellung einbüßen. Auch Simonisten, die auf simonistische Weise von Nicht-Simonisten geweiht wurden, sollen ebenso aus dem in übler Weise erlangten Amt entfernt werden. Simonisten aber, die nicht auf simonistische Weise von Simonisten geweiht wurden, dürfen, wie wir angesichts der Not der Zeit barmherzig zugestehen, durch Handauflegung im Amte bleiben.«[25]

Hatte der erweiterte Simoniebegriff allerdings erst einmal Fuß gefaßt, konnten solche komplizierten Regelungen keine durchgreifende Beruhigung bringen, sondern mußten Verwirrung und Verdacht noch steigern. Der Vorwurf der Simonie wurde in der Folge als polemische Allzweckwaffe gegen die Kritiker der päpstlichen Zentrierung der Kirche eingesetzt. Die Klerusreform stieß als Vorgang der Erneuerung kirchlicher Strukturen dabei an ihre Grenzen. Sie zielte im Grunde auf einen neuen Klerus, der erst – durch ein ganz und gar souveränes Papsttum – konstituiert werden mußte. Dazu aber bedurfte es einer Veränderung der im frühen Mittelalter gewachsenen Strukturen der abendländischen Christenheit, insbesondere einer Revision des Verhältnisses von Kirche und weltlicher Rechtsgewalt. Mit der Gleichstellung von Laieninvestitur und Simonie weitete sich die Kirchenreform der zweiten Hälfte des 11. Jahrhunderts zum Ringen um den universalen Führungsanspruch des Papsttums in Konkurrenz zum Anspruch des Kaisertums. Den Auftakt dieses Machtkampfes bildete der sogenannte Investiturstreit, der durch den erweiterten Begriff von Simonie ausgelöst wurde (s.u. II.1.a).

b. Der Kampf gegen die Priesterehe

Ehelosigkeit, mindestens aber sexuelle Enthaltsamkeit, gehörte seit der Alten Kirche zu den normativen Forderungen an das christliche Kultpersonal. Die Durchsetzung des Ideals des keuschen Klerikers hatte sich aber nie erzwingen lassen, und verheiratete Priester waren im frühen Mittelalter an der Tagesordnung. Ihre Ehen wurden weithin gesellschaftlich akzeptiert und standen allenfalls einem Aufstieg

25 Lateransynode 1060: *Ü* DH, Nr. 694.

in der kirchlichen Hierarchie entgegen. Da Priesterfrauen und Priesterkinder – z.B. beim Tode des priesterlichen Familienvaters – Rechtsansprüche geltend machen konnten, gefährdete die Priesterehe mancherorts den kirchlichen Vermögensbestand. Dagegen richteten sich einzelne Vorstöße gegen die Legitimität der Priesterehe in der ersten Hälfte des 11. Jahrhunderts. Der vermögensrechtliche Aspekt wurde aber durch religiöse Gesichtspunkte überlagert, als Petrus Damiani den Kampf gegen die Priesterehe mit reformerischer Vehemenz aufnahm, zuerst 1049 mit seinem »Buch von Gomorrha« (Liber Gomorrhianus), dessen Titel mit dem Verweis auf Gen 18f. die Priesterehe bereits als »Unzucht« qualifiziert. Für Petrus Damiani, selber Vertreter eines streng asketischen, eremitischen Mönchtums, stellte die sexuelle Enthaltsamkeit den Kern seiner Vorstellung von einem heiligen Priesterstand dar, dessen Reinheit der jungfräulichen Abkunft Christi entsprechen müsse:

»Wenn unser Erlöser so sehr die Unberührtheit der Scham geliebt hat, daß er nicht nur aus einem jungfräulichen Schoß geboren wurde, sondern auch von einem jungfräulichen Nährvater aufgezogen werden sollte, und das schon als kleines Kind schreiend in der Wiege – von wem, frage ich, will er jetzt seinen Leib angefaßt wissen, da er als der Unermeßliche im Himmel thront? Wenn er schon in der Krippe von reinen Händen angefaßt werden wollte, welche Reinheit will er jetzt für seinen Leib, wo er bereits in die Herrlichkeit der Majestät des Vaters erhöht ist?«[26]

Gerade wegen der Hochschätzung des priesterlichen Umgangs mit dem »Leib Christi« im Altarsakrament (s.u. I.5.a) erblickten die Kritiker der Priesterehe in sexuellen Beziehungen von Klerikern ein Sakrileg. Gregor VII. empörte sich 1076 darüber,

»daß sogenannte Priester, die in Unzucht leben, sich nicht schämen, wenn sie die Messe singen, mit Leib und Blut Christi umzugehen und dabei nicht zu merken, welcher Wahnsinn, ja welches Verbrechen es ist, zur gleichen Zeit den Leib der Dirne und den Leib Christi zu berühren.«[27]

26 Petrus Damiani, De caelibatu sacerdotum: Ü *Arnold Angenendt*, Geschichte der Religiosität im Mittelalter, Darmstadt ^{2}2000, 458.

27 Gregor VII. an Graf Robert von Flandern, 10. November 1076: MGH.ES 2, 310.

Die Frage nach der Zulässigkeit der Priesterehe spielte auch in der Auseinandersetzung mit der Ostkirche eine Rolle. Gegen die dortige Praxis der Priesterehe belegte Humbert von Silva Candida die nichtzölibatär lebenden Priester mit dem alten Ketzernamen der »Nikolaiten« (nach Apk 2,6.15) und brandmarkte damit die Priesterehe nicht nur als Verstoß gegen die kirchliche Disziplin, sondern als Häresie.

Die einem klerikalen Kirchenbegriff verpflichtete Reformpropaganda fand starken Rückhalt im Bewußtsein der Laien, zur Erlangung des Heils auf einen Klerus angewiesen zu sein, der den religiös begründeten Vorgaben seines Standes entsprach. So gehörte beispielsweise in Mailand, wo die sogenannte Pataria, eine Laienbewegung mit religiösen und sozialreformerischen Zielen, sich 1057 gegen die Stadtherrschaft des Erzbischofs erhob, die Keuschheit der Kleriker zu den zentralen Forderungen. Zwar war der Begründer der Pataria, Ariald von Varese († 1066), kein Laie, aber sein Wirken belegt die Resonanz der Polemik gegen den »Nikolaitismus« unter den Laienchristen. Im übrigen mußte der Mailänder Erzbischof, um seine Stellung zu retten, die Unterordnung unter den Papst akzeptieren und damit seine althergebrachte Eigenständigkeit aufgeben. Daran zeigt sich, wie die Anliegen der Klerusreform und der Durchsetzung des päpstlichen Primats ineinandergriffen.

Die Priesterfrauen und -kinder wurden von der Propaganda gegen die »unzüchtigen« Priester in besonderer Weise getroffen. Während es den Priestern selber ja freistand, sich aus der nun als illegitim angesehenen Verbindung mit ihnen zu lösen und ihre klerikale Freiheit zu realisieren, wurden die Frauen und Kinder zu Konkubinen und Bastarden herabgewürdigt und in ihren kirchlichen und sozialen Rechten gemindert. Petrus Damiani spitzte seine Polemik gegen die Priesterehe in der Beschimpfung der Priesterfrauen zu:

»Ihr Schätzchen der Kleriker, ihr Lockspeise des Satans, ihr Auswurf des Paradieses, ihr Gift der Geister, Schwert der Seelen, Wolfsmilch für die Trinkenden, Gift für die Essenden, Quelle der Sünde, Anlaß des Verderbens. Euch rede ich an, ihr Lusthäuser des alten Feindes, ihr Wiedehopfe, Eulen, Nachtkäuze, Wölfinnen, Blutegel, die ohne Unterlaß rufen ›Gib her, gib her!‹ [vgl. Spr 30,15]. Kommt also und hört mich, ihr Metzen, Buhlerinnen, Lustdirnen, ihr Mistpfützen fetter Schweine, ihr Ruhepolster unreiner Geister, ihr Nymphen, Sirenen, Hexen, Dianen, und was es sonst noch für Scheusalsnamen geben mag, zur Flamme des ewigen Todes bestimmt … . Ihr seid wütendes

Otterngezücht, die ihr vor Wollustbrunst Christus, der das Haupt der Kleriker ist, in euren Buhlern ermordet«.[28]

Solche Schmähungen resultierten nicht nur aus der mönchischen Mentalität, in der Frau schlechthin die Quelle allen Übels zu sehen, sondern auch aus der besonderen Hochschätzung des priesterlichen Dienstes, den die Reformer durch die Existenz von Priesterfrauen im Kern bedroht sahen.

Die römische Synode von 1059, die auch die Papstwahl neu regelte, faßte einen ersten offiziellen Beschluß zur Erzwingung des Priesterzölibats. Besonders nachdrücklich und mit deutlichem Anspruch auf gesamtkirchliche Geltung wurde der Zölibat unter Gregor VII. auf der römischen Fastensynode des Jahres 1075 gefordert. Ihre Verurteilung der »unzüchtigen« Geistlichen schloß mit dem sogenannten Aufruhrkanon:

»Die Synode hat auch festgesetzt, daß, wenn die Vorgenannten ihre oder vielmehr die Anordnungen der heiligen Väter mißachten, das Volk auf keinen Fall deren Dienste in Anspruch nehme, weil sie gleichsam von den Gliedern der Kirche getrennt sind, damit sie, die sich nicht aus Furcht vor Gott oder durch die Würde des Amtes bessern wollen, aus Scham vor der Welt und durch den Tadel des Volkes zur Besinnung kommen«.[29]

Insbesondere das an die Laien gerichtete Verbot, die Messe bei nichtzölibatären Priestern zu hören, wirkte nachhaltig im Sinne der Durchsetzung des Zölibats. Es instrumentalisierte – ähnlich wie beim Kampf gegen die »Simonie« – das religiöse Heilsverlangen der Laien im Dienste eines kleruszentrierten Kirchenverständnisses, indem es das Mißtrauen gegen die religiöse Wirksamkeit der durch »unzüchtige« Geistliche vollzogenen Riten schürte. Mit dem »Tadel des Volkes« wurden zugleich vorübergehende Eigenmächtigkeiten der Laien in Kauf genommen, wie sie der Mönch Sigebert von Gembloux († 1112), ein Kritiker des Zwangszölibats, schildert:

»Die Laien entweihen die heiligen Geheimnisse und streiten über sie. Sie taufen Kinder und benutzen dabei schmutziges Ohrenschmalz anstelle des

28 Petrus Damiani, Contra intemperantes clericos: *Ü Georg Denzler*, Das Papsttum und der Amtszölibat, Bd. 1, Stuttgart 1973, 62.

29 Berthold von Reichenau, Annalen: *Ü Erwin Frauenknecht*, Die Verteidigung der Priesterehe in der Reformzeit, Hannover 1997, 58f.

heiligen Salböls. Am Ende des Lebens verweigern sie die Wegzehrung des Herrn und den üblichen Begräbnisgottesdienst durch verheiratete Priester. Sie verbrennen den für die Priester bestimmten Zehnten. Die Laien treten … den von verheirateten Priestern konsekrierten Leib des Herrn mit Füßen und schütten das Blut des Herrn absichtlich aus. Vieles andere ist gegen menschliches und göttliches Recht in der Kirche vor sich gegangen. Und bei dieser Gelegenheit sind viele lügenhafte Lehrer in der Kirche aufgetreten, die das Volk mit widergöttlichen Neuheiten von der kirchlichen Disziplin abwenden.«[30]

Während also gerade die Laien sich vielfach mit der päpstlich gesteuerten Klerusreform identifizierten, wurde aus dem Klerus selbst verschiedentlich Widerspruch laut. Aus dem deutschen Reich berichtet der Chronist Lampert von Hersfeld von allgemeinem offenem Widerstand im Klerus gegen die Anordnungen Gregors VII., der sich auf einer Mainzer Synode im Herbst 1075 Luft machte:

»Gegen diese Anordnung [des priesterlichen Zwangszölibats] erhob sich sogleich ein Sturm der Entrüstung in der gesamten Klerikerschaft: Sie erklärten laut, der Mann [Gregor VII.] sei ein vollendeter Ketzer, und seine Lehre sei irrsinnig, er habe Gottes Wort nicht beachtet, der spricht: ›Nicht alle fassen dieses Wort; wer es fassen kann, fasse es‹ [Mt 19,11f.], und der Apostel sage: ›Wer sich nicht enthalten kann, soll freien; denn freien ist besser als Brunst leiden‹ [1Kor 7,9]. Er wolle die Menschen durch seine rigorose Forderung zwingen, wie die Engel zu leben, und indem er dem Naturtrieb die gewohnte Bahn versperre, lockere er nur der Hurerei und Ausschweifung die Zügel. Wenn er weiter an seiner Verordnung festhalte, wollten sie lieber das Priesteramt aufgeben als die Ehe, dann könne er zusehen, wenn er die Menschen für unrein halte, woher er die Engel nehmen solle, um in der Kirche Gottes die Gemeinden zu leiten.«[31]

Nur selten erreichte der Widerspruch die Ebene des theologisch Grundsätzlichen wie beim sogenannten Normannischen Anonymus:

»Ich möchte wissen, ob Gott oder die Menschen es zuerst festgesetzt haben, daß die christlichen Priester keine Ehen eingehen dürfen. Wenn es Gott war, dann muß seine Vorschrift mit der gebührenden Ehrerbietung eingehalten und beachtet werden. War es aber ein Mensch und nicht Gott, ist die Überlieferung aus dem Herzen eines Menschen und nicht aus dem Mund Gottes her-

30 Sigebert von Gembloux, Chronicon: MGH.SS 6, 362f.

31 Lampert von Hersfeld, Annalen: *Ü* AQDGMA 13, 259.

vorgegangen, dann erwirbt ihre Beachtung nicht das Heil, und bei ihrer Übertretung geht es nicht verloren. ... Davon aber, daß Gott diese Vorschrift erlassen habe, läßt sich weder im Alten Testament noch im Evangelium noch in den Briefen der Apostel etwas finden, wo alles enthalten ist, was Gott von den Menschen verlangt. Es handelt sich also um eine menschliche Überlieferung, nicht um eine Anordnung Gottes oder der Apostel.«[32]

Die Reformpäpste und ihre Anhänger konnten im Bündnis mit dem Priesterideal der Laien den priesterlichen Zwangszölibat gegen aufkeimenden Widerstand durchsetzen. Bald galt die Ehelosigkeit der Kleriker als selbstverständliche Norm, und Kleruskritik entzündete sich in den folgenden Jahrhunderten nur an der mangelhaften Einhaltung dieser Norm, die selbst keiner erneuten Begründung bedurfte.

c. Die Erneuerung des gemeinsamen Lebens von Klerikern

Mit dem Kampf gegen »Simonie« und Priesterehe verband sich der Einsatz für die Erneuerung des Kanonikerwesens, des gemeinsamen Lebens von Klerikern, zumeist an Bischofskirchen oder in Verbindung mit anderen kirchlichen Zentren. Die Kanoniker oder Chorherren lebten in Gemeinschaft und nach einer Regel, sie waren aber gegenüber den Mönchen zu wesentlich milderer Askese und nur zu einem Minimum an Gebetsdienst verpflichtet. Nach der gebräuchlichsten Kanonikerregel, der Aachener Regel (Institutio canonicorum) von 816, war ihnen auch privates Eigentum gestattet. Seit dem Anfang des 11. Jahrhunderts war ein steigendes Interesse an der kanonikalen Lebensform erwacht, und eine beträchtliche Anzahl von Chorherrenstiften wurde neu gegründet. Der auf Augustinus zurückgehende Gedanke des »apostolischen Lebens« der Kleriker wurde dabei besonders betont. So heißt es 1042 in einer Urkunde des Bischofs Johannes von Cesena:

»Aber mitten zwischen diesen beiden Formen des Lebenswandels [nämlich von Mönchen und Laien] gibt es die Lebensweise der Kleriker, von denen man glaubt, daß sie dem Herrn selbst, der das Haupt der Kirche ist, desto

32 [Normannischer Anonymus], An liceat sacerdotibus inire matrimonium: MGH.LL 3, 645f.

ähnlicher sind, je nützlicher sie sich in der Kirche erweisen. Wenn sie nämlich die Augen der Kirche sind, und wenn sie durch besonderen Auftrag alle weiden, dann bewahren sie selbst natürlich das Vorbild der Apostel, da diese bekanntlich von Christus zu Hirten der Kirche bestellt und in die Welt zur Predigt geschickt worden sind, um seine Schafe zu weiden und … zu den Freuden des ewigen Reiches zu führen. Diese weideten die Herde des Herrn, nachdem sie die Binde- und Lösegewalt für die Seelen empfangen hatten, sie waren dabei alle eines Sinnes und hatten alles gemeinsam [vgl. Apg 2,44.46] und so, wie sie Verehrer des einen Glaubens und Verkünder des einen Herrn waren, so waren sie gemeinsam Besitzer aller Dinge, als ob sie nichts besäßen. Daher müssen Kleriker, welche deren Stand nachahmen, deren Lebenssitten annehmen, damit sie sich von denen, mit welchen sie im Namen übereinstimmen, nicht in der Handlungsweise vollkommen unterscheiden.«[33]

Die Erneuerung des Kanonikerwesens nahm Leitvorstellungen des Mönchtums auf und betrieb, um die Kleriker so deutlich wie möglich von den Laien abzusetzen, eine »Monastisierung« des Klerus. Ein straff geregeltes kanonikales Leben konnte der Ausbreitung und Sicherung des neuen, den Vorgaben der päpstlich zentralisierten Kirche entsprechenden Klerus dienen. Das schon mehrfach erwähnte Synodalschreiben Nikolaus' II. von 1059 stellte das Thema in den Zusammenhang der gesamten Klerusreform:

»Und wir setzen mit unserer Vorschrift fest, daß diejenigen von den vorgenannten Ständen [Priester, Diakone, Subdiakone], die die Keuschheit … bewahrt haben, neben den Kirchen, für die sie geweiht worden sind, so wie es sich für gottesfürchtige Kleriker gehört, gemeinsam essen, schlafen und all jenes gemeinsam besitzen sollen, was ihnen von den Kirchen zukommt. Und als Bittende ermahnen wir, daß sie sich mit äußerster Kraft bemühen sollen, zum apostolischen – also gemeinschaftlichen – Leben zu gelangen, damit sie es als solche, die die Vollkommenheit erstrebt haben, verdienen, im himmlischen Vaterland zu jenen gezählt zu werden, die durch hundertfache Frucht bereichert werden.«[34]

Die frühmittelalterlichen, vergleichsweise lockeren Kanonikerregeln genügten dem Ideal des »apostolischen Lebens« nicht, vielmehr sollten auch die Kanoniker zur persönlichen Besitzlosigkeit verpflichtet werden. Zur Regel der Kanonikerreform wurde in der zweiten Hälfte

33 Urkunde vom 2. Juni 1042: *Ü Johannes Laudage* (Hg.), Der Investiturstreit, Köln/ Wien 1990, 14–19.

34 Nikolaus II., Synodalschreiben »Vigilantia universalis«, 1059: *Ü* a.a.O., 41.

des 11. Jahrhunderts die auf Augustinus als »Vater« der kanonikalen Lebensform zurückgeführte Augustinerregel, die klare spirituelle Maßstäbe für ein asketisch-gemeinschaftliches Leben lieferte, zugleich aber Spielräume für die konkrete Gestaltung der Lebensordnung bot. Die »Regularkanoniker« oder Augustiner-Chorherren setzten sich nun von den als »Säkularkanoniker« diffamierten Anhängern der Regeln aus karolingischer Zeit ab. Unter der Bezeichnung »Augustinregel« liefen allerdings verschiedene Texte um, so daß unterschiedlich strenge Gestalten eines »augustinischen« Kanonikerlebens miteinander konkurrierten. Gemeinsam war ihnen allen die Hochschätzung priesterlicher Lebensgemeinschaft als Basis von Seelsorge und Predigt. Außerdem bot das gemeinsame Leben die Möglichkeit, die Bildung des Klerus zu verbessern und damit eine weitere Reformforderung in Angriff zu nehmen.

Die Bindung der Kanoniker an strenge Lebensregeln stieß auf Widerstand sowohl bei denjenigen Chorherren, die an ihrer bisherigen Lebensform festhalten wollten, als auch bei Mönchen, die befürchteten, die geistliche Exklusivität ihrer Lebensweise werde durch die Monastisierung des Klerus beeinträchtigt. Gegen solche Widerstände konnte sich die Kanonikerreform trotz der Unterstützung durch die Kurie nur schwer durchsetzen, am ehesten dort, wo das kirchliche Anliegen von weltlichen Herrschaften gefördert wurde. In jedem Fall stellten die quasi-monastisch lebenden und besser gebildeten Kanoniker gegenüber dem einfachen Landklerus eine klerikale Elite dar.

4. Monastische Erneuerungsbewegungen

Die päpstlichen Impulse zu einer umfassenden Kirchenreform wurden von einer sich in der abendländischen Christenheit im 11. Jahrhundert ausbreitenden Erneuerungsstimmung getragen. In allen Ständen erhob sich Kritik an eingefahrener und oberflächlicher Religiosität, die mit dem Ideal des frühen Christentums konfrontiert wurde und in den Appell zur Erneuerung der ursprünglichen »Reinheit« einmündete. Mit der von den Päpsten gesteuerten Reform trafen sich solche Erneuerungsvorstellungen in der Konzentration auf die professionellen Repräsentanten des Christlichen, auf den »geistlichen« Stand. Das galt auch, wenn sie von Laien vorgebracht wurden wie in der Mailänder Pataria, oder wenn sie Laien einbezogen. Diese Reformmentalität ist am deutlichsten faßbar in den asketischen Aufbrüchen des 11. Jahrhunderts, die sich in der ersten Hälfte des 12. Jahrhunderts in neuartigen monastischen Strukturen, »Orden« von Mönchen und Nonnen, verdichteten.

Das Ideal der frühchristlichen Ursprünglichkeit zeigt sich in den monastischen Reformbestrebungen als Aufnahme zweier Motive des altkirchlichen Mönchtums: der eremitischen Lebensform und der Wanderpredigt. Schon am Ende des 10. Jahrhunderts hatte Romuald von Camaldoli († 1027) begonnen, in Mittelitalien Eremitenkolonien zu organisieren und so dieser alten asketischen Lebensform neues Leben einzuhauchen. Die Forderung nach strenger Askese und deutlicher Distanz des monastischen Lebens zur »Welt« verband sich dann mit den Idealen der großen Kirchenreform, ja stellte eine ihrer geistigen Wurzeln dar. So stieß beispielsweise Petrus Damiani als Abt eines solchen eremitisch strukturierten Camaldulenserklosters zum inneren Kreis der römischen Reformer. Johannes Gualbertus († 1073), der um 1037 in Vallombrosa bei Florenz eine Eremitengemeinschaft aufgebaut und klösterlich geordnet hatte, unterstützte 1057 den Kampf der Mailänder Pataria gegen Simonie und Priesterehe durch die Entsendung von Mönchen als Prediger. Von Vallombrosa aus wurden in der Toskana zahlreiche gleichartige Konvente gegründet, für die Gualbertus eine verbindende Struktur schuf. Vorbildlich für die bedeutenderen Ordensbildungen des 12. Jahrhunderts wurde die bei den Vallombrosanern erprobte Einbeziehung von Laien in die klösterliche Gemeinschaft in Gestalt der »Laienbrüder«, die später als »Konversen« bezeichnet wurden. Sie legten statt der vollen Gelübde ein einfaches Versprechen ab. Während der mönchische Chordienst von ihnen nicht erwartet wurde, stellten sie der Gemeinschaft ihre praktische Arbeitskraft zur Verfügung. Die Institution der Laienbrüder unterstützte zum einen das Bestreben der Mönche nach größtmöglicher Weltdistanz, weil sie die Beschäftigung klosterfremder Arbeitskräfte zu vermeiden erlaubte. Zum andern befriedigte sie vorerst das Streben von Laien nach einer Teilhabe an der geistlichen Lebensform des Klosters, ohne die herkömmlichen Strukturen zu sprengen.

Gleichfalls eng mit den Frontstellungen der Kirchenreform verbunden war die Gründung der Kartäuser, der dauerhaftesten Neubelebung eines eremitisch grundierten Gemeinschaftslebens. Der aus Köln stammende Bruno († 1101), Kanoniker und Leiter der Domschule in Reims, verließ sein Amt und die damit verbundene Lebensform infolge eines Zerwürfnisses mit dem offenkundig durch Simonie ins Amt gelangten, geistlich unzulänglichen dortigen Erzbischof. In den savoyischen Alpen bei Grenoble gründete Bruno um 1085 die Eremitage von Chartreuse (Kartause). Die unwegsame Lage des Klosters war programmatisch für harte Askese und unbedingte Zurückgezogenheit, die die Kartäuser auch untereinander nach Kräften praktizierten. Der primäre Ort ihres spirituellen Lebens in der Kartause (so bezeichnet man alle nach dem Vorbild der ersten Gründung strukturierten Klöster) war die Mönchszelle, zunächst einzelne Häuschen, die dann über einen Kreuzgang miteinander verbunden wurden. Die gemeinschaftlichen Lebensvollzüge wurden auf drei Tagzeitengebete, vergleichsweise seltene Meßfeiern und sonntägliche Mahlzeiten begrenzt. Bruno selbst wurde 1090 von Urban II. an die Kurie berufen, um seine asketischen Impulse in den Dienst der Kirchenreform zu stellen. Er hielt es freilich nicht lange in Rom aus und zog sich nach Kalabrien zurück, wo er eine neue Eremitage aufbaute, in der er bis zu seinem Tode lebte. Von dort aus schildert er die natürlichen und geistlichen Freuden eines Lebens im »Paradies« selbstgewählter Einsamkeit:

»Ich halte mich in einer Einsiedelei in Kalabrien auf. Sie liegt in hinreichender Entfernung abseits von sonstigen menschlichen Ansiedlungen. Dort lebe ich mit meinen Mönchsbrüdern, von denen einige sehr gebildet sind, zusammen. Alle stehen gleichsam auf göttlichem Wachposten, ›sie warten auf die Rückkehr des Herrn, auf daß sie ihm sofort öffnen, wenn er anklopft‹ [vgl. Lk 12,36]. Ich kann nicht angemessen die herrliche Lage dieser Einsiedelei beschreiben, ihr angenehmes und gesundes Klima, die weite und anmutige Ebene, die sich längs zwischen den Bergen erstreckt mit ihren grünen Wiesen und blühenden Weiden; da ist der Anblick der Hügel, die sich überall sanft erheben, die stillen schattigen Täler mit vielen lieblichen Flüssen, Bächen und Quellen. Dazu kommen wasserreiche Gärten und die verschiedenartigsten reich tragenden Fruchtbäume. ... Welchen Nutzen und welche göttliche Wonne aber die Einsamkeit und stille Abgeschiedenheit denen schenkt, die sie lieben, wissen allein diejenigen, welche sie erfahren haben. Denn hier können starke Charaktere nach Herzenslust in sich gehen und bei sich verweilen. Hier können sie die Tugend, die keimhaft in ihnen angelegt ist, entfalten und voll Freude die Früchte des Paradieses genießen. ... Hier herrschen tätige Ruhe und geruhsame Tätigkeit. Hier teilt Gott den Kämpfern für die Mühsal des Streitens den ersehnten Preis zu [vgl. 2Tim 4,7f.], nämlich den Frieden, den die Welt nicht kennt [vgl. Joh 14,27], und die Freude im Heiligen Geist [vgl. Röm 14,17].«[35]

Im 12. Jahrhundert wurde Brunos erste Eremitage zur »Grande Chartreuse«, zum Vorbild und Mutterkloster eines Verbandes gleichartiger Gemeinschaften von Mönchen und Laienbrüdern. Brunos vierter Nachfolger Guigo (Prior 1109–1136) stellte die Lebensgewohnheiten der Kartäuser als »Consuetudines Cartusiae« zusammen, die 1133 von Papst Innozenz II. approbiert wurden. Ein weiblicher Zweig gliederte sich den Kartäusern erst in der zweiten Hälfte des 12. Jahrhunderts an. Die Kartäuser hielten ihre strenge Askese aufrecht und vermieden umfangreichere wirtschaftliche Aktivitäten. So kam es in späterer Zeit zwar immer wieder zu Anpassungen an die geschichtlichen Erfordernisse, aber nie zu einer durchgreifenden Ordensreform. Darin liegt das Recht des stolzen kartäusischen Wortes, wonach der Orden nie reformiert werden mußte, weil er nie deformiert gewesen sei.

Die eremitisch akzentuierten Impulse zu einer monastischen Reform verbanden sich bei den Zisterziensern mit der klassischen Lebensform des abendländischen Mönchtums nach der Regel Benedikts von Nursia.[36] Das eremitische Moment machte sich bei ihnen noch in der Wahl des unzugänglichen, in einem sumpfigen und waldreichen Flußtal in Burgund gelegenen Cîteaux (Cistercia) geltend, als 1097/98 Robert, Abt von Molesmes († 1111), und einige reformgesinnte Brüder ihren angestammten Konvent verließen und in demonstrativem Gegensatz zum reichen, kunst- und liturgiefreudigen cluniazensischen Benediktinertum[37] das »neue Kloster« (novum monasterium) gründeten:

»Aber gewöhnlich vertragen sich große Besitztümer und Tugend nicht lange miteinander. Deshalb entschieden sich aus jener heiligen Gemeinschaft [des Klosters Molesmes] einige ohne Zweifel weise … Männer dafür, sich lieber eifrig mit dem Himmlischen zu befassen, als sich von irdischen Geschäften in

35 Bruno an Radolf den Grünen: *Ü* FC 10, 57/59.
36 S. Zugänge 4 (s. Anm. 1), 67f.
37 S. a.a.O., 121–123.

Beschlag nehmen zu lassen. … Zugleich kamen sie zu der Überzeugung, daß man in ihrem Kloster zwar heilig und untadelig lebte, daß aber dennoch die Regel, auf die sie die Profeß abgelegt hatten, weniger beobachtet wurde, als es ihrer Sehnsucht und ihrem Vorhaben entsprach. … 21 Mönche zogen zusammen mit Robert seligen Andenkens, dem Vater dieses Klosters aus, um nach gemeinsamem Rat und Beschluß das ins Werk zu setzen, was sie sich einmütig vorgenommen hatten. Nach vielen Mühen und übergroßen Schwierigkeiten, die alle erdulden müssen, die in der Gemeinschaft mit Christus ein frommes Leben führen wollen, kamen sie endlich ans Ziel ihrer Sehnsucht, nach Cîteaux. Es war damals ein schrecklicher und ganz verlassener Ort [vgl. Dtn 32,10]. Als Streiter Christi aber ließen sie sich durch die Unwirtlichkeit des Ortes nicht von dem einmal gefaßten festen Entschluß abbringen. Im Glauben, daß ihnen dieser Platz wahrhaft von Gott bereitet sei, war ihnen der Ort ebenso willkommen, wie ihnen ihr Vorhaben teuer war. Im Jahr 1098 der Menschwerdung des Herrn begannen sie in dieser Einöde mit dem Bau einer Abtei.«[38]

Dieser Rückblick aus dem Abstand von ungefähr einem Vierteljahrhundert übertreibt die Einsamkeit des neuen Ortes und verschweigt die mit ihm verbundenen wirtschaftlichen Nutzungsrechte, um das religiöse Motiv der Gründer hervorzuheben: Sie suchten dort ihre »Wüste«, verschärfte Distanz zur allzu bequemen Zivilisation und eine von Askese, Arbeit und Armut geprägte Lebensweise, die sie auch äußerlich darstellen wollten. Es entsprach der allgemeinen Reformstimmung, wenn die Zisterzienser von Anfang an beanspruchten, dem Vorbild der »Väter« zu folgen und insbesondere die Benediktsregel wörtlich zu befolgen. Stephen Harding († 1134), von 1108 bis 1133 Abt von Cîteaux, formulierte in der »Carta caritatis«, der Grundordnung der Zisterzienser:

»Wir wollen und gebieten ihnen, daß sie die Regel des seligen Benedikt in allem so befolgen, wie es im ›Neuen Kloster‹ [Cîteaux] geschieht. Sie sollen dem Wortlaut der heiligen Regel keinen anderen Sinn unterschieben, sondern sie immer so verstehen und einhalten, wie sie die uns vorangegangenen heiligen Väter, die Mönche des ›Neuen Klosters‹, verstanden und eingehalten haben und wie wir sie heute verstehen und einhalten.«[39]

---

38 Exordium cistercii 1–2: *Ü* Einmütig in der Liebe, hg. von *Hildegard Brem* und *Alberich Martin Altermatt*, Langwaden ²1998, 33/35.

39 Stephen Harding, Carta caritatis 1: PL 166, 1379.

Der Aufstieg des zisterziensischen Mönchtums zu einem außerordentlich erfolgreichen Modell mit Ausstrahlungen auf das gesamte kirchliche und geistige Leben des 12. Jahrhunderts wurde möglich, nachdem 1112 Bernhard, der spätere Abt von Clairvaux († 1153), mit ungefähr dreißig adligen Verwandten und Freunden in Cîteaux eingetreten war und dem Kloster daraus personelle Ressourcen und gesellschaftliche Beziehungen erwuchsen. Stephen Harding erarbeitete die Struktur eines festen Verbundes von Mutter- und Tochterklöstern, das zisterziensische Filiationssystem, das Expansion und organisatorischen Zusammenhalt zugleich ermöglichte. In den Jahren 1113 bis 1115 wurden von Cîteaux aus die vier »Primärabteien« La Ferté, Pontigny, Clairvaux und Morimond gegründet, die dann ihrerseits eine große Zahl von Klöstern neu gründeten oder im zisterziensischen Sinne reformierten: 1134 gab es 75 Zisterzienserklöster, 1153 waren es bereits 344. Regelmäßige Generalkapitel und ein ausgeklügeltes Visitationsverfahren sorgten für eine einheitliche Lebensordnung. Damit schufen die Zisterzienser den ersten »Orden« im strengen Sinn, einen Klosterverband mit festen, rechtsförmig geordneten Strukturen. 1119 wurde das zisterziensische Mönchtum päpstlich anerkannt; in den zwanziger Jahren des 12. Jahrhunderts entstanden auch zisterziensische Frauenklöster. Die Klosteranlagen des Ordens brachten schon äußerlich Reformgesichtspunkte zum Ausdruck: Die turm- und schmucklosen Kirchenbauten veranschaulichten Armut und Askese. Den Mönchen und Konversen waren im gesamten Kloster jeweils eigene Trakte vorbehalten, so daß bei aller gegenseitigen Angewiesenheit die Abhebung des »Geistlichen« gegenüber der Laienwelt auch baulich durchgeführt wurde. Zugleich entwickelten sich die Zisterzienserklöster zu eindrucksvollen ökonomischen Zentren – eine unbeabsichtigte, aber bedeutsame Folge der religiös motivierten Betonung der körperlichen Arbeit.

Zur Attraktivität des Zisterzienserordens trug in erheblichen Maße bei, daß ihm mit Bernhard von Clairvaux der überragende Theologe und spirituelle Lehrer seiner Zeit angehörte (s.u. IV.1.b). Bernhard war es auch, der dem aus der Kirchenreform des 11. Jahrhunderts gestärkt hervorgegangenen Papsttum erneut die spirituelle Dimension seiner gesamtkirchlichen Stellung einschärfte. An Papst Eugen III. (1145–1153), vor seiner Wahl selbst Zisterzienser, schrieb er unter Hinweis auf den fürstlichen Prunk an der Kurie:

»In den genannten Punkten bist du nicht Petrus, sondern Konstantin nachgefolgt. Ich rate dir, es als zeitbedingt zu dulden, nicht aber als verpflichtend zu verlangen. Lieber will ich dich zu dem Dienst aufmuntern, zu dem du meines Wissens tatsächlich verpflichtet bist. Wenn du auch in Purpur und Gold einherschreitest, darfst du dennoch die Mühe und Sorge eines Hirten, das Erbe des Guten Hirten, nicht von dir weisen, du darfst dich des Evangeliums nicht schämen. [vgl. Röm 1,16] Wenn du das Evangelium mit Eifer verkündest, wird dir freilich der Ruhm zuteil, sogar zu den Aposteln zu zählen. Das Evangelium zu verkünden heißt, Hirtensorge auszuüben. ›Erfülle die Aufgaben eines Verkündigers!‹ [2Tim 4,5] Dann hast du die Aufgabe eines Hirten erfüllt.«[40]

Die monastische Erneuerungsbewegung war durchweg mit erhöhter Mobilität – zuweilen einer auffälligen Unrast – der Beteiligten verbunden. Besonders deutlich wird das dort, wo die asketische Tradition der Wanderpredigt neu belebt wurde, eine aufsehenerregende und schwer in feste Strukturen zu fassende Lebensform, die deshalb zunehmend kirchliches Mißtrauen hervorrief und in der zweiten Hälfte des 12. Jahrhunderts, als sie sich überdies mit laikalen Ansprüchen verband, zum Hauptkennzeichen »häretischer« Bewegungen wurde (s.u. III.1). Schon Robert von Arbrissel († 1116), der als charismatischer Wanderprediger durch Frankreich zog, wurde, obwohl Papst Urban II. ihn unterstützte, vielfach angefeindet. Angesichts der durch sein Auftreten hervorgerufenen Unruhe gründete er für seine Anhängerinnen und Anhänger 1101 in Fontrevault ein Doppelkloster für Frauen und Männer, dem später weitere folgten, die nach 1115 alle der Äbtissin von Fontrevault unterstellt waren. Die Fontrevaultenser entwickelten sich in der Folgezeit im wesentlichen zu einem Verband streng asketisch lebender Damenstifte.

Die Wanderpredigt bildete auch den entscheidenden asketischen Impuls für den Kanoniker Norbert von Xanten († 1134), in dessen Wirken sich die monastische Erneuerungsbewegung mit der Kanonikerreform und der Kirchenreform insgesamt trifft. Ein Berufungserlebnis rief bei Norbert den in dieser Doppelung eigentümlichen Wunsch hervor, sowohl zum Priester geweiht zu werden als auch streng asketisch zu leben und als Prediger herumzuziehen. In seinen

40 Bernhard von Clairvaux, De consideratione ad Eugenium papam IV,III,6: *Ü* Ders., Sämtliche Werke lat./dt., hg. von *Gerhard B. Winkler*, Bd. 1, Innsbruck 1990, 747/749.

Predigten übte er auf der Linie der gregorianischen Reform Kritik am Leben der durchschnittlichen Kleriker. Deswegen und weil seine Lebensform der Unterscheidung von Kanonikern und Mönchen zuwiderlief, wurde er 1118 von einer Synode in Fritzlar gerügt. Daraufhin trennte er sich von seinem Besitz und nahm die Wanderpredigt auf. Maßstab dafür war das »apostolische Leben« nach den Vorschriften der Aussendungsrede Jesu in Mt 10,5–14, die Norbert als Lebensregel des »Evangeliums« verstand – und um das für einen gebildeten Priester Lebensnotwendige ergänzte:

»Staunen erregte seine neue Art zu leben, nämlich: auf Erden zu leben und nichts von der Erde zu wollen. Denn nach der Vorschrift des Evangeliums [Mt 10,10] trug er weder Reisetasche noch Schuhe, noch zwei Röcke; vielmehr genügten ihm allein ein paar Bücher und die Meßgewänder.«[41]

Schließlich wandte sich auch Norbert einer kirchlich anerkannten Lebensform zu: 1120 gründete er in Bindung an die strengere Gestalt der Augustinerregel das Chorherrenstift Prémontré, von wo aus sich die Prämonstratenser als eigener Orden von Augustiner-Chorherren verbreiteten. Sie verbanden Aufgaben der Predigt und der Seelsorge mit dem Streben nach ernsthafter persönlicher Askese. Nachdem Norbert 1126 Erzbischof von Magdeburg geworden war, übernahmen sie auch Aufgaben in der Slawenmission. Zur Konsolidierung des Ordens kam es unter Hugo von Fosses († 1161), Norberts Nachfolger als Abt von Prémontré, der 1130 die prämonstratensische Lebensordnung verschriftlichte (Consuetudines Praemonstratenses). Frauen schlossen sich früh an die Prämonstratenser an; eigene Frauenstifte entstanden zuerst im zweiten Drittel des 12. Jahrhunderts.

Bei allen diesen Erneuerungsbewegungen im Umkreis des Mönchtums ist die persönliche und gedankliche Nähe zu den Intentionen der gregorianischen Kirchenreform mit ihrer Konzentration auf eine Reform des geistlichen Standes unverkennbar. Der Drang zur Wanderpredigt stellte freilich ein überschießendes Moment dar, das sich schwer in die bekannten Strukturen integrieren ließ und im Zuge der Ordensbildungen nach und nach wegfiel. Dieses Moment kehrt dann in den prinzipiell kleruskritischen Laienbewegungen des 12. Jahrhunderts wieder und findet erst in den Bettelorden des 13. Jahrhunderts eine kirchlich anerkannte Form (s.u. III.2).

41 Leben des heiligen Norbert (Fassung A) 4: *Ü* AQDGMA 22, 463/465.

5. Kirchenreform und Theologie

Von den Trägern der großen Kirchenreform des 11. Jahrhunderts gingen zunächst keine Impulse zu einer Erneuerung der theologischen Methode aus. Ihnen genügte die Sichtung der kirchlichen Lehrtradition im Blick auf das Reformziel einer »freien« Kirche, die dem entsprach, was man als durch das Zeugnis der »Väter« gestützte ursprüngliche Gestalt des Christentums ansah. So wurden Ansätze zu einer Erneuerung der Theologie durch Aufnahme von Elementen der antiken Philosophie abseits von Rom an den Kathedralschulen unternommen. Insbesondere die Domschule von Chartres war in der ersten Hälfte des 11. Jahrhunderts führend in der Lehre der klassischen philosophischen Disziplinen, der sogenannten »freien Künste« (artes liberales), insbesondere der Dialektik, und integrierte sie in die theologische Lehre. Der Kirchenreform begegnete die philosophisch verfeinerte Theologie zunächst im Konflikt um das Abendmahlsverständnis, in dem das Papsttum mit Nachdruck seinen Anspruch auf die Zuständigkeit in Lehrfragen geltend machte. Der Konflikt führte aber auch dazu, daß die neue Methodik behutsam in die kirchliche Lehre übernommen wurde, was ab dem 12. Jahrhunderts die Ausbildung der scholastischen Theologie als einer die Philosophie einbeziehenden kirchlichen Normaltheologie ermöglichte (s.u. IV.1 und 2). Immerhin unternahm mit Anselm von Canterbury († 1109) ein Exponent der Kirchenreform am Ende des 11. Jahrhunderts den imponierenden Versuch, die kirchlichen Glaubenslehren in einer intellektuell verantworteten Gesamtsicht zu entfalten.

a. Berengar von Tours und der Streit um das Abendmahl

Der Abendmahlsstreit des 9. Jahrhunderts[42] war ohne Ergebnis geblieben; damals hatte das Papsttum als Lehrinstanz keine Rolle gespielt. Die offene Frage, ob die Identifizierung der Abendmahlselemente Brot und Wein mit Leib und Blut Christi eher im Sinne einer Verwandlung (»realistisch«) oder im Sinne eines Zeichens (»symbolisch«) zu verstehen sei, entbrannte um die Mitte des 11. Jahrhun-

42 S. Zugänge 4 (s. Anm. 1), 107–109.

derts neu, als Berengar († 1088), der Leiter der Stiftsschule St. Martin in Tours, das Abendmahlsverständnis mit Hilfe der philosophischen und sprachlichen Logik (Dialektik und Grammatik) zu klären versuchte. Die populäre Vorstellung einer sinnlich nicht wahrnehmbaren, durch die priesterlichen Konsekrationsworte bewirkten Verwandlung von Brot und Wein erschien ihm als weder denkmöglich noch sprachlich aussagbar und deshalb philosophisch gesehen als barer Unsinn. Wesen und sinnliche Erscheinung eines Phänomens (Substanz/substantia und Akzidentien/accidentia) ließen sich für Berengar nicht voneinander trennen. Er plädierte daher für eine Deutung der Abendmahlselemente als Zeichen, denen die Realität der Gegenwart Christi nicht durch Verwandlung, sondern durch den Glauben zukommt. Mit dieser Auffassung stieß Berengar auf erheblichen Widerstand. Insbesondere Lanfranc († 1089), Abt des Klosters Bec in der Normandie, setzte sich literarisch mit ihm auseinander. Er bestritt dabei nicht das Recht philosophischer Erkenntniswege in der Theologie, forderte aber ihre Unterordnung unter die Autorität der Tradition. Damit machte er das Verhältnis von Dialektik und kirchlicher Lehre zum eigentlichen Thema der Auseinandersetzung. Lanfrancs Vorwurf lautete:

»Du hast die heiligen Autoritäten fahren lassen und Zuflucht bei der Dialektik gesucht. Ich aber möchte über das Geheimnis des Glaubens lernen, was sachgemäß dazugehört, und das will ich lieber im Umgang mit den heiligen Autoritäten lernen als mit dialektischen Verstandesüberlegungen.«[43]

Petrus Damiani sah in einer selbständigen Anwendung der Philosophie auf Glaubensaussagen sündhaften Hochmut und gestand ihr allenfalls die demütige Rolle der »Magd« der Theologie zu:

»Was sich aus den Argumenten der Dialektiker oder der Rhetoriker ergibt, paßt schwerlich zu den Geheimnissen der göttlichen Kraft. Und was entwickelt wurde, um als Hilfsmittel für logische Folgerungen oder als Schluß rhetorischer Gestaltungen zu dienen, das soll sich nicht hartnäckig in die heiligen Gesetze einmischen und seine Denknotwendigkeiten der göttlichen Kraft entgegensetzen. Was aber von der Kenntnis der menschlichen Wissenschaft zuweilen auf die Interpretation der heiligen Schriften angewandt wird, darf nicht anmaßend das Recht des Lehramtes an sich reißen. Vielmehr soll

43 Lanfranc von Bec, Liber de corpore et sanguine Domini: PL 150, 416.

diese Kenntnis wie eine Magd der Herrin in dienstbarem Gehorsam untertan sein, damit sie sich nicht im Voranschreiten verirrt und, indem sie den vernunftgemäßen Folgerungen aus den äußeren Worten folgt, das Licht der innersten Kraft und den rechten Weg der Wahrheit verliert.«[44]

Berengar hingegen beharrte auf dem eigenständigen Wert der philosophischen Dialektik für das Verstehen theologischer Probleme:

»Die Worte der Dialektik zur Darlegung der Wahrheit zu benutzen, bedeutet nicht, seine Zuflucht zur Dialektik zu nehmen. Wenn das aber als ein Zufluchtnehmen aufgefaßt wird, reut es mich nicht, zur Dialektik geflohen zu sein. Denn ich sehe, daß selbst die Weisheit Gottes und die Kraft Gottes sich vor ihr keineswegs scheuen, sondern durch ihre Kunst die Gegner besiegen. Gerade die höchste Gesinnung muß in allen Dingen zur Dialektik Zuflucht nehmen, denn das bedeutet, Zuflucht zur Vernunft zu nehmen. Da aber der Mensch im Blick auf die Vernunft nach dem Bilde Gottes gemacht ist, verläßt derjenige, der nicht zu ihr flieht, seine Ehre und kann nicht Tag für Tag nach dem Bilde Gottes erneuert werden. … Kein vernünftiger Mensch soll der Meinung [Lanfrancs] folgen und, wenn er die Wahl hat, lieber vor den Autoritäten zurückweichen, statt mit der Vernunft voranzuschreiten.«[45]

Auf Betreiben Lanfrancs wurde Berengars Abendmahlsauffassung in den Jahren 1050 bis 1054 von verschiedenen regionalen Synoden verurteilt, und Berengar ließ sich auf dehnbare Lehrformeln ein. Dann aber nahm sich die päpstliche Kirchenleitung der Lehrfrage an, die im Kontext der Kirchenreform von besonderer Brisanz war. Der zentralen, heilsvermittelnden Funktion des Klerus, die die Reformer zur Geltung bringen wollten, entsprach die populäre Wandlungsvorstellung mit ihrer Betonung der speziellen priesterlichen Konsekrationsvollmacht weitaus besser als Berengars Zeichentheorie. Berengar wurde zu der für alle Aspekte der Kirchenreform besonders bedeutsamen römischen Fastensynode von 1059 geladen. Dort wurde er gezwungen, eine von Humbert von Silva Candida, dem Spezialisten für zugespitzte Lehrformulierungen, verfaßte Abendmahlsformel zu unterzeichnen, die in überdeutlicher Massivität von einer realen Wandlung sprach und die Funktion des Priesters für das Geschehen betonte:

44 Petrus Damiani, De divina omnipotentia 5: PL 145, 603.
45 Berengar von Tours, Rescriptum contra Lanfrannum: CChr.CM 84, 85f.

»Ich Berengar … stimme aber der heiligen Römischen Kirche und dem Apostolischen Stuhl zu und bekenne mit Mund und Herz, daß ich in bezug auf das Sakrament des Herrenmahles jenen Glauben festhalte, den der Herr und ehrwürdige Papst Nikolaus [II.] und diese heilige Synode kraft evangelischer und apostolischer Autorität festzuhalten überliefert und mir bestätigt hat: daß nämlich das Brot und der Wein, die auf den Altar gelegt werden, nach der Konsekration nicht nur ein Sakrament, sondern auch der wahre Leib und das wahre Blut unseres Herrn Jesus Christus sind und sinnenhaft – nicht nur im Sakrament, sondern in Wahrheit – mit den Händen der Priester berührt und gebrochen und mit den Zähnen der Gläubigen zerrieben werden«.[46]

Diese Formel gab nicht nur Berengar den Anlaß, sich polemisch mit der römischen Lehrentscheidung auseinanderzusetzen, sie wurde in ihrer unreflektierten Nähe zu magischen Elementen der populären Religiosität auch von Befürwortern einer Wandlungstheorie kritisiert. Insbesondere Lanfrancs Schüler Guitmund von Aversa († 1090/95) versuchte in der Folgezeit, den Wandlungsgedanken mit der Begrifflichkeit der philosophischen Dialektik zu verbinden, indem er den Substanzbegriff aufnahm und von einer »substanzhaften Wandlung« sprach. Diese Redeweise wurde 1079 unter Gregor VII. von einer römischen Synode aufgegriffen, als Berengar erneut auf eine offizielle, gegenüber 1059 erheblich reflektiertere Lehrformel festgelegt wurde:

»Ich Berengar, glaube von Herzen und bekenne mit dem Mund, daß das Brot und der Wein, die auf den Altar gelegt werden, durch das Geheimnis des heiligen Gebetes und die Worte unseres Erlösers substanzhaft in das wahre, eigene und lebendigmachende Fleisch und Blut unseres Herrn Jesus Christus verwandelt werden und nach der Konsekration der wahre Leib Christi, der von der Jungfrau geboren wurde, der, für das Heil der Welt geopfert, am Kreuze hing und der zur Rechten des Vaters sitzt, und das wahre Blut Christi sind, das aus seiner Seite vergossen wurde, nicht nur durch das Zeichen und die Kraft des Sakramentes, sondern in der Eigentlichkeit der Natur und der Wahrheit der Substanz.«[47]

Auch diese Formel befriedigte weder Berengar noch bot sie eine abschließende, philosophisch plausible Erklärung des Wandlungsgeschehens. Sie stärkte aber das Papsttum in seinem Anspruch, auch in

46 Synode von Rom (1059): *Ü* DH, Nr. 690.
47 Synode von Rom (1079): *Ü* DH, Nr. 700.

Lehrfragen letzte, verbindlich entscheidende Instanz zu sein. Kirchliche Lehre verschloß sich nicht länger der modernen theologischen Methodik, sondern nahm sie in Dienst. So eröffnete die Formel von 1079 einen Prozeß, in dessen Verlauf neben das geschlossene kirchenrechtliche System ein ebenso geschlossenes theologisches System trat, beide dem Leitungsanspruch des Papsttums unterworfen. Hinsichtlich des Abendmahlsverständnisses war die zentrale Frage entschieden. Lediglich über die Art und Weise des Wandlungsvorgangs wurde fortan noch diskutiert, bis sich am Ende des 12. Jahrhunderts die Begrifflichkeit der »Transsubstantiation«, des Substanzwandels unter Beibehaltung der Akzidentien, durchsetzte und vom Vierten Laterankonzil 1215 en passant dogmatisiert wurde.

Der Sieg der populären Wandlungsvorstellung bekräftigte dauerhaft die zentrale Rolle des Priesters für den Vollzug der Eucharistie. Die Frömmigkeit verlagerte sich in der Folge noch stärker von der Mahlhandlung auf den religiösen Umgang mit den gewandelten Elementen, die angebetet und in Prozessionen herumgetragen wurden und an die sich mirakulöse Vorstellungen hefteten. Die Scheu vor dem Blut Christi führte seit dem 12. Jahrhundert dazu, daß die Laien auf die Kelchkommunion verzichteten und ihnen das Altarsakrament nur noch in der Gestalt des Brotes gereicht wurde. Im kirchlichen Festkalender erhielt die Wandlungsfrömmigkeit ihren eigenen Ort mit dem Fronleichnamsfest (= Fest des Leibes des Herrn), das Papst Urban IV. 1264 aufgrund von Visionen der belgischen Nonne Juliana von Cornillon († 1258) einführte.

b. Die Anfänge des Universalienstreits

Die Frage nach dem Sachgehalt theologischen Denkens und Redens, die hinter dem Abendmahlsstreit stand, wurde am Ende des 11. Jahrhunderts auch in allgemeinerer Form erörtert. Sie entzündete sich an dem philosophischen Problem des Wesens der Allgemeinbegriffe oder Universalien, z.B. des Guten, der Weisheit oder der Liebe. Strittig war, ob – in platonischer Tradition – die Allgemeinbegriffe etwas wirklich Existierendes (res) bezeichnen, an dem die Einzelerscheinungen partizipieren (Realismus), oder ob es sich bei ihnen – eher auf der Linie aristotelischer Anschauungen – um Konstrukte der menschlichen Verstandestätigkeit (Namen/nomina oder Bezeichnungen/voces) handelt, die die Erfahrungen mit den Einzelphänomenen abstrahierend strukturieren (Nominalismus). Dieses abstrakt erscheinende philosophische Problem entwickelte theologische Brisanz, wenn es an die Allgemeinbegriffe des christlichen Denkens und Redens herangetragen wurde. Dann stand beispielsweise die Frage im Raum, ob die traditionellen Begriffe des Redens von Gott eine objektive Realität bezeichnen, Gott also im eigentlichen Sinne »Gegenstand« der Theologie ist, oder ob sie als abstrahierende Chiffren menschlicher Erfahrungen zu verstehen sind und ihnen auf diesem Weg ein sachgemäßer, »treffender« Gehalt zukommt.

In den neunziger Jahren des 11. Jahrhunderts kam es zu einem ersten Konflikt, als Roscelin von Compiègne († 1120/25), Lehrer unter anderem in Tours, die Kritik am traditionellen Begriffsrealismus an den Formulierungen der altkirchlichen Trinitätslehre erprobte. Da er die Realität des Individuellen betonte, geriet er in den Verdacht einer Drei-Götter-Lehre. Im Hinblick darauf wurde sein philosophischer Ansatz unter anderem von Anselm von Canterbury angegriffen:

»Da also alle angehalten sind, so behutsam wie möglich an die Fragen der Heiligen Schrift heranzugehen, sind nun besonders jene zeitgenössischen Dialektiker, die fürwahr Ketzer der Dialektik sind, ohne Umschweife von der Erörterung geistlicher Fragen auszuschließen. Sie halten nämlich die universellen Substanzen nur für einen stimmlichen Hauch, die Farbe können sie nur als Körper begreifen und die Weisheit des Menschen nur als Lebenshauch. In deren Seelen ist dann auch der Verstand, der Herr und Richter über alles sein muß, was im Menschen ist, derartig in körperliche Vorstellungen eingehüllt, daß er sich aus ihnen nicht befreien kann und auch nicht von diesen körperlichen Vorstellungen das zu trennen vermag, was für sich allein und rein betrachtet werden muß. Wer nun einmal nicht begreift, auf welche Weise mehrere Menschen in einer Spezies ein einziger Mensch sein können, wie kann er dann erfassen, in welcher Weise in jener entlegensten und höchsten Natur mehrere Personen, von denen jede einzelne vollkommener Gott ist, ein einziger Gott sein können.«[48]

Um 1092 zwang eine Synode in Soissons Roscelin, sich von seinen trinitätstheologischen Spitzenaussagen zu distanzieren. Späteren

48 Anselm von Canterbury, Epistola de incarnatione verbi 1: Ü *Hans-Ulrich Wöhler* (Hg.), Texte zum Universalienstreit. Bd. 1: Vom Ausgang der Antike bis zur Frühscholastik, Berlin 1992, 76.

Zeiten galt er als Vater des Nominalismus, was sich aus Mangel an Quellen aber nicht nachweisen läßt. Zu einer definitiven lehramtlichen Entscheidung zur Universalienfrage kam es nicht; die kirchlichen Autoritäten schlugen sich – ähnlich wie in der Auseinandersetzung mit Berengar – auf die Seite der realistischen Position, die die objektive Wahrheit der kirchlichen Lehre sicherte und damit auch den kirchlichen Anspruch auf objektive Heilsvermittlung stabilisierte. Dennoch beschäftigten das philosophische Grundproblem und der aus ihm erwachsene Schulstreit von Realismus und Nominalismus die Theologen des Mittelalters weiter (s.u. IV.2.a).

c. Der theologische Entwurf Anselms von Canterbury

Anselm, seit 1063 Prior und Leiter der Klosterschule in Bec als Nachfolger seines Lehrers Lanfranc, 1078 Abt des Klosters, und 1093 – wiederum als Nachfolger Lanfrancs – Erzbischof von Canterbury, war ein Mann der Kirchenreform. Schon in den siebziger Jahren des 11. Jahrhunderts wirkte er mit anderen Mönchen aus der Normandie im frisch unter normannische Herrschaft geratenen England als Propagandist der römischen Forderungen an den Klerus; als Erzbischof setzte er diese Bemühungen intensiv fort. Im Investiturstreit (s.u. II.1) vertrat er mit Vehemenz die Bindung der englischen Kirche an Rom gegen königliche Ansprüche. In seiner Theologie spielt dieser kirchenpolitische Kontext vordergründig keine Rolle. Sie bewegt sich in ganz eigengeprägter Weise zwischen der Meditation als typisch klösterlicher Denkform und konsequenter Anwendung von rationalen Argumenten, womit sie die »freien Künste« des zeitgenössischen Schulbetriebs aufnimmt.

Anselms erste bedeutende Schrift »Selbstgespräch« (Monologion) trug zunächst den bezeichnenden Titel »Beispiel für die Meditation über den vernünftigen Grund (ratio) des Glaubens«. Anselm meditierte in dieser Schrift wie ein Mönch, verließ aber programmatisch die Bibel als Meditationsgrundlage, indem er die Glaubenslehren mit den Mitteln bloßer Vernunftüberlegungen zu begründen versuchte. In dieser Verbindung von Lehrtradition und dem Anspruch auf größtmögliche Allgemeingültigkeit ist eine Strukturverwandtschaft der Anselmschen Theologie mit dem Streben der Kirchenreform nach rechtlicher Eindeutigkeit und Geschlossenheit der Kirche zu erkennen. Anselms Biograph Eadmer von Canterbury († nach 1128) faßt dessen Ansatz prägnant zusammen:

»Indem er von jeglicher Autorität der Heiligen Schrift schweigt, sucht und findet er allein durch die Vernunft, was Gott ist, und er beweist mit unwiderlegbaren Vernunftgründen, was der wahre Glaube über Gott meint, wahr ist und nicht anders sein kann«.[49]

Im »Monologion« macht Anselm Gott als Ursache der differenzierten Phänomene der sinnlichen und geistigen Erfahrung, als das eine, höchste, durch sich selbst bestehende Gute plausibel:

»Es gibt also eine Natur, die das Höchste von allem ist, was ist. Das kann sie aber nur sein, wenn sie durch sich ist, was sie ist, und alles was ist, durch sie ist, was es ist. Denn da … die Vernunft gelehrt hat, daß das, was durch sich ist und durch das alles andere ist, das Höchste von allem ist, was existiert, so ist umgekehrt entweder das, was das Höchste ist, durch sich und alles andere durch dieses, oder es wird mehrere Höchste geben. Daß es aber nicht mehrere Höchste gibt, ist offensichtlich. Daher gibt es eine Natur oder Substanz oder Wesenheit, die durch sich gut und groß ist und durch sich das ist, was sie ist, und durch die ist, was immer wahr oder gut oder groß oder etwas ist, und die das höchste Gute, das höchste Große, das höchste Seiende oder Bestehende ist, das heißt das Höchste von allem, was ist.«[50]

In dem folgenden, diesmal – gleichfalls gut monastisch – als Gebet gestalteten Werk »Anrede« (Proslogion) verdeutlicht Anselm den Gedanken des höchsten Gutes durch eine präzise Regel über Möglichkeit und Sinn des Denkens und Redens von Gott, die als »ontologischer Gottesbeweis« berühmt geworden ist. Anselm präzisiert seinen vernünftigen Gottesbegriff durch die Definition Gottes als dessen, »über dem nichts Größeres gedacht werden kann«. Von diesem Begriff eines im Denken unübersteigbar Größten schließt Anselm, wobei er eine »realistische« Auffassung der Allgemeinbegriffe voraussetzt, auf die Existenz dieses so Gedachten als notwendige Konsequenz des Begriffs:

---

49 Eadmer, Vita Sancti Anselmi: hg. von *Richard W. Southern*, Oxford ²1972, 29.

50 Anselm von Canterbury, Monologion 4: *Ü* lat.-dt. hg. von *Franciscus Salesius Schmitt*, Stuttgart-Bad Cannstatt 1964, 51.

»O Herr, der du dem Glauben das Verstehen verleihst, laß mich … verstehen, daß du bist, wie wir glauben, und daß du das bist, was wir glauben. Wir glauben aber, daß du etwas bist, über dem nichts Größeres gedacht werden kann. … Also muß auch der Tor einsehen, daß es mindestens im Denken etwas gibt, über dem nichts Größeres gedacht werden kann. Denn wenn er davon hört, versteht er es, und was einer versteht, das ist in seinem Denken. Aber sicherlich kann das, über dem nichts Größeres gedacht werden kann, nicht nur im Denken sein. Wäre es nämlich nur im Denken, könnte man sich vorstellen, daß es auch in der Wirklichkeit existierte, was größer wäre. Wenn also das, über dem nichts Größeres gedacht werden kann, nur im Denken ist, dann wäre dieses, über dem nichts Größeres gedacht werden kann, etwas, über dem etwas Größeres gedacht werden kann. Das kann aber nicht sein. Deshalb existiert zweifellos etwas, über das nichts Größeres gedacht werden kann, sowohl im Denken wie in Wirklichkeit.«[51]

Das »Proslogion« trug ursprünglich den Titel »Der Glaube sucht das Verstehen« (Fides quaerens intellectum) und brachte damit Anselms Verständnis von Theologie auf eine einprägsame Formel, die sowohl dem Glauben wie der vernünftigen Einsicht ein eigenes Recht zuweist, beide Größen aber zugleich so miteinander verbindet, daß sie notwendig aufeinander bezogen sind:

»Lehre mich dich suchen und zeige dich dem Suchenden; denn ich kann dich weder suchen, wenn du mich nicht lehrst, noch finden, wenn du dich mir nicht zeigst. Ich will dich verlangend suchen, dich suchend verlangen. Ich will dich liebend finden, dich findend lieben. … Ich strebe nicht danach, Herr, deine Tiefe zu durchdringen, denn meinen Verstand stelle ich ihr keinesfalls gleich; aber mich verlangt, bis zu einem gewissen Grade deine Wahrheit zu verstehen, die mein Herz glaubt und liebt. Ich suche nämlich nicht zu verstehen, um zu glauben, sondern ich glaube, um zu verstehen.«[52]

Mit der gleichen Methode wandte sich Anselm fast zwanzig Jahre später (1094–1098) der Frage zu, wie der Kern der christlichen Erlösungsvorstellung, die Menschwerdung des Gottessohnes in der geschichtlichen Gestalt Jesu Christi und das Geschick dieses Menschen, mit notwendigen Vernunftgründen, d.h. unter Absehung von der Autorität der Christusoffenbarung selbst, einsehbar gemacht werden kann. In seinem Dialog »Warum wurde Gott Mensch?« (Cur

51 Anselm von Canterbury, Proslogion 2: lat.-dt. hg. von *Franciscus Salesius Schmitt*, Stuttgart-Bad Cannstatt 1962, 84 (nach dem lateinischen Text).

52 Ebd.: *Ü* a.a.O., 83/85.

Deus homo) überträgt Anselm germanische Rechtsvorstellungen von Ehre und Sühne auf das Verhältnis von Gott und Mensch: Die Sünde als Grundbestimmung menschlicher Existenz schädigt die Ehre des Schöpfers und beeinträchtigt damit ein unendliches Rechtsgut. Daraus ergibt sich das unbedingte Erfordernis einer entsprechenden, gleichfalls unendlichen Sühneleistung durch den Menschen. Ein einseitiger Akt der göttlichen Barmherzigkeit fällt nämlich infolge des Prinzips der Gerechtigkeit als Möglichkeit aus. Der literarische Dialogpartner Boso formuliert schließlich den auf diesen Grundannahmen aufbauenden Beweis für die Notwendigkeit der Sühne durch den Gott-Menschen:

»Der Kernpunkt der Frage war, warum Gott Mensch geworden ist, so daß er durch seinen Tod den Menschen rettete, da er es doch augenscheinlich auf andere Weise hätte tun können. Worauf du in deiner Antwort mit vielen und zwingenden Vernunftgründen gezeigt hast, daß die Wiederherstellung der menschlichen Natur nicht unterbleiben durfte und daß sie nicht geschehen konnte, wenn der Mensch nicht einlöste, was er Gott für die Sünde schuldig war. Diese Schuld war so groß, daß sie, obwohl sie nur der Mensch einlösen mußte, es nur Gott konnte, so daß derselbe Mensch wie Gott war. Daher war es notwendig, daß Gott den Menschen in die Einheit der Person aufnahm, damit der, der der Natur nach einlösen mußte und nicht konnte, der Person nach wäre, der es konnte. ... Du hast aber aufs klarste bewiesen, daß das Leben dieses Menschen so erhaben, so kostbar sei, daß es hinreichen kann zur Einlösung dessen, was für die Sünden der ganzen Welt geschuldet wird, und für noch unendlich mehr.«[53]

Anselms Fassung der christlichen Versöhnungslehre als Theorie der genugtuenden Sühne (Satisfaktion) gipfelt darin, daß der Gott-Mensch Jesus Christus das unendliche Verdienst, das er durch den Kreuzestod erwirbt, für sich selbst nicht nötig hat und es deshalb als stellvertretende Versöhnungsleistung der gesamten Menschheit zugeeignet werden kann.

Anselm ist mit seiner der monastischen Meditation verpflichteten theologischen Gesamtsicht von der Scholastik der folgenden Jahrhunderte (s.u. IV.1 und 2) kaum rezipiert worden, aber seine thematische Konzentration auf Gotteslehre und Soteriologie wirkte deutlich nach.

---

53 Anselm von Canterbury, Cur Deus homo II, 18: *Ü* lat.-dt. hg. von *Franciscus Salesius Schmitt*, München ³1970, 143.

II. Papstkirche und universale Herrschaft (11. bis 13. Jahrhundert)

1. Der Investiturstreit

a. Kirchenreform und Herrschaft

Die Kirchenreform des 11. Jahrhunderts war möglich geworden, weil das deutsche Königtum in der Person Heinrichs III. seine Leitungsfunktion in der abendländischen Christenheit bewußt wahrnahm und entschlossen für eine Erneuerung der kirchlichen Leitungsinstanzen sorgte. Voraussetzung dieses herrscherlichen Eingreifens in die kirchlichen Ämter war, daß der König aufgrund seiner Salbung keineswegs als Laienmitglied der Kirche galt, sondern daß ihm eine sakrale Qualität zuerkannt wurde. Bezeichnenderweise wurde der deutsche König als »Stellvertreter Christi« bezeichnet, bevor die Päpste diesen Titel exklusiv für ihre eigene Position in der Christenheit beanspruchten. So hieß es 1024 in der Liturgie anläßlich der Königsweihe Konrads II.:

»Zur höchsten Würde bist du gelangt, du bist der Stellvertreter Christi. Niemand, der nicht ihn nachahmt, ist in Wahrheit Herrscher.«[54]

Erst im Zuge der Kirchenreform sollte sich auch der Gedanke der Christusnähe vom Herrscheramt auf das klerikale Leitungsamt verlagern. Zunächst gab es im Blick auf das Königtum – in Deutschland nicht anders als in Frankreich oder England – keine Scheidung von »weltlicher« und »geistlicher« Herrschaft. Namentlich im deutschen Reich, zu dem auch die Teilreiche Burgund und (Nord-) Italien zählten, war das politische System auf die Untrennbarkeit von Königsherrschaft und Kirche gegründet. Die Bischöfe nahmen an der königlichen Herrschaft teil, sie wurden vom König in ihr Amt eingesetzt und mit eigenen Herrschaftsrechten (Regalien) ausgestattet. Die In-

54 Wipo, Gesta Chuonradi II. imperatoris 3: *Ü* AQDGMA 11, 549.

vestitur, die vom König vollzogene Einsetzung der Bischöfe, brachte das Ineinander von kirchlichem Amt und politischer Funktion symbolisch zum Ausdruck: Vor der kirchlichen Weihehandlung überreichte der König dem Bischof den Hirtenstab, ein Symbol kirchlicher und weltlicher Rechtsgewalt, und den Ring als Ausdruck der Verbundenheit mit der Gesamtkirche. Zugleich nahm er ihm wie einem Lehnsmann den Treueid ab.

An dieser Zeremonie zur Einführung kirchlicher Amtsträger entzündete sich die Auseinandersetzung um das Verhältnis von königlicher und priesterlicher Herrschaft (regnum und sacerdotium), die deshalb als »Investiturstreit« bezeichnet wird. Sie ergab sich mit einer gewissen Zwangsläufigkeit aus der Konzentration der Kirchenreform auf die Kirchlichkeit der Amtsträger: Die erstrebte »Freiheit der Kirche« sollte durch die Ausschaltung jedes nicht-kirchlichen, d.h. nicht-klerikalen Einflusses auf den Klerus erreicht werden. Deshalb galt jede Beteiligung von Laien an der Einsetzung von Klerikern schon in den fünfziger Jahren des 11. Jahrhunderts als »Simonie« und wurde von der Lateransynode des Jahres 1059 verboten (s.o. I.3.a). Die königliche Investitur war dabei noch nicht im Blick, eben weil der König nicht schlechthin als »Laie« galt. Die Schwäche des deutschen Königtums nach dem frühen Tod Heinrichs III. im Jahre 1056 sorgte aber dafür, daß das Streben nach Unabhängigkeit der kirchlichen Leitungsinstanzen auch vor dem Königtum nicht haltmachte. Humbert von Silva Candida war der erste, der nicht davor zurückschreckte, den König als Laien zu bezeichnen und seine Beteiligung an der Einsetzung von Bischöfen als Simonie zu brandmarken:

»Die weltliche Gewalt ist nämlich die erste bei der Wahl und bei der Bestätigung. ... Was kommt es Personen aus dem Laienstand zu, kirchliche Sakramente und die Bischofs- bzw. Hirtengnade zu verleihen, nämlich die Krummstäbe und Ringe, durch welche die gesamte Bischofsweihe vornehmlich vollendet wird, mittels derer sie ihre Funktion erfüllt und auf die sie sich stützt? ... Wer auch immer irgend jemanden mit diesen beiden Gegenständen in sein Amt einführt, der nimmt zweifellos durch diese Anmaßung die ganze Hirtengewalt für sich in Anspruch. ... Doch ... eine derartige Verfahrensweise wurde nicht nur in früheren Zeiten gehandhabt und gepredigt, sondern man meint und weiß, daß sie auch in unseren Tagen eine oft geübte Praxis darstellt. Denn verkauften nicht früher und verkaufen nicht auch heute die weltlichen Fürsten kirchliche Güter unter dem falschen Namen der Investitur?«[55]

Humberts revolutionäre Wendung der Kirchenreform gegen die sakrale Stellung und die kirchlichen Rechte des Königtums wurde zunächst nicht aufgenommen. Im Zuge der Konturierung des geistlich-klerikalen Profils der kirchlichen Institution wirkten seine Thesen aber latent weiter, so daß schließlich die scharfe Unterscheidung von »geistlich« und »weltlich« an Plausibilität gewann.

Zunächst aber zeigte auch das Papsttum nur geringe Neigung zu einer derartigen Unterscheidung, zumindest dann nicht, wenn es selbst politische Herrschaftsrechte symbolträchtig wahrnehmen konnte. Der Ausfall eines handlungsfähigen deutschen Königtums in den Jahren nach 1056 eröffnete die Möglichkeit, daß der Papst anstelle des Kaisers als Lehnsherr für Süditalien und Sizilien auftrat und 1059 Robert Guiscard († 1085), den Führer der normannischen Eroberer, förmlich belehnte. Das süditalienische Normannenreich wurde seitdem zur Schutzmacht für das Papsttum, und 1098 setzte Urban II. die normannischen Grafen – also unzweifelhafte Laien – sogar als ständige Vertreter des Papstes für die kirchlichen Angelegenheiten in ihrem Herrschaftsbereich ein.

Auch im Norden konnten die Normannen mit besonderer päpstlicher Unterstützung rechnen: Wilhelm der Eroberer führte 1066 bei der Unterwerfung Englands die Petrusfahne mit, die ihm der Papst zuvor verliehen hatte. Damit machte er sich die traditionelle englische Petrusverehrung zunutze. Auf den Lehnseid der neuen englischen Herrscher wartete der Papst freilich vergebens.

Hingegen übergab 1068 König Sancho von Aragon (1063–1094) sein Land dem heiligen Petrus. Das war zwar nur eine symbolische Geste, doch sie brachte zum Ausdruck, wie die ideale Verhältnisbestimmung von Kirche und Herrschaft sich aus päpstlicher Sicht gestalten sollte: alle politische Herrschaft ging als »Lehen« von der Kirche aus und war verbunden mit einer Treueverpflichtung auf den Papst und mit der Anerkennung seiner von politischer Einflußnahme freien kirchlichen Leitungsgewalt.

55 Humbert von Silva Candida, Adversus Simoniacos III,6: *Ü Johannes Laudage* (Hg.), Der Investiturstreit, Köln/ Wien 1990, 35/37.

b. Heinrich IV. und Gregor VII.

Die ausdrückliche Wendung der päpstlichen Kirchenreform gegen die angestammten kirchlichen Rechte des deutschen Königs erfolgte erst, als Heinrich IV. bei der Einsetzung eines neuen Erzbischofs in Mailand in direkten Konflikt mit den Interessen des Papsttums geriet. Er setzte 1070 einen Vertreter des hohen Stadtadels ein, dem die Vertreter der Pataria (s.o. I.3.b) im Bündnis mit dem Papst einen eigenen Kandidaten entgegenstellten. Da der König auf seiner Personalentscheidung beharrte, die in diesem konkreten Fall als Verhinderung einer dem Kirchenrecht entsprechenden »kanonischen Wahl« und damit als »Simonie« erschien, wurden fünf seiner Berater 1073 von Alexander II. exkommuniziert. Das kirchliche Urteil hatte zwar noch nicht den König selbst getroffen, war ihm aber doch sehr nahegerückt, denn von ihm wurde nun erwartet, daß er sich von den Gebannten distanzierte und so das Recht des Papstes anerkannte.

Da Heinrich sich nicht fügte, verschärfte sich der Konflikt im Pontifikat Gregors VII. Wie der »Dictatus papae« zeigt (s.o. I.1), ging Gregor von einer deutlichen Unterscheidung von regnum und sacerdotium aus und vertrat eine klare Überordnung der geistlichen, d.h. der päpstlichen Rechtsgewalt über die des Königs. Der Gedanke der »Freiheit der Kirche« erwies sich nun als unvereinbar mit dem sakralen Selbstverständnis des Königtums, so daß die Beteiligten ihre Ansprüche auf Über- und Unterordnung der Rechtsgewalten konkret erproben mußten. Ende 1075 verlangte Gregor VII. in harschem Ton den Gehorsam des Königs als Vollzug der gebotenen Unterordnung unter Christus:

»Wenn wir erwägen und sorgfältig bedenken, daß wir dem strengen Richter Rechenschaft geben müssen über die Verwaltung des Dienstes, den uns der heilige Petrus, der Apostelfürst, anvertraut hat, senden wir dir nur zögernd den apostolischen Segen, da du … als jemand bezeichnet wirst, der wissentlich Gemeinschaft mit Exkommunizierten hält. Du weißt, daß, wenn dies wahr ist, du weder die Gnade göttlichen noch apostolischen Segens genießen kannst, es sei denn, du würdest zuerst die Exkommunizierten von dir trennen und zur Buße zwingen und hinsichtlich deiner Verfehlung durch angemessene Reue und Wiedergutmachung Lossprechung und Nachlaß gewinnen. … Es hätte deiner Würde als König auch geziemt, da du dich als Sohn der Kirche bekennst, mit einiger Ehrerbietung auf den Leiter der Kirche, nämlich den heiligen Apostelfürsten Petrus zu schauen. Falls du zu den Schafen des Herrn gehörst, bist du ihm durch das Wort und die Macht des Herrn übergeben, daß er dich weide [vgl. Joh 21,17]. … Deshalb muß deine Erhabenheit sich vorsehen, daß … du in dem, durch das der christliche Glaube und der Bestand der Kirche am meisten zum ewigen Heil hilft, nicht uns, sondern dem allmächtigen Gott nicht die schuldige Ehrerbietung verweigerst. … Wir wissen nämlich, daß derjenige, der Gott gläubigen Gehorsam nicht verweigert, in dem, was wir in Befolgung der Satzungen der Väter gesagt haben, es nicht ablehnt, unsere Mahnung so zu behandeln, als habe er sie aus dem Munde des Apostels selbst gehört. … Da wir aber hoffen, … dein Herz und deinen Sinn bei wachsender Einsicht zum Gehorsam gegenüber den Geboten Gottes geneigt machen zu können, ermahnen wir dich in väterlicher Liebe, die Herrschaft Christi über dich anzuerkennen und zu bedenken, wie gefährlich es ist, deine Ehre seiner Ehre voranzustellen: außerdem solltest du die Freiheit der Kirche … nicht dadurch, daß du sie in Anspruch nimmst, behindern, sondern – auf daß sie möglichst wachse – dem allmächtigen Gott und dem heiligen Petrus … deine tüchtige Hilfe in treuer Ergebenheit zu erweisen beginnen.«[56]

Gregor stellte in seinem Brief das Investiturrecht des Königs nur behutsam in Frage, denn ein allgemeines Verbot der königlichen Investitur existierte noch nicht. Der nachdrücklichen Forderung, sich der päpstlichen Leitungsgewalt in der Christenheit zu unterwerfen, verweigerte sich Heinrich IV. mit gleichem Nachdruck. Gemeinsam mit der Mehrheit der Bischöfe seines Reiches setzte er dem papstzentrierten Kirchenbild Gregors VII. das Selbstverständnis der Reichskirche unter Leitung des gesalbten Herrschers entgegen. Im Januar 1076 forderte er den Papst zur Abdankung auf:

»Diese unerhörte Verhöhnung glaubte ich nicht mit Worten, sondern durch die Tat zurückweisen zu müssen, und ich hielt einen Hoftag mit allen Fürsten des Reiches auf deren eigene Bitten ab [am 24. Januar 1076 in Worms]. Sobald das an die Öffentlichkeit gebracht wurde, was man bisher aus Scheu und Ehrfurcht verschwiegen hatte, da wurde … verkündet, daß du auf keinen Fall mehr auf dem Apostolischen Stuhl bleiben kannst. Da ihr Spruch vor Gott und den Menschen gerecht und billigenswert schien, stimmte auch ich zu und spreche dir jedes Recht, das du bisher am Papsttum zu haben schienst, ab. Auf Grund des Patriziats über die Stadt Rom, der mir als von Gott gewährt und

56 Gregor VII. an Heinrich IV., 8. Dezember 1075: *Ü* AQDGMA 12a, 197–205.

infolge der beschworenen Zustimmung der Römer rechtmäßig zusteht, befehle ich dir, vom Thron herabzusteigen.«[57]

Eine zu Propagandazwecken ausgefeilte Fassung dieser Aufforderung wurde etwas später in Umlauf gebracht. Darin wird die sakrale Würde des Königs prägnant mit der päpstlichen Anmaßung von Herrschaft kontrastiert:

»Heinrich nicht durch Anmaßung, sondern durch Gottes gerechte Anordnung König, an Hildebrand, nicht mehr den Papst, sondern den falschen Mönch. ... Aber du hast unsere Demut für Furcht gehalten und dich daher nicht gescheut, dich sogar gegen die uns von Gott verliehene königliche Gewalt zu erheben; du hast zu drohen gewagt, du würdest sie uns nehmen, als ob wir von dir das Königtum empfangen hätten, als ob in deiner und nicht in Gottes Hand Königs- und Kaiserherrschaft lägen. Dieser unser Herr Jesus Christus hat uns zum Königtum, dich aber nicht zur geistlichen Herrschaft berufen. ... Auch mich, der ich ... zum Königtum gesalbt worden bin, hast du angetastet, mich, von dem die Überlieferung der heiligen Väter lehrt, daß ich nur von Gott gerichtet werden darf, und versichert, daß ich wegen keines Verbrechens abgesetzt werden darf, ich wiche denn vom Glauben ab, was ferne sei. ... Selbst der wahre Papst, der heilige Petrus, ruft aus: ›Fürchtet Gott und ehret den König‹ [1Petr 2,17]; du aber entehrst mich, weil du Gott, der mich eingesetzt hast, nicht fürchtest. ... Ein anderer steige auf den Thron des heiligen Petrus, einer, der Gewalttat nicht mit Frömmigkeit bemäntelt, sondern die reine Lehre des heiligen Petrus lehrt. Ich, Heinrich, durch die Gnade Gottes König, sage dir zusammen mit allen meinen Bischöfen: Steige herab, steige herab!«[58]

Heinrich IV. konfrontierte nicht einen »weltlichen« Leitungsanspruch mit dem »geistlichen«, sondern widersetzte sich geradezu dieser Unterscheidung, indem er in religiöser Rede das Gottesrecht des gesalbten Herrschers in Anspruch nahm. Gregor VII. reagierte unverzüglich. Schon am 15. Februar 1076 exkommunizierte er den König nicht nur, sondern erkannte ihm sein königliches Herrschaftsrecht in aller Form ab und entband seine Untertanen von ihrem Treueid, dies alles in der Form eines an Petrus gerichteten Gebets:

»Heiliger Petrus, Fürst der Apostel, neige, wir bitten dich, gnädig dein Ohr und erhöre mich [vgl. Ps 86,1f.], deinen Knecht, den du von Kindheit an

57 Heinrich IV. an Gregor VII., 24. Januar 1076: *Ü* AQDGMA 12, 65.
58 Heinrich IV. an Gregor VII., Propagandafassung: *Ü* AQDGMA 12, 65–69.

genährt und bis auf den heutigen Tag aus der Hand der Sünder gerettet hast, die mich um deiner Treue willen haßten und noch hassen. Du bist mir Zeuge unter allen Heiligen und meine Herrin, die Mutter Gottes, und der heilige Paulus, dein Bruder, daß deine heilige Römische Kirche mich wider meinen Willen zu ihrer Leitung berufen hat und ich keinen Raub im Sinne hatte [vgl. Phil 2,6], diesen Stuhl zu besteigen, daß ich vielmehr lieber mein Leben in der Fremde beschließen wollte, als deinen Platz um weltlichen Ruhmes willen durch weltliche Machenschaften mir anzueignen. Und daher glaube ich, daß es dir in deiner Gnade und nicht um meiner Werke willen [vgl. Röm 11,6] gefallen hat und noch gefällt, daß das christliche Volk, das dir ganz besonders anvertraut ist, mir gehorcht, weil es mir als deinem Stellvertreter ebenfalls ausdrücklich anvertraut ist, und daß mir um deinetwillen von Gott Gewalt gegeben ist, zu binden und zu lösen, im Himmel und auf Erden [vgl. Mt 16,19]. In dieser festen Zuversicht also, zur Ehre und zum Schutz deiner Kirche, im Namen des allmächtigen Gottes, des Vaters, des Sohnes und des Heiligen Geistes, kraft deiner Gewalt und Vollmacht spreche ich König Heinrich, des Kaisers Heinrich Sohn, der sich gegen deine Kirche mit unerhörtem Hochmut erhoben hat, die Herrschaft über Deutschland und Italien ab, und ich löse alle Christen vom Eid, den sie ihm geleistet haben oder noch leisten werden, und untersage, ihm fürderhin als König zu dienen. Denn es gebührt sich, daß derjenige, der die Ehre deiner Kirche zu verringern trachtet, selber die Ehre verliert, die er zu besitzen scheint. Und weil er es verschmäht hat, wie ein Christ zu gehorchen, und nicht zu Gott, den er verlassen hat, zurückgekehrt ist, sondern mit Gebannten Gemeinschaft hält, vielerlei Unrecht tut, meine Ermahnungen, die ich um seines Heiles willen an ihn gerichtet habe, verachtet – du bist mein Zeuge –, sich von deiner Kirche trennt und sie zu spalten sucht, darum binde ich als dein Stellvertreter ihn mit der Fessel des Fluchs und binde ihn im Vertrauen auf dich derart, daß alle Völker es wissen und erkennen, daß du bist Petrus und auf deinen Felsen der Sohn des lebendigen Gottes seine Kirche gebaut hat und die Pforten der Hölle sie nicht überwältigen werden [vgl. Mt 16,18].«[59]

Die Intensität der Auseinandersetzung ergab sich aus ihrer grundsätzlichen religiösen Dimension. Gregor VII. leitete seinen Anspruch auf die Obergewalt in der Christenheit direkt vom Auftrag Jesu an Petrus ab und verband dabei mit der Binde- und Lösevollmacht in neuartiger Weise ein päpstliches Jurisdiktionsrecht auch in bezug auf irdische Herrschaftsrechte. Heinrich IV. verstand das Verhältnis von Kö-

59 Gregor VII. nach Bruno, Der Sachsenkrieg 70: *Ü* AQDGMA 12, 289.

nigtum und Priestertum im Sinne der Zwei-Schwerter-Theorie[60], die noch in den Anfängen der Kirchenreform auf allen Seiten akzeptiert worden war:

»Um aus vielem nur einiges wenige zu erwähnen: weltliche und geistliche Gewalt hat er [Gregor VII.] sich ohne Gottes Willen angemaßt. Damit hat er Gottes gnädige Ordnung mißachtet, die dieser nicht auf einer, sondern grundsätzlich auf zwei Gewalten, nämlich weltliche und geistliche, gegründet wissen wollte, worauf der Erlöser während seiner Passion selbst hingewiesen hat, als er die beiden Schwerter, die zugleich Sinnbilder sind, als ausreichend bezeichnete. Als ihm gesagt wurde: ›Herr, siehe, hier sind zwei Schwerter‹, antwortete er, ›das genügt‹ [Lk 22,38]; und indem er diese Zweizahl als ausreichend bezeichnete, gab er zu verstehen, daß in der Kirche ein geistliches und weltliches Schwert zu führen sind. Mit ihnen sollte alles Schädliche weggeschnitten werden; er lehrte nämlich, daß jeder Mensch vermittels des geistlichen Schwertes zum Gehorsam gegenüber dem König, der an Gottes Statt regiert, gezwungen werden sollte, mit dem weltlichen, königlichen Schwert dagegen nach außen hin zur Vertreibung der Feinde Christi, im Innern aber zum Gehorsam gegenüber der geistlichen Gewalt. Und so sollte es von dem einen in Liebe gegenüber dem anderen gezogen werden, ohne daß die weltliche Gewalt der Achtung seitens der geistlichen und die geistliche Gewalt der Achtung seitens der weltlichen beraubt würde.«[61]

Während der König so auf die Harmonie zweier gleichrangiger Gewalten in der Christenheit abhob, sah Gregor VII. gerade die Über- bzw. Unterordnung beider Herrschaftsbereiche als von Gott gegeben an. Einige Jahre später benutzte er gegenüber König Wilhelm I. von England das Bild von Sonne und Mond, um diese Auffassung zu veranschaulichen:

»Wir glauben es Deiner Klugheit nicht verborgen, daß der allmächtige Gott die apostolische und die königliche Würde, die alle anderen übertreffen, dieser Welt zu ihrer Leitung zugeteilt hat. Wie er nämlich Sonne und Mond als alle anderen überragende Leuchten einrichtete [vgl. Gen 1,16], … so hat er dafür gesorgt, daß die Geschöpfe durch die apostolische und die königliche Würde, als verschiedene Ämter, regiert werden, auf daß sie … nicht in die Gefahr des tödlichen Irrtums gerieten. Dennoch bewegt sich die christliche Religion in einem solchen Abstand des höheren Ranges vom niedrigeren, daß

60 S. Zugänge 4 (s. Anm. 1), 142.

61 Heinrich IV. an verschiedene Große seines Reiches, 1076: *Ü* AQDGMA 12, 71.

die königliche Gewalt nächst Gott durch die apostolische Fürsorge und Leitung gelenkt wird.«[62]

Wie für Heinrich IV. sein herrscherlicher Auftrag auch die Leitung der Kirche umfaßte, so erstreckte sich für Gregor VII. sein geistliches Amt selbstverständlich auch auf das Königtum. Angesichts dieser gewissermaßen spiegelbildlichen Verhältnisbestimmungen von Kirche und Herrschaft war eine Eskalation des Konflikts im Grunde unausweichlich.

Zunächst schien es Gregor zu gelingen, mit seiner Absetzung des Königs, einem gewagten Akt ohne historische Analogie, dessen politische Position entscheidend zu schwächen. Ein großer Teil der deutschen Fürsten und des Episkopats ging auf Distanz zu Heinrich, so daß dieser gezwungen war, auf den Papst zuzugehen. Dessen drohendem Eingreifen in den Streit mit den Reichsfürsten kam Heinrich IV. zuvor, indem er die geforderte Kirchenbuße auf sich nahm. Er zog im Winter 1076/77 über die Alpen und erschien im Januar 1077 im Büßergewand auf der Burg Canossa, wo sich Gregor VII. – seinerseits schon nach Deutschland unterwegs – aufhielt. Dem Papst blieb nichts anderes übrig, als den reuigen Sünder vom Bann zu lösen. Damit gab Gregor VII. seinem Kontrahenten die politische Handlungsfähigkeit zurück. Die Opposition gegen Heinrich war bleibend geschwächt; daran änderte sich auch nichts, als kurze Zeit später doch noch ein Gegenkönig gewählt wurde. Freilich war der religiöse Anspruch des Königs auf der Strecke geblieben: Er hatte in Canossa genau das getan, was er im Jahr zuvor empört zurückgewiesen hatte, sich nämlich der päpstlichen Disziplinargewalt unterworfen. Wie ein Laie hatte der gesalbte König die priesterliche Absolution des Papstes empfangen, so daß von seinem sakralen Selbstverständnis, dem Pochen auf die Gottesunmittelbarkeit seiner Herrscherwürde, nicht viel übriggeblieben war. Vereinfacht gesagt: In Canossa hatte Heinrich politisch gesiegt, religiös aber entscheidende Punkte eingebüßt, während es sich für Gregor genau umgekehrt verhielt. Insofern deutete sich Anfang 1077 eine Tendenz zur deutlichen Unterscheidung des politischen vom geistlichen Rechtsbereich an.

Der Streit ging weiter, weil diese Tendenz beiden Kontrahenten unwillkommen war. Weder wollte Heinrich IV. die Desakralisierung

62 Gregor VII. an Wilhelm I. von England, 8. Mai 1080: *Ü* AQDGMA 12a, 345.

seiner Königswürde hinnehmen, noch gab Gregor VII. den Anspruch auf, die politische Gewalt effektiv seiner Oberhoheit zu unterstellen. In diesem Zusammenhang wurde das Verbot der Laieninvestitur 1078 formell auf die königliche Investitur ausgedehnt:

»Da wir wissen, daß Investituren von Kirchen entgegen den Satzungen der heiligen Väter vielerorts von Laien wahrgenommen werden und daraus zahlreiche Wirrnisse in der Kirche entstehen, verfügen wir, daß kein Kleriker die Investitur in ein Bistum, eine Abtei oder eine Kirche aus der Hand des Kaisers, des Königs oder irgendeines Laien, sei es Mann oder Frau, entgegennimmt. Falls er es doch wagt, soll er wissen, daß diese Investitur kraft apostolischer Vollmacht ungültig ist und er bis zu einer angemessenen Genugtuung der Exkommunikation verfällt.«[63]

Damit galten auch Könige kirchenrechtlich als Laien und im gregorianischen Bau der vom Papst geleiteten Kleruskirche wurde eine letzte Lücke geschlossen. Allerdings scheiterte Gregor VII. in dem Bemühen, Heinrich IV. politisch zu beseitigen. Als er ihn 1080 ein zweites Mal exkommunizierte, blieb die Resonanz gering. Heinrich erhob im Gegenzug nach abermaliger Absetzung Gregors VII. den Erzbischof Wibert von Ravenna zum Gegenpapst (Clemens III., † 1100). Auch dieser war im übrigen, wie fast alle Parteigänger des Königs und nicht zuletzt Heinrich IV. selbst, ein entschiedener Verfechter der innerkirchlichen Reform, lehnte aber deren Wendung gegen die königliche Rechtsgewalt ab. 1084 konnte er in Rom inthronisiert werden und krönte Heinrich IV. zum Kaiser, womit er dessen sakrale Würde zumindest symbolisch wiederherstellte. Gregor VII. starb im Jahr darauf im Exil in Salerno unter normannischem Schutz, seinem Selbstverständnis nach ein Märtyrer für die Freiheit der wahren Kirche Christi. Die königliche bzw. kaiserliche Herrschaft Heinrichs IV. war stabiler als zuvor. Das änderte freilich nichts daran, daß ihre sakrale Deutung erheblich an Plausibilität verloren hatte.

63 Herbstsynode Rom, 19. November 1078: *Ü* AQDGMA 12a, 289/291.

c. Politisierung und Ende des Investiturstreits

Die politische Stärke Heinrichs IV. überdauerte den Tod Gregors VII.; auch »sein« Papst Clemens III. konnte sich weithin Anerkennung verschaffen. In den neunziger Jahren des 11. Jahrhunderts trug dann aber eine zunehmende politische Destabilisierung in Deutschland und Italien dazu bei, daß Urban II. als vom Kaiser unabhängiger Papst die unbestrittene Leitung der abendländischen Kirche zurückgewann. Den Investiturstreit führte er geschmeidiger fort als ihn Gregor VII. begonnen hatte, aber das Prinzip der Ausschaltung aller »weltlichen« Einflußnahme durch Laien stand auch für ihn außer Frage, wenn er die Situation der Kirche folgendermaßen beschrieb:

»Der ganze Körper der heiligen allgemeinen Kirche ist aus Gottes Barmherzigkeit durch das Blut seines eingeborenen Sohnes, unseres Erlösers, mit einer eigenen immerwährenden Freiheit beschenkt worden; aber durch die List böser Menschen und die Nachlässigkeit der Hirten sind manche Kirchen auf Erden in die Verfügungsgewalt weltlicher Mächte geraten.«[64]

1095 ergänzte eine von Urban geleitete Synode in Clermont das Investiturverbot durch das Verbot des Lehnseides und lehnsrechtlicher Verpflichtungen im Zusammenhang mit der Übernahme leitender kirchlicher Ämter. Diese Vorschrift komplizierte einerseits eine Lösung des Investiturproblems, weil sie die vielgestaltigen Rechtsbeziehungen zwischen Kirche und Königtum zur Disposition stellte. Andererseits bot sie den Ansatzpunkt zu einer politisch-diplomatischen Lösung des Problems, weil je nach regionalen Besonderheiten pragmatische Kompromisse gesucht werden konnten.

Um zu solchen Lösungen zu kommen, war freilich eine differenzierende Begrifflichkeit erforderlich. Gregor VII. und Heinrich IV., denen es im Kern um die religiöse Funktion ihres eigenen Amtes, also ums Prinzip, gegangen war, hatten die Übertragung einer kirchlichen Position als einheitlichen, geschlossenen Rechtskomplex betrachtet. Nachdem sich der religiöse Anspruch des Papsttums weitgehend durchgesetzt hatte, wurde es möglich, ältere pragmatische Unterscheidungen von kirchlichem und politischem Handeln aufzu-

64 Urban II. an Bischof Gottfried von Maguelonne, 1088 (?): PL 151, 293.

nehmen. Für eine solche Differenzierung zwischen der Vermittlung der geistlichen Funktionen (der spiritualia) und der Übertragung der damit verbundenen Rechtstitel (der temporalia) machte sich besonders der bedeutende Kirchenrechtsgelehrte Ivo von Chartres († 1115) stark. Dabei deutete er an, daß es Möglichkeiten für ein päpstliches Entgegenkommen gab, wenn die Könige die prinzipielle Freiheit des »Geistlichen« anerkannten. Auf dieser Basis konnte sich Papst Paschalis II. (1099–1118) 1107 mit den Königen von England und Frankreich einigen. Da diese auf den Symbolritus der Investitur mit Ring und Stab verzichteten, erschienen lehnsrechtliche Verpflichtungen der Bischöfe hinnehmbar.

Im deutschen Reich war eine Lösung schwieriger, weil dort der Episkopat viel stärker als in Frankreich oder England in das königliche Herrschaftssystem eingebunden war und deshalb die kirchliche und die politische Dimension der vom König zu vergebenden Rechte, der »Regalien«, sehr viel schwerer zu trennen waren. Auch Heinrich V. (1106–1125), der sich erfolgreich gegen seinen Vater aufgelehnt hatte, setzte zur Enttäuschung der Kurie dessen Kirchenpolitik fort. Da es nun aber nicht mehr ums Prinzip, sondern um einen politischen Erfolg ging, wurden die Ausgleichsbemühungen intensiver.

Als Heinrich V. 1111 nach Rom zog, schien eine radikale Lösung in greifbarer Nähe: Kaiser und Papst setzten zu einer Entflechtung von kirchlichem Amt und politischer Funktion an. In einem an den König adressierten Privileg vom 12. Februar 1111 verband Paschalis II. die alte Klage über die simonistische Investiturpraxis mit der neuen Lösung des Rückzugs des hohen Klerus aus weltlichen Rechtsfunktionen und betonte das Interesse an der Freiheit der kirchlichen Amtsträger für ihre geistlichen Aufgaben:

»Sowohl durch die Vorschrift des göttlichen Gesetzes als auch durch die geheiligten Kanones ist es verboten, daß Priester sich mit weltlichen Aufgaben beschäftigen … . In den Regionen eures Reiches aber sind Bischöfe und Äbte so sehr mit weltlichen Sorgen beschäftigt, daß sie gezwungenermaßen fast ständig das Grafenamt wahrnehmen und Kriegsdienst ausüben. … Denn die Diener des Altars sind zu Dienern des Hofes geworden … . Deshalb bildete sich auch die für die Kirche unerträgliche Gewohnheit heraus, daß gewählte Bischöfe nur dann die Weihe empfingen, wenn sie zuvor durch die Hand des Königs investiert wurden. Aus diesem Grund standen oft die Schändlichkeit der simonistischen Häresie und die Amtserschleichung in so großer Blüte, daß Bischofssitze ohne irgendeine vorangegangene Wahl in Besitz genommen wurden. … Daher befehlen wir, daß Dir, überaus geliebter Sohn Heinrich, König und nun – durch unser Amt – von Gottes Gnaden Kaiser der Römer, sowie dem Reich alle jene Regalien überlassen werden sollen, die offensichtlich zum Reich gehörten in der Zeit Karls [des Großen], Ludwigs [des Frommen], Heinrichs [II.] und Deiner übrigen Vorgänger. … Gleichwohl entscheiden wir, daß die Kirchen mitsamt ihren Oblationen und erblichen Besitzungen, die offensichtlich nicht zum Reich gehörten, frei bleiben sollen, so wie Du es an Deinem Krönungstag dem allmächtigen Herrn im Angesicht der ganzen Kirche versprochen hast. Es gehört sich nämlich, daß die Bischöfe der Sorge für ihre Gemeinden, entbunden von weltlichen Aufgaben, nachgehen und von ihren Kirchen nicht länger getrennt sind.«[65]

Bei der Bekanntmachung dieser Vereinbarung kam es im Petersdom zum Tumult. Der hohe deutsche Klerus war keineswegs bereit, auf Rechtstitel und politischen Einfluß zu verzichten. Zudem war nicht hinreichend klar, welche Rechte und kirchlichen Vermögensbestandteile aufgrund dieser Erklärung an den König zurückfallen und welche der Kirche unabhängig vom König verbleiben würden. Paschalis II. mußte das Privileg zurückziehen und die Kaiserkrönung unterlassen. Heinrich V. sah sich brüskiert, setzte den Papst gefangen und brachte ihn so dazu, ein neues Privileg zu unterzeichnen, das dem deutschen König wieder das volle Investiturrecht zugestand. Daraufhin erfolgte nun auch die Kaiserkrönung durch den dergestalt gedemütigten Papst. Nur mit Mühe konnte Paschalis II. danach seine innerkirchliche Position behaupten; der Sturm der Entrüstung über den »Schandvertrag«, das »Pravileg«, führte 1112 zu dessen Rücknahme. Die Fronten blieben verhärtet, bis unter Calixt II. (1119–1124) das Friedensbedürfnis beider Seiten so stark wurde, daß nach mehreren Anläufen 1122 die Verhandlungen erfolgreich abgeschlossen wurden. Bei Worms kam es zum Austausch eines kaiserlichen und eines päpstlichen Privilegs. Diese bildeten, nachdem das Erste Laterankonzil 1123 der Abmachung, wenn auch widerwillig, zugestimmt hatte, die Basis des künftigen Rechtsverhältnisses, so daß sie mit einem gewissen Recht seit dem 17. Jahrhundert als »Wormser Konkordat« bezeichnet werden.

---

65 Paschalis II., Privileg, 12. Februar 1111: *Ü Johannes Laudage* (Hg.), Der Investiturstreit, Köln/ Wien 1990, 81–85.

Die politische Beilegung des Investiturstreits wurde möglich, weil der Kaiser sich bereit fand, auf die sakrale Symbolhandlung der Investitur mit Ring und Hirtenstab zu verzichten:

»Ich, Heinrich, von Gottes Gnaden erhabener Kaiser der Römer, überlasse Gott, Gottes heiligen Aposteln Petrus und Paulus und der heiligen katholischen Kirche – aus Liebe zu Gott, zur heiligen Römischen Kirche und zum Herrn Papst Calixt sowie zum Heil meiner Seele – jede Investitur mit Ring und Stab, und ich gestehe zu, daß in allen Kirchen, die in meinem König- oder Kaiserreich liegen, eine kanonische Wahl und eine freie Weihe stattfinden.«[66]

Da auf diese Weise der Papst das Prinzip der Entfernung des als Laie eingestuften Königs aus der Begründung eines kirchlichen Amtes garantiert sah, konnte er im Gegenzug Konzessionen hinsichtlich der Ausgestaltung des Gesamtvorgangs machen:

»Ich, Bischof Calixt, Knecht der Knechte Gottes, konzediere dir, geliebter Sohn Heinrich, von Gottes Gnaden erhabener Kaiser der Römer, daß die Wahlen der Bischöfe und Äbte des deutschen Reiches in deiner Gegenwart stattfinden, sofern diese zum Reich gehören, und zwar ohne Simonie und irgendwelche Gewalttat, damit du, wenn unter den Parteien irgendwelche Zwietracht entstehen sollte, gemäß dem Rat und Urteil des Metropoliten und der Konprovinzialen dem gesünderen Teil Hilfe und Beistand gewährst. Der Gewählte soll aber von dir durch das Zepter die Regalien entgegennehmen, und er soll das leisten, was er dir wegen dieser [Regalien] rechtmäßig schuldet. In den anderen Gebieten des Kaiserreiches [Burgund und Italien] soll der Geweihte innerhalb von sechs Monaten von dir die Regalien durch das Zepter empfangen und das leisten, was er dir wegen dieser [Regalien] rechtmäßig schuldet … … Ich gebe dir wahren Frieden und allen, die zur Zeit dieses Zwistes auf deiner Seite sind oder gewesen sind.«[67]

Faktisch behielt Heinrich V. damit entscheidenden Einfluß auf die Bischofswahl und durfte in Deutschland sogar vor der kirchlichen Weihe einen – der Investitur mit Ring und Hirtenstab zumindest äußerlich ähnlichen – symbolischen Akt der Regalienverleihung vollziehen. So konnte der Kaiser sein Gesicht wahren. Ohne die Verschiebung des Problems von der religiösen Sphäre in die politische wäre eine solche diplomatische Lösung nicht möglich gewesen. War

66 Heinrich V., Privilegium Imperatoris, 23. September 1122: *Ü* a.a.O., 87.
67 Calixt II., Privilegium Pontificis, 23. September 1122: *Ü* a.a.O., 89/91.

damit definitiv über die kirchliche Leitungsgewalt des Papstes entschieden, blieb offen, was das für das Verhältnis von Papst und Kaiser in der Gesamtchristenheit bedeutete. Im Blick auf die kirchliche Institution hatte das sacerdotium das regnum aus der Leitung verdrängt, um die universale Herrschaft konkurrierten Papsttum und Kaisertum nach wie vor.

2. Die Kreuzzüge

a. Der Kreuzzugsgedanke

Der universale Leitungsanspruch des Papsttums, den die Kirchenreform des 11. Jahrhunderts profilierte, fand seine deutlichste Konkretion in den religiös-militärischen Unternehmungen, die später als »Kreuzzüge« bezeichnet wurden und die das Bild der christlichen Welt zwei Jahrhunderte lang mit prägten.

Immer schon war die Wallfahrt ins Heilige Land, zu den Stätten des Lebens, Leidens und Auferstehens Jesu, in der abendländischen Christenheit mit religiösem Nachdruck praktiziert worden. Auch die muslimische Herrschaft über Palästina seit dem 7. Jahrhundert hatte die Pilgerscharen nicht entscheidend behindert. Im Zuge der Reform gewann die Wallfahrt neue Attraktivität, denn sie ermöglichte es, die angestrebte Nähe zu den Ursprüngen des Christentums räumlich erfahrbar zu machen und den Zusammenhang der Papstkirche mit der Botschaft und dem Geschick Jesu sichtbar darzustellen. Zudem standen Wallfahrten in der Rangfolge der kirchlich anerkannten und empfohlenen »frommen Werke« ganz obenan und galten als Bußleistungen für schwere Sünden. Angesichts der Hochschätzung der Wallfahrt ins Heilige Land wirkten Nachrichten über politische Unruhen im Orient alarmierend. Seit 1040 befanden sich die türkischen Seldschuken, ursprünglich in Innerasien beheimatet, auf dem Vormarsch durch die islamische Welt. Sie überrannten das Abbasidenreich von Bagdad (1055 erobert) und entrissen den in Kairo residierenden Fatimiden die Herrschaft über Syrien und Palästina (1076), die auch in den Folgejahren umkämpft blieb. Schon 1071 hatten sie bei Manzikert in Ostanatolien dem Byzantinischen Reich, der christlichen Schutzmacht des Ostens, eine entscheidende Niederlage beigebracht und daraufhin fast ganz Kleinasien besetzt. Die Wallfahrtsziele im Heiligen Land lagen also im Kampfgebiet, während gleichzeitig das östliche Christentum ganz unter muslimische Herrschaft zu geraten drohte. Schreckensnachrichten von Pilgern und Hilfsersuchen aus Byzanz führten dazu, daß sich im Abendland der Gedanke einer bewaffneten Unternehmung zur Unterstützung der Christen im Osten und zur Befreiung der heiligen Stätten bildete. Bereits Gregor VII. setzte diesen Gedanken in weit ausgreifende Pläne um:

»Ich ... habe Vorsorge getroffen, alle Christen dazu zu bewegen, daß sie wünschen, in der Verteidigung des Gesetzes Christi ihr Leben für ihre Brüder hinzugeben und den Adel der Kinder Gottes heller als das Licht sehen zu lassen. Diese Mahnung haben die Bewohner Italiens und die von jenseits der Alpen auf Gottes Eingebung hin ... bereitwillig aufgenommen, und schon rüsten sich mehr als 50.000 dazu, falls sie mich zum Führer und Bischof des Feldzuges haben können, mit bewaffneter Hand gegen die Feinde aufstehen zu wollen und bis zum Grab des Herrn unter dessen eigener Führung zu ziehen. Das vor allem treibt mich zu diesem Werk, daß die Kirche von Konstantinopel, die hinsichtlich des Heiligen Geistes mit uns zerfallen ist, die Eintracht mit dem Apostolischen Stuhl erhofft, ... und beinahe alle im Osten darauf warten, was der Glaube des Apostels Petrus zwischen ihren verschiedenen Meinungen entscheidet.«[68]

Das Projekt Gregors VII. ist so nicht realisiert worden. Sein Brief zeigt aber eindrücklich, wie sich der Gedanke der Waffenhilfe für die östliche Christenheit mit dem der Wallfahrt nach Jerusalem verband. Zugleich läßt er erkennen, daß Gregor VII. in einem derartigen bewaffneten Pilgerzug eine Möglichkeit sah, den Anspruch des Papsttums auf die universale Leitung der Christenheit in West und Ost zu realisieren. Das sollte eine Utopie bleiben, die aber nachhaltige Wirkung entfaltete, insofern neben dem Kampf gegen die Muslime die Unterordnung des christlichen Ostens unter Rom mit dem Kreuzzugsgedanken verknüpft wurde.

Die Verbindung mit dem päpstlichen Leitungsanspruch erlaubte dann auch die Erweiterung des Kreuzzugsbegriffs auf Unternehmungen, die nicht dem Heiligen Land galten, sondern sich gegen andere

---

68 Gregor VII. an König Heinrich IV., 7. Dezember 1074: *Ü* AQDGMA 12a, 126f.

Gegner richteten, die als »Feinde Christi« bzw. als »Feinde des Kreuzes Christi« ausgemacht wurden, d.h. als Bedrohung der vom Papst geleiteten Kirche. Im Laufe des 12. und 13. Jahrhunderts richteten sich solche päpstlich autorisierten Kreuzzüge, die der bewaffneten Wallfahrt ins Heilige Land gleichgestellt waren, gegen äußere Gegner wie die Muslime auf der iberischen Halbinsel oder die heidnischen Slawen und Balten an der Ostgrenze des deutschen Reichs, aber auch gegen innere Gegner wie die häretische Bewegung der Katharer (s.u. III.1.b) oder gegen politische Gegner des Papsttums in Italien. Dabei definierten jeweils die Päpste, wer als »Feind Christi« zu gelten hatte.

Sowohl bei den Orientkreuzzügen wie bei den Kreuzzugsunternehmungen gegen andere Gegner weitete das Papsttum den im frühen Mittelalter zur Eindämmung des Fehdewesens entwickelten Gedanken des »Gottesfriedens«[69] ins Universale aus. Die Kreuzzugsbewegung war der Versuch, eine universale Gottesfriedensordnung aufzurichten, in der kriegerische Unternehmungen nur durch einen päpstlichen Auftrag autorisiert und als Unternehmungen der ganzen Christenheit legitimiert wurden und dabei zugleich den Charakter religiöser Handlungen annahmen. Wallfahrt, päpstliche Leitung der Christenheit und Gottesfriedensordnung waren die Leitbilder der Kreuzzugsbewegung, die die im einzelnen sehr vielfältigen Vorgänge des 12. und 13. Jahrhunderts zur Einheit formten.

b. Der Beginn der Orientkreuzzüge

Die Initiative zum ersten Kreuzzugsunternehmen ging von zwei Synoden aus, die Papst Urban II. im März bzw. im November 1095 in Piacenza und Clermont abhielt und die den Fragen der Kirchenreform gewidmet waren. In Piacenza schilderten Gesandte des byzantinischen Kaisers in bewegenden Worten die Notlage der Christen im Osten und baten die abendländische Christenheit – von der man sich trotz des Bruchs im Jahre 1054 noch keineswegs definitiv getrennt sah – um Hilfe durch die Entsendung von Söldnern. Über diesen

69 S. Zugänge 4 (s. Anm. 1), 145.

Wunsch ging der Papst noch deutlich hinaus, als er in Clermont öffentlich zum Kreuzzug aufrief:

»Es ist nämlich notwendig, daß ihr euren Mitbrüdern, die im Osten wohnen, möglichst schnell zu Hilfe eilt, nachdem eure Hilfe schon oft angerufen und gewünscht wurde. Die Türken ... haben die Grenzen der Romania [= des Byzantinischen Reiches] durchbrochen, mehr und mehr Land der Griechen besetzt, ... Kirchen zerstört, das Reich Gottes verwüstet. Wenn ihr sie eine Zeitlang unbehelligt laßt, werden sie noch weiter Gläubige unterjochen. Aus diesem Grunde ermahne ich euch mit flehentlicher Bitte – nicht ich, vielmehr der Herr –, daß ihr als Herolde Christi durch häufige Bekanntmachung allen Ständen – Rittern wie Fußvolk, Reichen wie Armen – ratet, daß sie sich bemühen, jetzt sofort den Christen zu helfen, dieses nichtsnutzige Volk aus unseren Ländern zu vertreiben. Ich sage es zu den Anwesenden, die Abwesenden beauftrage ich – Christus aber gibt den Befehl. Allen aber, die dorthin ziehen und ihr Leben auf dem Marsch oder auf dem Seeweg oder in der Schlacht gegen die Heiden verlieren – ihnen werden in jener Stunde die Sünden vergeben. Was ich den Hinziehenden verkünde, ist von Gott als großes Geschenk gegeben. ... Diejenigen, die mißbräuchlich private Fehden gegen Christen auszutragen gewohnt sind, sollen gegen die Ungläubigen in den Krieg ziehen, einen Kampf, der schon begonnen haben sollte und der mit einem Sieg enden wird. Diejenigen, die bislang Räuber waren, sollen jetzt Ritter Christi werden. Diejenigen, die einst gegen Brüder und Verwandte kämpften, sollen jetzt gerechterweise Krieg gegen die Barbaren führen. Diejenigen, die bisher für geringen Sold als Söldner dienten, sollen jetzt ewigen Lohn erwerben. ... Ja, hier werden Traurige, hier Arme sein, dort aber Fröhliche und Wohlhabende, hier Feinde des Herrn, dort aber seine Freunde. Der Aufbruch soll ohne Verzug ... im kommenden Frühjahr stattfinden, wenn die Teilnehmer ihre Besitzungen verpachtet und die Reisekosten aufgebracht haben. Sie sollen sich begeistert auf den Weg machen, auf dem ihnen der Herr voranzieht.«[70]

Alle überlieferten Fassungen der Papstrede vom 27. November 1095 sind erst nach dem Ende des ersten Kreuzzuges niedergeschrieben worden und verstehen die päpstliche Initiative von dessen Ergebnissen her. Die ursprünglichen Intentionen des Papstes sind ihnen daher nur mit einiger Vorsicht zu entnehmen; authentischer sind diese in

70 Fulcher von Chartres, Historia Hierosolymitana I,3,2–8: *Ü Friedhelm Winkelmann*, Die Kirchen im Zeitalter der Kreuzzüge (11.–13. Jahrhundert), Leipzig ²1998, 46.

einigen Briefen Urbans II. formuliert. Nach Flandern schrieb der Papst:

»Brüder, gewiß haben euch schon viele berichtet, wie die Barbaren in ihrem wilden Wüten die Kirchen des Ostens mit beklagenswerter Feindseligkeit verwüstet haben und wie sie sogar die heilige Stadt Christi, die verherrlicht ist durch sein Leiden und Auferstehen, mit ihren Kirchen in unerträgliche Sklaverei geführt haben – es im einzelnen zu schildern, wäre Lästerung. Voller Trauer und gottgefälliger Überlegungen zu diesem Unglück haben wir Frankreich besucht und haben die Fürsten dieses Landes und ihre Untertanen mit Nachdruck aufgefordert, die Kirchen des Ostens zu befreien. Die Rüstung dazu haben wir ihnen auf der Synode in der Auvergne [= in Clermont] zur Vergebung aller ihrer Sünden auferlegt. Unseren sehr geliebten Sohn Adhémar, Bischof von Le Puy, haben wir an unserer Stelle zum Anführer dieses Pilgerzuges und des ganzen Vorhabens ernannt.«[71]

Ein Bündel von Motiven läßt sich erkennen: Der Papst nahm das von ihm beanspruchte universale Leitungsamt wahr, indem er die abendländische Christenheit zur Hilfeleistung für die Christenheit im byzantinischen Einflußbereich und zum Kampf gegen die Muslime aufforderte. Der Gedanke des ritterlichen Dienstes für Christus (der »militia Christi«) verband sich dabei sehr deutlich mit den Intentionen der Gottesfriedensbewegung, da ja der Kampf gegen die »Ungläubigen« die Fehden im Innern der Christenheit ablösen sollte. Urban II. sah in Christus selbst den Auftraggeber und spirituellen Anführer des Unternehmens. Der Papst nahm zwar nicht in eigener Person am Kreuzzug teil, sicherte aber die andauernde Präsenz seiner Autorität durch die Ernennung eines Legaten als Leiter des Pilgerzuges. Darüber hinaus war eine Teilnahme des Klerus nicht im Blick, vielmehr eröffnete die kleruszentrierte Kirche mit dem Kreuzzug gerade den Laien eine Möglichkeit der qualifizierten Mitwirkung am kirchlichen Handeln zum Wohl der gesamten Christenheit. Den Gedanken der bewaffneten Wallfahrt hat Urban II. womöglich gar nicht direkt ausgesprochen; durch die verheißene geistliche Belohnung der »Sündenvergebung« wurde das Unternehmen aber deutlich genug

---

71 Urban II. an alle Gläubigen in Flandern, Dezember 1095 (?): Epistulae et chartae ad historiam primi belli sacri spectantes. Die Kreuzzugsbriefe aus den Jahren 1088–1100, hg. von *Heinrich Hagenmeyer*, Innsbruck 1901, Nachdr. Hildesheim/ New York 1973, 136f.

der Pilgerschaft gleichgestellt. Die 1095 einsetzende Praxis der Kreuzzugsablässe trug jedenfalls entscheidend zur Entfaltung der kirchlichen Bußlehre und der Ablaßpraxis bei (s.u. III.3.c).

Schon in Clermont selbst stieß der Kreuzzugsaufruf des Papstes auf positive Resonanz. Die Menge entnahm seiner Ansprache den Ruf »Gott will es!«, der zum Motto der Kreuzzugsbewegung wurde. Zahlreiche anwesende Ritter legten ein Kreuzzugsgelübde ab und ließen sich zum Zeichen des päpstlichen Schutzes ein Stoffkreuz anheften. »Das Kreuz nehmen« wurde in den folgenden Jahrhunderten zum Synonym für die Beteiligung an der bewaffneten Wallfahrt im Dienst Christi. Offenbar verbreitete sich die Nachricht vom Kreuzzugsaufruf in Windeseile, denn tatsächlich brachen im Frühjahr 1096 bereits mehrere Gruppen ins Heilige Land auf. Besonders zündete der – von Urban II. gar nicht ausdrücklich formulierte – Gedanke der Pilgerfahrt nach Jerusalem. Mt 20,18 (»Siehe, wir ziehen hinauf nach Jerusalem« aus der dritten Leidensankündigung Jesu) wurde geradezu zum Leitmotiv für die Kreuzfahrer. Der Zug ins Heilige Land erschien ihnen als konsequente Nachfolge Christi. Bei »Jerusalem« dachten sie aber nicht nur an den Ort des irdischen Geschicks Jesu, sondern zugleich an die Nähe des verheißenen himmlischen Jerusalem (vgl. Apk 21,2). Endzeitliche Erwartungen und apokalyptische Stimmungen beeinflußten besonders stark die nichtadligen Kreuzfahrer, die sich binnen kürzester Zeit zu Tausenden in Frankreich und am Niederrhein sammelten. Wanderprediger, unter ihnen der Eremit Petrus von Amiens († 1115), malten die heilige Stadt Jerusalem als strahlendes Hoffnungsbild, so daß viele Landbewohner sich mit ihren Familien aufmachten, um Hungersnot und Verarmung zu entkommen. Auch wenn diese Gruppen zum Teil von fehdeerprobten Rittern aus dem niederen Adel geführt wurden, fehlte es ihnen an Ausrüstung, an Struktur und an einer klaren Vorstellung vom Ziel des Unternehmens. Die verschiedenen Volkskreuzzugsgruppen verbreiteten auf ihrem Weg durch Europa Angst und Schrecken. Insbesondere die Juden hatten unter ihnen zu leiden, da sie als diejenigen »Feinde Christi« ausgemacht wurden, deren man unterwegs habhaft werden konnte:

»Wir wollen die Feinde Gottes im Osten bekämpfen, wofür wir große Entfernungen überwinden müssen. Das ist eine verfehlte Mühe, da wir schon hier vor unseren Augen die Juden haben, die doch die ärgsten Feinde Gottes sind«.[72]

Ungeachtet des Rechtsschutzes, den die Juden genossen, kam es nicht nur zu Zwangstaufen, sondern – unter anderem in Rouen, Xanten, Neuss, Trier, Mainz und Worms – zu Pogromen, denen ganze jüdische Gemeinden zum Opfer fielen und mit denen die Judenfeindschaft im Abendland eine neue Stufe erreichte. Ein Teil der Volkskreuzzugsgruppen erreichte Konstantinopel und setzte nach Kleinasien über, um schließlich bei Nicäa von den Seldschuken niedergemetzelt zu werden. Trotz dieses Ausgangs stellten ähnliche Volkskreuzzüge ein wiederkehrendes Phänomen neben den professionellen Ritterzügen dar, z.B. der »Kinderkreuzzug« 1212 oder die »Hirtenkreuzzüge« 1251 und 1320. Das Heilige Land erreichten diese Unternehmungen nie.

Disziplinierter und erfolgreicher als die Volkskreuzfahrer waren die etwas später im Jahr 1096 aufgebrochenen eigentlichen Ritterheere, die freilich auch überwiegend aus nicht waffenfähigen Personen, darunter zahlreichen Frauen, bestanden. Sie erreichten auf verschiedenen Wegen Konstantinopel und schlossen dort Anfang 1097 Verträge mit dem byzantinischen Kaiser, stellten sich diesem zur Verfügung und versprachen, die eroberten Gebiete seiner Herrschaft zu unterstellen. Beim Zug der von Gottfried von Bouillon († 1100) geführten vereinten Ritterheere durch Kleinasien wurde tatsächlich so verfahren. In Syrien und Palästina gründeten die Kreuzfahrer dann aber eigene Herrschaften, zuerst 1098 die Grafschaft Edessa und das Fürstentum Antiochia. Erheblich dezimiert erreichten die Ritter im Sommer 1099 Jerusalem; am 15. Juli gelang ihnen die Einnahme der Stadt. Die Chronisten erzählen glaubwürdig, wie die Kreuzfahrer sich dabei an den alttestamentlichen Geschichten von der Landnahme der Israeliten orientierten, z.B. indem sie, ehe sie in die Stadt eindrangen, nach dem Vorbild der Eroberung Jerichos (Jos 6) eine unbewaffnete Prozession um die Stadt veranstalteten und sich dabei zugleich an den Einzug Jesu in Jerusalem (Mt 21,1–11) erinnerten:

---

72 Guibert von Nogent, De vita sua II,5: *Ü* Der Erste Kreuzzug 1096 und seine Folgen, hg. von der Evangelischen Kirche im Rheinland, Düsseldorf 1996, 84.

»So gelangten sie nach Jerusalem, und Gott war ihr Weggenosse und Helfer. Da das Heer bei der Belagerung mancherlei Mühsal erlitt, vor allem wegen des Wassermangels, hielt man Rat, und die Bischöfe und Fürsten verkündeten daraufhin, man müsse die Stadt mit bloßen Füßen umschreiten, auf daß jener, der um der Menschen willen in Demut in sie eingezogen sei, durch ihre Demut um seinetwillen ihnen die Stadt öffne zum Gericht über seine Feinde. Durch diese Demut ließ sich der Herr besänftigen und übergab ihnen am achten Tage nach ihrer Demütigung die Stadt, an dem Tag, an dem die Urkirche von dort vertrieben wurde und von vielen Gläubigen das Fest der Zerstreuung der Apostel gefeiert wird.«[73]

Das Vorbild biblischer Kriegserzählungen (vgl. z.B. Jos 6,21.24) bestimmte auch den Umgang der Kreuzritter mit der Einwohnerschaft der Stadt. Sie richteten ein entsetzliches Blutbad an, dem nur wenige Menschen entkamen und entschädigten sich plündernd für ihre jahrelangen Entbehrungen. Zugleich ließen sie ihrer durch das Erreichen der heiligen Stätten ausgelösten religiösen Erregung freien Lauf:

»Auf den Straßen und Plätzen der Stadt sah man Berge von abgeschlagenen Köpfen, Händen und Füßen und man mußte sich seinen Weg durch die Leichen von Menschen und Pferden bahnen. Aber wir haben erst einen kleinen Teil erzählt. Kommen wir zum Tempel Salomos, wo sie immer ihre Riten und Feiern abgehalten haben: Was ist dort geschehen? Wenn wir sagen, wie es wirklich war, wird man uns keinen Glauben schenken. Es soll aber genügen zu berichten, daß man im Tempel und beim Tor Salomos bis zu den Knien, ja bis an die Zügel durchs Blut ritt. Sicher war es ein gerechtes Gericht, daß derselbe Ort ihr Blut aufnahm, an dem sie so lange ihre Gotteslästerungen vollführt hatten. … Nach der Einnahme der Stadt war es ergreifend, die Frömmigkeit der Pilger vor dem Heiligen Grab zu sehen. Wie klatschten sie in die Hände, wie jubelten sie, wie sangen sie dem Herrn ein neues Lied [vgl. Ps 33,3; 96,1; 144,9]! … Dies, sage ich, war der Tag der Erniedrigung aller Heiden, der Bestärkung der Christenheit und der Erneuerung unseres Glaubens.«[74]

Die Verbindung inbrünstiger Frömmigkeit mit blutrünstiger Grausamkeit war im Gedanken des »Kriegsdienstes für Christus« bzw. des Zuges gegen die »Feinde Christi« angelegt und bereitete in aller Regel weder den Kreuzfahrern noch den Berichterstattern erkenn-

73 Frutolf von Michelsberg, Chronik: *Ü* AQDGMA 15, 115.

74 Raimund von Aguilers, Liber: hg. von *John Hugh Hill* und *Laurita L. Hill*, Paris 1962, 150f.

bare Probleme. Kritische Töne fehlten freilich nicht ganz, z.B. in der Schilderung durch Albert von Aachen († nach 1119):

»Weiber, die in die befestigten Häuser und Paläste geflohen waren, durchbohrten sie mit dem Stahl; Kinder, noch saugend, rissen sie an den Füßen von der Mutterbrust oder aus ihren Wiegen und warfen sie gegen die Wand und auf die Türschwellen und brachen ihnen das Genick; andere machten sie mit den Waffen nieder, wieder andere warfen sie mit Steinen tot. Kein Alter und kein Geschlecht der Heiden wurde verschont. … Die Mädchen aber, die Weiber und Frauen fassen in ihrer Todesangst und vom Grauen des fürchterlichen Mordens geschüttelt die Christen, die wie besessen … wüten und toben, um ihr Leben flehend um den Leib, andere wälzen sich ihnen vor die Füße und alle flehen in jämmerlichem Weinen und Seufzen um Leben und Schonung. Fünfjährige, dreijährige Knaben, die den grausamen Tod ihrer Mütter und Väter mit ansehen mußten, verdoppeln die Klagen und das jämmerliche Geschrei. Aber umsonst rufen sie Mitleid und Erbarmen an: so sehr hat sich die Seele der Christen der Mordlust hingegeben, daß kein Säugling und auch kein einjähriges Kind lebend den Händen der Schlächter entrinnt.«[75]

Beherrschend war aber der Jubel über die mit der Einnahme Jerusalems geglückte Anknüpfung an die Heilsgeschichte, wie er beispielsweise in den »Carmina Burana« nachgedichtet worden ist:

»Laßt erklingen, laßt uns singen Siegeslieder um und um,
froher Weisen laßt uns preisen unsres Königs Heldenruhm,
der da heute neu befreite Davids Stadt vom Heidentum! …
Diese hochgebaute Stadt war des Königs erste Stadt,
ja, es war die große Stadt, die dem Herrn gefallen hat,
hier litt für die Menschheit er hoch am Kreuze todesmatt,
hier war der Apostel Schar einst der Heilge Geist genaht.
Stadt so teuer, der das Feuer Jahr für Jahr entzündet war,
die begabt ist, die gelabt ist mit der Liebe immerdar,
die verehrt wird, mehr noch wert wird Königen und Völkerschar!
Laßt den Tag uns weihn und schlingen frohen Reihn,
Dagon schlägt man kurz und klein, Amalech muß Sklave sein,
Hagars Sohn, laßt ihn allein, die wir Jerusalem befrein
und wieder für die Christen weihn, wir freuen uns am Festtagsschein!«[76]

---

75 Albert von Aachen, Geschichte des ersten Kreuzzuges. Erster Teil: Die Eroberung des heiligen Landes: *Ü* hg. von *Hermann Hefele*, Jena 1923, 299f. und 306.

76 Carmina Burana 52: *Ü* hg. von *Carl Fischer/ Hugo Kuhn/ Günter Bernt*, Zürich/ München 1974, 149/151.

Auch Jerusalem wurde nun Zentrum eines Kreuzfahrerstaates: Balduin († 1118), der Bruder Gottfrieds von Bouillon, ließ sich nach dessen Tod im Jahre 1100 zum König von Jerusalem krönen. Dort wie in den anderen eroberten Gebieten wurde in den folgenden Jahren die Herrschaft der »Franken« konsolidiert. Die neue Herrenschicht übertrug das abendländische Lehnswesen nach Palästina und errichtete Burgen als bewaffnete Stützpunkte. Die Kreuzfahrer etablierten in ihren Herrschaften die päpstlich-abendländischen Kirchenstrukturen und Riten, was zu Spannungen mit alten Rechten des griechischen Klerus und zu erheblichen politischen Differenzen mit Byzanz führte. Zugleich dauerte die Eroberung des Heiligen Landes in Verbindung mit weiteren Kreuzzugsschüben bis in die Mitte des 12. Jahrhunderts an.

c. Der Kreuzzug als Institution der Papstkirche

Mit der Errichtung der Kreuzfahrerstaaten und dem Anschluß des Heiligen Landes an die abendländische Kirche änderte sich der Charakter der Kreuzzugsbewegung. Aus der vergleichsweise spontanen, einmaligen Großaktion wurde eine permanente Einrichtung: Pilger strömten von neuem in das nun von den »Feinden Christi« befreite Land, zugleich folgten immer wieder kleine und große Ritterheere den wiederholten päpstlichen Kreuzzugsaufrufen, während andere Kreuzfahrer in ihre Heimat zurückkehrten. Nur wenige Kreuzfahrer siedelten sich auf Dauer im Orient an, so daß die Schicht der Herrschenden dort außerordentlich dünn war und auf ständigen Nachschub aus dem Abendland angewiesen blieb. Die Kreuzzüge als Daueinrichtung der Papstkirche hielten die christliche Welt zwei Jahrhunderte lang buchstäblich in Bewegung, ein Phänomen, das durch die übliche Zählung großer Kreuzzugsunternehmungen eher verdeckt wird. Für diese religiöse Mobilisierung blieb das Papsttum die autorisierende und legitimierende Macht, die zu Kreuzzügen aufrief und Fürsten und Könige zu ihrer Realisierung drängte. Der konkrete Einfluß der Päpste auf die Kreuzzugsunternehmungen und deren Verlauf war allerdings gering.

Den religiösen Rahmen der Kreuzzugsinstitution steckte 1123 das Erste Laterankonzil ab, das den Ablaß und die Schutzzusagen für die Kreuzfahrer dauerhaft regelte:

»Denen, die nach Jerusalem ziehen und wirksam zur Verteidigung der Christenheit und zur Bekämpfung der Tyrannei der Ungläubigen beitragen, gewähren wir Vergebung ihrer Sünden. Wir stellen ihre Häuser, Familien und alle ihre Güter unter den Schutz des seligen Petrus und der Römischen Kirche«.[77]

Schon im gleichen Jahr wurden die Kreuzfahrerprivilegien auf die Teilnehmer am Kampf gegen die Muslime in Spanien übertragen, die Jerusalemwallfahrt also als spirituelle Chiffre für religiös motivierte und päpstlich legitimierte Kriegszüge eingesetzt. Zur Finanzierung der Kreuzzüge erhoben die Päpste seit Innozenz III. (1198–1216) Steuern. Die sich daraus ergebende Verquickung der Kreuzzugsbewegung mit den finanziellen Interessen der Kurie stieß vielerorts auf Widerstand, zumal die mit erheblichen Kosten verbundene ständige Fluktuation beträchtlicher Teile des Adels ohnehin einer stetigen ökonomischen Entwicklung abträglich war.

Der Sicherung der abendländischen Besitzungen im Heiligen Land widmeten sich die neu entstandenen Ritterorden. Hugo von Payens († 1136) sammelte eine Gemeinschaft von Rittern, die 1120 die monastischen Gelübde von Armut, Keuschheit und Gehorsam ablegten und zusätzlich den Waffendienst für Christus gelobten. Damit entstand ein neuer Typ von Mönchtum bzw. von adliger Laienbruderschaft, eine ritterlich bewaffnete Askese, mit der die Ideale eines religiös motivierten und ethisch anspruchsvollen christlichen Rittertums institutionalisiert wurden. Diese Gesinnung formulierte Bernhard von Clairvaux in seiner Schrift »Lobrede auf das neue Rittertum«:

»Es handelt sich … um ein neues, der Welt noch unbekanntes Rittertum, das einen zweifachen Kampf zugleich unermüdlich kämpft, nämlich den gegen Fleisch und Blut und den gegen die bösen Geister des himmlischen Bereiches [vgl. Eph 6,12]. … Ein solcher ist jedenfalls ein unerschrockener Ritter, al-

77 Erstes Laterankonzil, canon 10: *Ü Josef Wohlmuth* (Hg.), Dekrete der Ökumenischen Konzilien, Bd. 2: Konzilien des Mittelalters, Paderborn u.a. 2000, 191.

lenthalben gefeit; er umgibt seinen Leib mit dem Panzer aus Eisen, seine Seele aber mit dem des Glaubens [vgl. 1Thess 5,8]. Da er nun durch beiderlei Waffen geschützt ist, fürchtet er weder Teufel noch Menschen. … Schreitet also sicher voran, ihr Ritter, und vertreibt unerschrocken die Feinde des Kreuzes Christi in der Gewißheit, daß weder Tod noch Leben euch von der Liebe Gottes trennen kann, die sich in Christus Jesus offenbart [Röm 8,38f.]. … Die Ritter Christi aber kämpfen mit gutem Gewissen die Kämpfe des Herrn und fürchten niemals weder eine Sünde, weil sie die Feinde erschlagen, noch die eigene Todesgefahr. … Ja, wenn er einen Übeltäter umbringt, ist er nicht ein Menschenmörder, sondern sozusagen ein Mörder der Bosheit, und mit Recht wird er als Christi Rächer gegen die Missetäter und als Verteidiger der Christenheit angesehen. … Der Christ rühmt sich, wenn er einen Ungläubigen tötet, weil Christus zu Ehren kommt. … Allerdings dürfte man die Heiden nicht töten, wenn man sie auf einem anderen Weg von den maßlosen Feindseligkeiten und von der Unterdrückung der Gläubigen abhalten könnte. Nun aber ist es besser, daß sie beseitigt werden, als daß das Zepter des Frevels auf dem Erbland der Gerechten lasten soll, damit die Gerechten nicht etwa ihre Hände nach dem Unrecht ausstrecken [Ps 125,3].«[78]

Die neue Gemeinschaft wurde von König Balduin II. von Jerusalem (1118–1131) im Tempelbezirk angesiedelt, weshalb ihre Mitglieder als Tempelritter oder Templer bezeichnet wurden. Die nicht unumstrittene Neuerung eines Rittermönchtums erhielt – nicht zuletzt aufgrund der Propaganda Bernhards – großen Zulauf aus Frankreich und erwarb dort und im Heiligen Land beträchtliche Güter. Nach dem Vorbild der Templer wandelte sich auch die Gemeinschaft der Johanniter, die sich ursprünglich zum Dienst in einem Jerusalemer Pilgerspital zusammengefunden hatte, in der ersten Hälfte des 12. Jahrhunderts zu einem geistlichen Ritterorden. Als weiterer großer Ritterorden entstand 1189/90 im Zusammenhang mit dem Kreuzzug Kaiser Friedrichs I. (s.u. II.2.d) der Deutsche Orden. Angesichts des ständigen Kommens und Gehens von Kreuzfahrern stellten die Ritterorden als ständig einsatzbereite Truppe ein wichtiges Element militärischer Stabilität im Heiligen Land dar. Zudem hielten sie die religiöse Bindung des Kreuzzugsgedankens lebendig.

78 Bernhard von Clairvaux, De laude novae militiae 1 und 4: *Ü* Ders., Sämtliche Werke lat./dt., hg. von *Gerhard B. Winkler*, Bd. 1, Innsbruck 1990, 271 und 277.

Die Kreuzzugsreligiosität stellte überhaupt die Basis der Institution Kreuzzug dar. Die verbreitete Kombination der Idee von Jerusalem als Ursprung und Ziel des christlichen Glaubens mit dem Streben nach unbedingter Christus- und Kreuzesnachfolge wird gut erkennbar in einem Kreuzzugslied des Minnedichters Walther von der Vogelweide († um 1230):

»Jetzt erst wird mein Leben wertvoll,
da mein sündiges Auge erblickt
das reine Land und auch den Boden,
denen man hohe Verehrung zollt.
Mir ist zuteil geworden, worum ich immer gebeten habe,
ich bin an die Stätte gekommen,
wo Gott als Mensch gewandelt ist.
Schöne Länder, reich und herrlich,
wie viele von ihnen ich gesehen habe,
so bist du doch ihrer aller Krone:
Wie viele Wunder sind hier geschehen!
Daß eine Jungfrau ein Kind geboren hat,
hehrer als alle Engel,
war das nicht ein völliges Wunder?
Hier hat er, der Reine, sich taufen lassen,
damit die Menschheit rein werde.
Dann ließ er, der Herr, sich verkaufen,
damit wir Knechte frei würden,
sonst wären wir verloren:
Heil dir, Speer, Kreuz und Dornenkrone!
Weh dir, Heidenschaft, das ist für dich ein Ärgernis! …
Christen, Juden und Heiden
behaupten, daß dies ihr Erbe sei.
Gott möge uns das Recht bescheiden
um seiner Dreieinigkeit willen.
Alle Welt ist hier im Streit:
unser Anspruch geht zu Recht,
Recht ist, daß er es uns zuspricht.«[79]

79 Walther von der Vogelweide, Palästinalied: *Ü* Ders., Die Lieder, übertragen von *Friedrich Maurer*, München 1972, 157–161.

d. Kreuzzugswellen im 12. Jahrhundert

Auch die großen Kreuzzugsunternehmungen unter Führung der Könige des Abendlandes vollzogen sich im Rahmen der päpstlichen Kreuzzugsinstitution. Zwei große Kreuzzugswellen in der Mitte und am Ende des 12. Jahrhunderts waren jeweils durch die Bedrohung der Kreuzfahrerstaaten veranlaßt.

Im Jahr 1144 erlag mit der Eroberung von Edessa durch Imad al-Din Zengi († 1146), den Atabeg (Regenten) von Mossul, der erste Kreuzfahrerstaat den erstarkenden Muslimen. Papst Eugen III. (1145–1153) rief daraufhin im Dezember 1145 und im März 1146 zu einem Kreuzzug auf. Dabei berief er sich auf das Beispiel Urbans II. und stellte den Königen und Fürsten die Tapferkeit und Frömmigkeit der ersten Kreuzritter als Vorbild hin:

»Jetzt aber ist zur Strafe für unsere und dieses Volkes Sünden ein Ereignis eingetreten, das wir nur mit größtem Schmerz und Kummer nennen können: die Stadt Edessa … ist von den Feinden des Kreuzes Christi erobert worden, und viele Burgen der Christen sind von ihnen besetzt worden. … Wir sehen, welche Gefahr der Kirche Gottes und der ganzen Christenheit dadurch droht, und es ist, wie wir glauben, auch eurer Klugheit nicht entgangen. Denn es ist doch das deutlichste Kennzeichen von Edelmut und Rechtschaffenheit, wenn das, was die Tatkraft der Väter erworben hat, von euch Söhnen tatkräftig verteidigt wird. Wenn jedoch, was Gott verhüte, das Gegenteil geschieht, dann wird dadurch bewiesen, daß die Tapferkeit der Väter in den Söhnen geschwunden ist. Daher mahnen, bitten und befehlen wir euch allen bei Gott und machen euch zum Erlaß eurer Sünden zur Pflicht, daß alle, die Gottes sind, besonders die Mächtigen und Edlen, sich mannhaft gürten, der Menge der Ungläubigen … entgegentreten und sich bemühen, die Kirche im Orient … zu verteidigen und die vielen Tausende unserer von ihnen gefangengehaltenen Brüder aus ihren Händen zu befreien, damit zu unsrer Zeit das Ansehen des christlichen Namens gestärkt und eure Tapferkeit … ungeschwächt und ungeschmälert erhalten werde.«[80]

Zugleich erneuerte Eugen III. den Kreuzzugsablaß und die rechtlichen Privilegien für die Kreuzfahrer. Sein Aufruf zündete dank der Werbekampagne Bernhards von Clairvaux, der seine Fähigkeiten als Prediger und Briefschreiber in den Dienst der päpstlichen Initiative

80 Eugen III. an Ludwig VII. von Frankreich: *Ü* AQDGMA 17, 203/205.

stellte. Bernhard verband das Motiv der innerabendländischen Friedensordnung mit einer Vertiefung des Bußaspekts, wobei er zugleich die geistlichen Vorteile der Kreuzfahrt massiv herausstrich:

»Bedenkt, welch kunstvolles Mittel er [Gott] anwendet, euch zu retten, und erstaunt; betrachtet die Tiefe seiner Liebe und habt Vertrauen, ihr Sünder! Er will nicht euren Tod, sondern daß ihr umkehrt und lebt [vgl. Ez 18,23]; denn so sucht er eine Gelegenheit, nicht gegen euch, sondern für euch. Denn was ist es anderes, wenn nicht eine auserlesene Gelegenheit der Rettung, wie sie nur Gott finden konnte, daß der Allmächtige Mörder, Räuber, Ehebrecher, Meineidige und in andere Verbrechen verstrickte Menschen für würdig erachtet, sie zu seinem Dienst zu mahnen, als ob es ein Volk wäre, das Gerechtigkeit geübt hat? … Glücklich möchte ich also diese Generation nennen, die in eine Zeit so reicher Gnade hineingeboren wurde, der dieses Gott wohlgefällige Jahr, ein wahres Jubeljahr, begegnet ist. … Jetzt, tapferer Soldat, jetzt, streitbarer Mann, hast du ein Feld, wo du ohne Gefahr kämpfen kannst, wo der Sieg Ruhm, ›der Tod aber Gewinn ist.‹ [Phil 1,21] Wenn du ein kluger Kaufmann bist, … dann prophezeie ich dir reiche Märkte; laß sie dir ja nicht entgehen! Nimm das Zeichen des Kreuzes, und zugleich wirst du für alle Sünden, die du reuigen Herzens beichtest, Vergebung erlangen. Der mit dem Kreuz gezeichnete Stoff ist billig, wenn er gekauft wird; wenn er aber mit frommer Gesinnung auf die Schulter genommen wird, ist er ohne Zweifel das Reich Gottes wert. Gut gehandelt haben also, die das himmlische Zeichen schon auf sich genommen haben; gut handeln werden auch die übrigen, und es wird ihnen nicht zur Torheit gereichen, wenn sie eilen, auch selbst das zu ergreifen, was ihnen zum Heil dient.«[81]

Ausdrücklich warnte Bernhard in diesem Zusammenhang die Kreuzfahrer, sich gegen die Juden als »Feinde Christi« zu wenden, da deren Bekehrung als endzeitliches Zeichen verheißen sei, ihre Existenz mithin nicht aus dem Kontext der Heilsgeschichte gelöst werden könne:

»Die Juden dürfen nicht verfolgt, nicht getötet, ja nicht einmal vertrieben werden. Befragt die, die die göttlichen Schriften kennen, was sie im Psalm betreffs der Prophezeiung über die Juden gelesen haben: ›Gott‹, spricht die Kirche, ›läßt mich herabsehen auf meine Gegner; töte sie nicht, damit meine Völker niemals vergessen.‹ [Ps 59,12] Lebende Zeichen sind sie für uns, be-

81 Bernhard von Clairvaux an die Erzbischöfe der Ostfranken und Bayern, 1146: *Ü* Ders., Sämtliche Werke lat./dt., hg. von *Gerhard B. Winkler*, Bd. 3, Innsbruck 1992, 655/657.

ständig erinnern sie uns an das Leiden des Herrn. Deswegen sind sie in alle Gegenden zerstreut worden, damit sie Zeugen unserer Erlösung sind, während sie überall die gerechten Strafen für eine solche Untat büßen. Daher fügt im selben Psalm die Kirche noch das Wort hinzu: ›Zerstreue sie durch deine Macht und bringe sie zu Fall, Herr, mein Beschützer.‹ [Ps 59,12] So ist es geschehen: sie sind zerstreut, zu Fall gebracht; sie ertragen harte Gefangenschaft unter den christlichen Fürsten. Dennoch ›werden sie sich am Abend bekehren‹ [Ps 59,15], ›und zur rechten Zeit wird er sie heimsuchen.‹ [SapSal 3,6] Wenn schließlich die volle Zahl der Heiden das Heil erlangt hat, dann wird ganz Israel gerettet sein, spricht der Apostel [Röm 11,25f.].«[82]

Zur gleichen Zeit rief aber Petrus Venerabilis († 1156), Abt von Cluny und gleichfalls ein angesehener Theologe, zum Judenhaß und zur Bestrafung der Juden mittels Vermögensentzug auf:

»Was nützt es aber, die Feinde des christlichen Glaubens in fernen Landen aufzusuchen und zu bekämpfen, wenn die liederlichen und lästernden Juden, die weitaus übler als die Sarazenen sind, nicht in fernen Landen, sondern in unserer Mitte so ungehemmt und so verwegen Christus und alle christlichen Sakramente ungestraft schmähen, mit den Füßen treten, verächtlich machen? Wie soll Gottes Eifer die Kinder Gottes beseelen, wenn die Juden, diese schlimmsten Feinde Christi und der Christen, so ganz ungeschoren davon kommen? … Ich sage dies nicht, um das Schwert des Königs oder der Christen zu ihrem Tode zu schärfen … . Gott will nämlich nicht, daß sie ganz getötet werden, sondern daß sie zur größeren Qual und zur größeren Schmach … zu einem Leben schlimmer als der Tod bewahrt bleiben … … In der Tat, nicht daß sie getötet werden, fordere ich, sondern ich dringe darauf, daß sie mit der ihrer Sünde entsprechenden Strafe gezüchtigt werden. … So soll nun der übel erworbene jüdische Reichtum wenn nicht weggenommen, so doch entschieden geschmälert werden, und das christliche Heer, das zur Bekämpfung der Sarazenen aus Liebe zu Christus dem Herrn weder Geld noch Grundbesitz spart, soll auch nicht die so schlecht erworbenen Schätze der Juden verschonen. Das Leben mag ihnen bewahrt bleiben, aber ihr Geld soll ihnen weggenommen werden, damit durch die Arme der Christen, die durch das Geld der lästernden Juden unterstützt werden, die Verwegenheit der ungläubigen Sarazenen bekämpft werde«.[83]

---

82 Ebd.: *Ü* a.a.O., 659.

83 Petrus Venerabilis an Ludwig VII. von Frankreich: *Ü* Kirche und Synagoge, hg. von *Karl Heinrich Rengstorf* und *Siegfried von Kortzfleisch*, Bd. 1, Stuttgart 1968, Tb.-Ausg. 1988, 120f.

Infolge des persönlichen Einsatzes Bernhards stellten sich Ludwig VII. von Frankreich (1137–1180) und der deutsche König Konrad III. (1138–1152) an die Spitze großer Kreuzfahrerheere, die im Herbst 1147 Konstantinopel erreichten, aber schon beim Marsch durch Kleinasien von den Türken dezimiert wurden. Der Versuch, gemeinsam mit den Truppen der Kreuzfahrerstaaten Damaskus einzunehmen, endete im Juli 1148 mit einem Fiasko. Das großangelegte Kreuzzugsunternehmen brach zusammen, die Könige und ihre Heere kehrten ruhmlos in ihre Reiche zurück.

Parallel zum Orientkreuzzug fanden Kreuzzugsunternehmungen im Südwesten und im Nordosten des christlichen Abendlandes statt. Auf der iberischen Halbinsel verloren die Araber mehrere Stützpunkte, unter anderem wurde ihnen mit der Unterstützung von Kreuzfahrern 1147 Lissabon entrissen. Auch die Kriegszüge gegen die in Mecklenburg und Pommern ansässigen heidnischen Wenden wurden den Orientkreuzzügen gleichgestellt. Bernhard von Clairvaux wurde auch für den Wendenkreuzzug propagandistisch tätig. Er rief alle Gläubigen zur Bekehrung oder Vernichtung der Heiden auf:

> »Weil nämlich der Herr meiner Niedrigkeit anvertraut hat, dieses Wort des Kreuzes zu verkündigen, erklären wir …, daß sich die Stärke der Christen gegen jene [Heiden] rüsten soll, daß sie das Zeichen des Heiles auf sich nehme, jene Stämme völlig zu vernichten oder auf immer zu bekehren; wir versprechen ihnen die gleiche Vergebung der Sünden wie denen, die nach Jerusalem gezogen sind. … Denn das untersagen wir ganz und gar, daß sie auf irgendeine Art mit ihnen einen Vertrag schließen; weder für Geld noch durch sonstigen Tribut dürfen sie es tun, bis mit Gottes Hilfe entweder ihre Religion oder ihr Stamm vernichtet ist.«[84]

Im Hintergrund stand bei Bernhard und seinen Zeitgenossen die Auffassung, daß die Existenz von Heidenvölkern der Universalität des Christentums im Wege stehe und damit auch einen durchschlagenden Erfolg der Orientkreuzzüge verhindere. Trotz der geistlichen Unterstützung erbrachte der Kreuzzug allenfalls eine oberflächliche Christianisierung der Wenden.

Nach dem Scheitern des Kreuzzugsunternehmens der Könige dauerte es vierzig Jahre, bis es zu einer neuerlichen Kreuzzugswelle

---

84 Bernhard von Clairvaux an alle Gläubigen, März 1147: *Ü* Ders., Sämtliche Werke lat./dt., hg. von *Gerhard B. Winkler*, Bd. 3, Innsbruck 1992, 893.

kam, die erst durch dramatische Entwicklungen im Orient ausgelöst wurde. Seit 1169, uneingeschränkt seit 1174, war es dem Kurden Saladin († 1193) gelungen, die muslimische Herrschaft über Ägypten und Syrien in seiner Hand zu vereinen. Von seiner Reichsbildung ging ein erheblicher Druck auf die Kreuzfahrerstaaten aus, die aufgrund ihrer chronischen Knappheit an kampfesfähigen Männern bei ausbleibendem Nachschub aus der Heimat den Muslimen wenig entgegenzusetzen hatten. Im Sommer 1187 setzte Saladin zum Einmarsch in Palästina an und eroberte bis zum folgenden Sommer die Kreuzfahrerstaaten fast vollständig, nachdem er ihnen in der Schlacht von Hattin westlich des Sees Tiberias am 4. Juli 1187 eine vernichtende Niederlage beigebracht hatte. Nur wenige Küstenregionen um Antiochia, Tripolis und Tyrus verblieben den Franken noch. Es war vor allem die Nachricht von der muslimischen Eroberung Jerusalems am 2. Oktober 1187, die das Abendland erneut mobilisierte. Trauer und Klage motivierten zu einem neuen religiösen Waffengang:

»Wehe, weinend muß ich euch Trauerbotschaft klagen,
was sich drüben überm Meer neulich zugetragen,
als es Saladin vermocht, Lande zu zerstören,
die als teures Heiligtum Christus zugehören. …
In das heilge Land sie ziehn, ganz nach Räuber Weise,
führen in Gefangenschaft Christenkinder, Greise,
und in ihrem Durst nach Blut, welch ein schrecklich Grauen,
schlachten sie die Knaben hin, morden schwangre Frauen. …
Jener Räuber schlimmster Art, der das Land verheerte,
das einst des Erlösers Fuß sanft bewandelnd ehrte,
der als einer Jungfrau Sohn, Schöpfer der Gebreiten,
einst in einer Krippe lag, Herr der Herrlichkeiten. …
Weinet denn, ihr Völker all, weinet bittre Zähren,
stimmet laute Klage an, laßt den Gram gewähren,
fließen laßt der Tränen Strom, weinet um die Wette,
trauert ob des Untergangs dieser heilgen Stätte!
Die ihrs hört in aller Welt, Tränen wollt vergießen,
laßt die Zähren, groß und klein, Brüder, Schwestern, fließen!
Bessert euren Wandel denn, bessert eure Sitten,
auf die Sünder blickt der Herr, der für sie gelitten. …
Lasset mit der Umkehr uns, mit der Reu beginnen,
laßt für alle Übeltat Sühnetränen rinnen,

laßt uns Gott versöhnen durch würdige Geschenke,
daß um unsre Tränen er unser wohl gedenke!«[85]

Nachdem Papst Gregor VIII. unverzüglich reagiert und bereits am 29. Oktober 1187 zum Kreuzzug aufgerufen hatte, organisierte Kaiser Friedrich I. Barbarossa (1152–1190) im vollen Bewußtsein seiner kaiserlichen Funktion für die Gesamtchristenheit (s.u. II.3.a) ein großes, gut ausgerüstetes Kreuzritterheer, das sich 1189 nach Südosten in Bewegung setzte. Auch aus England und Frankreich brachen starke Truppen unter Führung ihrer Könige ins Heilige Land auf. Das riesige Heer des Kaisers zerstreute sich, nachdem Barbarossa schon vor Erreichen des Heiligen Landes ertrunken war. Die englischen und französischen Kreuzritterheere waren durch Rivalitäten der Herrscher geschwächt, konnten aber immerhin einige Küstenstädte unter ihre Kontrolle bringen. Richard I. Löwenherz von England (1189–1199), dessen militärischer Vorstoß nach Jerusalem mißglückt war, erreichte 1192 durch einen Vertrag mit Saladin den freien Zugang der Christen zum Heiligen Grab. Einem neuen kaiserlichen Kreuzzugsheer, das 1197 von Heinrich VI. (1190–1197) organisiert wurde, gelang es, die christliche Herrschaft über die Küstengebiete auszubauen und zu stabilisieren, bevor der unerwartete Tod des Kaisers auch dieses Unternehmen zum Erliegen brachte.

e. Die Kreuzzugspolitik im 13. Jahrhundert und das Ende der Orientkreuzzüge

Da sich Jerusalem, das Zentrum des religiösen Kreuzzugswesens, nach wie vor in der Hand der muslimischen »Feinde Christi« befand, ergriff Innozenz III. 1198, ein halbes Jahr nach seiner Wahl zum Papst, seinerseits die Initiative. Mit Nachdruck verband er mit der Vorbereitung eines neuen Kreuzzuges den gesteigerten Anspruch auf universale päpstliche Herrschaft. Allerdings geriet die Unternehmung, die 1202 auf sein Geheiß zustande kam, in wirtschaftliche Abhängigkeit von der reichen Mittelmeermacht Venedig. Das führte mit dazu, daß sich die Kreuzfahrer statt gegen die Muslime gegen die

---

85 Carmina Burana 50: *Ü* hg. von *Carl Fischer/ Hugo Kuhn/ Günter Bernt*, Zürich/ München 1974, 139–145.

Christen im Osten und das Byzantinische Reich wendeten. Innozenz III. selbst nutzte die Chance, die mit den Kreuzzügen von Anfang an verknüpfte Idee der Einheit mit der Ostkirche zu realisieren, als im Zuge byzantinischer Thronstreitigkeiten die Kreuzfahrer von einer der streitenden Parteien um Hilfe ersucht wurden. Gerade wegen dieser Hilfeleistung und infolge der herrschenden antiwestlichen Einstellung in Byzanz setzte sich dort aber die Gegenpartei durch. Daraufhin besetzten Kreuzfahrer und venezianische Truppen im April 1204 Konstantinopel und eroberten in den folgenden Monaten die europäischen Teile des Byzantinischen Reiches. In der Hagia Sophia wurde einer der Anführer des Kreuzfahrerheeres, Graf Balduin von Flandern († 1205?), zum ersten »lateinischen Kaiser« der »Romania« gekrönt. Die Kreuzfahrerherrschaft von venezianischen Gnaden hatte ihren Schwerpunkt für die nächsten Jahrzehnte in Griechenland. Ebenso wie die blutige Eroberung Konstantinopels mit den sich anschließenden Plünderungen der Kirchen und Paläste der Stadt traumatisierte auch die kirchliche Zwangsromanisierung, die ihr folgte, das Verhältnis von Ost und West nachhaltig. Erst jetzt gewann das Schisma von 1054 definitiv trennende Kraft. Der Papst reagierte dankbar auf die Nachricht von der abendländischen Herrschaft in Konstantinopel – die sich auf seinen Auftrag berufen konnte und insofern auch die päpstliche Universalgewalt vertrat! – und schärfte den neuen Herren die Pflicht zum Gehorsam gegenüber Rom ein. An Balduin schrieb er:

»Wir freuen uns im Herren und in der Stärke seiner Kraft, daß er, der den Hochmütigen widersteht, aber den Demütigen Gnade schenkt [vgl. 1Petr 5,5], durch dich gewaltige Wunder getan hat zum Lob und zur Verherrlichung seines Namens, zur Ehre und zum Wachstum des Apostolischen Stuhles und zum Nutzen und zur Erhöhung des gesamten christlichen Volkes, ganz zu schweigen von deiner Hoheit und Tapferkeit. Vor allem ist uns hochwillkommen und preisen wir dafür deine Klugheit, daß du deiner eigenen Stärke wenig oder nichts zuschreibst, sondern alles Gott und uns … . Nun hoffen wir, halten es vielmehr für gewiß, daß du stets die hochheilige Römische Kirche, die Mutter und Lehrerin aller Gläubigen, aus reinem Herzen und gutem Gewissen und mit ungeheuchelter Treue ehren willst, und wollen zu deiner Ehre und deinem Wachstum mit Sorgfalt und Mühe wirksam handeln. Deshalb stellen wir dich, deine Länder und deine Leute unter den allgemeinen Schutz des seligen Petrus und speziell unter unsern eigenen. … Besonders aber, mein vielgeliebter Sohn, sollst du sorgfältig bedenken, daß das Reich der Griechen, nachdem es sich vom Gehorsam gegenüber dem Apostolischen Stuhl losgemacht hatte, vom Bösen zum immer noch Schlimmeren abstieg. ... Deshalb ermahnen wir deine Hoheit nachdrücklich und legen es dir zur Vergebung deiner Sünden auf, daß du alle Mühe aufwendest, die griechische Kirche und das Kaiserreich von Konstantinopel, das die göttliche Gnade sich auf die Bitten des Heiligen Stuhles hin untertan gemacht hat, im Gehorsam gegen ihn bewahrst«.[86]

Auch wenn Innozenz III. nach dem Erhalt genauerer Nachrichten das Verhalten der Kreuzfahrer tadelte, dominierte seine Leidenschaft für die nun in greifbare Nähe gerückte gesamtchristliche Einheit unter päpstlicher Leitung. Dabei täuschte er sich in der Erwartung eines stabilen Anschlusses der byzantinischen Kirche an Rom. Spätere Unionsbeschlüsse (1274 Zweites Konzil von Lyon, 1439 Konzil von Ferrara und Florenz) waren gleichfalls vom politischen Kalkül bestimmt und blieben kirchlich folgenlos. Der auf Gewalt und Ausbeutung gegründeten abendländischen Herrschaft im Osten fehlte eine stabile Machtbasis, so daß sie schon 1261 zusammenbrach. Das dann wiedererrichtete Byzantinische Reich erholte sich allerdings nie von der politischen Schwächung, die die Kreuzfahrer ihm zugefügt hatten.

Für Innozenz III. stellte der Kreuzzug ein zentrales Element zur Realisierung seines Programms der Einigung der christlichen Welt unter der Oberhoheit des Papstes dar. Eingebunden in intensive Bemühungen um einen Frieden im Abendland – insbesondere zwischen Frankreich und England – richtete er 1213 einen neuen Kreuzzugsaufruf an alle Gläubigen und entwickelte das große Projekt eines von der gesamten Christenheit getragenen Kreuzzuges. Die Pflicht aller Christen zum Einsatz für die Befreiung des Heiligen Landes begründete er dabei mit einer Analogie zum Lehnsrecht und brachte so die innere Verwandtschaft von Religion und gesamtgesellschaftlicher Ordnung zum Ausdruck. 1215 eröffnete Innozenz III. das Vierte Laterankonzil, dem er insgesamt die Aufgabe zugedacht hatte, die wahre Einheit der universalen Christenheit in Lehre und Recht der vom Papst geleiteten Kirche darzustellen, mit einer sehr persönlich zuge-

86 Innozenz III. an Balduin von Konstantinopel, 7. November 1204: PL 215, 454f.

spitzten Predigt, die diesen Kreuzzugsplan erläuterte und in den Zusammenhang einer dreifachen religiösen Existenzbewegung einzeichnete:

»Ein dreifaches Passa möchte ich aber mit euch feiern, ein leibliches, ein geistliches, ein ewiges: Das leibliche Passa bedeutet, daß ein Hinübergehen stattfindet [vom Ort] zum Ort, indem das beklagenswerte Jerusalem befreit wird. Das geistliche Passa bedeutet, daß ein Hinübergehen stattfindet vom Zustand zum Zustand, indem die gesamte Kirche erneuert wird. Das ewige Passa bedeutet, daß ein Hinübergehen stattfindet vom Leben zum Leben, indem die himmlische Herrlichkeit erlangt wird. ... Ihre [= Jerusalems] Feinde haben die Macht bekommen, alle heiligen Stätten sind entweiht, und das Grab des Herrn, das ein Ort des Ruhmes war, liegt verachtet da. Wo der eingeborene Sohn Gottes, Jesus Christus, verehrt wurde, betet man nun Mohammed, den Sohn des Verderbens, an. ... Was sollen wir also tun? Ich, geliebte Brüder, vertraue mich ganz euch an, ich stelle mich euch ganz zur Verfügung. Ich bin bereit, wenn eure Versammlung es für richtig hält, das Unternehmen persönlich auf mich zu nehmen und hinüberzugehen zu den Königen, den Völkern und den Nationen und sie noch mehr als schon bisher mit kraftvoller Stimme anzustacheln, daß sie sich aufmachen, um für den Herrn zu kämpfen, um das Unrecht am Gekreuzigten zu rächen, der um unserer Sünden willen aus dem Land vertrieben ist ... . Was immer aber auch die anderen machen mögen, wir, die Priester des Herrn, wollen uns diese Aufgabe in besonderer Weise zu eigen machen, indem wir persönlich und materiell dem Heiligen Land zu Hilfe eilen, so daß keiner übrig bleiben soll, der sich nicht an diesem Werk beteiligt und dann von dem großen Lohn ausgeschlossen ist.«[87]

Das Konzil hielt schließlich die entscheidenden Elemente der römischen Kreuzzugsauffassung fest: Es betonte die sittlich-religiöse Basis der Kreuzfahrt und erneuerte den Gedanken einer allgemeinen Friedensordnung ebenso wie die Ablaßzusagen, die auch für die materielle Unterstützung der Unternehmungen gelten sollten. Nach wie vor war der Kreuzzugsgedanke von der Verbindung des Wallfahrtsmotivs mit dem Ideal des Ritterdienstes für Christus bestimmt. Die von Innozenz III. geplante Unternehmung wurde durch seinen Tod im Jahre 1216 vereitelt. Der 1217 seinem Aufruf folgende Kreuzzug einiger europäischer Fürsten endete 1221 ziemlich kläglich in Ägypten; ebenso scheiterte Ludwig IX. der Heilige von Frankreich (1226–

87 Innozenz III., Predigt zur Eröffnung des Vierten Laterankonzils, 1215: PL 217, 675f.

1270) mit den letzten königlich geleiteten Kreuzzügen in den Jahren 1248 bis 1254 und 1270.

Nicht nur infolge militärischer Schwierigkeiten, sondern auch bedingt durch die gerade von Innozenz III. gesteigerten Vorstellungen von der in der Stellvertretung Christi ausgeübten päpstlichen Weltherrschaft trat insgesamt das Motiv der Wallfahrt ins Heilige Land in der Kreuzzugspraxis des 13. Jahrhunderts zurück oder wurde mit Kriegshandlungen verbunden, die allenfalls im übertragenen Sinne als Pilgerschaft aufgefaßt werden konnten: 1) Die Fortsetzung der Reconquista auf der iberischen Halbinsel, die in der Mitte des 13. Jahrhunderts fast vollendet war – nur das Königreich Granada verblieb bis ins 15. Jahrhundert unter arabischer Herrschaft –, ließ sich angesichts des muslimischen Gegners relativ leicht als Kreuzzug verstehen. 2) Durch den Wendenkreuzzug des 12. Jahrhunderts vorgezeichnet war die Verbindung des Kreuzzugsgedankens mit der abendländischen Expansion im Ostseeraum, unter anderem bei der schwedischen Besetzung Finnlands (ab 1240) und der Errichtung der Herrschaft des Deutschen Ordens im Baltikum in der ersten Hälfte des 13. Jahrhunderts. 3) Ohne Vorbild im ersten Jahrhundert der Kreuzzugsgeschichte war hingegen die Wendung gegen innere »Feinde Christi« bzw. Gegner der Papstkirche im Abendland. Innozenz III. stellte das Instrument des Kreuzzugs in den Dienst der Ketzerbekämpfung, als er 1207/08 zum Vorgehen gegen die Katharer mit dem Zentrum Albi in Südfrankreich (s.u. III.1.b) aufrief und damit eine zwanzig Jahre währende Periode der »Albigenserkreuzzüge« einleitete. Damit formte er zugleich den bis dahin königlich geleiteten Ketzerkampf zu einer päpstlichen Unternehmung um. Auch die im 13. Jahrhundert immer wieder zu »Kreuzzügen« erklärten Kriegszüge gegen politische Gegner des Papsttums in Italien, namentlich gegen den Stauferkaiser Friedrich II. und seine Nachfolger (s.u. II.3.c), wurden mit der »Ketzerei« der Gegner gerechtfertigt. Diese bestand dann gerade in der Bestreitung des päpstlichen Leitungsanspruchs. Die Übertragung des Kreuzzugsgedankens auf sehr verschiedenartige militärisch-politische Unternehmungen lag in der Konsequenz seiner Funktion für die Durchsetzung der päpstlichen Universalherrschaft. Der Gedanke der Einheit der Christenheit unter dem Papst gab dem Vorgehen gegen Muslime, Heiden, Ketzer und antipäpstliche politische Gewalten einen gemeinsamen Sinn. Entscheidend war, daß die Definitionshoheit über die »Feinde Christi« beim Papst lag und daß er entschied, welche Unternehmung als »Kreuzzug« gelten und mit der Aussicht auf kirchlich vermittelte geistliche Belohnungen verknüpft werden konnte.

Einzig Kaiser Friedrich II. entzog sich der päpstlichen Verfügung über den Kreuzzug und versuchte, den Nimbus der Kreuzzugsunternehmungen für seine eigene Vorstellung von der Universalherrschaft des christlichen Kaisertums zu nutzen. Friedrich II. hatte 1215 einen Orientkreuzzug gelobt, die Realisierung des Gelübdes jedoch immer wieder hinausgeschoben. Als er 1227 die Vorbereitungen zum Kreuzzug wegen einer Erkrankung abbrach, wurde er von Papst Gregor IX. exkommuniziert. Das verschaffte dem Kaiser die vermutlich nicht unwillkommene Gelegenheit, seine Unabhängigkeit vom Papst dadurch zu demonstrieren, daß er im Folgejahr – als päpstlich Gebannter! – eigenmächtig zum Kreuzzug aufbrach. Das Unternehmen war erfolgreicher als seine Vorgänger, denn es gelang Friedrich II., Jerusalem erneut unter christliche Herrschaft zu bringen. Das war freilich nicht das Ergebnis schierer militärischer Überlegenheit, sondern verdankte sich der Diplomatie des Kaisers, der am 18. Februar 1229 in Jaffa einen Friedensvertrag mit dem Sultan schloß. Für den Gewinn Jerusalems, Bethlehems und einiger anderer Gebiete gestattete der Kaiser in der Heiligen Stadt eine eigene muslimische Verwaltung des Tempelplatzes mit Felsendom und al-Aqsa-Moschee. Einen Monat später setzte sich Friedrich II. in der Grabeskirche die Krone des Königreichs Jerusalem auf, da eine kirchliche Krönungszeremonie wegen des anhaltenden Kirchenbanns ausgeschlossen war. Friedrich stellte sich bewußt über die kirchlichen Autoritäten, indem er in einem Rundschreiben an Papst, Fürsten und Gläubige heilsgeschichtliche Töne anschlug und die sakrale Selbstdeutung des Kaisertums entschlossen erneuerte:

»Seht, jetzt ist jener Tag des Heils gekommen, an dem die wahren Christen ihr Heil von ihrem Herrn und Gott empfangen, damit der Erdkreis erfahre und begreife, daß er es ist und kein anderer, der das Heil seiner Diener wirkt, wann und wie er will. … Und als über die Rückgabe des Heiligen Landes von beiden Seiten unterhandelt wurde, fügte es schließlich Jesus Christus, Gottes Sohn, der Unsere ergebene Geduld aus der Höhe anschaute, in seiner Barmherzigkeit und seinem Mitleid mit Uns, daß Uns der Sultan von Babylon die heilige Stadt Jerusalem wiedergab, die Stätte also, wo die Füße Christi standen, die Stätte auch, wo die wahren Anbeter in Geist und Wahrheit den Vater der Väter anbeten [vgl. Joh 4,23]. ... Wahrhaftig, jetzt schien Uns und allen jener Tag aufgeleuchtet zu sein, an dem die Engel sangen: ›Ehre sei Gott in der Höhe und Friede den Menschen auf Erden, die eines guten Willens sind!‹ [Lk 2,14] ... Wisset, daß Wir am Samstag, dem 17. Tage des Monats März ... mit allen Pilgern, die mit Uns getreulich Christus, dem Sohne Gottes, gefolgt sind, in die heilige Stadt Jerusalem einzogen und als katholischer Kaiser sogleich am Grabe des Herrn ehrfürchtig unser Gebet verrichteten. Am folgenden Tage aber trugen Wir die Krone, die Uns der allmächtige Herr vom Throne seiner Majestät zusprach. In der besonderen Huld seiner Gnade hat er Uns unter den Fürsten des Erdkreises wunderbar erhöht, damit es so, während Wir über eine solche Würde beglückt sind, die Uns nach dem Rechte des Königtums gebührt, der Welt mehr und mehr offenbar werde, daß die Hand des Herrn dies alles bewirkte. Und weil seine Werke im Erbarmen über allem bestehen, so sollen die Söhne des wahren Glaubens von nun an erkennen und weit und breit über den Erdkreis verkünden, daß er, der gebenedeit ist in Ewigkeit, sein Volk heimgesucht und Uns als Horn des Heiles im Hause seines Vaters David errichtet hat [Lk 1,68f.].«[88]

Sowohl der Vertragsschluß mit den »Feinden Christi« als auch die religiöse Selbststilisierung des Kaisers verstärkte das Mißtrauen der Päpste. Spätestens seit einer abermaligen Exkommunikation im Jahr 1239 galt Friedrich II. als Inbegriff des Unglaubens und der Ketzerei, und das Werkzeug des päpstlichen Kreuzzuges wurde gegen ihn selbst, gegen seine Verbündeten und seine Nachkommen eingesetzt. Während der Kaiser für seine Anhänger geradezu messianische Züge annahm, zeichnete ihn die päpstliche Propaganda als apokalyptisches »Tier der Lästerung« (s.u. II.3.c).

Jerusalem ging 1244 den Kreuzfahrern wieder verloren, die sich seitdem endgültig im Rückzug vor den Muslimen befanden. Als ab 1250 die Mamluken, ursprünglich als Soldatensklaven aus Südrußland nach Ägypten gekommen, die Führung in den islamischen Gebieten übernahmen und für eine straffe militärische Organisation sorgten, waren die Tage der christlichen Herrschaft im Heiligen Land gezählt. 1291 fiel mit Akkon der letzte festländische Stützpunkt der Kreuzfahrer in die Hand ihrer Gegner. Zum kläglichen Ende der Peri-

88 Friedrich II., Enzyklika, 18. März 1229: *Ü Klaus J. Heinisch* (Hg.), Kaiser Friedrich II. in Briefen und Berichten seiner Zeit, Darmstadt 1968, 174 und 176–178.

ode der Kreuzzüge trug bei, daß die Verquickung des Kreuzzugsgedankens mit zahllosen politischen Konflikten das Interesse und die religiös motivierte unbedingte Einsatzbereitschaft der abendländischen Fürsten beträchtlich dämpfte. Die eindrucksvolle Konzeption Innozenz' III., die Kreuzzüge als Instrument der päpstlichen Universalherrschaft zu institutionalisieren, hielt den politischen Realitäten nicht stand. Ihre Instrumentalisierung zur Durchsetzung päpstlicher Machtinteressen kehrte sich vielmehr gegen das Papsttum und gegen den Kreuzzugsgedanken selbst. Die Kreuzzüge fielen dem Patt im Ringen um die Universalherrschaft zum Opfer. Von ihnen blieben die Zerrüttung der kirchlichen Ost-West-Beziehungen und die sozialen und kulturellen Folgen von zwei Jahrhunderten ständiger Mobilität. Nicht zuletzt überlebte die Kreuzzugsrhetorik die Kreuzzüge: Auch in den folgenden Jahrhunderten – bis weit in die frühe Neuzeit hinein – wurde der einheitsstiftende Geist der Kreuzzüge beschworen. Das Ende der Kreuzzüge schlug sich auch in der Spiritualisierung der Heilig-Grab-Verehrung nieder, wie sie sich in den »Heiligen Gräbern« abendländischer Kirchen zeigt. Im 13. Jahrhundert und danach wurde nur noch selten die Jerusalemer Grabeskirche nachgebildet; vielmehr dominierten nun plastisch gestaltete Heilig-Grab-Schreine, die der Aufbewahrung von Hostien dienten: Die eucharistische Frömmigkeit (s.u. V.4.b) nahm hinsichtlich der spirituellen Nähe zu Christus den Platz der Jerusalemwallfahrt ein.

3. Das Papsttum und die Stauferkaiser

a. Kaiseridee und kaiserliche Politik bei Friedrich I. und Heinrich VI.

Der Kampf um die »Freiheit der Kirche« kam auch im 12. und 13. Jahrhundert nicht zur Ruhe. Während die Kreuzzüge dem Papsttum die Möglichkeit eröffneten, seine universalen Ansprüche darzustellen und mindestens symbolisch zu realisieren, kam es im Innern der abendländischen Reiche immer wieder zu Konflikten um die Abgrenzung des königlichen (»weltlichen«) Rechtsbereiches vom klerikalen (»geistlichen«). So endete beispielsweise der Konflikt um die

Rechtshoheit von Krone und Kirche in England, wo König Heinrich II. (1154–1189) unter anderem die päpstlichen Eingriffsmöglichkeiten rigoros zu beschneiden versuchte, 1170 spektakulär mit der Ermordung des englischen Primas Thomas Becket in der Kathedrale von Canterbury durch Ritter des Königs. Diese Bluttat stärkte die moralische und geistliche Autorität des Papsttums und machte den Plan einer englischen Nationalkirche unter königlicher Leitung zunichte. Hier wie andernorts waren die Konflikte zwischen weltlicher und geistlicher Rechtsgewalt von der Tendenz zur Konzentration und Abrundung der Königsherrschaft bestimmt.

In der Auseinandersetzung des deutschen Kaisertums mit dem Papsttum bündelten sich solche Konflikte, weil sich zwei Institutionen gegenüberstanden, die ihrem Selbstverständnis nach einen universalen Anspruch erhoben. Diese wechselseitigen Ansprüche verwoben sich mit politischen Strukturen: Die Päpste hatten seit der Zeit Gregors VII. mit wechselndem Erfolg versucht, sich in die Position der Oberlehnsherren der abendländischen Reiche zu bringen. Insbesondere konzentrierten sie ihren politischen Einfluß auf Italien, wo sie neben dem Kirchenstaat weitere Gebiete als direkten Herrschaftsbereich beanspruchten, sich in Süditalien mit dem Königreich Sizilien verbündeten und in den norditalienischen Städten die gegen die Autorität des deutschen Königs aufbegehrenden Kräfte unterstützten. Der imperiale Anspruch der deutschen Könige zielte hingegen gerade auf die Durchsetzung ihrer Rechte in Italien als Ausweis ihrer übernationalen Herrschaft. So kam es, daß der Konflikt um die universalen Herrschaftsrechte sich mit den Wirrungen der italienischen Regionalpolitik verband.

Der grundsätzliche Charakter dieser komplexen Auseinandersetzungen zeigte sich vor allem in der Frage, wie die Institutionen Kaisertum und Papsttum ihre Beziehung zueinander begründeten. Die Tradition des Romzugs der deutschen Könige zur vom Papst durchgeführten Kaiserkrönung ließ verschiedene Deutungen zu: Nach der kaiserlichen Lesart stand dem ordnungsgemäß gewählten deutschen König die Kaiserkrone zu, und der Papst war der für die Krönung zuständige Universalbischof ohne eigentliches Mitwirkungsrecht. Hingegen beharrten die Päpste auf ihrer Position, wonach sie selbst frei über die Kaiserwürde verfügten und keinesfalls verpflichtet waren, den Gewählten ohne weitere Prüfung zu krönen. Es stand also die Verhältnisbestimmung der beiden Universalgewalten zur Debatte, wenn es um die Kaiserkrönung als Recht des Kaisers oder als Gabe des Papstes ging.

Der Staufer Friedrich I. Barbarossa, 1152 zum deutschen König gewählt, war davon durchdrungen, die universale Dimension der Kaiseridee politisch zu realisieren. Schon als er anläßlich seines Romzugs 1155 bei Sutri erstmals persönlich Papst Hadrian IV. begegnete, kam es zu Irritationen: Nur nach längerem Hin und Her war der Staufer bereit, der Tradition zu folgen und dem Papst symbolisch Zügel und Steigbügel zu halten, denn er befürchtete, mit dieser Geste als Lehnsmann des Papstes zu erscheinen. Friedrich ließ sich aber auch nicht in den Konflikt des römischen Stadtadels mit dem Papst verwickeln und lehnte das Angebot ab, sich ohne dessen Beteiligung von den Römern auf dem Kapitol zum Kaiser krönen zu lassen. Dabei verwies er aber darauf, daß die Kaiserwürde den Deutschen aufgrund ihrer politischen Stärke aus eigenem Recht zustehe. Dennoch ließ er sich schließlich vom Papst in der üblichen Weise krönen, und erst gut zwei Jahre später zeichnete sich der grundsätzliche Konflikt deutlicher ab. Bei einem Reichstag Friedrichs I. im Oktober 1157 im burgundischen Besançon wurde ein Brief des Papstes verlesen, in dem dieser den Kaiser an die von ihm vollzogene Kaiserkrönung erinnerte, die er als »beneficium« bezeichnete, was sowohl unverfänglich mit »Wohltat«, als auch brisant mit »Lehen« übersetzt werden konnte. Der kaiserliche Kanzler Rainald von Dassel († 1167) wählte bewußt die schärfere Variante und löste damit einen Sturm der Entrüstung aus:

»Besonders aber hatte es alle empört, als sie vernahmen, daß darin unter anderem behauptet wurde, die Fülle der Würde und Ehre sei dem Kaiser vom römischen Bischof verliehen worden, er habe die Kaiserkrone aus dessen Hand empfangen und es würde ihn nicht reuen, wenn er noch größere Lehen aus seiner Hand empfangen hätte, in der Erwägung, welch große Förderung und Vorteile der Römischen Kirche durch ihn zuteil werden könnten. Zu der strengen Auslegung dieser Worte und zu dem Glauben an die Zuverlässigkeit der Übersetzung hatte die Zuhörer der Umstand veranlaßt, daß, wie sie wußten, von einigen Römern unbesonnen behauptet wurde, unsere Könige hätten bisher die Herrschaft über die Stadt und das italische Königtum durch Schenkung der Päpste besessen ...... Als man all dies nun zusammenfaßte und unter den Großen des Reichs Lärm und Tumult über eine so ungewöhnliche Botschaft mehr und mehr anschwoll, soll einer der Legaten [des Papstes], als fügte er zum Feuer noch das Schwert hinzu, gesagt haben: Von wem hat er denn das Kaisertum, wenn er es nicht vom Herrn Papst hat?«[89]

Brieflich verbreitete der Kaiser daraufhin seine Sicht der Eigenständigkeit der unmittelbar von Gott selbst verliehenen Kaiserherrschaft und begründete sie mit der Zwei-Schwerter-Theorie[90] in einer Fassung, die weltliche und geistliche Rechtsgewalt deutlich voneinander schied:

»Da wir Königtum und Kaisertum durch Wahl der Fürsten allein von Gott empfangen haben, der bei dem Leiden Christi, seines Sohnes, den beiden Schwertern, die notwendig sind [vgl. Lk 22,38], die Regierung des Erdkreises überantwortet hat, und da der Apostel Petrus der Welt die Lehre gegeben hat: Fürchtet Gott und ehret den König [1Petr 2,17], so befindet sich jeder, der behauptet, wir hätten die kaiserliche Krone als ein Lehen vom Papst empfangen, im Widerspruch mit der göttlichen Ordnung und der Lehre des Petrus und ist der Lüge schuldig.«[91]

Diese Verhältnisbestimmung von geistlich und weltlich tendierte durchaus zu einem harmonischen Nebeneinander beider Universalgewalten. Friedrich I. berief sich stärker als seine Vorgänger auf die Kontinuität seines Reiches zum antiken Rom, betonte die Tradition Karls des Großen und Ottos I. und führte die Heiligkeit seiner Kaiserherrschaft, des »sacrum imperium«, auf göttliche Erwählung zurück, nicht auf kirchliche Vermittlung. Seine politischen Interessen in Italien liefen freilich dauerhaft denen des Papsttums entgegen, so daß die Harmonie von geistlicher und weltlicher Gewalt schöne Theorie blieb. Mit den politischen Reibungen hing es zusammen, daß es 1159 zu einem doppelten Ausgang der Papstwahl kam. Während unter im einzelnen unklaren Umständen die Mehrheit der Kardinäle mit Alexander III. einen Gegner des Kaisers wählte, gelang es der kaiserfreundlichen Minderheit, einen der Ihren als Viktor IV. zum Papst zu erheben. Friedrich I. beanspruchte – ausdrücklich in der Linie der römischen Kaiser seit Konstantin, Theodosius und Justini-

89 Otto von Freising und Rahewin, Gesta Frederici III,12: *Ü* AQDGMA 17, 415/417.

90 S. Zugänge 4 (s. Anm. 1), 57 und 142f.

91 Otto von Freising und Rahewin, Gesta Frederici III,13: *Ü* AQDGMA 17, 421.

an[92] – das Recht, als oberster Schutzherr der Römischen Kirche zur Lösung des Schismas ein Konzil einzuberufen. Für Anfang 1160 lud er dazu nach Pavia ein und machte ausdrücklich religiöse Motive für seine Sorge um die Kirche geltend:

»Da wir durch Anordnung der göttlichen Gnade die Regierung des Römischen Reiches übernommen haben, müssen wir auf allen unseren Wegen das Gesetz dessen einhalten, durch dessen Gnade und nach dessen Willen wir unsere hohe Würde erlangt haben. Während wir daher gemäß diesem hochheiligen Auftrag allen Kirchen unseres Reiches Schutz gewähren müssen, müssen wir doch um so bereitwilliger für die hochheilige Römische Kirche sorgen, als man glaubt, daß die Fürsorge für sie und ihr Schutz von der göttlichen Vorsehung in besonderem Maße uns anvertraut ist. Deshalb sind wir über den Streit, der bei der Wahl eines Römischen Papstes unter euch ausgebrochen ist, sehr betrübt, denn wir fürchten, es möchte aus diesem Anlaß die durch Christi Blut erkaufte Kirche [vgl. 1Petr 1,18f.] auseinandergerissen werden, zumal da die Kraft der Kirche auch nach außen hin zu wanken scheint, weil ihre Einheit durch die innere Spaltung zerrissen wird. Um nun gegen diese Pest ein wirksames und Gott gefälliges Heilmittel zu bieten, haben wir auf den Rat frommer Männer einen allgemeinen Reichstag und eine Zusammenkunft … nach Pavia angesagt. … Wir aber werden mit Hilfe der Gnade dessen, der den Königen Heil schenkt [Ps 144,10], das Urteil Gottes vollstrecken, wie es niemandem mehr als dem Römischen Kaiser geziemt.«[93]

Wie zu erwarten war, bestätigte die Synode, zu der nur Bischöfe aus Friedrichs Reich erschienen waren, den kaiserfreundlichen Papstanwärter. Hingegen sprach sich eine in Toulouse außerhalb des kaiserlichen Einflußbereiches zusammengetretene Synode für Alexander III. aus, der dann tatsächlich – vom deutschen Reich abgesehen – fast überall anerkannt wurde.

Der kaiserliche Universalanspruch konnte sich angesichts des Papstschismas gerade nicht durchsetzen; vielmehr gewannen sowohl das Papsttum wie die anderen abendländischen Herrscher an eigenständigem Profil. Da es Friedrich I. auch nicht gelang, sich in Italien militärisch zu behaupten, mußte er 1177 im Frieden von Venedig einlenken und Alexander III. anerkennen. Formal betrachteten sich

92 S. Zugänge 3 (s. Anm. 22), 30–33 und 48f.; Zugänge 4 (s. Anm. 1), 59f.

93 Otto von Freising und Rahewin, Gesta Frederici IV,65: *Ü* AQDGMA 17, 645/647.

Papsttum und Kaisertum damit als gleichberechtigte oberste Rechtsgewalten in der Christenheit. Faktisch blieben aber die politischen Interessengegensätze in Italien: Der Kaiser verstand sich nach wie vor als Lehnsherr des Papstes für Rom und den Kirchenstaat; der Papst beanspruchte weiterhin seinerseits die Lehensoberhoheit über Süditalien und Sizilien. Innerkirchlich ging das Papsttum gestärkt aus dem Schisma hervor; das von Alexander III. einberufene Dritte Laterankonzil von 1179 festigte die kirchenrechtliche Zentralisierung der Papstkirche. Nachdem es Friedrich I. in den Jahren 1180 bis 1184 gelungen war, die politischen Konflikte im Reich zu lösen, war trotz der Gegensätze auch ein Zusammenwirken von Papst und Kaiser möglich, so bei der Ketzerbekämpfung (s.u. III.2.a) oder beim Kreuzzug (s.o. II.2).

Friedrichs Sohn Heinrich VI. (1190–1197) bündelte die universalen Ansprüche und die territorialen Ambitionen des staufischen Kaisertums dann wieder in einer für das Papsttum bedrohlichen Weise. Da ihm nicht nur das deutsche Reich, sondern als Erbe seiner Ehefrau auch das Königreich Sizilien mit Unteritalien zugefallen war, versuchte er, beide Reiche als Erbkaisertum dauerhaft miteinander zu verbinden. Eine solche Konstruktion hätte nicht nur das Ende jedes päpstlichen Verfügungsrechts über die Kaiserwürde bedeutet, sondern den Papst völlig der kaiserlichen Macht ausgeliefert. So brachte Heinrich VI. sowohl die Kurie wie die Könige von Frankreich und England gegen seine Vorstellung von einem politisch starken Universalkaisertum auf. Dieser geballte Widerstand ließ seine Pläne scheitern, vor allem aber machte sein früher Tod sie zunichte.

b. Innozenz III. und das Recht des Papstes am Kaisertum

Im deutschen Reich trat mit dem Tod Heinrichs VI. ein Machtvakuum ein: Sein Sohn Friedrich (II.) war noch nicht einmal drei Jahre alt, und in Deutschland kam es zu einer zwiespältigen Königswahl zwischen Heinrichs Bruder Philipp von Schwaben (1198–1208) und dem Welfenherzog Otto IV. (1198–1212/15), die nun beide um Anerkennung rangen und sich vor allem der Zustimmung des Papstes versichern wollten. Zur gleichen Zeit hatte sich das Papsttum energisch verjüngt: Zum Nachfolger des 92jährig verstorbenen Papstes Cölestin III. wurde der 37jährige Kardinal Lothar von Segni gewählt, der sich als Papst Innozenz III. nannte. Die politische Situation trug ebenso zur Vitalisierung des Papsttums bei wie die Persönlichkeit des neuen Papstes, in der sich die Kräfte der hochmittelalterlichen Kirche bündelten. Innozenz III. hatte in Paris und Bologna Theologie und Kirchenrecht studiert und sich dabei die »moderne« scholastische Methode (s.u. IV.1 und 2) intensiv angeeignet. Als Papst betrieb er die Systematisierung des Kirchenrechts und forcierte im Interesse an der Bekämpfung der Ketzerei die konzentrierte Darstellung des kirchlichen Lehrbestandes, die das von ihm einberufene Vierte Laterankonzil 1215 vornahm. In allen Bereichen seines kirchlichen und kirchenpolitischen Wirkens war Innozenz III. durchdrungen vom religiös begründeten Vorrang des Papstamtes in der Christenheit, für das er den seit dem 11. Jahrhundert in Gebrauch gekommenen Titel des »Stellvertreters Christi« mit Nachdruck in Anspruch nahm (s.o. I.2).

Schon in seiner Antrittspredigt wies Innozenz III. dem Papst in dieser Funktion eine Stellung zwischen Gott und den Menschen und ein Leitungsamt über Völker und Könige zu:

»Wer bin ich aber, und was ist das Haus meines Vaters, daß ich über den Königen stehe und den Thron der Ehre innehabe [vgl. Jes 22,23]? … Als er [Christus] zu allen Aposteln sprach, gab er ihnen einen partikularen Auftrag: ›Welchen ihr die Sünden erlaßt, denen sind sie erlassen; und welchen ihr sie behaltet, denen sind sie behalten.‹ [Joh 20,23] Als er aber nur zu Petrus sprach, redete er in universaler Weise: ›Alles, was du auf Erden binden wirst, soll auch im Himmel gebunden sein‹ usw. [Mt 16,19], weil Petrus alle anderen binden kann, von ihnen aber nicht gebunden werden kann. Christus sagt: ›Du sollst Kephas heißen‹ [Joh 1,42], was man auf den ›Kopf‹ bezieht. Denn so wie im Kopf die Fülle aller Sinne vorhanden ist, in den anderen Gliedern aber immer nur ein bestimmter Teil dieser Fülle, so sind die anderen [Apostel] zu einem Teil der Verantwortung berufen, nur Petrus aber ist die Fülle der Vollmacht verliehen. Nun seht ihr, was das für ein Knecht ist, der über die ganze Familie [Gottes] gesetzt wird, nämlich der Stellvertreter Christi, der Nachfolger des Petrus, der Gesalbte des Herrn, der Gott Pharaos: Zwischen Gott und Mensch ist er in eine mittlere Position gesetzt worden, unterhalb von Gott, aber oberhalb vom Menschen, kleiner als Gott, aber größer als der Mensch; er richtet alle, wird aber von niemandem gerichtet.«[94]

---

94 Innozenz III., Sermo II in consecratione Pontificis Maximi: PL 217, 657f.

In seiner auf Christus zurückgeführten Amtsvollmacht sah der Papst die »Fülle der Leitungsgewalt« (plenitudo potestatis) angelegt, zu der neben der hierarchischen Stellung über allen anderen Bischöfen auch die weltliche Herrschaft im Kirchenstaat und ein Schiedsrichteramt in Streitfragen um die königliche Gewalt gehörte. Folgerichtig nutzte Innozenz III. den deutschen Thronkonflikt seit 1198 zur Durchsetzung der politischen Interessen des Papsttums, d.h. einer »Freiheit der Kirche«, die ihre geistliche Unabhängigkeit auf eigene Herrschaftsrechte stützte:

»Nirgends ist besser für die Freiheit der Kirche gesorgt als dort, wo die Römische Kirche sowohl in zeitlichen wie in geistlichen Dingen die volle Hoheit ausübt.«[95]

1199 entschied sich Innozenz für Otto IV. als rechtmäßigen deutschen König. Die deutschen Fürsten der staufischen Partei verbaten sich unter Berufung auf die Zwei-Schwerter-Theorie jegliches Eingreifen der geistlichen Gewalt in den weltlichen Rechtsbereich, den sie unmittelbar Gott zuordneten:

»Wo denn, o ihr Päpste, habt ihr je gelesen, wo, heilige Väter, Kardinäle der ganzen Kirche, habt ihr je gehört, daß eure Vorgänger oder deren Legaten sich in die Wahl der Römischen Könige [= offizieller Titel der deutschen Könige] so eingemischt haben, daß sie die Rolle von Wählern spielten oder als Schiedsrichter die Grundlagen der Wahl prüften? ... Denn wenn die Wahl des Römischen Königs in sich gespalten ist, so gibt es keinen übergeordneten Richter, durch dessen Entscheidungsspruch die Einheitlichkeit herbeigeführt werden kann, sondern mit dem freien Willen der Wähler müßte die Kluft geschlossen werden. Denn der Mittler zwischen Gott und den Menschen, der Mensch Jesus Christus, hat die Aufgabe der beiden Mächte durch eigene Handlungen und besondere Würden geschieden, so daß ein Streiter Gottes sich keinesfalls in weltliche Geschäfte verwickeln darf, und umgekehrt darf nicht derjenige den Anschein erwecken, er leite göttliche Dinge, der in weltliche Geschäfte verwickelt ist.«[96]

Mit der Bulle »Venerabilem« vom 26. März 1202 wies Innozenz III. den staufischen Protest zurück und nahm ein eigenständiges Prü-

95 Innozenz III. an den Erzbischof von Ravenna, 1198: PL 214, 21.

96 Erklärung deutscher Fürsten zur Königswahl Philipps, Januar 1202 (»Hallescher Protest«): *Ü* AQDGMA 32, 337/339.

fungsrecht hinsichtlich der Person des gewählten deutschen Königs in Anspruch, das bei einer zwiespältigen Wahl erst recht zum Zuge kommen müsse:

»Wir aber, die Wir entsprechend dem Amte der apostolischen Knechtschaft allen gegenüber Schuldner der Gerechtigkeit sind, wollen genausowenig, daß Unsere Rechtshoheit von anderen angemaßt wird, wie Wir auch nicht das Recht der Fürsten für Uns beanspruchen wollen. Daher erkennen Wir auch, wie Wir es müssen, Recht und Befugnis zur Wahl des Königs, der späterhin zum Kaiser erhoben werden soll, diesen Fürsten zu, denen es bekanntlich nach Recht und altem Herkommen zusteht, zumal da auf sie Recht und Befugnis solcherart vom Apostolischen Stuhl übergegangen ist, der das Römische Reich in der Person Karls des Großen von den Griechen auf die Deutschen übertragen hat. Jedoch auch die Fürsten müssen anerkennen ..., daß Recht und Hoheit zur Prüfung der Person, die zum König gewählt wurde und zum Kaisertum erhoben werden soll, Uns zusteht, die Wir sie salben, weihen und krönen.«[97]

Der Anknüpfung an die Römischen Kaiser des Altertums sowie an die Kaiserwürde Karls des Großen, wie sie Friedrich I. programmatisch vorgenommen hatte, setzte Innozenz III. dabei die Theorie der »Übertragung des Kaisertums« (translatio imperii) entgegen. Er behauptete also, der Papst habe, als er den Frankenkönig Karl zum Kaiser krönte,[98] seine universale Leitungsfunktion in der Christenheit ausgeübt, seine rechtliche Vollmacht sei mithin konstitutiv für das gesamte Kaisertum – und die Entscheidung im Thronstreit nur eine situationsentsprechende Aktualisierung dieser fundamentalen Rechtszuständigkeit.

So eindrucksvoll Innozenz III. sein Programm verfocht, so wenig durchschlagend wirkte seine Entscheidung in der konkreten Politik der ersten Jahre des 13. Jahrhunderts. Otto IV., den der Papst begünstigte, um einer staufischen Umklammerung in Italien zu entgehen, konnte sich in Deutschland nicht eindeutig durchsetzen und war auch seinerseits nicht gesonnen, das Kaisertum der päpstlichen Oberhoheit zu unterstellen. Innozenz liebäugelte deshalb zwischenzeitlich auch mit Ottos staufischem Konkurrenten und vollzog die Kaiserkrönung erst 1209, nachdem Philipp von Schwaben 1208 ermordet wor-

97 Innozenz III., Bulle »Venerabilem«, 26. März 1202: *Ü* AQDGMA 32, 341.
98 S. Zugänge 4 (s. Anm. 1), 91–94.

den war. Entgegen den Absprachen machte sich Otto IV. aber die staufische Italienpolitik zu eigen und schickte sich zur Eroberung des Königreichs Sizilien an. Deshalb bannte der Papst ihn 1210 und schwenkte zur staufischen Partei um, indem er nun sein Mündel Friedrich, das einzige Kind Heinrichs VI., zum deutschen König wählen ließ. Friedrich II. (1212–1250) konnte sich von seiner Machtbasis Sizilien aus in den Jahren bis 1215 auch im deutschen Reich durchsetzen und beherrschte damit tatsächlich das von seinen Vorfahren erstrebte und von den Päpsten gefürchtete deutsch-italienische Großreich. Vorerst war diese Reichsbildung allerdings erkauft mit einer Reihe von Zugeständnissen an den Papst. Friedrich II. verband sie in der Goldbulle von Eger vom 12. Juli 1213 mit Ergebenheitsbekundungen gegenüber dem Papst und mit der Vision einer dauerhaften Harmonie der beiden Universalgewalten:

»Indem Wir also die Gnade erkennen, die Uns von ihm [= Gott] zuteil wurde, und auch Eure ungeheuren und unzähligen Wohltaten vor Augen haben, geliebter Herr und hochwürdigster Vater, Unser Schirmer und Wohltäter, Herr Innozenz, von Gottes Gnaden ehrwürdiger Papst, … wenden Wir Euch, Heiliger Vater, und allen Euren katholischen Nachfolgern sowie der heiligen Römischen Kirche, Unserer besonderen Mutter, demütigen Herzens und ergebenen Sinnes stets allen Gehorsam, alle Ehrerbietigkeit und Ehrfurcht zu, die auch Unsere Vorgänger, die katholischen Könige und Kaiser, Euren Vorgängern bekanntlich zugewendet haben; wobei Wir den Willen haben, daß davon nichts vermindert, sondern daß es vielmehr erweitert wird, damit Unsere Hingabe um so mehr hervorleuchte. In dem Willen also, auch jenen Mißbrauch abzuschaffen, dem bisweilen einige Unserer Vorgänger … gehuldigt haben bei den Wahlen der Prälaten, gewähren und gebieten Wir, daß die Wahlen der Prälaten frei und kanonisch vor sich gehen sollen … … Auch die Besitzungen, welche die Römische Kirche zurückerlangt hat und die von Unseren Vorgängern oder sonst jemand anderem früher zurückgehalten worden waren, überlassen Wir ihr frei und unangefochten, und Wir versprechen, sie bei deren Besitzerhaltung treu und ehrlich zu unterstützen.«[99]

Innozenz III. konnte danach hoffen, die staufische Gefahr gebändigt und damit die »Freiheit der Kirche«, wie er sie verstand, politisch gesichert zu haben.

99 Friedrich II., Goldbulle von Eger, 12. Juli 1213: *Ü* AQDGMA 32, 359/361.

c. Friedrich II. und das Ende des Kampfes der Universalgewalten

Friedrich II. erregte schon bald nach dem Tod Innozenz' III. (1216) und der 1220 vollzogenen Kaiserkrönung durch seine Italienpolitik neuerlich das Mißtrauen der Kurie. Auch in weltanschaulicher Hinsicht machte er sich – trotz seiner persönlichen Frömmigkeit – verdächtig, weil er seinen Hof den Einflüssen der arabischen und jüdischen Kultur und Gelehrsamkeit öffnete und Philosophie, Künste und Naturbeobachtung ohne kirchlich-dogmatische Vorgaben förderte. Indem in seinem Umkreis ein menschheitliches Einheitsbewußtsein Gestalt gewann, das die Grenzen der kirchlichen Institution sprengte, trat Friedrich II. mit seiner Version der universalen Kaiseridee aus der kulturellen Gebundenheit des Abendlandes heraus. Seine Vision war nicht frei von utopischen Zügen, und für seine Zeitgenossen lag es nahe, ihn – je nach Position – als Endzeitkaiser oder als Vorboten des Antichrist zu deuten. Die Verbindung von politischer Dynamik, effektiver Verwaltung seiner Reiche und kulturellem Glanz trug ihm aber auch die Bezeichnung als »Staunen der Welt« (stupor mundi) und jahrhundertelangen literarischen Nachruhm ein.

In Gregor IX. und Innozenz IV. erwuchsen Friedrich II. politisch gewandte päpstliche Gegenspieler. Gregor IX. nützte 1227 die Verzögerung von Friedrichs Kreuzzugsunternehmen zur Exkommunikation des Kaisers, verschaffte diesem damit aber auch die Gelegenheit, sich in Jerusalem als universaler Herrscher zu stilisieren (s.o. II.2.e). Auch nach dem 1230 erreichten Friedensschluß von San Germano blieb das Verhältnis von Papst und Kaiser heftigen Schwankungen unterworfen und durch die konkurrierenden universalen Leitideen belastet. Gregor IX. berief sich 1236 erneut auf das päpstliche Richteramt über die Fürsten und Völker und leitete seine universale Stellung von der »Konstantinischen Schenkung« und der Übertragung des Kaisertums an die Franken her:

»Konstantin, der eine einzigartige Herrschaft über alle Weltgegenden ausübte, entschied …, es sei angemessen, daß der Stellvertreter des Apostelfürsten [Petrus], so wie er das gesamte Reich des Priestertums und der Seelen regierte, auch in der gesamten Welt der äußeren Dinge und der Körper eine fürstliche Stellung innehaben sollte. Er meinte, derjenige solle die irdischen Dinge mit dem Zügel seiner Gerechtigkeit lenken, von dem er wußte, daß Gott ihm das irdische Regiment über die himmlischen Dinge übertragen hatte. So entsagte er durch sein Gelübde den kaiserlichen Insignien, der Stadt Rom und ihrem Herrschaftsbereich ... und übertrug all das dem römischen Hohenpriester [= dem Papst], dazu vertraute er auch die kaiserliche Herrschaft beständig seiner Sorge an. Er hielt es für eine Schande, daß dort, wo vom himmlischen Herrscher das Haupt der gesamten christlichen Religion eingesetzt worden war, ein irdischer Kaiser irgendeine Macht ausüben sollte. Deshalb überließ er Italien der apostolischen Verfügung und erwählte sich eine neue Residenz in Griechenland. Von dort übertrug der Apostolische Stuhl [das Kaisertum] später – in der Person des früher erwähnten Karls des Großen ... – auf die Deutschen. So ist es zu deinen Vorfahren gelangt, und du hast es erneuert durch die Gabe der Weihe und der Salbung. Dabei hat der Apostolische Stuhl nichts von seiner Rechtsgewalt eingebüßt, ... und er hat die Gewalt des [weltlichen] Schwertes mit der Krönung übergeben. Deshalb ist es klar, daß du sowohl dem Recht des Apostolischen Stuhles als auch deiner eigenen Verpflichtung und Ehre etwas wegnimmst, wenn du den nicht anerkennst, der dich gemacht hat.«[100]

Mit militärischen Siegen im Kampf gegen die norditalienischen Städte gelang es Friedrich II., seine Herrschaft in Italien auszubauen. 1238 sandte er dem – stets antipäpstlich eingestellten – römischen Senat eine Kriegstrophäe, die auf dem Kapitol aufgestellt wurde. Damit unterstrich er, daß sein Herrschaftsverständnis sich auf das antike Rom und auf die Stadt Rom als Hauptstadt seines Reiches gründete und das Papsttum dafür keine konstitutive Rolle spielte. Gregor IX. exkommunizierte den Kaiser im März 1239 ein zweites Mal, wobei er eine Vielzahl politischer Konfliktpunkte zu der grundsätzlichen Anklage vereinte, Friedrich habe die »Freiheit der Kirche« angetastet. Als der Kaiser gegen den Bannspruch protestierte und dem Papst vorwarf, seine geistliche Rechtsgewalt in unzulässiger Weise mit der weltlichen zu vermischen, schlug Gregor IX. apokalyptische Töne an:

»Es stieg aus dem Meere ein Tier, voll von den Namen der Lästerung, das mit den Tatzen eines Bären und dem Rachen eines Löwen wütete und am übrigen Leibe gestaltet war wie ein Panther; es öffnet sein Maul zur Lästerung des göttlichen Namens und hört nicht auf, ähnliche Pfeile zu schießen wider das Haus des Herrn und die Heiligen, die im Himmel wohnen [vgl. Apk 13,1f.6].

---

100 Gregor IX., Bulle »Si memoriam beneficiorum«, 23. Oktober 1236: MGH.ER 1, 604f.

... Darum hört ihr alle, zu denen die von diesem Tier wider Uns gerichteten Lästerworte gelangen, auf, euch zu wundern, wenn Wir, die Wir in aller Demut Gott unterworfen sind, das Ziel seiner verleumderischen Pfeile werden, da von diesen Schmähungen nicht einmal der Herr verschont bleibt. Hört auf, euch zu wundern, wenn es den Dolch seiner Beschimpfungen gegen Uns zückt, denn es ist ja aufgestiegen, um den Namen des Herrn von der Erde zu tilgen. Damit ihr aber nach Eröffnung der Wahrheit seinen Lügen besser widerstehen und seine Ränke durch das Zeugnis der Unschuld zunichte machen könnt, so betrachtet aufmerksam Kopf, Leib und Schwanz dieses Tieres, des sogenannten Kaisers Friedrich«.[101]

In einem an die Kardinäle gerichteten Erwiderungsschreiben beteuerte der Kaiser seine Rechtgläubigkeit und stellte seinerseits mit apokalyptischen Bildern den Papst als Zerstörer der göttlichen Ordnung dar:

»Jener Pharisäer aber, der auf dem Stuhl der verkehrten Lehre sitzt und vor allen seinen Genossen mit dem Öl der Nichtswürdigkeit gesalbt ist, der jetzige Papst, ... erdreistet sich, den Glanz Unserer Majestät zu verdunkeln, indem er die Wahrheit zur Lüge verkehrt ... . Denn er, nur dem Namen nach Papst, bezeichnet Uns als das aus dem Meer aufsteigende Tier, das voll ist von Namen der Lästerung und das bunte Fell des Panthers hat. Wir aber behaupten, er sei jenes Tier, von dem geschrieben steht: ›Es stieg ein anderes rotes Pferd aus dem Meere, und der auf ihm saß, nahm den Frieden von der Erde, daß die Lebenden sich untereinander würgten.‹ [Apk 6,4] Denn von der Zeit seiner Erwählung an hat dieser Vater nicht der Barmherzigkeit, sondern der Zwietracht, der Verwüstung, nicht der Tröstung, heftiger Erreger die ganze Welt zum Ärgernis gereizt. Wenn Wir seine Worte nun im rechten Sinne auslegen, so ist er jener große Drache, der alle Welt verführte [Apk 12,9], der Antichrist, dessen Vorläufer er Uns nannte«.[102]

Die apokalyptische Gedankenwelt beherrschte in der Folgezeit die Kundgebungen beider Seiten, so daß der Konflikt der beiden Universalgewalten zur endzeitlichen Auseinandersetzung stilisiert wurde. Das entsprach durchaus dem tiefreichenden Gegensatz der beide Gewalten tragenden Grundkonzeptionen in der Zuordnung von Herrschaft, Religion und Kultur. Es war insofern auch folgerichtig, daß militärische Aktionen gegen Friedrich II. und seine Nachfolger von

---

101 Gregor IX., Rundschreiben, 1. Juli 1239: *Ü Friedrich Graefe*, Die Publizistik in der letzten Epoche Kaiser Friedrichs II., Heidelberg 1909, 29f.

102 Friedrich II. an die Kardinäle, 1239: *Ü* a.a.O., 43f.

nun an von den Päpsten als Kreuzzüge autorisiert und mit den entsprechenden Gnadenzusagen ausgestattet wurden.

Die Exkommunikation des Kaisers sollte nicht das letzte päpstliche Wort bleiben. Innozenz IV. schuf sich mit dem Ersten Konzil von Lyon 1245 ein Forum für die feierliche Absetzung Friedrichs II. als Eidbrüchigen, als Friedens- und Rechtsbrecher und als Häretiker. In seinem Kommentar zu dem von Gregor IX. zusammengestellten päpstlichen Kirchenrecht führt Innozenz IV. das Recht zur Absetzung des Kaisers – und der weltlichen Herrscher überhaupt – unmittelbar auf Christus zurück, der sein universales Herrscherrecht auf seinen Stellvertreter Petrus übertragen habe:

»Der Papst setzt den Kaiser ab und ist dazu rechtens befugt. Christus nämlich, der Sohn Gottes, war während seines irdischen Lebens – von Ewigkeit her und für immer – der natürliche Herr der Welt. Er hätte kraft des Naturrechts gegen Kaiser und alle anderen Absetzungssentenzen oder Urteile jedweder Art erlassen können, da sie ja von ihm geschaffen, mit natürlichen Gaben ausgestattet und im Sein erhalten wurden. Aus dem gleichen Grund kann das auch sein Stellvertreter. Christus wäre nämlich kein kluger Herr gewesen ..., wenn er nicht einen solchen einzigen Stellvertreter eingesetzt hätte, der das alles kann. Dieser sein Stellvertreter aber war Petrus, und das gleiche gilt von den Nachfolgern Petri. Denn es wäre absurd anzunehmen, Christus hätte nach dem Tod Petri seine Menschheit, die von ihm geschaffen wurde, ohne Regiment eines ›Einzigen‹ zurückgelassen.«[103]

Gegen diese Zuspitzung des unverhohlenen päpstlichen Anspruchs auf universale Herrschaftsrechte beharrte der Stauferkaiser in einem Rundschreiben an die Könige und Fürsten des Abendlandes darauf, daß sich der Papst mit dem Absetzungsurteil in die weltliche Rechtssphäre begeben habe und damit seine geistliche Zuständigkeit dreist überschritten habe:

»Denn obwohl wir uns in aller Offenheit zur Pflicht unseres katholischen Glaubens bekennen und daran festhalten, daß der Bischof des heiligen Römischen Stuhls in geistlichen Dingen uneingeschränkte Vollgewalt besitzt, auch wenn er, was Gott verhüten möge, ein Sünder wäre, so daß im Himmel gebunden ist, was er auf Erden bindet und dort auch gelöst, was er hier löst [vgl. Mt 16,19], so liest man doch nirgendwo, göttliches oder menschliches Recht

103 Innozenz IV., Commentaria super Libros quinque Decretalium: *Ü Hans Wolter/ Henri Holstein*, Lyon I/Lyon II, Mainz 1972, 122f.

habe ihn bevollmächtigt, nach Willkür Kaiserreiche zu übertragen oder die Könige der Erde weltlich mit dem Entzug ihrer Herrschaft zu bestrafen. ... In lächerlicher Weise wird jener dem Gesetz unterworfen, der als Kaiser über allen Gesetzen steht und der alle weltlichen Strafen zu verhängen hat, der selbst aber, weil er im Weltlichen keinen Höheren über sich hat, nicht von Menschen, sondern nur von Gott verurteilt werden kann.«[104]

Zu Lebzeiten Friedrichs II. blieb der Konflikt der Universalgewalten in der Schwebe: Weder gelangen dem Papst die allgemeine Durchsetzung der Absetzungsverfügung und ein politisch-militärischer Sieg über den Staufer, noch vermochte der Kaiser seinen universalen Anspruch politisch zu realisieren. Mit seinem Tod im Jahr 1250 verloren dieser Anspruch und die ihn tragende Kaiseridee vollends ihre Basis. Gegen Friedrichs politisch schwache Nachkommen verbündeten sich die Päpste mit dem Bruder des französischen Königs Ludwig IX. (1226–1270), Karl von Anjou († 1285), den Clemens IV. 1265 mit dem – eigentlich von den Staufern regierten – Königreich Sizilien belehnte. Exkommunikation und Kreuzzugsaufruf blieben die Instrumente, mit denen das Papsttum die Vernichtung des staufischen Herrschergeschlechtes zu erreichen versuchte. Der letzte Staufersprößling, der 16jährige Konradin, ein Enkel Friedrichs II., wurde anläßlich seines Zuges nach Italien von Clemens IV. im April 1268 gebannt, und noch im August desselben Jahres wiederholte der Papst den Kreuzzugsaufruf gegen ihn als Ausbund der staufischen Verworfenheit. An einen Bischof in Mittelitalien schrieb er:

»Konradin, der Sprößling der Lästerung und der Verdammnis, aus einem verwilderten Haus, das gewohnt ist, die Kirche und die Gläubigen heftig zu bedrücken und zu beeinträchtigen und mit den verschiedensten Quälereien zu verstören, ist nach der Art seines verderbenbringenden Geschlechts zum schlimmsten Feind der Kirche geworden und hat sich nun hierher [= nach Italien] begeben, um die Kirche und die genannten Gläubigen, vor allem aber unseren in Christus sehr geliebten Sohn Karl, den erlauchten König von Sizilien, der berühmt ist als Streiter für die Kirche, im Bündnis mit einigen Ungläubigen aus Italien als seinen Truppen zu bekämpfen. Um seine Versuche zu zerschlagen, die Anstrengungen unserer apostolischen Sorge zu vernichten, befehlen wir deiner Brüderlichkeit, zu der wir volles Vertrauen im Herrn

104 Friedrich II. an Könige, Fürsten und Länder, Juli/August 1245: *Ü* a.a.O., 288f.

haben: Erläutert selbst oder durch einen andern, durch Ordens- oder Weltkleriker – wen immer ihr für geeignet haltet – den Christgläubigen überall mit Umsicht die Sache Gottes und seiner Kirche. Mit der dir von Gott verliehenen Klugheit sollst du sie dazu auffordern, gegen den genannten Konradin und seine Genossen und gegen die Sarazenen in Lucera [in Apulien] das Zeichen des Kreuzes zu nehmen und sich gegen sie zu erheben, gewappnet mit geistlichen und zeitlichen Waffen sowie mit einem freudigen Geist.«[105]

Mit der Hinrichtung Konradins am 29. Oktober 1268 in Neapel war das den Päpsten je länger je mehr verhaßte Staufergeschlecht ausgelöscht. Der Kampf von Papsttum und Kaisertum war vorerst zu Ende. Der kaiserliche Universalanspruch lebte vornehmlich in spiritualisierter Gestalt weiter, z.B. in der Erwartung eines endzeitlichen Friedenskaisers, der nicht selten als wiederkehrender Friedrich II. vorgestellt wurde. Das Ende der Staufer bedeutete aber nicht, daß das Papsttum nun unangefochten die universale Leitung der Christenheit beanspruchen und praktizieren konnte. Dagegen wirkten schon die neuen politischen Abhängigkeiten, in die es sich im Kampf gegen die Staufer begeben hatte. Das Ergebnis der Auseinandersetzungen war vielmehr, daß alle universalen Herrschaftsansprüche an Plausibilität verloren. Der ideologische Streit um die Weltherrschaft löste sich auf in das realpolitische System der Nationalstaaten und partikularen Herrschaften. Die Frage nach dem Verhältnis von geistlicher und weltlicher Gewalt und nach der Stellung des Papsttums stellte sich in der so entstehenden Machtkonstellation von neuem (s.u. V.1.b).

105 Clemens IV. an Bischof Gottfried von Rieti, 22. August 1268: *Hans Martin Schaller*, Stauferzeit, Hannover 1993, 581f.

III. Religiöse Bewegungen und kirchliche Frömmigkeit (12./13. Jahrhundert)

1. Die religiösen Laienbewegungen im 12. Jahrhundert

a. Kirchenkritik und laikales Selbstbewußtsein

Die gregorianische Kirchenreform (s.o. I) hatte den Klerus ins Zentrum der Anstrengungen zur Erneuerung der Kirche gestellt. Im Streben nach der Etablierung eines »reinen« und von weltlichen Bindungen freien kirchlichen Personals zog das Papsttum mit reformgesinnten Laien an einem Strick. Es waren häufig gerade die Laien, die am nachdrücklichsten einen sittlich einwandfreien Klerus forderten. Damit unterstützten sie einerseits die kleruszentrierte päpstliche Kirchenreform, machten sich aber andererseits zugleich selbst zum Subjekt der Erneuerung. Auf diese Weise wuchs ihnen eine eigenständige kirchliche Rolle zu, die das hierarchisch-klerikale Kirchenverständnis, das die »Reform von oben« prägte, eigentlich nicht vorsah. Wo die tatsächliche Erneuerung des Klerus an ihre Grenzen stieß, wo die kirchlichen Oberen sich mit der rechtlichen Durchsetzung ihrer Reformziele begnügten und das Verhalten der Kleriker hinter den Erwartungen der Laien zurückblieb, konnte sich deren Kleruskritik dann radikalisieren und gegen die Hierarchie wenden. So war es beispielsweise nur ein kleiner Schritt von der – im 11. Jahrhundert zuweilen empfohlenen – Meidung der von »unzüchtigen« Priestern verwalteten Sakramente zu der Auffassung, deren priesterliches Handeln sei prinzipiell wertlos (s.o. I.3.b). Diese Meinung, die das System der klerikalen Heilsvermittlung im Kern in Frage stellte, war schon in der Zeit der Alten Kirche als Auffassung der Donatisten verurteilt worden,[106] bedeutete also eine Abweichung von kirchlichen

106 S. *Manfred Jacobs*, Das Christentum in der antiken Welt. Von der frühkatholischen Kirche bis zu Kaiser Konstantin, Zugänge zur Kirchengeschichte 2, Göttingen 1987 (= Zugänge 2), 172–174; Zugänge 3 (s. Anm. 22), 124–126.

Lehrnormen. Unliebsam wurde die laikale Kirchenkritik auch, wenn sie sich mit dem Gedanken des »apostolischen Lebens« nach der Aussendungsrede Jesu (Mt 10,5–14) verband, wonach Armut, Anspruchslosigkeit und Wanderpredigt als die entscheidenden Merkmale eines wahrhaft christlichen Lebens erschienen. Dieser Impuls hatte im Klerus und im Mönchtum gewirkt und sich z.B. in Gestalt der Zisterzienser und Prämonstratenser kirchlich organisieren lassen (s.o. I.4). Es war aber offensichtlich, daß der überwiegende Teil des Klerus diesem Ideal eines »apostolischen Lebens« nicht entsprach, sondern sich durch Besitz, Üppigkeit und Seßhaftigkeit auszeichnete. Nicht zuletzt angesichts von Hungersnöten und sozialen Umbrüchen im 12. Jahrhundert, die zu Armut und zu erzwungener Mobilität als Massenphänomenen führten, lag der Gedanke nahe, es seien gerade die armen Laien, die dem Ideal apostolischen Lebens am nächsten kämen. Unterstützt durch schwierige wirtschaftliche und gesellschaftliche Bedingungen, verstärkt wohl auch durch die Kreuzfahrer- und Pilgerströme, bildete sich vor allem in den ökonomisch weit entwickelten Gebieten Frankreichs und Oberitaliens eine religiöse Stimmungslage, in der sich der Gedanke des ursprünglichen »Evangeliums« mit verschärfter Kirchenkritik in einem neuen laikalen Selbstbewußtsein verband. Dabei entstanden sehr verschiedenartige Gruppen und Gemeinschaften, die in Konflikt mit der kirchlichen Disziplin gerieten. Da selbstbewußte religiöse Laiengruppen im rechtlich definierten System der Kleruskirche keinen Platz hatten, wurden sie meist summarisch als von der kirchlichen Lehrnorm abweichende »Häretiker« klassifiziert, und ihre religiösen Anliegen wurden seitens der kirchlichen Institution kaum wahrgenommen. Erst die moderne Geschichtsschreibung faßt diese Gruppen mit dem wertfreien Begriff der »religiösen Bewegungen« zusammen.

Zunächst waren es Einzelgestalten, auch einzelne Kleriker, die das Bewußtsein der Laien stimulierten und an deren Auftreten sich Konflikte zwischen Laien und kirchlicher Hierarchie entzündeten. So fand in Frankreich Heinrich der Mönch (auch Heinrich von Lausanne genannt, † nach 1145) bei vielen Laien Widerhall mit dem Aufruf zu einem schlichten Leben und der Forderung nach einem die Seelsorge ernstnehmenden Klerus. Er stellte die individuelle Religiosität in den Mittelpunkt und schränkte so die heilsvermittelnde Bedeutung der kirchlichen Riten ein. Deswegen wurde er 1135 von einer Synode in

Pisa gemaßregelt, wirkte aber weiterhin so erfolgreich, daß sich kein Geringerer als Bernhard von Clairvaux 1145 veranlaßt sah, gegen ihn und seine Anhänger in Südfrankreich vorzugehen. Bernhards eindringliche Klage galt der Resonanz der kirchenkritischen Predigt Heinrichs bei den Laien; seine Polemik wandte sich gegen dessen Anspruch, die Wanderpredigt in Armut verwirkliche das Evangelium unabhängig von der Kleruskirche:

»›Dieser Mensch ist nicht von Gott‹ [Joh 9,16], der in seinen Handlungen und Worten in einem solchen Gegensatz zu Gott steht. Er wird jedoch, o Schmerz, von vielen gehört, und hat ein Volk, das ihm glaubt. O unseligstes Volk! Auf das Wort eines einzigen Häretikers hin sind in ihm alle Stimmen der Propheten und Apostel verstummt, die wie aus einem Mund im Geist der Wahrheit verkündet haben, daß aus allen Nationen die Kirche in einem Glauben an Christus zusammengerufen werden müsse. ... Er [Heinrich] ist ein Abtrünniger, der das Ordenskleid abgelegt hat – denn er ist Mönch gewesen – und zu dem Unflat des Fleisches und der Welt zurückgekehrt ist wie ein Hund zu dem, was er erbrochen hat [Spr 26,11; 2Petr 2,22]. Da er es wegen seines verstörten Wesens ›bei Verwandten und Bekannten‹ [Lk 2,44] nicht aushielt ..., gürtete er seine Lenden und machte sich irgendwohin auf den Weg und wurde unstet und flüchtig auf Erden [vgl. Gen 4,12]. Nachdem er zu betteln begonnen hatte, machte er das Evangelium zur Einnahmequelle – er war ja ein in der Schrift bewanderter Mann! – und indem er das Wort Gottes zum Kauf anbot, predigte er das Evangelium, um zu essen.«[107]

Deutlicher von der kirchlichen Lehrnorm wichen die Predigten des Priesters Petrus von Bruis († vor 1140) ab. Er trat in der Provence auf und distanzierte sich scharf von der institutionalisierten Religion, indem er unter anderem die Kindertaufe ablehnte, Kirchengebäude für überflüssig erklärte und Kreuze verbrannte. In einem der von ihm entzündeten Feuer kam er schließlich um – offenbar in einem Akt von Lynchjustiz durch empörte kirchentreue Laien. Wichtiger war aber die Anhängerschaft, die er und andere solche Prediger fanden. An vielen Orten bildeten sich Gruppen religiös bewegter Laien, deren Praxis und deren Anschauungen aus den mit Ketzerklischees durchsetzten Berichten ihrer kirchlichen Gegner nicht klar hervorgehen. Auf jeden Fall besaßen weder sie noch die charismatischen Pre-

---

107 Bernhard von Clairvaux an Graf Ildefons von Saint-Gilles, 1145: *Ü* Ders., Sämtliche Werke lat./dt., hg. von *Gerhard B. Winkler*, Bd. 3, Innsbruck 1992, 293/295.

diger, auf die sie sich beriefen, so etwas wie ein »häretisches« System. Ihre »apostolische« Predigt prägte über die engeren Kreise der Anhängerinnen und Anhänger hinaus die religiöse Stimmungslage, wobei sie zugleich mit der Kritik am Klerus auch manchen Zweifeln an den kirchlichen Lehrnormen Nahrung gab.

Noch größere Beachtung als die vielen kleinen Wanderprediger fand der Kleriker Arnold von Brescia († 1155?), der die laikale Kirchenkritik ins Theologische und Politische zog. In Brescia machte er sich zum Sprachrohr der Forderungen der Stadtbürgerschaft nach einem sittlich einwandfreien und anspruchslos lebenden Klerus und mußte im Streit mit dem Bischof die Stadt verlassen. Er wandte sich nach Paris ins Zentrum der aufstrebenden scholastischen Theologie (s.u. IV.1.b) und wurde Schüler von Petrus Abaelard, was ihm Angriffe Bernhards von Clairvaux einbrachte und ihn unter Häresieverdacht geraten ließ. Als er schließlich um die Jahrhundertmitte nach Rom kam, brachte er seine kirchenkritischen Anschauungen in den Konflikt zwischen den nach Souveränität strebenden Römern und dem Papst als Stadtherrn ein. Der kaiserliche Chronist Otto von Freising berichtet:

»Dieses aufrührerische Unternehmen wurde noch dadurch verschlimmert, daß ein gewisser Arnold von Brescia … unter dem Vorwand der Religion und, um mich der Worte des Evangeliums zu bedienen, wie ein Wolf im Schafspelz [vgl. Mt 7,15] in die Stadt kam, das ungebildete Volk durch seine gewinnende Lehre zur Wut entflammte und so eine unzählbare Volksmenge dieser Empörung zuführte oder vielmehr verführte. … Als er vom Studium aus Frankreich nach Italien zurückkehrte, legte er das Ordensgewand an, um desto besser täuschen zu können, alles herunterreißend, alles zernagend, niemanden schonend, ein Verächter der Geistlichen und Bischöfe, ein Verfolger der Mönche, schmeichelte er nur den Laien. Er behauptete nämlich, weder die Geistlichen, die Eigentum, noch die Bischöfe, die die Regalien, noch die Mönche, die Besitzungen hätten, könnten auf irgendeine Weise das Heil erringen.«[108]

Durch den polemischen Ton dieses Berichts schimmert noch die Attraktivität durch, die Arnolds Predigt für selbstbewußte Laien besaß. Dieser wendete schließlich das Ideal einer »apostolisch« schlichten

108 Otto von Freising, Gesta Frederici II,30: AQDGMA 17, 339/341.

und sich der Befleckung durch Macht und Herrschaft enthaltenden Kirche mit voller Wucht gegen das Papsttum:

»Der Papst selber sei nicht, wie er es gelobt habe, ein apostolischer Mann und ein Seelenhirt, sondern er sei ein blutdürstiger Mensch, der Brand und Mord mit seiner Autorität decke, die Kirchen quäle, die Unschuld mit Füßen trete und in der Welt nur das Fleisch weide, seine Beutel fülle und die anderer leere. [Arnold] sagte, der Papst sei so ›apostolisch‹, daß er weder die Lehre noch das Leben der Apostel nachahme, und deshalb schulde man ihm weder Gehorsam noch Ehrerbietung.«[109]

Die römische Opposition scheiterte 1154/55 an der vorübergehenden Verständigung von Papst und Kaiser (s.o. II.3.a), und Arnold wurde offenbar in diesem Zusammenhang getötet. Seine Anhänger tauchten als »Arnoldisten« noch Jahrzehnte später in kirchlichen Ketzerlisten auf.

Die Verbindung von Kirchen- und Kleruskritik mit dem Streben der Stadtbürgerschaften nach eigenen, selbstbestimmten Formen des sozialen und religiösen Lebens prägte in weniger dramatischer, aber um so nachhaltigerer Form die Bewegung der sogenannten Humiliaten, d.h. der »um Gottes willen Niedrigen«, die nach 1170 in zahlreichen oberitalienischen Städten bezeugt sind. Dabei schlossen sich – überwiegend dem Handwerkerstand zuzurechnende – Familien genossenschaftlich zusammen. Neben dem gemeinsamen Wirtschaften verpflichteten sie sich auf eine religiös motivierte schlichte Lebensweise, mit der sie auch den Impulsen der Bergpredigt entsprechen wollten:

»Damals gab es in den lombardischen Städten einige Bürger, die, obwohl sie in ihren Häusern mit der Familie lebten, eine Art von religiöser Lebensweise wählten, indem sie auf Lüge, Eid und Gerichtsverfahren verzichteten, sich mit schlichter Kleidung begnügten und sich für den katholischen Glauben einsetzten.«[110]

Die Humiliaten waren in der Lehre kirchenkonform, fielen aber durch ihre neuartige Lebensweise auf, mit der sie sich auch gegenüber dem Klerus als entschiedene Laienchristen profilierten. Dieses

109 Johannes von Salisbury, Historia pontificalis 31: MGH.SS 20, 538.

110 Chronicon universale Anonymi Laudunensis: hg. von *Alexander Cartellieri*, bearb. von *Wolf Stechele*, Leipzig/Paris 1909, 29f.

zwangsläufig kirchenkritische Profil führte trotz einer wohl am Rande des Dritten Laterankonzils 1179 erfolgten Anerkennung ihrer Lebensweise durch Papst Alexander III. zu Konflikten mit der Hierarchie. Die Verbindung des Familienlebens von Laien mit einer geregelten gemeinschaftlichen Religiosität ließ sich nicht mit der scharfen kirchenrechtlichen Trennung von geistlichem Stand und Laienstand vereinbaren. Erst recht stellten der Wunsch der Humiliaten, ihren Mitbürgerinnen und Mitbürgern predigen zu dürfen, und die eigenmächtige, sich auf einen göttlichen Auftrag berufende Realisierung dieses Wunsches einen Verstoß gegen die kirchliche Disziplin dar. Obwohl keine nennenswerten Lehrabweichungen vorlagen, wurden die Humiliaten daher 1184 von Papst Lucius III. als Häretiker exkommuniziert. Erst Innozenz III., der überhaupt das kirchliche Verhalten gegenüber den religiösen Bewegungen neu ordnete (s.u. III.2.a), gelang es, die weitaus meisten Humiliaten mit der Papstkirche zu versöhnen, indem er ihre religiösen Triebkräfte in die kirchlichen Strukturen einband. Die Laiengenossenschaften wurden 1201 mit eigener Regel als dreigliedriger Orden (1. Kleriker und Nonnen, 2. klösterlich lebende Laien, 3. in Familienstrukturen lebende Laien) verfaßt. Der Humiliatenorden wurde zum Vorläufer der Bettelorden (s.u. III.2), mit denen in den folgenden Jahrzehnten Anliegen der religiösen Bewegungen kirchlich integriert wurden. Die Umformung der Laienbewegung zu einem kirchlichen Orden ließ allerdings den ursprünglichen Gedanken eines religiösen Lebens in den Strukturen der Laienwelt verblassen.

b. Die Katharer

Weder die Kleruskirche noch die frommen Laien konnten im 12. Jahrhundert den Lebenswandel und die Lehren der religiösen Bewegungen säuberlich voneinander trennen. Der Klerus sah in unbefugter Predigt, Armutsideal, Kirchenkritik und Laienversammlungen nicht nur Verstöße gegen die kirchliche Disziplin, sondern witterte dahinter Irrlehren der übelsten Sorte. Die Laien hingegen ließen sich durch den ernsthaften und schlichten Lebenswandel der Prediger leicht von der Richtigkeit ihrer Lehren überzeugen. Unter anderem war der Mangel an elementarer kirchlicher Unterweisung der Laien dafür verantwortlich, daß es für die Zeitgenossen fast unmöglich war zu erkennen, wo harsche Kirchen- und Kleruskritik in Ketzerei überging, wenn nur der Anspruch auf wahres Christentum und apostolische Nachfolge überzeugend gelebt wurde. Deshalb liegt der Beginn der eindeutig häretischen Version der religiösen Bewegungen des 12. Jahrhunderts, des Katharertums, weitgehend im Dunkeln. An seinem Anfang stand ganz offensichtlich kein einzelner Prediger, sondern die Verschärfung der Kirchenkritik in manchen Laiengruppen: Sie tendierten dazu, sich immer entschiedener in fromme Distanz zum »weltlichen« Leben zu begeben und eine Kirche abzulehnen, die nach Meinung vieler unlösbar in die »Welt« verstrickt war. Manche dieser Gruppen entwickelten dann kirchenähnliche Strukturen. Der Prämonstratenser Everwin von Steinfeld († 1152) berichtete Bernhard von Clairvaux 1143 von einer Kölner Gruppe von »Häretikern« mit einem »Bischof« an der Spitze, die sich vor dem Erzbischof und dem hohen Klerus mit biblischen Argumenten rechtfertigten und schließlich von Teilen der Einwohnerschaft – es gab auch kirchentreue Laien! – ins Feuer gestoßen und verbrannt wurden. Nicht unbeeindruckt von der Standhaftigkeit der Ketzer faßt Everwin deren Anschauungen zusammen:

»Sie sagen, nur bei ihnen sei die Kirche, denn nur sie folgten den Spuren Christi und blieben die wahren Vertreter des apostolischen Lebens, indem sie nach nichts Weltlichem verlangten und weder ein Haus noch Äcker noch irgendwelches Vermögen besäßen, so wie Christus nichts besessen und seinen Jüngern keinen Besitz erlaubt habe. Ihr aber, sagen sie zu uns, fügt Haus zu Haus und Acker zu Acker [Jes 5,8], ihr verlangt nach dem, was zur Welt gehört; und sogar diejenigen, die ihr für die Vollkommensten haltet, die Mönche oder die Regularkanoniker, besitzen dies alles, zwar nicht als Privateigentum, aber doch als gemeinsamen Besitz. Von sich selbst sagen sie: Wir sind die Armen Christi, unstet, fliehen von Stadt zu Stadt, wie die Schafe mitten unter den Wölfen [Mt 10,16], wir leiden Verfolgung mit den Aposteln und Märtyrern, obwohl wir doch ein heiliges und äußerst eingeschränktes Leben führen und Tag und Nacht mit Fasten und Enthaltsamkeit, Gebet und Arbeit verbringen und nur das Lebensnotwendige von den anderen erbitten. Wir ertragen das, weil wir nicht von der Welt sind. Ihr aber seid Liebhaber der Welt, ihr habt Frieden mit der Welt, weil ihr von der Welt seid [vgl. Joh 8,23; 17,11.14.16]. Den Lügenaposteln [vgl. 2Kor 11,13], die das Wort Christi geschändet und das Ihre gesucht haben [vgl. Phil 2,21], ist es gelungen, euch und eure Väter zu verführen. Wir und unsere Väter stammen von den Aposteln ab, wir sind in der Gnade Christi geblieben und werden bis zum Ende der Welt darin bleiben.«[111]

Für ihren Anspruch, die wahre Kirche Christi zu vertreten, beriefen sich die Kölner Ketzer also auf ihre Weltdistanz, während sie der etablierten »Pseudokirche« ihren Besitz und ihre Welthaftigkeit vorhielten. Folgerichtig erkannten sie den kirchlichen Sakramenten keine religiöse Wirksamkeit zu. Über die bloße Kritik an der vorfindlichen Kircheninstitution gingen sie dabei durch die Einrichtung eines eigenen sakramentalen Ritus der Geisttaufe hinaus:

»Wer so bei ihnen getauft ist, den nennen sie einen Erwählten, und er hat die Vollmacht, andere, die würdig sind, zu taufen und an seinem Tisch Leib und Blut Christi zu weihen. Vorher aber nehmen sie ihn durch Handauflegung aus den Reihen derer, die sie Zuhörer nennen, unter die Gläubigen auf. Dann darf er an den Gottesdiensten teilnehmen, und wenn er hinreichend bewährt ist, machen sie ihn zum Erwählten. Von unserer Taufe halten sie gar nichts. Die Ehe verwerfen sie, aber ich habe den Grund dafür nicht erfahren können, entweder weil sie ihn nicht preiszugeben wagten, oder wohl eher weil sie ihn nicht wußten«.[112]

Die Geisttaufe, meist in Anlehnung an Röm 1,12 und Kol 2,2 als »Tröstung« (consolamentum) bezeichnet, und eine radikale Askese, die auch die in der Ehe geordnete Sexualität ablehnte, wurden zu Kennzeichen der größten »Gegenkirche« des Mittelalters, die sich im letzten Drittel des 12. Jahrhunderts vor allem in Südfrankreich als Volkskirche etablierte, die sich aber auch in Italien und im Rheinland festsetzte. Ihre Vertreter bezeichneten sich selbst durchweg als »gute Leute« oder »gute Christen« und unterstrichen damit ihren moralisch-religiösen Anspruch, den auch die Bezeichnung als »Katharer« (griechisch: die Reinen) aufnahm, die ihre Gegner als Ketzernamen benutzten. Ihre Distanz von der »Welt« brachten die Katharer vor allem durch die konsequente Enthaltung von allem Geschlechtlichen – nicht bloß von sexueller Praxis – zum Ausdruck:

»Diejenigen, die vollkommen ihrer Gemeinschaft beigetreten sind, meiden jegliches Fleisch. Das tun sie nicht mit derselben Begründung wie die Mön-

111 Everwin von Steinfeld an Bernhard von Clairvaux, 1143: *James Fearns* (Hg.), Ketzerbekämpfung im Hochmittelalter, Göttingen 1968, 24f.

112 Ebd.: a.a.O., 25.

che oder andere, die wegen des geistlichen Lebens darauf verzichten. Vielmehr sagen sie, der Fleischgenuß sei verboten, weil alles Fleisch aus dem Geschlechtsverkehr stamme, deswegen halten sie es für unrein. Diesen Grund nennen sie öffentlich, in ihren geheimen Versammlungen sagen sie aber noch etwas viel Schlimmeres, daß nämlich alles Fleisch ein Werk des Teufels sei.«[113]

Zu einer Massenbewegung konnte das Katharertum werden, weil es neben der vollen Verwirklichung der asketischen Lebensform auch eine ermäßigte Form der Teilhabe an der Gemeinschaft der wahren Kirche vorsah. Den Kern dieser Gemeinschaft bildeten die männlichen und weiblichen »Vollkommenen« (perfecti bzw. perfectae), die die Geisttaufe empfangen hatten und daraufhin als im Prinzip sündlose Prediger und Predigerinnen lebten, zum Teil umherzogen, ihrerseits die Geisttaufe spendeten und den Zusammenhalt der Gemeinschaft organisierten. Diese in völliger Sexualaskese und äußerster Bedürfnislosigkeit lebenden Vollkommenen wurden getragen von der Verehrung und der materiellen Unterstützung der »Gläubigen« (credentes), die sich zur Gemeinschaft der Katharer zählten, aber nicht zu radikaler Weltdistanz fähig waren und in ihrem normalen Leben verblieben. Sie befanden sich nach katharischem Verständnis immerhin auf dem Weg zur Erlösung, die ihnen mit Sicherheit zuteil wurde, wenn sie die Geisttaufe auf dem Sterbebett empfingen. Während es begreiflicherweise immer nur wenige Vollkommene gab, wuchs die Zahl der Gläubigen in den katharischen Kerngebieten so stark an, daß die katholische Kirche in die Defensive geriet und vielerorts jeden Rückhalt in der Bevölkerung verlor.

Mit der Hochschätzung der Askese befanden sich die Katharer durchaus im Einklang mit kirchlichen Lehrauffassungen und mit der kirchlich geprägten Frömmigkeit. Den Boden der kirchlichen Lehre verließen sie freilich definitiv, indem sie zur Begründung ihrer weltdistanzierten Lebensweise dualistische Weltdeutungen entwickelten bzw. rezipierten. Die »böse Welt« war in ihren Augen keineswegs der letztlich von Gottes Gerechtigkeit und Güte umfangene Raum der Bewährung gegen die böse Macht des Teufels, sondern sie erschien ihnen als Werk des Gegenspielers Gottes. Sie verstanden die Welt nicht länger als Schöpfung eines guten Gottes, sondern als Ergebnis

113 Egbert von Schönau, Sermones contra Catharos 1: PL 195, 14.

einer teuflischen Gefangenschaft der ursprünglich zur Gemeinschaft mit Gott bestimmten Engelseelen in der gottfernen Materie. Eine schlüssigere Begründung rigorosester Askese ist kaum vorstellbar: Wer einmal die grundsätzliche Bosheit alles Materiellen durchschaut hatte, dem mußte die Fortpflanzung, die den Bestand der materiellen Welt sicherte und die Gefangenschaft der göttlichen Funken in ihr verlängerte, als die Wurzel allen Übels erscheinen.

Die Leugnung der göttlichen Weltschöpfung hatte weitere Lehrabweichungen zur Folge, insbesondere was die Person Jesu Christi anging. Die Katharer konnten sich den Erlöser nicht als echten Menschen vorstellen, allenfalls als ein in scheinbare Menschengestalt verhülltes Engelwesen (Doketismus). Seine Funktion konzentrierten sie auf die Botschaft von der Befreiung durch Askese. Der menschliche Tod Jesu am Kreuz konnte für die Katharer ebensowenig Heilsbedeutung gewinnen wie die Vorstellung seiner leiblichen Auferstehung:

»Von Christus lehren sie, daß er keinen beseelten Leib hatte, daß er weder aß noch trank und nichts wie ein Mensch machte, daß es vielmehr nur so aussah. … Sie glauben nicht, daß der Leib Christi auferstanden ist und in den Himmel aufgenommen wurde, nicht an die Auferstehung des Fleisches und auch nicht, daß Christus in die Hölle hinabgestiegen ist. Sie glauben nicht, daß der Sohn gleichen Ranges mit dem Vater ist, weil er gesagt hat ›Der Vater ist größer als ich‹ [Joh 14,28]. Das Kreuz ist für sie das Zeichen des Tieres, von dem die Apokalypse spricht [Apk 13,16f.; 14,9.11; 16,2; 19,20; 20,4], der Greuel an heiliger Stätte [vgl. Mt 24,15].«[114]

Sowohl in der Schöpfungslehre wie in der Christologie und in der Erlösungslehre kam es also zu massiven Abweichungen von christlichen Grundanschauungen, die das Katharertum zu einer »echten« Häresie machen. Sie waren aber zu ihrer Zeit für die Laien oft nicht erkennbar und wurden ihnen auch nicht immer offen dargelegt. Die kirchlichen Gegner identifizierten den Katharismus mit aus der Zeit der Alten Kirche bekannten häretischen Gruppierungen wie Gnosis und Manichäismus,[115] von denen dualistische Mythen vom Fall der Geistseelen, ihrer teuflischen Verstrickung in die Materie und ihrer

114 Bonacursus, Manifestatio haeresis Catharorum: *James Fearns* (Hg.), Ketzerbekämpfung im Hochmittelalter, Göttingen 1968, 31.

115 S. Zugänge 2 (s. Anm. 106), 53–61 und 156–158.

schließlichen Befreiung bekannt waren. Die Katharer hatten ihre dualistischen Vorstellungen aber nicht aus jenen alten Häresien übernommen, sondern waren beeinflußt von entsprechenden Lehren der Bogomilen, einer im 10. Jahrhundert entstandenen griechischen Sonderkirche: Zunächst wurde deren Dualismus, der wohl im Zusammenhang mit den Kreuzzügen im Abendland bekannt geworden war, in einer gemäßigten Form rezipiert, so daß das böse Prinzip dem guten Gott untergeordnet blieb. Der konsequente Dualismus, der zwei gleichrangige ewige Prinzipien von Gut und Böse lehrte, setzte sich bei den Katharern erst durch, nachdem 1167 der aus Konstantinopel kommende Bogomile Niketas eine katharische Synode in Saint-Félix-de-Caraman bei Toulouse von dieser Lehrweise überzeugt hatte. Am Anfang des 13. Jahrhunderts verfaßte dann Johannes von Lugio († nach 1250), der bedeutendste systematische Denker der Katharer, eine umfangreiche Begründung der Notwendigkeit von zwei gleichrangigen Prinzipien aus der – je nachdem wörtlich verstandenen oder allegorisch interpretierten – Bibel. Eine anonyme Zusammenfassung dieses Werkes ist als »Buch von den zwei Prinzipien« erhalten, das die wichtigste aus dem Katharertum selbst stammende Quelle für dessen Lehre darstellt. Die Lehre von den zwei Prinzipien ergibt sich danach zwingend aus dem Dilemma zwischen dem Glauben an Gott als dem guten Ursprung der geistigen Welt und der real erfahrbaren Verwicklung der Geistwelt in die böse Materie:

»Deshalb müssen die Weisen fest daran glauben, daß es ein zweites, böses Prinzip gibt, das mächtig ist in der Bosheit [vgl. Ps 52,3], von dem die Gewalt des Satans und der Finsternis mit allen ihren Wirkungen, die dem wahren Gott und Herrn entgegengesetzt sind, ihrem Wesen nach ursprünglich ausgehen. … Wenn es keine andere Gewalt als die göttliche gäbe, müßten die Kräfte und Wirkungen des wahren Gottes und Herrn in seinem Namen täglich gegeneinander kämpfen. Es ist völliger Unsinn, so etwas bei dem wahren Gott für möglich zu halten. Daraus folgt zweifellos, daß es eine andere, nicht wahre Kraft oder Macht gibt, gegen die der wahre Herr und Gott täglich kämpfen muß«.[116]

Bezeichnend für die Funktion der dualistischen Metaphysik ist der Schluß von der Bosheit der Welt auf den bösen Schöpfer, der deutlich erkennen läßt, wie stark die Welterklärungstheorien der Katharer ge-

116 Liber de duobus principiis 46: SC 198, 318/320.

prägt waren von ihrer negativen Welterfahrung und vom Interesse an einer asketischen Moral:

»In dieser Welt kann niemand den bösen Gott selbst sehen und erfahren, ebensowenig wie den guten. Er läßt sich nur aus seinen Wirkungen als Ursache erkennen. Man muß also wissen, daß der böse Gott oder Schöpfer nur aus seinen bösen Werken und betrügerischen Worten erwiesen werden kann. Ich behaupte aber, daß nicht der der wahre Schöpfer ist, der die sichtbaren Dinge dieser Welt gemacht hat. Das will ich aus seinen bösen Werken und seinen betrügerischen Worten beweisen, wenn es denn, wie unsere Gegner es mit Nachdruck behaupten, wahr ist, daß die Werke und Worte, die im Alten Testament enthalten sind, durch ihn in dieser Welt in der Zeit sichtbar und fleischlich bewerkstelligt worden sind. Denn diese Werke verabscheuen wir ganz und gar, als da sind: die Ehe brechen, fremdes Gut rauben, einen Mord begehen, das Heilige verfluchen, der Lüge beipflichten, seine Worte mit einem Eid bekräftigen und sie, ob mit oder ohne Eid, nicht einmal zu einem geringen Teil einhalten. Alle diese schändlichen Werke sind nach dem Schriftverständnis unserer Gegner von dem genannten Gott oder Schöpfer in dieser Welt in der Zeit sichtbar und fleischlich gemacht worden. Denn sie glauben doch, daß das Alte Testament von der Schöpfung und Herstellung der Welt spricht und von den Werken, die in ihr in der Zeit sichtbar sind. Und das müssen diejenigen notwendig annehmen, die glauben, daß es nur ein einziges Ursprungsprinzip gibt.«[117]

Mit der Vermittlung des konsequenten Dualismus verband Niketas 1167 eine Erneuerung der Geisttaufe und schloß so einen beträchtlichen Teil der Katharer an die Kette der Geistübertragungen seines radikal dualistischen, »dragowitischen« Zweigs der Bogomilen an. Das Verlangen nach einer »sicheren« Tradition der Geisttaufe ergab sich aus dem Verständnis dieses Ritus als wirksamer Vermittlung des Heils, dessen Wirksamkeit freilich von der sittlichen Vollkommenheit des Spenders abhing. Geriet nun der Spender der Geisttaufe ins Zwielicht – was immer wieder vorkam –, wurden alle von ihm gespendeten Geisttaufen rückwirkend ungültig und damit auch alle Riten, die die von ihm Getauften vollzogen hatten:

»Das sagen sie auch, daß, wenn einer von den Vollkommenen eine Todsünde begehe …, würden alle, die von ihm das Consolamentum erhalten haben, den Heiligen Geist verlieren und müßten es von neuem erlangen; die bereits Ge-

117 A.a.O. 49: a.a.O., 334/336.

retteten [= Verstorbenen] aber würden infolge der Sünde des Spenders wieder aus dem Himmel fallen.«[118]

So kam es immer wieder zu Skrupulosität und Unsicherheit unter den Katharern, zu Reisen auf den Balkan, wo man eine »sichere« Geisttaufe zu erlangen hoffte, in Italien sogar zur Aufspaltung des Katharismus in mehrere einander gegenseitig die Reinheit bestreitende Zweige.

Den Gläubigen wurden die katharischen Lehren nicht im Detail zugemutet; die zum Teil komplizierten dualistischen Mythen und die ausgefeilten Exegesen waren als esoterische Lehren den Vollkommenen bzw. den Anwärtern auf die Geisttaufe vorbehalten. Ausbreitung und Festigung der katharischen Kirche waren vor allem das Ergebnis des vorbildlichen Lebenswandels der Vollkommenen, der in deutlichem Kontrast zum vielkritisierten weltverbundenen Lebensstil der durchschnittlichen katholischen Kleriker stand. Damit gaben die Katharer den Anliegen der religiösen Laienbewegungen eine unverwechselbare Gestalt und machten zugleich ein effektives Konkurrenzangebot zur Heilsvermittlung der Kleruskirche. Besonders in Südfrankreich, in dem durch die katharischen Bischofssitze Toulouse, Albi und Carcassonne markierten »Ketzerdreieck«, wurde der Katharismus zur Volkskirche mit festen Strukturen und erwarb sich breite gesellschaftliche Anerkennung. Begünstigt wurde er in dem genannten Gebiet durch den Adel, der sich gegen die französische Krone und die mit ihr verbündete Amtskirche zu behaupten versuchte.

Die Papstkirche tat sich mit der Bekämpfung der Katharer schwer, denn sie vermochte den Ansehensverlust ihres Klerus nicht entscheidend wettzumachen. Bischöfe und päpstliche Legaten versuchten, die Ketzer mit ihrer Würde zu beeindrucken und die Häresie mit Machtmitteln einzudämmen, bestätigten so aber erst recht die Klerus- und Kirchenkritik, von der sich der Erfolg der Katharer nährte. Eine volkstümliche Gegenpredigt gab es nicht, und die Erläuterungen der Theologen erreichten die von den Katharern beeindruckten Laien kaum. Selbst das Dritte Laterankonzil, das die Katharer 1179 verurteilte, ging auf deren Lehraussagen nicht ein. Ein schlagkräfti-

118 Pierre des Vaux-de-Cernay, Kreuzzug gegen die Albigenser: *Ü* hg. von *Gerhard E. Solbach*, Zürich 1996, 16.

ges Instrumentarium zur Ketzerverfolgung existierte noch nicht. Maßnahmen gegen Ketzer bis hin zu Ketzerverbrennungen waren das Ergebnis eines Eingreifens der weltlichen Gerichtsbarkeit oder des Volkszorns. Erst 1184 machte es Lucius III. aufgrund eines Treffens mit Kaiser Friedrich I. in Verona zur Aufgabe der Bischöfe, nach den Ketzern zu fahnden und führte damit die bischöfliche Inquisition ein:

»Jeder Erzbischof oder Bischof soll selbst oder durch seinen Archidiakon oder durch andere ehrbare und geeignete Personen ein- bis zweimal im Jahr jede ihm unterstellte Pfarrei besuchen, in der es Häretiker geben soll. Dort soll er mindestens drei wohlbeleumundete Männer – oder auch, wenn er es für sinnvoll hält, die gesamte Gemeinde – schwören lassen, daß sie dem Bischof … melden, wenn einer Häretiker kennt oder Leute, die heimlich Versammlungen abhalten oder deren Art zu leben von dem abweicht, was unter den Gläubigen normal ist. Der Bischof … soll die Angeklagten dann zu sich vorladen und sie, wenn sie sich nicht … von dem Vorwurf reinigen oder wenn sie nach erfolgter Reinigung wieder in ihre frühere Bosheit verfallen, aufgrund eines bischöflichen Gerichtsurteils bestrafen.«[119]

Gegen die gefestigte Position der Katharer, namentlich der südfranzösischen »Albigenser« (nach der Stadt Albi), richteten die nur zaghaft in die Praxis umgesetzten Inquisitionsanweisungen nicht viel aus. Auch als die Prediger der Papstkirche, namentlich Dominikus und seine Gefährten (s.u. III.2.b), sich am Anfang des 13. Jahrhunderts mit päpstlicher Unterstützung in ihrem Auftreten den Ketzerpredigern anglichen, blieben die Bekehrungserfolge zunächst gering. Angesichts der Hartnäckigkeit der katharischen Gegenkirche rief Innozenz III. 1207/08 zum Kreuzzug gegen die Albigenser auf (s.o. II.2.e). Der Einsatz militärischer Macht führte im Laufe der folgenden zwanzig Jahre zum Ende der politischen Unterstützung der Katharer in Frankreich und kostete viele ihrer Anhänger das Leben, steigerte allerdings keineswegs die Glaubwürdigkeit der katholischen Kirche. Die Akzeptanz des Katharertums wurde nicht gebrochen, und die Katharerkirche sammelte weiter ihre Anhängerinnen und Anhänger.

Um so bedeutsamer wurde es, daß die Papstkirche auf dem Vierten Laterankonzil 1215 die Herausforderung in der Lehre annahm. Das

119 Lucius III., Konvent von Verona, 1184: TKTG 4, 28.

Konzil formulierte ein Lehrbekenntnis, das deutlich gegen die katharischen Lehren gerichtet war. Es betonte die göttliche Weltschöpfung, die wahre Mensch-, ja Fleischwerdung Jesu Christi und die kirchlichen Sakramente, auch den Zugang der Verheirateten zum Heil. Diese kurze und auch für den ungebildeten Klerus leicht faßliche Lehrzusammenfassung gab dem theologischen Vorgehen gegen die Katharer eine neue Grundlage. Die um die gleiche Zeit entstandenen Bettelorden (s.u. III.2) wirkten auf dieser Grundlage, indem sie einerseits selbst das Armutsideal verwirklichten und die Volkspredigt und Volksseelsorge betrieben und andererseits die Methoden der Inquisition verfeinerten. Dank dieser Strategie gelang es, im Laufe des 13. Jahrhunderts die Attraktivität des katholischen Christentums zu steigern und die Katharer in den Untergrund zu drängen. Zwischen 1295 und 1310 bäumte sich der südfranzösische Katharismus unter dem Vollkommenen Petrus Auterii († 1310) ein letztes Mal auf. Vereinzelt traten dort und in Italien noch im weiteren 14. Jahrhundert Katharer auf, eine Massenerscheinung und eine ernste Gefahr für die Papstkirche stellten die Reste des Katharismus aber nicht mehr dar.

c. Die Waldenser

Das Auftreten und Erstarken der Katharer und das offenkundige Unvermögen der Amtskirche, ihnen überzeugend entgegenzutreten, wirkten zurück auf die religiösen Laienbewegungen. Diejenigen frommen Laien, die der kirchlichen Lehre treu bleiben wollten, sahen sich herausgefordert, die Verbindung von religiösem Leben und rechtgläubiger Lehre gegen die Ketzer und gegen kirchliche Verdächtigungen zu profilieren. Das bedeutete, daß die Predigt des Evangeliums nicht nur einigen charismatischen Einzelpersönlichkeiten überlassen blieb, sondern daß Laiengruppen sich als ganze zur »apostolischen« Wanderpredigt in Verbindung mit einer bedürfnislosen Lebensweise beauftragt sahen. Am eindrücklichsten und nachhaltigsten geschah das bei dem Lyoner Kaufmann Waldes[120] († 1206?) und der sich um ihn scharenden Gemeinschaft der »Armen von Lyon«.

120 Sein Vorname ist nicht überliefert. Erst im 14. Jahrhundert wird er zum »Petrus«, was ihn als Gegenspieler des Papstes kennzeichnet.

Am Anfang stand um 1177 Waldes' Erweckung zu einer selbständigen Aneignung der biblischen Botschaft. Aus dem Bibelstudium erwuchs dann die persönliche Entscheidung für ein Leben in Armut, das es ihm ermöglichen sollte, seine eigene religiöse Einsicht als Wanderprediger anderen zu vermitteln. Nach einer zeitgenössischen Quelle berichtet der Dominikaner Stephan von Bourbon († 1261):

»Ein reicher Mann in der genannten Stadt [= Lyon] mit Namen Waldes hörte die Evangelienlesungen und, da er nicht sehr gebildet war und sie genauer verstehen wollte, schloß er einen Vertrag mit … [zwei] Priestern. Der eine sollte ihm die Evangelien in die Volkssprache übersetzen, der andere die Übersetzung nach dessen Diktat aufschreiben. Das taten sie, und in ähnlicher Weise verfuhren sie mit vielen biblischen Büchern und sammelten zu thematischen Überschriften Aussagen der heiligen [Väter], die sie Sentenzen nannten. Nachdem der bewußte Bürger dies oft gelesen und auswendiggelernt hatte, faßte er den Vorsatz, die evangelische Vollkommenheit nach dem Vorbild der Apostel einzuhalten. So verkaufte er seinen gesamten Besitz und verteilte zum Zeichen der Weltentsagung sein Geld, weil es ihm wie Dreck erschien, an die Armen. Zugleich maßte er sich eigenmächtig das Amt der Apostel an, predigte die Evangelien und alles, was er auswendig behalten hatte, auf den Straßen und Plätzen und sammelte viele Männer und Frauen um sich, die dasselbe taten, nachdem er sie die Evangelien gelehrt hatte. … Auch diese völlig ungebildeten Männer und Frauen durchstreiften dann die Dörfer, drangen in die Häuser ein, predigten auf den Straßen und sogar in Kirchen und brachten andere dazu, es ihnen nachzutun.«[121]

Bei Waldes verbanden sich also die für die Laienbewegungen charakteristischen Elemente der freiwilligen Armut und der Wanderpredigt mit dem programmatischen Rückbezug auf den Bibeltext und mit einer auf die Predigtaufgabe konzentrierten Gruppenbildung. »Waldenser« im engeren Sinne waren diejenigen Männer und Frauen, die nach dem Vorbild von Mt 10,5–14 predigend durch Städte und Dörfer zogen. Ihr Ziel war dabei nicht die Gründung seßhafter Gemeinschaften von Anhängerinnen und Anhängern, sondern die Erwekkung einzelner zu einer persönlich gegründeten Frömmigkeit innerhalb der bestehenden kirchlichen Strukturen. Dennoch blieb es nicht aus, daß diejenigen, die sich ihrer Buß- und Heiligungspredigt öffneten, sich als Gruppen um den volkssprachlichen Bibeltext sam-

121 Stephan von Bourbon, De septem donis spiritus sancti: TKTG 18, 16.

melten und eine eigene, davon geprägte Religiosität entwickelten. Obwohl Waldes und die von ihm angeregten Predigerinnen und Prediger sich ganz auf das Heil der einzelnen konzentrierten und die Kirchen- und Kleruskritik demgegenüber zurücktrat, wurde ihr Streben nach einem vollkommeneren Christenleben vom Klerus nicht selten als Kampfansage aufgefaßt. Die Predigttätigkeit von Laien ohne bischöflichen Auftrag stellte ohnehin einen Verstoß gegen die kirchliche Ordnung dar, die eine unmittelbar von Gott erteilte Verkündigungsvollmacht, wie sie Waldes und seine Gruppe geltend machten, nicht vorsah. Da Waldes Wert auf die kirchliche Anerkennung der Laienpredigt legte, erschien er 1179 aus eigenem Antrieb mit einigen Anhängern beim Dritten Laterankonzil in Rom, legte die für ihn hergestellte Bibelübersetzung vor und verpflichtete sich auf den durch die Kirchenväter der Alten Kirche bezeichneten Rahmen des kirchlichen Lehrkonsenses. Walter Map († 1209/10), ein Mitglied der englischen Konzilsdelegation, examinierte den Glauben der Waldenser:

»Man brachte zwei Waldenser zu mir …, die mit mir über den Glauben disputieren wollten, nicht aus Leidenschaft für die Suche nach der Wahrheit, sondern um mich zu überzeugen und mir das Maul zu stopfen, als ob ich bisher unrecht geredet hätte. … Ich legte ihnen zunächst ganz leichte Aussagen vor, die niemandem unbekannt sein dürfen, denn ich wußte, daß die an Disteln gewöhnten Lippen des Esels nichts von Salatblättern halten: ›Glaubt ihr an Gott, den Vater?‹ Sie antworteten: ›Wir glauben.‹ ›Und an den Sohn?‹ Sie antworteten: ›Wir glauben.‹ ›Und an den Heiligen Geist?‹ Sie antworteten: ›Wir glauben.‹ Ich fuhr fort: ›Und an die Mutter Christi?‹ Und jene wieder: ›Wir glauben.‹ Daraufhin wurden sie von allen lauthals ausgelacht und zogen verwirrt ab«.[122]

Die am Bibeltext gebildeten Laienchristen waren auf das Glatteis theologischer Feinheiten geführt worden: Sie konnten nicht wissen, daß »Mutter Christi« als Titel für Maria nicht korrekt war,[123] und übersahen, daß »glauben« im strengen Sinne den göttlichen Personen der Trinität vorbehalten war. Indem Walter Map die frommen Waldenser ihrer theologischen Unbildung überführte und der Lächerlich-

122 Walter Map, De nugis curialium I,31: hg. von *M.R. James*, neubearb. von *C.N.L. Brooke* und *R.A.B. Mynorş*, Oxford 1983, 126.

123 Nach dem Konzil von Ephesus (431) mußte es »Mutter Gottes« heißen; s. Zugänge 3 (s. Anm. 22), 107f.

keit preisgab, dokumentierte er zugleich das Unverständnis weiter Teile des Klerus für die religiösen Anliegen der Laienbewegungen und für deren biblische Wurzeln. Der Erfahrung einer unmittelbaren Belehrung der Laien aus der Bibel, die ihnen als ein im Grunde einfaches und klar verständliches Buch begegnete, setzte Map das Verständnis der Bibel als eines schwierigen und dunklen Buches entgegen, zu dessen Verstehen es subtiler Gelehrsamkeit und kirchlicher Autorität bedürfe:

»Sie baten inständig, ihnen möge das Recht zur Predigt bestätigt werden, denn sie hielten sich für erfahren, obwohl sie kaum Anfänger waren. ... Ist es etwa nicht so, daß selbst diejenigen, die sich als Erforscher der tiefsten Abgründe ihr Leben lang mit mehrdeutigen Aussagen abmühen, die kaum zu verstehen sind, bei allen Aussagen über Gott fürchten, ihm nicht gerecht zu werden, der doch so erhaben ist, daß weder Lobpreisungen noch die Kräfte der Gebete ihn erreichen könnten, wenn sie nicht von seiner Barmherzigkeit gezogen würden? In jedem einzelnen Buchstaben der Heiligen Schrift schweben so viele Aussagen auf den Flügeln der Tugenden, sind so viele Schätze an Weisheit angehäuft, daß jeder, dem Gott die Gabe dazu verliehen hat, aus dem Vollen schöpfen kann. Soll nun etwa die Perle vor die Säue geworfen werden [vgl. Mt 7,6], und das Wort den Ungebildeten anvertraut werden, von denen wir wissen, daß sie unfähig sind, es aufzunehmen, geschweige denn weiterzugeben, was sie empfangen haben. Weg mit diesem Gedanken, reiße ihn aus! Vom Haupt möge das Salböl auf den Bart herabfließen und von dort auf das Gewand [vgl. Ps 133,2]; von der Quelle sollen die Wasser herströmen [vgl. Spr 5,16], nicht aus den Straßenpfützen.«[124]

In Maps Schilderung der ersten Waldenser fließt auch die – trotz des siegesgewiß-ironischen Tonfalls – unverkennbare Angst des etablierten Klerus um den eigenen Besitzstand ein:

»Diese Leute haben keine festen Wohnsitze, zwei und zwei ziehen sie umher, barfuß, in wollenen Kleidern, besitzlos folgen sie nackt dem nackten Christus. Jetzt am Anfang geben sie sich äußerst demütig, weil sie [anders] keinen Fuß in die Tür bekommen. Wenn wir sie aber erst einmal zulassen, werden sie uns hinauswerfen.«[125]

---

124 Walter Map, De nugis curialium I,31: hg. von *M.R. James*, neubearb. von *C.N.L. Brooke* und *R.A.B. Mynors*, Oxford 1983, 124.

125 Ebd.: a.a.O., 126.

Dennoch kam es 1179 nicht zu einer Verurteilung der Waldenser, vielmehr ließ sich Papst Alexander III. von ihrer Rechtgläubigkeit überzeugen und zeigte sich von ihrer freiwilligen Armut beeindruckt. Was die Duldung der Laienpredigt anging, wurden die Waldenser allerdings an den regionalen Klerus zurückverwiesen und erhielten nicht die von ihnen erhoffte gesamtkirchliche Predigterlaubnis. Über diesen für ihn unbefriedigenden Zustand gelangte Waldes auch im Folgejahr nicht hinaus, als er vor dem in Lyon weilenden päpstlichen Legaten ein Bekenntnis ablegte, mit dem er sich auf die kirchliche Rechtgläubigkeit verpflichtete. Auch die an dieses Bekenntnis angehängte Zusammenfassung des religiösen Vorsatzes der Waldenser unterstreicht die selbstgewählte Armut, schweigt aber vom Willen zur Predigt:

»Und weil der Glaube nach dem Apostel Jakobus ›ohne Werke tot‹ ist [Jak 2,26], haben wir der Welt abgesagt und haben unseren Besitz, wie es der Herr geraten hat, den Armen gegeben und beschlossen, arm zu sein, so wie wir uns nicht sorgen um den morgigen Tag [vgl. Mt 6,34] noch darum, Gold oder Silber [vgl. Mt 10,9] oder etwas derartiges von jemandem entgegenzunehmen außer der täglichen Nahrung und Kleidung. Auch haben wir den Vorsatz gefaßt, die evangelischen Räte wie Gebote zu halten.«[126]

Im Grunde strebten die Laien um Waldes ein eigenes kirchliches Predigtamt für Laien an. Damit rührten sie an die prinzipielle Zuordnung von Klerus und Laien in der Kirche und stellten das hierarchische System der Papstkirche in Frage. Nach dem geltenden Kirchenrecht war die Predigt Sache des Bischofs bzw. des Pfarrklerus und konnte Laien allenfalls von diesen zuständigen Instanzen im Zuge einer Ausnahmeregelung gestattet werden. Eine nicht autorisierte Laienpredigt stellte daher einen massiven Bruch der kirchlichen Ordnung dar:

»Ein Laie darf nicht predigen, denn das ist für ihn gefährlich, weil er nicht versteht, was er sagt, und die Schriften nicht versteht, deren Auslegung er sich anmaßt. Wenn also ein kirchlicher Oberer ihm befiehlt, daß er schweige, so muß er schweigen; wenn er nicht schweigt, begeht er eine Todsünde«.[127]

126 Waldes, Bekenntnis: *Ü* KlProt 1, 3.
127 Alanus ab Insulis, Contra haereticos libri quattuor II,4: PL 210, 382.

Dieser Standpunkt der kirchlichen Disziplin litt freilich darunter, daß die Bischöfe und Pfarrer vielerorts ihre Predigtaufgabe vernachlässigten oder nicht so predigten, daß sie das Ohr des Volkes tatsächlich erreichten. Angesichts dieser Situation setzten die Waldenser sich immer wieder über Predigtverbote des lokalen Klerus hinweg, weil sie sich zur Evangeliumspredigt berufen glaubten und darauf verwiesen, man müsse »Gott mehr gehorchen als den Menschen« (Apg 5,29).

Die Gemeinschaft um Waldes wurde 1182/83 vom Erzbischof von Lyon exkommuniziert und des Landes verwiesen. 1184 verdammte Papst Lucius III. die »Armen von Lyon« in einem Atemzug mit anderen Gruppen der religiösen Laienbewegung und mit den Katharern:

> »Wir entscheiden, daß die Katharer und Patariner und diejenigen, die sich lügenhaft Humiliaten oder Arme von Lyon nennen, die Passaginer, Josephiner und Arnoldisten für alle Zeiten dem Bannfluch verfallen sind. Einige aber eignen sich unter dem Anschein der Frömmigkeit … das Recht zu predigen an, obwohl doch der Apostel sagt: ›Wie sollen sie aber predigen, wenn sie nicht gesandt werden?‹ [Röm 10,15] Deshalb binden wir mit der gleichen Fessel des ewigen Bannfluchs alle, die trotz eines Verbotes oder ohne Sendung, ohne eine Bestätigung durch den Apostolischen Stuhl oder den zuständigen Bischof es sich anmaßen, öffentlich oder privat zu predigen, ferner alle, die sich nicht scheuen, vom Sakrament des Leibes und Blutes unseres Herrn Jesu Christi oder von der Taufe, dem Sündenbekenntnis, der Ehe oder den anderen kirchlichen Sakramenten anders zu denken oder zu lehren, als die hochheilige Römische Kirche es verkündet und festlegt«.[128]

Mit diesem Urteil setzten sich das Unverständnis für die religiösen Anliegen der Laienbewegungen und die Unfähigkeit zur Unterscheidung von Rechtgläubigkeit und Ketzerei kirchenamtlich durch. Die Exkommunikation lockerte faktisch die kirchliche Bindung der Waldenser. Zwar wurden sie keineswegs systematisch verfolgt, konnten weithin ihre Predigt fortsetzen, mit Erfolg gegen die Katharer wirken und sich weiter ausbreiten. Der Zugang zu den kirchlichen Sakramenten war ihnen aber nun offiziell versperrt, und sie praktizierten daraufhin eigene priesterlose Abendmahlsfeiern und eine laikale Seelsorge, die mit Beichte und Absolution verbunden war. Eine la-

128 Lucius III., Konvent von Verona, 1184: TKTG 4, 26f.

tente Empfänglichkeit für antiklerikale Ressentiments verband sich dann – jedenfalls bei manchen Waldensern – mit Anfragen an das von der Papstkirche vertretene Amts- und Sakramentsverständnis. Vor allem in den waldensischen Gruppen in Norditalien verbreitete sich die Auffassung, die Heilswirksamkeit der Sakramente hänge von der moralischen Würdigkeit der sie spendenden Personen ab und nicht von der ordnungsgemäßen kirchlichen Weihe. Alanus ab Insulis († 1202/03) macht diese »donatistische« Anschauung (s.o. III.1.a) zu einem zentralen Punkt seiner theologischen Polemik gegen die Waldenser:

»Die genannten Häretiker sagen auch, daß das Verdienst ... mehr bewirkt als Weihe und Amt. Deswegen maßen sie selbst sich an, in priesterlicher Weise zu segnen, obwohl sie nicht geweiht sind, denn sie halten sich für Gerechte und glauben, die Verdienste der Apostel zu besitzen. Sie sagen sogar, sie könnten konsekrieren, binden und lösen, weil das Verdienst und nicht das Amt die Vollmacht dazu verleihe. Denn weil sie sich Stellvertreter der Apostel nennen, müssen sie aufgrund ihrer Verdienste auch deren Ämter ausüben. Damit steuern sie in höchstem Maße gegen die Kirche und zeigen, daß sie ihr entgegengesetzt sind.«[129]

Bei einigen Waldensern wurde die Wiedertaufe praktiziert und eine eigene Ämterstruktur aufgebaut. Waldes selbst kündigte den »häretischen« Waldensern 1205 ausdrücklich die Gemeinschaft auf, weil er nicht eine Sonderkirche der Erweckten gründen, sondern an der Berufung zur Laienpredigt als Dienst an der gesamten Christenheit festhalten wollte. Sein theologisch gebildeter Anhänger Durandus von Osca († um 1224) unterstrich in seinem »Buch gegen die Ketzerei« (Liber Antihaeresis) die gesamtkirchliche Sendung der Waldenser, indem er Waldes als gottgesandten Streiter gegen die Häresie der Katharer in die Heilsgeschichte einordnete:

»Aber der Sohn des höchsten Vaters verließ sein Volk nicht gänzlich: und weil er sah, daß Begierde, Simonie, Hochmut, Habsucht, Ruhmsucht, Völlerei, Konkubinat und andere Laster die Werke der Prälaten [= der Kleriker] waren und um ihrer verderbten Werke willen selbst die göttlichen Mysterien [= das Altarsakrament] für nichts geachtet wurden, so sandte er dich, Herr Waldes, indem er dich gleichwie am Anfang seiner Verkündigung die unge-

129 Alanus ab Insulis, Contra haereticos libri quattuor II,8: PL 210, 385.

bildeten Fischer zum Apostelberuf erwählte, damit du mit deinen Genossen … den Irrlehren entgegenträtest.«[130]

1207 unterlag Durandus von Osca bei einer Disputation in Pamiers dem spanischen Bischof Diego von Osma, der selbst den Gedanken einer »apostolischen« Wanderpredigt im Auftrag von Papst und Kirche verwirklichen wollte (s.u. III.2.b). Daraufhin fand sich Durandus bereit, auf die von Innozenz III. hinsichtlich der religiösen Bewegungen vollzogene Wende (s.u. III.2.a) zu reagieren und die Waldenser mit der Kleruskirche zu versöhnen. Der Papst machte die versöhnungsbereiten Waldenser 1208 zur Genossenschaft der »Katholischen Armen«. Sie mußten den Gedanken der unmittelbaren göttlichen Beauftragung zugunsten der institutionellen Bindung an Papst und Klerus aufgeben, konnten ihre Predigttätigkeit aber fortsetzen. Dabei waren freilich nach wie vor erhebliche Widerstände des Ortsklerus zu überwinden, obwohl unter den Katholischen Armen der Anteil der Gebildeten und der Kleriker deutlich zunahm.

Die meisten Waldenser hielten allerdings an der Überzeugung fest, ihren Predigtauftrag unmittelbar von Gott empfangen zu haben, und lehnten die Umformung in eine vom Klerus abhängige kirchliche Genossenschaft ab. Sie wurden vom Vierten Laterankonzil 1215 erneut und nunmehr definitiv als Häretiker verurteilt. In der Folge entwickelten die Waldenser eigene Gemeindestrukturen, um gegen die ab der Mitte des 13. Jahrhunderts systematisch betriebene Verfolgung bestehen zu können. Auch die papstkirchlichen Inquisitoren bemerkten, daß die Waldenser in den christlichen Grundlehren durchaus rechtgläubig waren – und hielten sie deshalb für besonders gefährlich:

»Unter all diesen Sekten, die es gibt oder je gegeben hat, ist keine für die Kirche Gottes gefährlicher als die der Waldenser. … Alle anderen Sekten erregen durch die Ungeheuerlichkeit ihrer Gotteslästerungen bei den Zuhörern Abscheu, die Waldenser aber wirken fromm. Denn sie leben gerecht vor den Menschen und glauben in rechter Weise an Gott mit allen Artikeln, die im Glaubensbekenntnis enthalten sind. Nur die Römische Kirche und ihren Klerus lästern sie, was bei vielen Laien leicht Glauben findet.«[131]

---

130 Durandus von Osca, Liber Antihaeresis, Prolog: *Ü Kurt-Victor Selge*, Die ersten Waldenser, Bd. 1, Berlin 1967, 39f.

131 Passauer Anonymus: TKTG 18, 73.

Angesichts der hochmittelalterlichen Zentrierung des Christentums auf die Papst- und Kleruskirche als exklusive Institution des Heils war diese Einschätzung unausweichlich. Tatsächlich verschärfte sich der Gegensatz im Kirchenverständnis seit der endgültigen Exkommunikation der frommen Laiengemeinschaft. Die waldensische Kritik am kirchlichen Klerus wurde scharf und grundsätzlich, zunehmend wurde die Heilswirksamkeit der Sakramente der Amtskirche angezweifelt, und manche Gestalten der kirchlichen Religiosität, z.B. Marien- und Heiligenverehrung, Wallfahrten, Ablässe, Gebete für die Verstorbenen im Fegfeuer, wurden als Verzerrungen des wahren, biblisch-ursprünglichen Christentums verurteilt. In der Papstkirche sahen die Waldenser, zumindest die radikaleren unter ihnen, mit zunehmender Gewißheit eine antichristliche Entstellung der Kirche Jesu Christi. Ihre eigenen Gemeinden sahen die Waldenser wohl kaum als volle Verwirklichung der wahren Kirche, sie repräsentierten aber doch die unsichtbare Gemeinschaft der Heiligen und die Hoffnung auf deren endzeitliche Vollendung:

»Wenn also infolge des Hasses des Satans und des Hasses der Gottlosen und infolge der Lässigkeit der Mehrzahl und wegen vieler Trübsale und Verfolgungen die Kirche in einigen Gegenden nahezu verfallen ist, so wollen wir doch glauben, daß sie in einigen Gebieten der Welt wenigstens bei einer geringen Zahl von Heiligen bei gutem Leben und heiligem Wandel verblieben ist. Denn der Herr spricht zu Salomo durch den Geist der Prophetie: ›Wenn die Gottlosen aufkommen, so verbergen sich die Leute, wenn sie aber umkommen, werden der Gerechten viel‹ [Spr 28,28]. Auf Grund dieser und vieler anderer Worte der Schrift glauben wir, daß die Kirche von neuem in großer Zahl aufersteht. Daher sollt ihr sicher wissen, daß der Anfang dieses Ordens [der Waldenser] Christus ist und das Haupt dieser Kirche Jesus, der Sohn Gottes. Wir wollen darum bitten, daß sie nach seiner Barmherzigkeit noch vermehrt werde zu unseren Zeiten, um noch Tausende von Heiligen«.[132]

Charakteristisch blieb für die Waldenser ihr intensiver Umgang mit der Bibel, deren volkssprachliche Versionen auswendiggelernt wurden und die Grundlage und den Hauptinhalt der Predigt bildeten. In einer Mischung von Verachtung und widerwilliger Bewunderung erzählt Stephan von Bourbon aus den dreißiger Jahren des 13. Jahrhunderts:

132 Johannes Leser, Bekenntnis, um 1368: KlProt 1, 12f.

»Ich habe einen jungen Viehhirten gesehen, der sich nur ein Jahr im Haus dieses Häretikers Waldes aufgehalten hatte, der das, was er hörte, mit so gewissenhafter Aufmerksamkeit und sorgfältiger Wiederholung in sich aufnahm und wiederholte, daß er binnen eines Jahres vierzig Sonntagsevangelien auswendiggelernt hatte …, alle Wort für Wort in seiner Sprache … . Ich habe auch andere Laien gesehen, die mit ihrer Lehre vertraut waren und daher viele Worte der Evangelisten, z.B. aus dem Matthäus- oder dem Lukasevangelium, auswendig wiedergeben konnten, insbesondere das, was dort von der Lehre und den Predigten des Herrn gesagt ist, so daß sie kaum von den Worten [der Evangelien] abwichen, ja sie sogar der Ordnung entsprechend aneinanderreihen konnten. Das zeigt ihre Sorgfalt im Bösen, aber auch die Nachlässigkeit der Katholiken im Guten, denn es gibt viele, die sich so wenig um ihr Heil und das der ihnen Anvertrauten scheren, daß sie kaum das Vaterunser oder das Glaubensbekenntnis kennen und ihre Schüler lehren.«[133]

Die Konzentration auf die Bibel als Maßstab des Christlichen begründete mit zunehmender Distanz von der Amtskirche sowohl die Kritik an der kirchlichen Institution als auch das eigene Recht zu religiöser Praxis:

»Was ohne Anhalt am Bibeltext gepredigt wird, halten sie für Fabeln. Sie behaupten, daß die Heilige Schrift in der Volkssprache dieselbe Wirkung hat wie auf Latein und feiern deshalb die Sakramente in der Volkssprache. Den Text des Neuen Testaments und einen großen Teil des Alten Testaments beherrschen sie in der Volkssprache auswendig. Die Sätze des Kirchenrechts und die Aussprüche und Auslegungen der Heiligen verachten sie und lassen nur den [biblischen] Text gelten.«[134]

Die Waldenser konnten vor der Inquisition in entlegene Alpentäler der Dauphiné und des Piemont ausweichen und sich dort als kleine Gemeinden behaupten. In ihrer Predigttätigkeit mieden sie zunehmend die große Öffentlichkeit. Immerhin erzielte die waldensische Predigt im 14. Jahrhundert noch Missionserfolge bis hin nach Böhmen und Norddeutschland. Als einzige der religiösen Laienbewegungen aus dem 12. Jahrhundert überdauerten die Waldenser das Mittelalter. 1532 begann mit der Synode von Chanforan ihr Anschluß an die Reformation in ihrer schweizerischen Ausprägung.

133 Stephan von Bourbon, De septem donis spiritus sancti: TKTG 18, 48f.

134 Pseudo-Reinerius 8: *M. Nickson*, The »Pseudo-Reinerius« Treatise, the Final Stage of a Thirteenth Century Work on Heresy from the Diocese of Passau, in: AHDL 42 (1967), 255–314, 299.

2. Bettelmönchtum und Beginen

a. Krise und Wende der päpstlichen Ketzerpolitik

Die religiösen Bewegungen des 12. Jahrhunderts trafen die Papstkirche unvorbereitet. Der Klerus erwies sich weithin als unfähig, den Laien die kirchliche Lehre überzeugend zu vermitteln, echte Ketzerei von im Kern kirchentreuer Frömmigkeit zu unterscheiden und das Ideal der apostolischen Nachfolge in der eigenen Lebensführung zu verwirklichen. Dieses für viele spürbare Unvermögen erschütterte den seit der gregorianischen Reform gesteigerten Anspruch der klerikalen Hierarchie auf unbefragte Autorität in der als Stiftung Christi betrachteten Kirche. Die Krise des kirchlichen Systems spiegelt sich in der Unsicherheit, mit der Bischöfe und Päpste den religiösen Bewegungen gegenübertraten. Einerseits fehlten entschlossene Initiativen zur Rückgewinnung von frommen Laien, die sich enttäuscht von der Kleruskirche abzuwenden begannen. Andererseits war die Rechtslage unklar, so daß echte oder vermeintliche Ketzerei der weltlichen Gerichtsbarkeit oder gar der Lynchjustiz der Bevölkerung überlassen blieb. Die Irritation über die fromme Disziplinlosigkeit der religiös Bewegten und die Unsicherheit hinsichtlich der rechtlichen Mittel zur Wiederherstellung der kirchlichen Disziplin veranlaßten Alexander III. 1162 in einem Schreiben an den Erzbischof von Reims zum Appell an die bischöfliche Klugheit:

»Deine Klugheit ist auf das Unterscheidungsvermögen angewiesen, denn es ist sicherer und weniger schlimm, Schuldige und Verdammungswürdige freizusprechen als das Leben von Unschuldigen durch kirchliche Strenge zu verurteilen, und lieber sind die Vertreter der Kirche zu milde, als daß sie in der Bekämpfung der Laster das Maß überschreiten und sich allzu streng zeigen.«[135]

Eine entschiedenere Haltung propagierte Lucius III., der 1184 in Verona mit Kaiser Friedrich I. Barbarossa ein gemeinsames Vorgehen gegen die von ihm unterschiedslos als »Ketzer« verurteilten religiö-

135 Alexander III. an Erzbischof Heinrich von Reims, 23. Dezember 1162: *Herbert Grundmann*, Religiöse Bewegungen im Mittelalter, Berlin 1935, Nachdr. Darmstadt 1977, 56, Anm. 101.

sen Bewegungen vereinbarte (s.o. III.1.c). Dabei blieb freilich nach wie vor unklar, nach welchen Kriterien jemand als Häretiker anzusehen war und wie die Bestrafung erfolgen sollte. Es erwies sich in den folgenden Jahren, daß die Bischöfe mit der gleichfalls 1184 verfügten weitreichenden und zugleich unpräzisen Inquisitionsvollmacht (s.o III.1.a) überfordert waren. Entweder unterblieben konsequente Aktionen gegen »Ketzer« ganz, oder es wurden wahllos alle irgendwie kirchenkritischen religiösen Aktivitäten über einen Kamm geschoren und verfolgt.

Der Amtsantritt Innozenz' III. brachte die entscheidende Wende in der kirchlichen Ketzerpolitik. Der erst 37jährige Papst, durchdrungen von der Idee der von Christus verliehenen päpstlichen Amtsautorität, wich zwar keinen Deut vom hierarchischen Kirchenverständnis seiner Vorgänger ab, führte die Amtskirche aber aus der Defensive, in die sie gegenüber den religiösen Bewegungen geraten war. An die Stelle der auf Abweichungen von der kirchlichen Disziplin bloß reagierenden Verketzerung laikaler Frömmigkeit trat in mehreren Schritten eine eigene päpstliche Initiative. Innozenz zielte dabei sowohl auf die Isolierung der Häresie vom Umfeld der sie begünstigenden religiösen Stimmung als auch auf die Integration der Laienfrömmigkeit in die Strukturen der Papstkirche. Schon im Sommer 1199 forderte der Papst eine sachgerechte Unterscheidung von Ketzerei und schlichter Frömmigkeit, als er an den Bischof von Metz schrieb:

»So wie es zu den Pflichten der kirchlichen Oberen gehört, klug und sorgfältig ans Werk zu gehen, um die kleinen Füchse zu fangen, die den Weinberg des Herrn zerstören wollen [Hhld 2,15], so müssen sie sich zugleich davor hüten, das Unkraut vor der Ernte zu jäten, damit nicht am Ende – was nicht geschehen darf! – mit ihm zusammen auch der Weizen ausgerissen wird [vgl. Mt 13,29]. Wie die häretische Verderbtheit nicht zu dulden ist, so darf auch die schlichte Frömmigkeit nicht gelähmt werden. Weder soll durch unsere Geduld gegenüber den Ketzern deren Frechheit unterstützt werden, noch soll allzuviel Ungeduld die einfachen Gläubigen verwirren, damit sie nicht an uns Anstoß nehmen und deshalb … zu Häretikern werden.«[136]

Dazu bedurfte es präziser Befragungen, die zwischen einer ungeregelten Lebensweise und der Verletzung der kirchlichen Lehrnorm unterschieden und selbst bei Abweichungen von ihr Möglichkeiten

136 Innozenz III. an den Bischof von Metz, 12. Juli 1199: PL 214, 698f.

der Aussöhnung mit der Kirche eröffneten. Die Umformung der Humiliaten zu einem kirchlichen Orden im Jahre 1201 (s.o. III.1.a) stellte den ersten und größten Erfolg der Integrationspolitik Innozenz' III. dar. Auch wenn ihm im Blick auf die Waldenser ein ähnlicher Erfolg versagt blieb (s.o. III.1.c), konnte der Papst nun darauf hinweisen, daß er der entschiedenen Laienfrömmigkeit in den Strukturen der Kleruskirche Raum gab und mithin kein Grund vorlag, unabhängige Organisationsformen aufzubauen.

Die zumindest teilweise erfolgreichen Integrationsbemühungen sorgten für eine neue Attraktivität der kirchlichen Institution im Umfeld der Laiengruppen und schufen zugleich die Grundlage für ein entschiedenes Vorgehen gegen diejenigen Teile der religiösen Bewegungen, die sich der Integration widersetzten und sich damit als verstockte, hartnäckige Ketzer erwiesen: 1208 rief Innozenz III. zum Kreuzzug gegen die Katharer in Südfrankreich auf. Das von ihm einberufene Vierte Laterankonzil erneuerte 1215 die bischöfliche Inquisition, verband diesen Auftrag nun aber mit einer dogmatischen Norm, einem den Konzilsbeschlüssen vorangestellten Lehrbekenntnis. In der Folge wurde das Vorgehen gegen Ketzer kirchenrechtlich geregelt, zusammenfassend 1231 durch Gregor IX. Mit der Entsendung päpstlicher Inquisitoren in die betroffenen Kirchenprovinzen wurden kirchliche Sondergerichte für das Verhör und die Verurteilung der »Ketzer« geschaffen. Die Bestrafung, für die sich der Feuertod wegen »Majestätsverbrechen« durchsetzte, wurde der weltlichen Rechtsgewalt überlassen. Von dieser Zusammenarbeit der Rechtsgewalten spricht beispielsweise ein Mandat Kaiser Friedrichs II. von 1232:

»Die Häretiker, die die vom Apostolischen Stuhl beauftragten Inquisitoren oder andere Personen, die für den rechten Glauben eifern, in den Städten und Gemeinden oder an anderen Orten ausfindig machen, sollen von denen, die dort die Gerichtsbarkeit innehaben …, gefangen genommen und streng bewacht werden. Schließlich sollen diejenigen, die kirchlich verurteilt worden sind, durch einen verdammungswürdigen Tod vernichtet werden, weil sie die Sakramente des Glaubens und des Lebens verdammt haben.«[137]

---

137 Friedrich II., Mandatum de haereticis Teutonicis persequendis, März 1232: TKTG 4, 38.

Die von Innozenz III. eingeleitete Wende im kirchlichen Umgang mit den religiösen Bewegungen ging aber nicht darin auf, kirchentreue Gruppen zu integrieren und die Verfolgung der »echten Ketzer« durch den Ausbau der Inquisition zu forcieren. Beides wurde ergänzt durch die päpstliche Initiative zur Bildung oder frühzeitigen Unterstützung neuer, von vornherein kirchlich geordneter religiöser Bewegungen. Innozenz III. erkannte die sich dem Papsttum bietenden Möglichkeiten, sich als Schutzmacht einer aufblühenden Frömmigkeit zu profilieren und so die in den Laienbewegungen wirksamen religiösen Energien der Papstkirche zuzuführen. Die Verbindung von Motiven der religiösen Bewegungen des 12. Jahrhunderts mit an sie angepaßten kirchlichen Strukturen zeigt sich in der Entstehung der Bettelorden (Mendikanten), die seit dem zweiten Drittel des 13. Jahrhunderts zunehmend das religiöse und theologische Gesicht der mittelalterlichen Kirche bestimmten und die wiedergewonnene Autorität der päpstlich geleiteten Kleruskirche anzeigten. Kirchenkritische, »ketzerische« Bewegungen verschwanden trotz des Bündels von verfolgenden und werbenden Maßnahmen nicht ganz, wandelten sich aber meist zu elitären Randgruppen und verloren ihre für die Amtskirche bedrohliche Breitenwirkung.

b. Diego von Osma, Dominikus und die Dominikaner

In den ersten Jahren seines Pontifikats entsandte Innozenz III. mehrfach Legaten in das südfranzösische religiöse Krisengebiet. 1204 schrieb er an sie:

»Wir machen es euch zur Aufgabe …, daß ihr sowohl im Namen des Herrn gegen die häretische Verderbtheit vorgeht, als auch die irrenden Schafe zum Schafstall Christi zurückbringt. Sollten sie aber in ihrer Frechheit verharren und nicht auf die Stimme jenes Hirten, der dem seligen Petrus im Hirtenamt nachgefolgt ist, hören und nicht zur kirchlichen Einheit zurückkehren wollen, dann sollt ihr bekanntmachen, daß sie dem Satan zur Vernichtung ihrer leiblichen Existenz übergeben werden und daß ihre Personen der Verbannung und dem weltlichen Gericht und ihre Güter der Beschlagnahme verfallen. … Wir wollen aber, daß ihr so vorgeht, und dazu ermahnen wir euch, daß euer bescheidenes Auftreten allen bekannt wird und die Unwissenheit der

Unverständigen zum Schweigen bringt, daß sich an euren Worten und Handlungen nichts zeigt, was ein Häretiker tadeln könnte.«[138]

Es war gerade die Unmöglichkeit, ein im Sinne der religiösen Bewegungen vorbildliches Leben mit der Rolle als Repräsentanten des päpstlichen Führungsanspruchs zu verbinden, die die Mission der Legaten scheitern ließ. Sie zogen die geballten antiklerikalen Ressentiments auf sich und hielten in ihrem Auftreten dem Vergleich mit den asketischen katharischen »Vollkommenen« oder mit den armen waldensischen Wanderpredigern nicht stand. Daher gelang es ihnen nicht, der kirchlichen Autorität Geltung zu verschaffen, und ihre Ansätze zur Predigt gegen Katharer und Waldenser blieben ohne erkennbare Resonanz. Eine neue Initiative wurde möglich, als Diego († 1207), Bischof von Osma in Nordspanien, 1206 mit einigen anderen spanischen Klerikern von Rom kommend durch Südfrankreich zog. Er war dafür bekannt, sich in seiner Diözese mit Nachdruck für eine einfache Lebensführung und eine verbesserte Bildung des Klerus eingesetzt zu haben. Vermutlich hatte Innozenz III. ihn auf die prekäre Situation der päpstlichen Legaten im Ketzergebiet aufmerksam gemacht, weil er sich von Diegos Charisma neue Impulse gegen die Vormacht der Ketzerei versprach – wie sich zeigen sollte, zu Recht. Wie Jordan von Sachsen († 1237) in seinem »Buch von den Anfängen des Predigerordens« erzählt, benannte Diego gegenüber den Legaten präzise das Problem einer für die Papstkirche werbenden Predigt und ergriff auch sogleich die Initiative zu einem Neuansatz:

»Jener [Bischof von Osma] … begann Nachforschungen anzustellen über Lebensweise und Sitten der Häretiker und genau zu beachten, auf welche Art sie die Leute durch Überredung und Predigt und durch das Beispiel geheuchelter Heiligkeit auf die Seite ihres falschen Glaubens zu locken pflegten. Als er im Gegensatz dazu bei denen, die gesandt waren, den großartigen und kostspieligen Aufwand an Pferden und Gewändern sah, sprach er: ›Nicht so, Brüder, nicht so dürft ihr meiner Meinung nach vorgehen. Es scheint mir unmöglich, durch bloße Worte diese Menschen zum Glauben zurückzuführen, die sich lieber auf gute Beispiele stützen. Seht da die Häretiker! Sie geben sich den Anschein der Frömmigkeit, sie täuschen das Beispiel evangelischer Armut und Strenge vor und bringen dadurch die Einfältigen auf ihre Seite. Wenn ihr nun durch euer Auftreten das Gegenteil zeigt, werdet ihr we-

138 Innozenz III. an die Legaten, 31. Mai 1204: PL 215, 359f.

nig erbauen, viel zerstören, und sie werden in keiner Weise auf euch hören. Schlagt ihnen die Waffen aus der Hand, vertreibt die geheuchelte Heiligkeit durch echte Frömmigkeit! …‹ Da sprachen sie zu ihm: ›Welchen Rat gibst du also, guter Vater?‹ Er antwortete ihnen: ›Tut, was ihr mich tun seht!‹ Sogleich kam der Geist des Herrn über ihn, er rief die Seinen zusammen und schickte sie nach Osma zurück mitsamt den Pferdegespannen und der Ausrüstung …; nur wenige Kleriker behielt er bei sich zurück. Er sagte ihnen, daß er sich entschlossen habe, in jenem Lande einige Zeit zu verweilen, um den Glauben zu verbreiten.«[139]

Diego und seine Gefährten ahmten fortan das Auftreten der verketzerten Laienprediger nach und zogen zu Fuß, ohne Prunk und Geld als arme Prediger des Papstes über Land. So demonstrierten sie am eigenen Leibe, daß es durchaus möglich war, dem Ideal des »apostolischen Lebens« zu folgen und gleichzeitig ein papsttreuer Kleriker zu sein. Indem Diego von Osma als Mitglied der kirchlichen Hierarchie den alle religiösen Laienbewegungen verbindenden Gedanken der apostolischen Armut übernahm, klerikalisierte er den damit verbundenen Anspruch. Der Konflikt zwischen frommen Laien und kirchlich bevollmächtigtem Klerus ließ sich am überzeugendsten zugunsten des Klerus lösen, wenn dieser außer dem Amt auch noch eine der Laienfrömmigkeit ebenbürtige Lebensweise vorweisen konnte. Den Laien blieb dann freilich wieder nur das Angebot der Unterordnung unter den Klerus, der sich ihnen nun aber durch seine »apostolische« Lebensform empfahl.

Die Initiative Diegos zeigte nur langsam Wirkung; zu schnellen Massenbekehrungen von »Ketzern« kam es nicht. Bedeutsam war aber, daß die Prediger des Papstes nun auch von der Gegenseite als ernsthafte Gesprächspartner wahrgenommen wurden, daß es zu Disputationen kam und es langsam wieder möglich wurde, sich ohne Gesichtsverlust zum papstkirchlichen Christentum zu bekennen. Erfolge erzielten Diego und seine Prediger am ehesten unter den Waldensern (s.o. III.1.c), denen sie tatsächlich bis aufs Haar glichen – mit dem entscheidenden Unterschied, daß sie Kleriker waren. Schwerer waren die Katharer zu erreichen, deren dualistisch motivierte Askese die kirchlichen Prediger nicht nachahmen konnten. Immerhin gelang

139 Jordan von Sachsen, Das Buch von den Anfängen des Predigerordens 20: *Ü* hg. von *Mechthild Dominika Kunst*, Kevelaer 1949, 22f.

es, einige adlige Katharerinnen zu bekehren und sie und andere Frauen in dem 1207 gegründeten Kloster Prouille bei Carcassonne dem ketzerischen Einfluß zu entziehen. Prouille wurde in den folgenden Jahren zum kirchlichen Missionszentrum für das Ketzergebiet.

1207 kehrte Diego von Osma in sein Bistum zurück, wo er noch im gleichen Jahr starb. Daß die zunächst an seine charismatische Persönlichkeit gebundene Initiative zu einer papstkirchlich-klerikalen Wanderpredigt eine Fortsetzung fand und schließlich in Gestalt einer neuartigen Ordensgemeinschaft institutionalisiert wurde, ist das Werk seines Schülers Dominikus († 1221), eines theologisch gebildeten Kanonikers aus Osma, der mit Diego nach Südfrankreich gekommen war und nun dort blieb. Dominikus zog weiter als armer Kleriker predigend durch das zentrale Ketzergebiet um Toulouse und Carcassonne, während zur gleichen Zeit der Albigenserkreuzzug tobte – Zeichen einer kirchlichen Doppelstrategie im Kampf gegen die Ketzerei. Wo Städte und Gebiete für die Papstkirche unterworfen wurden, bestand erst recht die Notwendigkeit, der militärischen Eroberung die religiöse Belehrung folgen zu lassen. Zu diesem Zweck siedelte Dominikus 1214 mit seiner Predigergruppe in das gerade »befreite« Toulouse über. Anhänger schenkten der Gruppe dort Häuser, die sie für das gemeinsame Leben nutzten. Zeichnete sich damit bereits der Übergang zu einer Art von Klosterleben ab, bekräftigte die Gruppe gleichzeitig ihren Willen zu gemeinsamer Armut, d.h. zum Verzicht auf Kapitalvermögen und auf Einkünfte aus Landbesitz, um ihre Predigttätigkeit in der gewohnten Weise in der Stadt und ihrem Umland fortsetzen zu können. Bischof Fulko von Toulouse († 1231), selbst Zisterziensermönch, erteilte der Gruppe 1215 einen offiziellen Predigtauftrag für seine Diözese, den er mit der Zusage materieller Unterstützung in Gestalt eines bischöflichen Almosens verband:

»Allen gegenwärtig und zukünftig Lebenden sei kundgetan, daß wir … den Bruder Dominikus und seine Gefährten zu Predigern in unserem Bistum einsetzen, um die häretische Verkehrtheit auszutilgen und die Laster zu vertreiben, die Menschen in den Grundlehren des Glaubens zu unterrichten und ihnen gesunde Sitten beizubringen. Sie haben den Vorsatz gefaßt, in evangelischer Armut als Ordensleute umherzuwandern und das Wort der evangelischen Wahrheit zu predigen. Weil aber der Arbeiter ein Recht auf seinen Unterhalt hat [Mt 10,10] und man dem Ochsen zum Dreschen keinen Maulkorb anlegen soll [Dtn 25,4; 1Kor 9,9], vielmehr wer das Evangelium verkündigt, vom Evangelium leben soll [1Kor 9,14], wollen wir, daß sie, wenn sie zum Predigen unterwegs sind, vom Bistum den Lebensunterhalt und alles Notwendige bekommen.«[140]

Wenn der Bischof von Toulouse in seiner Schilderung der Gemeinschaft um Dominikus sowohl von der Wanderpredigt wie vom Vorsatz zu einem mönchischen Leben sprach, kombinierte er eigentlich Unvereinbares. Das mittelalterliche Mönchtum war bis dahin gerade von der Abschließung gegenüber der Außenwelt geprägt, und die Seßhaftigkeit im einmal gewählten Kloster zählte zu seinen Grundfesten. Auch als Klerikergemeinschaft stellten die Prediger eine Neuerung dar, denn es handelte sich nicht um Kanoniker, die an einer Stiftskirche Dienst taten, sondern um wandernde Klerikermönche, die sich oft wochenlang von ihrem »Kloster« entfernten und dann auf die milden Gaben der Bevölkerung angewiesen waren. So entstand in Toulouse eine bis dahin unbekannte Form von monastischer Klerikergemeinschaft mit dem ständigen Auftrag zur Lehr- und Wanderpredigt und ohne regelmäßige eigene Einkünfte.

Fulko von Toulouse und Dominikus bemühten sich 1215 am Rande des Vierten Laterankonzils bei Innozenz III. um die päpstliche Anerkennung der klerikal-monastischen Predigtbewegung. Da das Konzil beschloß, daß Ordensgründungen sich auf bereits anerkannte Regeltexte beziehen müßten, entschied sich die Toulouser Predigergemeinschaft wenig später für die Augustinerregel, die Dominikus und anderen ihrer Mitglieder als Regularkanonikern vertraut war und die einen großen Spielraum für die konkrete Ausgestaltung im Sinne des neuartigen Mönchsideals ließ. Ende 1216 bestätigte der neue Papst Honorius III. (1216–1227) die Gemeinschaft um Dominikus, die seitdem den Namen »Orden der Predigerbrüder« bzw. kurz »Predigerorden« (Ordo Fratrum Praedicatorum, abgekürzt OP) trägt, deren Mitglieder aber auch einfach als »Dominikaner« bezeichnet werden.

Der mit der Anerkennung als kirchlicher Orden eingeschlagene Weg zu einer strukturellen Verfestigung wurde unversehens abgebro-

140 Fulko von Toulouse, Approbationsurkunde, Mitte 1215: *Ü* Dominikus. Die Verkündigung des Wortes Gottes, hg. von *Vladimir J. Koudelka*, München/Zürich 1989, 155f.

chen, als Dominikus zu Pfingsten 1217 seine Brüder mit der Autorität des Charismatikers in die Welt aussandte und so den Impuls der unsteten Wanderpredigt erneut zur Geltung brachte:

»Nach Anrufung des Heiligen Geistes rief er die Brüder zusammen und sagte, es sei seines Herzens Vorsatz, daß er sie, wenngleich sie nur wenige seien, in die Welt hinaus sende, und daß sie nicht mehr länger dort [in Toulouse] zusammenwohnen sollten. Als er diese unvermutete Anordnung aussprach, waren sie alle sehr verwundert. Aber die offensichtliche heilige Autorität seiner Persönlichkeit machte einen solchen Eindruck auf sie, daß sie leichter zustimmten und sich der Hoffnung hingaben, dies alles werde einen guten Ausgang nehmen.«[141]

Die noch nicht gefestigte Gemeinschaft wurde also auseinandergerissen; wenige Brüder blieben in Toulouse, die übrigen zogen unter anderem nach Madrid, Paris und Bologna, in Zentren des europäischen Geisteslebens. Mit dieser Aussendung wurde der Predigerorden endgültig zu einem »Orden« neuen Stils, zu einer als Personenverband organisierten monastischen Gemeinschaft. Während im klassischen benediktinischen Mönchtum der Mönch in ein bestimmtes Kloster eintrat und diesem im Regelfall lebenslang angehörte, die Klöster untereinander aber nur locker verbunden waren, verpflichtete sich der Dominikaner auf die Gemeinschaft des Ordens, die ihn dann je nach Bedarf diesem oder jenem Ordenskonvent zuordnen und von dort auch wieder an einen anderen Ort schicken konnte. So wurde der Impuls zur »apostolischen« Wanderpredigt in eine neuartige Ordensstruktur verwandelt und ein mobiles Mönchtum geschaffen, das für verschiedenartige kirchliche Aufgaben vergleichsweise umstandslos eingesetzt werden konnte.

Nach wenigen Jahren existierten Dominikanerkonvente im ganzen Abendland; 1228 waren sie bereits in zwölf Provinzen organisiert. Der Orden nahm nun auch Laienbrüder auf, damit sich die Kleriker auf ihre Predigttätigkeit konzentrieren konnten. Neben der Wanderpredigt widmeten sich die Dominikaner mehr und mehr Predigt- und Seelsorgeaufgaben in den im 13. Jahrhundert stark anwachsenden Städten. Während die »alten« Klöster meist als große Anlagen fern der Zivilisation errichtet worden waren, bauten die Dominikaner –

141 Jordan von Sachsen, Das Buch von den Anfängen des Predigerordens 47: *Ü* hg. von *Mechthild Dominika Kunst*, Kevelaer 1949, 32.

wie die anderen Bettelorden – Stadtklöster mit schlichten Predigtkirchen ohne Turm und bildlichen Schmuck. Neben der Predigt gehörte die gemeinsame Armut, das Angewiesensein auf Spenden, zu den konstitutiven Merkmalen des dominikanischen Ordenslebens; als asketische Übung wurde das Betteln praktiziert. Die Konzentration auf die Lehrpredigt zur Auseinandersetzung mit den »Ketzern« und zur Begründung und Vertiefung einer kirchenkonformen Religiosität machte den Orden besonders für gebildete Kleriker attraktiv und führte zu einer intensiven Verbindung des monastischen Lebens mit wissenschaftlichen Studien. An den aufblühenden Universitäten (s.u. IV.2.a) unterhielten die Dominikaner Studienhäuser und stellten so bedeutende Lehrer wie Albertus Magnus († 1280) und Thomas von Aquin († 1274). Ihre theologische Bildung und ihre Erfahrung in der Auseinandersetzung mit Häretikern empfahlen die Brüder des Predigerordens für die päpstliche Inquisition, die ihnen 1232 übertragen wurde. Längst waren die Dominikaner mehr als umherziehende arme Wanderprediger: Sie vereinten den religiösen Ernst zum »apostolischen Leben« als Kleriker mit der höchsten Bildung ihrer Zeit und mit dem Rückhalt der päpstlichen Macht. Damit halfen sie der Papstkirche, die Anziehungskraft der kirchenkritischen religiösen Bewegung zu schwächen und die allgemeine Stimmung zu ihren Gunsten zu wenden.

c. Franziskus und die Franziskaner, Klara und die Klarissen

War die Gründung des Dominikanerordens das Ergebnis der entschlossenen Hinwendung der Kleruskirche zu den Idealen der religiösen Laienbewegungen, verdankte sich der zweite große Bettelorden der umgekehrten Bewegung, der Erweckung des ungebildeten Laien Franziskus von Assisi († 1226) zu einem »Leben nach dem Evangelium« im Dienst der Papstkirche. Die Geschichte des Franziskanerordens wurzelt in der Biographie seines charismatischen Gründers, dessen individuelle Religiosität den Orden geprägt hat. Franziskus entstammte einer Kaufmannsfamilie der kleinen umbrischen Bischofsstadt Assisi und bewegte sich zunächst im gesellschaftlichen Rahmen des aufstrebenden vermögenden Bürgertums. Von den

Idealen der religiösen Bewegungen berührt, löste er sich – gegen den erbitterten Widerstand seines Vaters – ab 1205 zunehmend aus diesem Umfeld. Er begann, arm und bedürfnislos zu leben, und widmete sich der Fürsorge für Kranke und Notleidende und der Wiederherstellung verfallener Kapellen. Später schrieb er seine Lebenswende der Begegnung mit den Aussätzigen als den verachtetsten Zeitgenossen zu:

»So hat der Herr mir, dem Bruder Franziskus, gegeben, das Leben der Buße zu beginnen: denn als ich in Sünden war, kam es mir sehr bitter vor, Aussätzige zu sehen. Und der Herr selbst hat mich unter sie geführt, und ich habe ihnen Barmherzigkeit erwiesen. Und da ich fortging von ihnen, wurde mir das, was mir bitter vorkam, in Süßigkeit der Seele und des Leibes verwandelt. Und danach hielt ich eine Weile inne und verließ die Welt.«[142]

1206/07 löste Franziskus die Rechtsbindungen zu seinem Elternhaus und brach in einer spektakulären Geste vor dem bischöflichen Gericht mit der Welt des städtischen Bürgertums:

»Und er ging in ein Gemach des Bischofs, zog alle Kleider von des Vaters Habe aus und legte das Geld auf sie. Vor den Augen des Bischofs, des Vaters und aller Umstehenden trat er nackt heraus und sagte: ›Hört alle und versteht! Bis jetzt habe ich Pietro Bernardone meinen Vater genannt; aber weil ich mir vorgenommen habe, Gott zu dienen, gebe ich jenem das Geld zurück … und alle Kleider, die ich von seiner Habe besessen habe. Von nun an will ich sagen: Vater unser, der du bist im Himmel [Mt 6,9], nicht mehr Vater Pietro Bernardone.‹ … Nun erhob sich der Vater, von übergroßem Schmerz und Grimm gepackt, und nahm das Geld und alle Kleider mit. … Als aber der Bischof den Entschluß des Mannes Gottes [= Franziskus] genau bedachte, wobei er seinen Eifer und seine Mannhaftigkeit sehr bewunderte, schloß er ihn in seine Arme und bedeckte ihn mit seinem Mantel. … Und so wurde er von da an sein Helfer, indem er ihn ermutigte und förderte, ihn hochschätzte und mit innigster Liebe umfing.«[143]

Durch diese Symbolhandlung begab sich Franziskus mit seinem Wunsch nach einer religiösen Lebensweise unter den Schutz der Kirche. Als auf Almosen angewiesener Büßer und Eremit lebte er in der Umgebung seiner Heimatstadt, bis er 1208/09 Jesu Aussendungsrede

---

142 Franziskus, Testament 1–3: *Ü* Ders., Schriften, hg. von *Lothar Hardick* und *Engelbert Grau*, Werl ^{7}1982, 217.

143 Dreigefährtenlegende 20: *Ü* hg. von *Engelbert Grau*, Werl 1993, 104f.

an seine Jünger (Mt 10,5–14) als für ihn geltendes Evangelium hörte. Daraufhin wirkte er in absoluter Armut als Wanderprediger und rief seine Zuhörerinnen und Zuhörer zur Buße als ganzheitlicher Lebenswende und zum Frieden mit Gott und den Mitmenschen auf. Es dauerte nicht lange, bis sich ihm Gleichgesinnte anschlossen, die mit ihm umherzogen und predigten oder sich von ihm zur Predigt aussenden ließen. Mit der Bildung einer lockeren Bruderschaft von Wanderpredigern wuchs aber die Gefahr, als häretische Gruppierung identifiziert zu werden oder tatsächlich in Häresie abzugleiten. Franziskus reiste deshalb schon 1209/10 mit elf Gefährten – also in apostolischer Zahl! – nach Rom und präsentierte eine – nicht erhaltene – Zusammenstellung von Bibelworten (neben Mt 10 vermutlich Mt 16,24; 19,21.29 und ähnliche Aussagen), mit der er die Lebensform seiner Gruppe als »evangelisches Leben« auswies. Zugleich machte er deutlich, daß es ihm um die Orientierung an der Ursprünglichkeit des »Evangeliums« ging und er sich nicht an eine traditionelle Mönchsgemeinschaft anschließen wollte. Im Zuge der neuen, differenzierenden Haltung gegenüber den religiösen Bewegungen war die Kurie hocherfreut über den Wunsch nach kirchlicher Anerkennung, und Innozenz III. bestätigte mündlich die Lebensform der Brüder. Deren kirchliche Bindung wurde dadurch abgesichert, daß sie kurzerhand durch das Scheren der Tonsur in den Klerikerstand versetzt wurden. Überdies verpflichteten sie sich ausdrücklich zum Gehorsam gegenüber dem Papst. So konnte ihnen, die nun anders als die Waldenser keine Laien mehr waren und die Leitung durch die Hierarchie akzeptierten, auch die Wanderpredigt – sofern sie keine dogmatischen Probleme berührte – umstandslos erlaubt werden.

An der Lehr- und Lebensweise der Franziskusgruppe änderte sich zwar durch die päpstliche Anerkennung zunächst nicht viel, sie war aber in die kirchlichen Strukturen eingebunden worden und beschritt den Weg zu einer monastischen Gemeinschaft. Diese Tendenz wurde stärker, als die Franziskusbewegung sich auch über Italien hinaus rasch ausbreitete und nicht mehr allein durch das Charisma des Gründers zusammengehalten werden konnte. Franziskus mußte der Tendenz zu einer festeren Organisation aufgrund von Konflikten unter seinen Mitbrüdern und auf Druck der Kurie folgen, konnte das aber auch tun, da es inzwischen – wie das Beispiel der Dominikaner zeigte – möglich war, ein Mönchtum zu institutionalisieren, das

Raum ließ für gemeinschaftliche Armut und Wanderpredigt. Die Franziskaner fielen nicht unter ein vom Vierten Laterankonzil 1215 ausgesprochenes Verbot neuer Ordensregeln, weil sie schon vorher päpstlich bestätigt worden waren. So verfaßte Franziskus, der bereits 1220 die förmliche Leitung des Ordens abgegeben hatte, aber auch ohne Amt letzte Autorität blieb, 1221 eine eigene Regel, die freilich nicht kirchlich anerkannt wurde und deshalb als »Nichtbullierte Regel« (Regula non bullata) bezeichnet wird. Diese Regel verband die notwendigsten Festlegungen hinsichtlich des gemeinsamen Lebens und der Ordensstruktur mit einer Fülle von Bibelstellen und spirituellen Ermahnungen und spiegelte darin den mühsamen Weg von einer charismatischen Bruderschaft zu einem den kirchenrechtlichen Normen angepaßten Orden. Beispielsweise hieß es zu der für die frühe Franziskusbewegung zentralen Predigtaufgabe:

»Kein Bruder soll predigen gegen Vorschrift und Anordnung der heiligen Kirche und nur, wenn es ihm von seinem Minister [= seinem Ordensoberen] erlaubt wurde. Und der Minister möge sich hüten, jemandem unüberlegt die Erlaubnis zu erteilen. Alle Brüder sollen jedoch durch die Werke predigen. … Daher bitte ich in der Liebe, die Gott ist [vgl. 1Joh 4,16], alle meine Brüder, die predigen, beten, arbeiten, sowohl die Kleriker wie die Laien, daß sie danach trachten, sich in allem zu verdemütigen, sich nicht zu rühmen, weder selbstgefällig zu sein, noch innerlich sich zu erheben wegen guter Worte und Werke, überhaupt über gar nichts Gutes, das Gott bisweilen in ihnen und durch sie tut oder spricht und wirkt gemäß dem Wort des Herrn: ›Doch freut euch nicht darüber, daß euch die Geister unterworfen sind‹ [Lk 10,20]. Und wir sollen fest überzeugt sein, daß nur Laster und Sünden zu uns gehören. Und wir müssen uns mehr freuen, ›wenn wir in mancherlei Versuchung geraten‹ sollten [vgl. Jak 1,2] und wenn wir in dieser Welt um des ewigen Lebens willen vielerlei Ängste und Trübsale an Seele und Leib ertragen sollten. … Und alles Gute wollen wir dem Herrn, dem erhabensten und höchsten Gott, zurückerstatten und alles Gute als sein Eigentum anerkennen und ihm für alles Dank sagen, von dem alles Gute herkommt. … Und wenn wir sehen oder hören, daß jemand etwas Böses sagt oder tut oder Gott lästert, dann wollen wir Gutes sagen und Gutes tun und Gott loben, der ›gepriesen ist in Ewigkeit‹ [Röm 1,25].«[144]

Die Kurie hatte inzwischen den Kardinal Hugolino von Orvieto, den

---

144 Franziskus, Nichtbullierte Regel 17: Ü Ders., Schriften, hg. von *Lothar Hardick* und *Engelbert Grau*, Werl ^{7}1982, 193f.

späteren Papst Gregor IX., zum »Kardinalprotektor« der »möglichst geringen Brüder« (fratres minores, übliche Übersetzung »Minderbrüder«), wie sich die Franziskaner offiziell nannten, bestellt. Er sollte einerseits den jungen Orden vor Anfeindungen und Verdächtigungen von außen in Schutz nehmen, anderseits in den teilweise massiven Konflikten in der franziskanischen Gemeinschaft selbst dem Interesse der Kurie an stabilen monastischen Strukturen mit freundlichem Nachdruck Geltung verschaffen. Hugolino war es vermutlich auch, der Franziskus bei der Bearbeitung seiner Regel zur Hand ging, die in der 1223 päpstlich bestätigten Neufassung, der »Bullierten Regel« (Regula bullata), den kirchenrechtlichen Vorgaben für einen Regeltext merklich angeglichen war. Der Abschnitt über die Predigttätigkeit lautete nun:

»Die Brüder sollen im Bistum eines Bischofs nicht predigen, wenn es ihnen von diesem untersagt worden ist. Und auf keine Weise getraue sich irgendein Bruder, dem Volk zu predigen, er sei denn vom Generalminister dieser Bruderschaft geprüft und bestätigt und es sei ihm von diesem das Predigtamt gestattet worden. Ich warne auch und ermahne diese Brüder, daß sie in der Predigt, die sie halten, wohlbedacht und lauter reden sollen zum Nutzen und zur Erbauung des Volkes, indem sie zu ihnen sprechen von den Lastern und Tugenden, von der Strafe und Herrlichkeit mit Kürze der Rede, weil der Herr auf Erden sein Wort kurz gefaßt hat.«[145]

Besonders betont wurde nach wie vor die für das franziskanische Ideal zentrale Armut der Gemeinschaft. Charakteristisch für sie blieb, wie der Gedanke des Lebens nach der Regel des »Evangeliums« – also der Anspruch auf eine möglichst ursprüngliche Gestalt des Christentums – mit der Gehorsamsbindung an die Papstkirche verknüpft wurde:

»Regel und Leben der ›Minderen Brüder‹ [= der Franziskaner] ist dies: das heilige Evangelium unseres Herrn Jesu Christi zu beobachten, indem sie in Gehorsam, ohne Eigentum und in Keuschheit leben. Bruder Franziskus verspricht Gehorsam und Ehrerbietung dem Herrn Papst Honorius [III.] und seinen rechtmäßigen Nachfolgern sowie der Römischen Kirche. Und die anderen Brüder sollen verpflichtet sein, dem Bruder Franziskus und dessen Nachfolgern zu gehorchen.«[146]

145 Franziskus, Bullierte Regel 9: *Ü* a.a.O., 171.
146 A.a.O. 1: *Ü* a.a.O., 164f.

In Analogie zu den Dominikanern wurde der Franziskanerorden (offiziell: Ordo Fratrum Minorum, abgekürzt OFM; deutsch auch als Minoriten oder Barfüßer bezeichnet) als Personenverband organisiert (s.o. III.2.b), was die gewünschte Mobilität seiner Mitglieder erlaubte. Aus der Gemeinschaft schlichter Laienbrüder wurde noch zu Franziskus' Lebzeiten ein von gebildeten Klerikern dominierter Orden, der sich ähnlich wie die Dominikaner der Predigt und der Seelsorge in den Städten und der Lehrtätigkeit an Universitäten und in eigenen Studienhäusern widmete. Auch aus ihm gingen bedeutende Theologen wie Alexander von Hales († 1245) und Bonaventura († 1274) hervor (s.u. IV.2.a). Damit waren die strikten Armutsvorschriften, die – anders als bei den Dominikanern – jeglichen Besitz der Gemeinschaft untersagten, in der Praxis nicht zu vereinbaren. Man half sich mit der Konstruktion, daß die Häuser, Bücher und Gebrauchsgegenstände nicht dem Orden gehörten, sondern dem heiligen Petrus bzw. dem Papst, der wiederum dem Orden ihren Nießbrauch einräumte. Franziskus konnte und wollte sich dieser Entwicklung zur kirchlichen Funktionalisierung seiner Gemeinschaft, die sich von seinem religiösen Aufbruch erkennbar entfernte, nicht widersetzen, betrachtete sie aber mit deutlicher Skepsis. In seinem geistlichen Testament, kurz vor seinem Tod am 3.Oktober 1226 verfaßt, erinnerte er seine Brüder daher mit Nachdruck an das Armutsideal aus den Anfängen der Bruderschaft:

»Und nachdem mir der Herr Brüder gegeben hatte, zeigte mir niemand, was ich zu tun hätte, sondern der Höchste selbst hat mir geoffenbart, daß ich nach der Vorschrift des heiligen Evangeliums leben sollte. … Und jene, die kamen, um dieses Leben anzunehmen, gaben ›alles, was sie haben mochten‹ [Tob 1,3], den Armen. Und sie waren zufrieden mit einem Gewand, innen und außen mit Flicken verstärkt, samt Gürtelstrick und Hosen. Und mehr wollten wir nicht haben. … Und wir waren ungebildet und jedermann untertänig. Und ich arbeitete mit meinen Händen und will arbeiten; und es ist mein fester Wille, daß alle anderen Brüder eine Handarbeit verrichten, die ihrem Stand entspricht. … Und wenn uns einmal der Arbeitslohn nicht gegeben würde, so wollen wir zum Tisch des Herrn Zuflucht nehmen und Almosen erbitten von Tür zu Tür. … Hüten sollen sich die Brüder, daß sie Kirchen, ärmliche Wohnungen und alles, was für sie gebaut wird, keinesfalls annehmen, wenn sie nicht sind, wie es der heiligen Armut gemäß ist, die wir in der Regel versprochen haben; sie sollen dort immer hausen wie Pilger und Fremdlinge [vgl. 1Petr 2,11].«[147]

Damit verband der Ordensgründer noch einmal die Ermahnung zu unbedingtem Gehorsam gegenüber Papst, Kardinalprotektor und Ordensoberen und hob seine eigene Verbundenheit mit dem Klerus hervor, die seine Laienbewegung von den vielen antiklerikal gestimmten Gruppen unterschied und die überhaupt ihre Umformung zu einem Orden der Papstkirche erst ermöglicht hatte:

»Danach gab und gibt mir der Herr einen so großen Glauben an die Priester, die nach der Vorschrift der heiligen Römischen Kirche leben, wegen ihrer Weihe, daß ich, wenn sie mich verfolgen würden, bei ihnen Zuflucht suchen will. Und wenn ich so große Weisheit hätte, wie Salomo sie gehabt hat [vgl. 1Kön 3,12 u.ö.], und fände armselige Priester dieser Welt – in den Pfarreien, wo sie weilen, will ich nicht gegen ihren Willen predigen. Und diese und alle anderen will ich fürchten, lieben und ehren wie meine Herren. Und ich will bei ihnen die Sünde nicht beachten, weil ich den Sohn Gottes in ihnen erblikke und sie meine Herren sind. Und das tue ich deswegen, weil ich von ihm, dem höchsten Sohn Gottes, leiblich in dieser Welt nichts sehe als seinen heiligsten Leib und sein heiligstes Blut, das sie selbst empfangen und sie allein den anderen darreichen.«[148]

Nach dem Tode des Franziskus und dessen schon 1228 erfolgter kirchlicher Heiligsprechung beriefen sich diejenigen Brüder, die von der zunehmenden Etabliertheit des Ordens in den Städten und an den Universitäten eine Aufweichung des strengen Armutsideals befürchteten, auf das Testament des Franziskus. Gregor IX. stellte demgegenüber 1230 ausdrücklich fest, daß das Testament kein rechtsverbindlicher Text sei, konnte aber nicht verhindern, daß der Orden sich im Laufe des 13. Jahrhunderts in die strenger an den Ursprüngen orientierten »Observanten« oder »Spiritualen« und die einer Anpassung an die jeweilige Situation aufgeschlosseneren »Konventualen« spaltete.

Die Auseinandersetzungen der Ordensrichtungen spiegeln sich in den Lebensdarstellungen des Ordensgründers, die zum Teil bald nach seinem Tode entstanden und je nach ihrer Tendenz die Radikalität oder die Kirchlichkeit des Franziskus hervorhoben (unter anderem: zwei erste offizielle Lebensbeschreibungen des Thomas von Celano [† um 1260], anonyme sogenannte »Dreigefährtenlegende«

---

147 Franziskus, Testament 14, 16f., 19f., 22, 24: *Ü* a.a.O., 218f.

148 A.a.O. 6–10: *Ü* a.a.O., 217.

mit dem Anspruch auf Ursprünglichkeit, spätere offizielle Legende von Bonaventura in Kurz- und Langfassung). Unbeschadet dieser Differenzen sind alle literarischen Darstellungen aber von dem Charisma des Franziskus bestimmt, von dem Eindruck seiner Persönlichkeit, in der sich existentieller religiöser Ernst in höchst individueller Weise mit Charme und Spontaneität verband und eine unverwechselbare Einheit von kindlicher Frömmigkeit und liebevoller Zuwendung zu allen Kreaturen spürbar wurde. Es dürfte dem Selbstverständnis des Franziskus entsprochen haben, daß in allen Lebensbeschreibungen seine Verähnlichung mit Christus als Leitmotiv erscheint, die ihren Zielpunkt im Sichtbarwerden der Wundmale Christi am Körper des Franziskus, der Stigmatisation, erreicht, die im Orden erst nach dessen Tod bekanntgeworden war. Auch die wenigen von Franziskus selbst verfaßten spirituellen Texte wurden im Orden als Vermächtnis seiner charismatischen Persönlichkeit – und damit zugleich als Herausforderung für das gemeinsame religiöse Leben – überliefert. Namentlich der berühmte »Sonnengesang« bringt in poetischer Steigerung die religiöse Grundhaltung des Franziskus und seiner Brüder zum Ausdruck, indem er die Kreaturen – auch in ihrer bedrohlichen Abgründigkeit – in das Lob des Schöpfer- und Erlösergottes hineinnimmt:

»Höchster, allmächtiger, guter Herr,
  Dein sind die Lobgesänge, die Herrlichkeit und die Ehre und jegliche Preisung.
Dir allein, Höchster, gebühren sie,
  Und kein Mensch ist würdig, dich zu nennen.
Gelobt seist du, mein Herr, mit allen deinen Geschöpfen,
  Besonders Herrn Bruder Sonne;
  Der ist Tag, und du gibst uns Licht durch ihn,
Und schön ist er und strahlend mit großem Glanze;
  Von dir, Höchster, trägt er ein Zeichen.
Gelobt seist du, mein Herr, für Schwester Mond und die Sterne:
  Am Himmel hast du sie geordnet, hell, kostbar und schön.
Gelobt seist du, mein Herr, für Bruder Wind
  Und für Luft und Wolke und heiteres und jedes Wetter,
  Durch das du deinen Geschöpfen Erhaltung gibst. …
Gelobt seist du, mein Herr, für Bruder Feuer,
  Durch den du die Nacht erleuchtest,
  Und er ist schön und erfreulich und stark und kräftig. …

Gelobt seist du, mein Herr, für unsere Schwester leiblichen Tod,
 Der kein Mensch lebend entrinnen kann.
Weh denen, die in den Todsünden sterben.
 Selig, die sie [= Schwester Tod] in deinem allerheiligsten Willen findet,
 Denn der zweite Tod [im Jüngsten Gericht] wird ihnen nichts anhaben.
Lobt und preist meinen Herrn
 Und dankt ihm und dient ihm mit großer Demut.«[149]

Das Profil des Franziskanerordens blieb von der Spiritualität des Franziskus geprägt. Daß es der Papstkirche gelang, sie in Gestalt eines Bettelordens kirchlich zu funktionalisieren, stellte einen bedeutsamen Erfolg im Kampf gegen die kirchenkritischen religiösen Bewegungen dar. Die Kleruskirche eröffnete auf diese Weise einer bewußten Laienfrömmigkeit neue Möglichkeiten der Identifikation und der Gestaltung.

Fraglich war zunächst noch, ob sich solche Gestaltungsmöglichkeiten auch auf Frauen übertragen ließen, die ein im Sinne des Franziskus »evangelisches« Leben führen wollten. Ihr Wunsch erregte Verdacht, weil häufig gerade in den häretischen bzw. von der Kirche verketzerten Gruppen Frauen eine herausgehobene Rolle spielten, wie sie ihnen in der Klerikerkirche verwehrt blieb. Gegen kirchlichen Widerstand verfocht Klara von Assisi († 1253), eine junge Adlige, die Franziskus in persönlicher Freundschaft und spiritueller Gemeinschaft verbunden war, mit großem Nachdruck den Wunsch nach einer Teilhabe am franziskanischen Ideal. Franziskus selbst brachte die Gruppe um Klara bei dem Kirchlein San Damiano vor den Toren von Assisi unter und verfaßte für sie 1212/13 eine knappe »Lebensform«:

»Da ihr euch auf göttliche Eingebung hin zu Töchtern und Mägden des erhabensten, höchsten Königs, des himmlischen Vaters, gemacht und euch dem Heiligen Geist verlobt habt, indem ihr das Leben nach der Vollkommenheit des heiligen Evangeliums erwähltet, so will ich, und ich verspreche das für mich und meine Brüder, für euch genauso wie für diese immer liebevolle Sorge und besondere Aufmerksamkeit hegen.«[150]

149 Franziskus, Sonnengesang: *Ü* a.a.O., 214, und *Helmut Feld*, Franziskus von Assisi und seine Bewegung, Darmstadt 1994, 233f.

150 Franziskus, Lebensform für die heilige Klara: *Ü* Ders., Schriften, hg. von *Lothar Hardick* und *Engelbert Grau*, Werl ^{7}1982, 134.

Bei der Suche nach einer für Frauen möglichen Gestalt der franziskanischen Lebensform mußte Klara in Kauf nehmen, daß eine Tätigkeit als Wanderpredigerin nicht in Frage kam, sondern nur der Aufbau einer kontemplativen Gemeinschaft von in strenger Klausur lebenden Frauen, die ihre Außenbeziehungen mit Hilfe von Arbeitsschwestern organisierten. Da mit der Wanderpredigt die eine Säule des franziskanischen Lebens wegfiel, beharrte Klara für ihre Gemeinschaft um so hartnäckiger auf der anderen, dem Ideal der gemeinsamen Armut, obwohl ein Nonnenkloster ohne Besitz, d.h. ohne regelmäßige Einkünfte, schwer vorstellbar war. Gregor IX. versuchte, Klara zum Verzicht auf die radikale Besitzlosigkeit zu bewegen, was diese mit dem entschiedenen Insistieren auf ihrer armen Christusnachfolge quittierte:

»Als er ihr zuredete, sie solle ob der Zeitläufte und Weltgefahren ihre Zustimmung geben, einige Besitzungen zu haben, die er ihr selbst freigebig anbot, widerstand sie mit unerschrockenem Mut und ließ sich nicht im geringsten dazu herbei. Da antwortete ihr der Papst: ›Wenn du dich wegen des Gelübdes fürchtest, so entbinden Wir dich davon.‹ Sie aber sprach: ›Heiliger Vater, auf gar keine Weise will ich in Ewigkeit von der Nachfolge Christi befreit werden.‹«[151]

Daraufhin bestätigte der Papst 1228 die Armut der Gemeinschaft von San Damiano. Auch die Erlaubnis zur geistlichen Betreuung ihrer Gemeinschaft durch die Franziskaner mußte Klara gegen Gregor IX. erstreiten. Sie wehrte sich in der Folgezeit, als ihre Lebensform sich ausbreitete und vielerorts ähnliche Konvente entstanden, mehrfach gegen päpstlich verordnete Regeltexte, die diese Gemeinschaften vereinheitlichen wollten und dabei erneut den Gemeinschaftsbesitz zuließen und feste Einnahmen der Klöster vorsahen. Erst zwei Tage vor ihrem Tode 1253 bestätigte Innozenz IV. die von ihr selbst verfaßte Regel für die Frauen von San Damiano, in der sie das Gebot der gemeinsamen Armut unzweideutig festhielt:

»Und wie ich selbst zusammen mit meinen Schwestern immer besorgt war, die heilige Armut, die ich Gott, dem Herrn, und dem seligen Franziskus ver-

151 Thomas von Celano, Leben der heiligen Klara von Assisi I,14: *Ü* Leben und Schriften der heiligen Klara von Assisi, hg. von *Engelbert Grau*, Werl [7]1997, 137.

sprochen habe, zu beobachten, so sollen die Äbtissinnen, die mir im Amte folgen, und alle Schwestern sie unverletzt bis ans Ende zu bewahren gehalten sein, nämlich weder Besitz noch Eigentum, noch sonst irgend etwas, weder persönlich noch durch eine Mittelsperson anzunehmen oder zu besitzen, was in begründeter Weise Eigentum genannt werden kann; dabei ist ausgenommen soviel Land, wie es zu einem auskömmlichen Leben in der Abgeschiedenheit des Klosters notwendig ist. Und dieses Land soll nicht bearbeitet werden, es sei denn als Garten für ihren eigenen Bedarf.«[152]

Klaras mit religiöser Leidenschaft verfochtenes und von ihrer spirituellen Ausstrahlung getragenes Ideal eines eigenen »evangelischen« Lebens für Frauen war trotz der notwendigen Anpassungen an die Strukturen von Nonnenklöstern attraktiv: Frauen konnten als Klarissen in gemeinsamer, auf Almosen angewiesener Armut leben und damit in der Papstkirche dem Armutsideal der religiösen Bewegungen Gestalt geben. Auch an den Dominikanerorden schloß sich ein weiblicher Zweig an, der freilich nicht über eine ähnlich charismatische Gründerpersönlichkeit wie Klara von Assisi verfügte und keine vergleichbar strenge Armutsverpflichtung übernahm.

Neben dem »ersten Orden« der Mönche und dem »zweiten Orden« der Nonnen bildeten sich um die Mitte des 13. Jahrhunderts Gemeinschaften des sogenannten »Dritten Ordens« (Terziarinnen und Terziaren) der großen Bettelorden. Es handelte sich um Gruppen von Frauen und Männern, die ihre bürgerliche Existenz nicht aufgaben, sich aber dennoch dem Ideal »evangelischer Vollkommenheit« nähern wollten, indem sie sich mit ihrer Frömmigkeitspraxis an einen Franziskaner- oder Dominikanerkonvent anschlossen. In den Drittordensgemeinschaften lebten Impulse der religiösen Laienbewegung zu einem frommen Leben in der Welt weiter; auch eine Reihe von städtischen Bußgenossenschaften ging in ihnen auf.

d. Die Augustiner-Eremiten und Karmeliter

Mit der Bildung der Bettelorden gelang es dem Papsttum, die religiösen Kräfte der Laienbewegungen in das zentral gelenkte hierarchische System der abendländischen Kirche und in seine kirchenrecht-

152 Klara von Assisi, Regel 6: *Ü* a.a.O., 275.

lich fixierten Strukturen einzubinden und sie gleichzeitig der Papstkirche zugute kommen zu lassen. Die einmal gefundene Struktur des Bettelordens diente den Päpsten dann auch als Rahmen für eine weitere Vereinheitlichung des religiösen Lebens. 1243 begann Innozenz IV. mit dem Zusammenschluß kleinerer Eremitengruppen in Mittelitalien unter der Augustinerregel. 1256 schloß Alexander IV. diese organisatorische Straffung mit der Gründung des Augustiner-Eremitenordens (Ordo Eremitarum Sancti Augustini, abgekürzt OESA) ab. Auch dieser Orden war als flexibler Personenverband mit Wahlämtern organisiert, nahm nach seiner raschen Ausbreitung in Europa Predigt- und Seelsorgeaufgaben in den Städten wahr und widmete sich dem universitären Lehrbetrieb. Angesichts des Fehlens einer eigenen Gründerpersönlichkeit, versuchte der Orden, seine Identität durch den Rückbezug auf den »Ordensvater« Augustinus zu profilieren.

Der vierte und kleinste der Bettelorden entwickelte sich aus einer im Verlauf der Kreuzzüge am Berg Karmel entstandenen Eremiten- und Pilgergemeinschaft, für die der Patriarch Albert von Jerusalem († 1214) eine Regel verfaßte, die Honorius III. 1226 – trotz der entgegenstehenden Bestimmung des Vierten Laterankonzils – anerkannte. Die Gemeinschaft zog aufgrund der politischen Situation 1240 ins Abendland. Mit einer von Innozenz IV. 1247 veränderten Regel wandten sich die Karmeliten allmählich dem Gedanken des »apostolischen Lebens« zu und widmeten sich wie die anderen Bettelorden der Predigt und den Studien.

e. Die Beginen

Während die Bettelorden für Männer den institutionellen Rahmen bereitstellten, innerhalb dessen sich die Ideale der religiösen Laienbewegungen mit den Strukturen des kirchlichen Rechts verbinden ließen, bedurfte es dazu bei den Frauen, wie das Beispiel Klaras von Assisi zeigt, empfindlicher Abstriche vom Gedanken eines »apostolischen Lebens«. Frauen, die eine Lebensweise anstrebten, die aktive und kontemplative Züge vereinte und Distanz zum adligen und zum bürgerlichen Lebensstil erlaubte, ohne zugleich den Übergang in den geistlichen Stand mit Gelübden und Klausur zu fordern, fanden dennoch verschiedene Möglichkeiten, als »fromme Frauen« – oder unter ähnlichen Selbstbezeichnungen – zu leben. Sie wurden von den Zeitgenossen meist als »Beginen« bezeichnet – ein Name, dessen Herkunft und Bedeutung ungeklärt sind, in dem aber offenbar die Spur eines Häresieverdachts mitschwang. Die Anfänge der Beginenbewegung, die ihr Zentrum in Nordfrankreich, den Niederlanden und im Rheinland hatte, liegen im Dunkeln; kirchlich geförderte Ablösebewegungen von Frauen aus einem »ketzerischen« Umfeld mögen dabei eine Rolle gespielt haben. Soziale Faktoren verbanden sich mit religiösen Motiven; eine an den Bischof von Tournai gerichtete Genter Denkschrift von 1328 rechtfertigt die Gründung von Beginengemeinschaften rückblickend folgendermaßen:

Die Gräfinnen von Flandern und dem Hennegau »erkannten, daß ihr Land einen Überfluß an Frauen hatte, bei denen ihre eigenen Verhältnisse und die ihrer Verwandten keine passenden Heiraten zuließen. Überdies wünschten sich viele Töchter aus dem Adel und den niederen Ständen ein Leben in Keuschheit, konnten aber wegen ihrer großen Zahl oder wegen der Armut ihrer Eltern nicht ohne weiteres einen Platz in einem Kloster erhalten. Deshalb hätten ehrbare Mädchen und in Armut geratene Frauen von Adel betteln müssen oder ein für sie selbst und ihre Angehörigen peinliches Leben führen müssen, wenn nicht eine geeignete Lösung gefunden würde. Aufgrund göttlicher Eingebung … und nachdem sie zunächst den Rat und die Zustimmung der Bischöfe und anderer verläßlicher Personen eingeholt hatten, gründeten die Gräfinnen geräumige Wohnstätten, die man Beginenhöfe nennt. Dort sollten die genannten Frauen, Adlige und Bürgerstöchter, Aufnahme finden und gemeinsam leben, um so – mit oder ohne Gelübde – ihre Keuschheit zu bewahren und ohne Peinlichkeit für sich selbst und ihre Angehörigen durch ein schickliches Handwerk ihren Lebensunterhalt zu erlangen.«[153]

Am Anfang des 13. Jahrhunderts erfuhren die Beginen vielerorts eine deutliche Förderung durch die Amtskirche und etablierten sich als kirchlicher Stand von Büßerinnen. Als ihr wichtigster Propagandist trat der Kreuzfahrerbischof Jakob von Vitry († 1240) auf, der 1216 eine erste offizielle Anerkennung der Beginen durch Honorius III. erreichte. Als vorbildlich stellte Jakob das Leben der Begine Maria von Oigniès († 1213) aus dem Bistum Lüttich dar. Seine Beschrei-

153 Genter Denkschrift: *Jean Béthune* (Hg.), Cartulaire du Béguinage de Sainte-Elisabeth à Gand, Brügge 1883, 74.

bung ihres Lebens widmete er dem Bischof Fulko von Toulouse, dem Förderer des Dominikus (s.o. III.2.b), und stellte damit die Werbung für das Beginentum in den größeren Zusammenhang der Ketzerbekämpfung durch kirchlich-fromme Initiativen. Er knüpfte an Fulkos Erfahrungen mit den frommen Frauen an und schilderte deren Lebensweise als Beispiel für die erwünschte Erneuerung einer kirchlich geordneten Laienfrömmigkeit:

»Du hast doch voller Freude … die Ansammlungen heiliger Jungfrauen gesehen, die die fleischlichen Aussichten um Christi willen verschmähen, die die Reichtümer dieser Welt aus Liebe zum Himmelreich verachten, die sich in Armut und Demut mit ihrem himmlischen Bräutigam verbunden haben und sich mit Handarbeit einen geringen Lebensunterhalt verdienen, … . Voller Freude hast du auch die Frauen gesehen, die Gott dienen, mit welchem Eifer sie die Keuschheit der jungen Mädchen beschützen und diese mit heilsamen Belehrungen in dem löblichen Vorsatz unterweisen, nur den himmlischen Bräutigam zu begehren. Diese Witwen dienen mit Fasten und Gebeten, in Nachtwachen und mit Handarbeit, in Tränen und Anrufungen dem Herrn. … Du hast schließlich mit Freuden die heiligen Frauen gesehen, die in der Ehe dem Herrn fromm dienen, die ihre Söhne in der Furcht des Herrn erziehen, die ihr eheliches Lager unbefleckt bewahren, indem sie sich, wenn es Zeit ist, dem Gebet widmen und danach in der Furcht des Herrn zurückkehren, damit sie nicht vom Satan versucht werden: viele enthalten sich nämlich mit Zustimmung ihrer Ehemänner vom ehelichen Verkehr, leben keusch und führen ein wirklich engelhaftes Leben«.[154]

In Deutschland faßten die Beginen vor allem in den Städten am Rhein Fuß. Zu ihrer Hochburg entwickelte sich Köln, in dessen Einzugsbereich ein Chronist 1243 bereits zweitausend Beginen zählte – eine sicher überhöhte Zahl, die aber dokumentiert, daß die Beginen um die Mitte des 13. Jahrhunderts nicht nur als Randphänomen kirchlicher Religiosität wahrgenommen wurden. Die frommen Frauen lebten alleine oder gemeinsam in Beginenhöfen. Sie widmeten sich unter anderem der Handarbeit, der Krankenpflege und der Armenfürsorge, kümmerten sich aber auch um die religiöse Unterweisung junger Mädchen. In ihrer intensiven Frömmigkeit orientierten sich die Beginen an der kirchlich-priesterlichen Heilsvermittlung,

---

154 Jakob von Vitry, Vita Beatae Mariae Oigniacensis, Prolog: ActaSS Juni 5, Paris 1867, 547f.

etwa indem sie die besondere Verehrung des Altarsakraments praktizierten und propagierten. Damit verband sich vielfach eine ausgeprägte subjektive Religiosität der Kontemplation – insbesondere der Passions- und der Kindheitsgeschichte Jesu –, die offen war für Phänomene der Ekstase, der Vision und der unmittelbaren Gotteserfahrung, die mit dem nicht ganz präzisen Begriff »Mystik« zusammengefaßt werden (s.u. IV.3). Schon Jakob von Vitry war von dieser Religiosität tief beeindruckt:

»Die eine aber empfing eine so große Gabe der Tränen, daß, sooft Gott in ihrem Denken war, der Tränenstrom vor Andacht aus ihren Augen floß, so daß an den Wangen Tränenspuren durch das häufige Herabfließen erschienen. Trotzdem machten sie den Kopf nicht leer, sondern erfüllten den Verstand mit einer gewissen Stärke, versüßten den Geist mit lieblicher Salbung, erfrischten sogar den Leib wundersam und erfreuten im heiligen Ansturm ihres Flusses die ganze Gottesstadt. ... Ich sah eine andere, die öfters fünfundzwanzig Mal am Tage außer sich entrafft wurde. Auch in meiner Gegenwart wurde sie, wie ich glaube, mehr als sieben Mal entrafft. Sie blieb in eben der Stellung, in der sie sich geradc befand, ohne ... zu fallen. ... Wenn sie zu sich zurückkehrte, wurde sie von solcher Freude erfüllt, ... daß sie ... gezwungen war, die innerliche Freude mit körperlichem Tanz zu zeigen«.[155]

Die Erfahrungen der frommen Frauen wurden von ihren klerikalen Betreuern, häufig Dominikanern, weitergetragen und theologisch vertieft. Sie konnten aber auch unter kirchlichen Häresieverdacht geraten. So wurde beispielsweise 1310 die Begine Marguerite Porète in Paris hingerichtet, weil sie es für möglich hielt, am Ende des mystischen Aufstiegs der Seele in einer von den Bindungen des Ich freien Weise Gott begegnen zu können. Den Vorwurf, eine irdische Vervollkommnung zur Seligkeit (Perfektibilismus) zu lehren, dehnte wenig später das Konzil von Vienne (1311/12) auf einen Großteil der Beginenbewegung aus.

Je deutlicher die Bettelorden im 13. Jahrhundert wuchsen und sich als kirchliches Modell zur Integration der in den religiösen Bewegungen lebendigen Impulse etablierten, stieg der Druck auf die Beginen (und noch stärker auf ihr weniger verbreitetes männliches Pendant, die sogenannten Begarden), sich den damit vorgegebenen Strukturen

155 Ebd.: *Ü Peter Dinzelbacher*, Mittelalterliche Frauenmystik, Paderborn u.a. 1993, 16f.

anzupassen. Zahlreiche Beginen wechselten ins Klosterleben, die meisten Beginenhöfe schlossen sich in lockerer Form an Bettelordensklöster an und wurden zu einer Art von Drittordensgemeinschaft. Beginen, die dann noch auf ihrer Unabhängigkeit beharrten, gerieten in den Geruch des Widerstands gegen die kirchliche Rechtsordnung oder gar der Ketzerei. Auch diesbezüglich sprach das Konzil von Vienne 1312 eine Verurteilung aus, bestätigte freilich gleichzeitig das Existenzrecht »rechtgläubiger« Beginengemeinschaften:

»Gewisse Frauen, die gemeinhin Beginen heißen, sind keineswegs Religiose [= Ordensfrauen]. Denn sie versprechen niemandem Gehorsam, entsagen nicht dem Besitz und bekennen sich zu keiner anerkannten Regel. Über einige dieser Frauen ist uns durch glaubwürdigen Bericht mitgeteilt worden, daß sie, als wären sie dem Wahnsinn verfallen, über die hochheilige Trinität und die göttliche Weisheit diskutieren und predigen, daß sie bezüglich der Glaubensartikel und kirchlichen Sakramente Ansichten einführen, die dem katholischen Glauben entgegengesetzt sind, viele einfache Leute darüber täuschen und sie so zu allerlei Irrtümern verleiten … . Aufgrund dieser und anderer oft gehörter Dinge über ihren schlechten Ruf sind sie uns mit Recht verdächtig. Deshalb entscheiden wir …, ihren Stand auf Dauer zu verbieten und aus der Kirche Gottes völlig zu entfernen. … Freilich möchten wir durch das Gesagte keineswegs verbieten, daß gläubige Frauen, die mit oder ohne Gelübde der Enthaltsamkeit ehrenhaft in ihren Häusern leben, zur Buße bereit sind und dem Herrn der Tugenden im Geist der Demut dienen wollen, dies erlaubterweise tun können, wie es der Herr ihnen eingibt.«[156]

Solche anerkannten Beginengruppen gingen im späten Mittelalter in der Bewegung der Devotio moderna auf (s.u. V.4.a).

---

156 Konzil von Vienne, canon 16: *Ü Josef Wohlmuth* (Hg.), Dekrete der Ökumenischen Konzilien, Bd. 2: Konzilien des Mittelalters, Paderborn u.a. 2000, 374.

3. Die kirchliche Bußfrömmigkeit

a. Buße als religiöser Leitbegriff

Für die Frömmigkeit des hohen Mittelalters wurde der Gedanke der Buße zu einem Kristallisationskern. In ihm verband sich das Streben nach Ursprünglichkeit und Reinheit des Christentums mit der Forderung nach dessen existentieller Aneignung und lebenspraktischer Gestaltung. Sowohl in den kirchenkritischen religiösen Bewegungen als auch in den Bettelorden und bei den Beginen stand die Vorstellung von der Buße als Grundvollzug eines christlichen Lebens im Mittelpunkt der Religiosität. Ursprünglich gehörte die Buße in diesem Sinne zum Selbstverständnis des Mönchtums; seit der gregorianischen Reform legten in zunehmendem Maße auch Weltkleriker und Laien Wert darauf, in ihren Lebensformen als »Büßer« und »Büßerinnen« zu gelten. Dabei griffen sie zurück auf den Bußruf Jesu bzw. Johannes des Täufers (Mt 3,2; 4,17) und faßten diesen als Kern des Evangeliums und als Ansatzpunkt für ein äußerlich und innerlich echtes christliches Leben auf. Sehr anschaulich erscheint »Buße« als religiöser Leitbegriff in einer Musterpredigt der frühen Büßer von Assisi, die Franziskus in die Nichtbullierte Regel von 1221 (s.o. III.2.c) aufnahm:

»Und diese oder eine ähnliche Mahn- und Lobrede können alle meine Brüder mit Gottes Segen bei allen Leuten halten, wann immer sie es für gut finden: … ›Tut Buße‹, ›bringt würdige Früchte der Buße‹ [Mt 3,2.8], denn wir werden bald sterben. … ›Vergebt, und es wird euch vergeben werden‹ [Lk 6,37]. ›Und wenn ihr den Menschen‹ ihre Sünden ›nicht vergebt‹, wird der Herr ›euch eure Sünden nicht vergeben‹ [Mt 6,15]. Bekennt alle eure Sünden [vgl. Jak 5,16]. Selig, die in Buße sterben, denn sie werden im Himmelreich sein. Wehe jenen, die nicht in Buße sterben, denn sie werden ›Kinder des Teufels‹ [1Joh 3,10] sein, dessen Werke sie tun [vgl. Joh 8,41.44], und sie werden in das ewige Feuer kommen. Nehmt euch in acht und hütet euch vor allem Bösen und harret aus im Guten bis ans Ende.«[157]

---

157 Franziskus, Nichtbullierte Regel 21: *Ü* Ders., Schriften, hg. von *Lothar Hardick* und *Engelbert Grau*, Werl [7]1982, 196.

Franziskus bringt mit dieser Zusammenstellung einschlägiger neutestamentlicher Motive prägnant zum Ausdruck, wie sich im Begriff der Buße das religiöse Ziel des ewigen Heils, das Begehren nach Sündenvergebung und nach Vermeidung der ewigen Höllenstrafe kreuzt mit dem Streben nach ethischer Bewährung des Christseins.

b. Der Bedeutungswandel im kirchlichen Bußsakrament

Die mit dem Leitbegriff Buße verbundene Verdichtung der Religiosität im Blick auf das ewige Heil einerseits und auf einen existentiell tiefgehenden Lebensvollzug andererseits, profilierte auch das kirchlich verwaltete Bußwesen neu. Sowohl das auf das Handeln des Klerus zentrierte Selbstverständnis der hochmittelalterlichen Kirche als auch die Herausforderungen durch die religiösen Bewegungen sorgten dafür, daß der kirchliche Bußritus neue Konturen erhielt. Im 12. Jahrhundert verfestigte sich der Sammelbegriff »Sakramente« in eindeutigerer Weise als zuvor zur Bezeichnung von sieben zentralen heilsvermittelnden Handlungen der Kleruskirche (Taufe, Firmung, Buße, Eucharistie, Priesterweihe, Ehe, letzte Ölung); festgeschrieben wurde die Siebenzahl der kirchlichen Sakramente 1274 vom Zweiten Konzil von Lyon.

Für den kirchlichen Vergebungs- und Versöhnungsritus war im Abendland schon seit dem Frühmittelalter die private Buße zur Normalgestalt geworden. Ihre konstitutiven Bestandteile waren die Reue, die Beichte und die Bußstrafen; die Lossprechung erfolgte in Form der priesterlichen Vergebungsbitte durchweg bereits am Ende der Beichte, also vor der Ableistung der Bußstrafen. Dennoch lag im Bußverständnis des frühen Mittelalters der Akzent auf diesen Bußstrafen, die als Genugtuung für die begangenen Sünden aufgefaßt wurden. Den Priestern kam in erster Linie die Aufgabe zu, den Büßenden mit Hilfe von Bußbüchern eine die Sünde möglichst angemessen ausgleichende Strafe aufzuerlegen. Als Bußstrafen kamen religiöse Leistungen in Form von Gebeten, Fasten und Almosen in Frage, deren Intensität der Schwere des Falles angepaßt wurde. Im Zuge der Intensivierung der allgemeinen Bußreligiosität gewann im 12. Jahrhundert der Gedanke der inneren Qualität der Buße auch für den kirchlichen Bußritus an Bedeutung. Es war auch Teil einer im 12. Jahrhundert erwachenden Kultur des Empfindens (wie sie sich beispielsweise in der aufblühenden Minnedichtung niederschlägt), wenn fromme Christen kein Genüge mehr an einem Bußvorgang fanden, der die äußere Wiedergutmachung für böses Handeln betonte, sondern als Kern wahrer Buße ein aufrichtiges Gefühl der Reue forderten. In der theologischen Reflexion der kirchlichen Frömmigkeit wurde nun die Wiederherstellung des Gottesverhältnisses, also die Vergebung der Sündenschuld und die Befreiung von der Strafe ewiger Verdammnis, unmittelbar mit einer solchen tiefempfundenen Reue verknüpft. Petrus Abaelard (s.u. IV.1.b) schrieb in seiner programmatisch »Erkenne dich selbst« überschriebenen Ethik:

»Und das ist in Wahrheit fruchtbringende Reue, wenn solcher Kummer und Seelenschmerz nicht aus Furcht vor Strafe, sondern vielmehr aus Liebe zu Gott entsteht, den wir als so gütig kennengelernt haben. Unter solchem Seufzen und innerem Kummer aber, den wir wahre Buße nennen, bleibt eine Sünde nicht bestehen, d.h. die Verachtung Gottes oder die Zustimmung zu einer bösen Tat läßt Gott nicht länger Schuld sein, weil seine Liebe dieses Seufzen vernimmt. Dadurch werden wir sofort mit Gott versöhnt, und die früheren Sünden sind uns verziehen.«[158]

Wahre Buße soll sich also in einem Reueempfinden ereignen, in dem das höchstmögliche religiöse Gefühl, die aufrichtige Gottesliebe, Gestalt annimmt. Beichte, Lossprechung und Bußstrafen vollziehen diese subjektiv erfahrene Realität von Sündenbewußtsein und göttlicher Annahme nur noch in geordneter Weise nach; wahre Reue muß freilich notwendig und willig diese äußere Selbsterniedrigung auf sich nehmen. Die Konzentration des Bußgedankens auf das Gottesverhältnis und auf dessen spirituelle Steigerung löste zugleich eine Verfeinerung des Sündenbewußtseins aus, eine gesteigerte Aufmerksamkeit für die sündhaften Störungen des Gottesverhältnisses, und führte zu einer Intensivierung der Gewissenserforschung. Neben den äußerlich wahrnehmbaren sündigen Handlungen gerieten verstärkt die ihnen zugrundeliegenden Motive und Intentionen in den Blick, und böse Herzensregungen wurden als Sünden ernst genommen. Zu einem schwierigen Problem konnten sündige Handlungen und Re-

158 Petrus Abaelard, Nosce te ipsum: *Ü* hg. von *Ferdinand Hommel*, Wiesbaden 1947, 118.

gungen werden, die den Büßenden gar nicht bewußt waren und deshalb sowohl für ein angemessenes Reueempfinden wie für die Erfahrung der Vergebung unzugänglich bleiben mußten. In diesem Zusammenhang wuchs dem äußeren kirchlichen Bußverfahren eine neue Funktion zu: Die Beichte wurde zu einer priesterlich angeleiteten Gewissenserforschung, die die näheren Umstände sündiger Handlungen, insbesondere die mit ihnen verbundenen Intentionen und Affekte, ergründen und das Gewissen für bislang nicht erkannte Sünden schärfen sollte. Außerdem konnte der Priester die Ernsthaftigkeit des Reueempfindens prüfen und bei Bedarf versuchen, die Zerknirschung noch zu steigern. Die Zuordnung des subjektiven Sündenbewußtseins zum Ritus der Kirche und damit zu einem objektiven Ort des Heils sorgte aber auch für die Steigerung eines noch bruchstückhaften Reueempfindens zur vollen Gottesliebe und auf diesem Wege für hinreichende Vergebungsgewißheit. Die Bußstrafen mußten die in der Beichte diagnostizierten besonderen Umstände berücksichtigen und konnten nicht länger bloß als gleichgewichtige Sühne auf äußere Tatbestände bezogen werden. Vielmehr mußte ihre therapeutische, das religiöse Leben aufbauende und die Gottesbeziehung stärkende Wirkung mitbedacht werden. Umfangreiche Beichtsummen lösten daher als Handbücher für eine mit dem Bußritus verbundene Gewissenserforschung die alten Bußbücher[159] ab; im 13. Jahrhundert entstanden sie in großer Zahl vor allem in den Bettelorden. Auch mit ihrer Hilfe wurde die Beichte zum institutionellen Ort des geschärften Reueempfindens und der Vergebungsgewißheit und erlangte eine vertiefte seelsorgliche Bedeutung. Zwar blieb für die Laien die kirchliche Buße zunächst eine nur von Fall zu Fall aktuelle einzelne Handlung, doch wurde sie deutlicher zum Anknüpfungspunkt für eine Religiosität, die persönliche Tiefenschichten existentiell aufnehmen und zugleich die kirchliche Bindung aktualisieren konnte.

Für die Auseinandersetzung mit den »Ketzern« des 12. und 13. Jahrhunderts erwies sich diese Kombination als außerordentlich wirkungsvoll. In der Beichte vor dem Priester kam die Intensivierung des subjektiven Bußerlebens zu ihrem Recht, zugleich konnte aber auch die helfende, ja das Gottesverhältnis heilende Funktion des Kle-

159 S. Zugänge 4 (s. Anm. 1), 72f.

rus erfahren werden. Als wiederholter Ritus konnte die Beichte im kirchlichen Bußverfahren sowohl die Verinnerlichung sittlicher Maßstäbe wie die Bindung der christlichen Lebensorientierung an die Kleruskirche festigen. Wohl nicht zufällig im Zusammenhang mit der Ketzerbekämpfung machte daher das Vierte Laterankonzil 1215 die Beichte zu einer regelmäßigen Pflicht aller Christen:

»Jeder Gläubige beiderlei Geschlechts soll, nachdem er in die Jahre der Unterscheidung gelangt ist, wenigstens einmal im Jahr all seine Sünden allein dem eigenen Priester getreu beichten, die ihm auferlegte Buße nach Kräften zu erfüllen suchen und zumindest an Ostern ehrfürchtig das Sakrament der Eucharistie empfangen. ... Der Priester aber sei besonnen und vorsichtig, damit er nach Art eines erfahrenen Arztes Wein und Öl über die Wunden des Verletzten gieße [vgl. Lk 10,34]; er erforsche sorgsam die Umstände sowohl des Sünders als auch der Sünde, damit er durch sie klug erkenne, welchen Rat er ihm geben und was für ein Heilmittel er anwenden muß«.[160]

Die Erfüllung der Beichtpflicht vor dem zuständigen Priester diente dem Nachweis der Kirchentreue und der Festigung der kirchlichen Pfarrstrukturen. Mit ihr und der gleichfalls zur Pflicht gemachten österlichen Kommunion wurde das religiöse Leben nachdrücklich an die in den Sakramenten greifbare kirchliche Heilsvermittlung gebunden.

Dieser sakramentale Zusammenhang der kirchlichen Buße wurde im 13. Jahrhundert im Blick auf das Wort der Lossprechung am Ende der Beichte noch deutlicher herausgearbeitet. Während nach frühmittelalterlicher Praxis die Absolution in Form einer priesterlichen Fürbitte ergangen war, wandelte sie sich im Zuge der Betonung der wahren Reue zur autoritativen Feststellung der dieser Reue bereits zuteilgewordenen göttlichen Vergebung. Je mehr die Beichte an Bedeutung für das Bußwesen gewann, erst recht seit der Einführung der Pflichtbeichte, und je mehr der Beitrag der Kirche für die Erlangung der Vergebung betont wurde, desto deutlicher verstärkte sich die Tendenz, die Absolution als wirksame Zusage der göttlichen Vergebung durch den dazu bevollmächtigten kirchlichen Amtsträger zu verstehen. So ließen sich Bedenken hinsichtlich der Echtheit und Tiefe der Reue und hinsichtlich der Vollständigkeit des Sündenbewußtseins am entschiedensten überwinden. Den Ansatzpunkt für diese Deutung

160 Viertes Laterankonzil, 1215: *Ü* DH, Nr. 812f.

der Absolution bot Jesu Wort vom Binden und Lösen (Mt 16,19; 18,18), das im Rahmen des kleruszentrierten Kirchenverständnisses des hohen Mittelalters selbstverständlich als Quelle der priesterlichen Strafvollmacht galt und auf die Vergebungsvollmacht ausgeweitet werden konnte. Wohl als erster schrieb Wilhelm von Auvergne († 1249) der mit einer Handauflegung verbundenen priesterlichen Absolution eine solche religiös entscheidende Funktion zu:

»Daraus wird dir klar ..., warum die Buße selbst ein Sakrament ist und heißt, denn sie heilt und heiligt von Rückfällen und wiederholten Greueln und hat ein heilendes und heiligendes Zeichen. Ich meine ein Zeichen, das der inneren Heiligung entspricht: Denn die Hand des Priesters auf dem Haupt des Büßenden zeigt an, daß die Kraft da ist, den Büßenden zu heiligen«.[161]

Die mit einer derartigen Deutung der Absolution verbundene Ausformung der kirchlichen Buße zum heilswirksamen Bußsakrament setzte sich erst allmählich durch. Theologisch vollendete Thomas von Aquin (s.u. IV.2) die Sakramentalisierung der Buße, indem er die priesterliche Absolution als sakramentalen Handlungskern des göttlichen Gnadenwirkens im kirchlichen Ritus bestimmte:

»Die Sakramente des neuen Gesetzes bezeichnen nicht nur etwas, sondern bewirken auch, was sie bezeichnen. ... Mit dem Wort ›Ich spreche dich los‹ erklärt [der Priester] den Menschen nicht nur zeichenhaft, sondern auch wirksam für losgesprochen. Und dabei spricht er nicht so, als handele es sich um etwas Unzuverlässiges. Denn wie die übrigen Sakramente aus der Kraft des Leidens Christi eine ihnen eigene zuverlässige Wirkung erzielen, ... so ist es auch bei diesem Sakrament«.[162]

Die Absolutionsworte wandelten sich seit dem 13. Jahrhundert von bittenden und feststellenden Formulierungen hin zur autoritativen Proklamation: »Ich spreche dich los«. 1439 dogmatisierte das Konzil von Florenz diese Formel zusammen mit ihrer Deutung durch Thomas von Aquin.

Mit der Pflichtbeichte und dem auf die priesterliche Absolution zugespitzten Bußsakrament schuf die hochmittelalterliche Klerus-

161 Wilhelm von Auvergne, De poenitentia: *Martin Ohst*, Pflichtbeichte, Tübingen 1995, 121.

162 Thomas von Aquin, Summa theologiae III q 84 a 3: *Ü* Deutsche Thomas-Ausgabe (lat.-dt.), Bd. 31, Heidelberg u.a. 1962, 17.

kirche eine nachhaltig wirksame Institution der religiösen Menschenführung. Sie profilierte ein spezifisches Verständnis von Buße und christlichem Leben, auch im Gegenüber zu den religiösen Laienbewegungen und zur Häresie der Katharer: Das Bußsakrament erfüllte einerseits das Bedürfnis nach einem das persönliche Heil bewirkenden Ritus, wie ihn die Katharer mit ihrer Geisttaufe (s.o. III.1.b) anboten. Zugleich machte es als auf lebenslange Wiederholung angelegter Ritus aber den Zusammenhang von Buße und Lebensvollzug deutlich. Damit wurde ein treibendes Interesse des Bußverständnisses der nichthäretischen religiösen Laienbewegungen aufgenommen. Im Unterschied zu den Waldensern, aber auch zum kirchlichen Mönchtum, ermäßigte die Kirche mit ihrem voll ausgebildeten Bußsakrament freilich den sittlichen Anspruch an die einzelnen Christen, ohne ihn aufzuheben. Angesichts von ethischen Konflikten in einer komplexer werdenden Lebenswelt eröffnete ihnen die Pflicht zur Beichte mit der Aussicht auf vollmächtige Lossprechung die Erfahrung konkreter Wegweisung und Vergewisserung in der Heilsgemeinschaft der vom Klerus geleiteten Kirche.

Wie intensiv sich die populäre Frömmigkeit auf die Beichte als wirksamen Ritus konzentrierte, zeigen die volkstümlichen Legenden, die der Zisterzienser Caesarius von Heisterbach († 1240) in seinem erbaulichen »Zwiegespräch über Wunder« erzählt. In diesen Geschichten erscheint die Beichte sowohl für Laien wie für Klosterleute und Kleriker als rituelles Heilmittel, das sowohl von der ewigen Höllenpein wie von mancherlei irdischen Sündenfolgen befreit. Ein Beispiel aus Bonn handelt von einer Frau namens Aleidis, die ins Kloster eingetreten war, nachdem der Priester, dessen Konkubine sie war, sich erhängt hatte, und die nun von dessen Geist verfolgt wurde:

»Ein Mönch, mit dem sie eines Tages darüber sprach, erteilte ihr folgenden Rat: ›Lege deinem Prior gegenüber eine umfassende Beichte ab: vorbehaltlos, vollständig und andächtig, soweit die Erinnerung reicht. So wirst du dich freimachen von der Beunruhigung durch diesen Dämon.‹ … Am Morgen … eilte sie zum festgesetzten Ort …, wo sie der Prior erwartete. Da trat ihr der Dämon in den Weg und fragte: ›Aleidis, wohin gehst du? Wohin eilst du?‹ ›Ich gehe, dich und mich zu verstören.‹ Darauf der Dämon: ›O Aleidis, tu es nicht, tu es nicht, kehre um, kehre um!‹ Sie antwortete: ›Zu oft hast du mich in Bestürzung versetzt, jetzt aber mache ich dich zuschanden. Ich kehre nicht um.‹ Da er sie weder durch Schmeicheln noch durch Drohen zurückhalten konnte, folgte der Dämon ihr zum Ort der Beichte und kreiste wie ein Falke in der Luft über ihr. Sobald sie aber ihre Knie vor dem Prior beugte und den Mund zur Beichte auftat, verschwand er unter Schreien und Heulen, und sie sah und hörte ihn von da an nie wieder. Da hast du ein handfestes Beispiel dafür, wie groß die Kraft einer vorbehaltlosen Beichte ist!«[163]

Die religiöse Unterweisung durch Klerus und Mönche formte unter anderem mit solchen Beispielgeschichten eine Buß- und Beichtfrömmigkeit, die im kirchlichen Ritus die Chance zur Befreiung von quälenden Schulderfahrungen ergriff und so eine entlastete Gestaltung des eigenen Lebens ermöglichte.

c. Die Ablässe

Die Ausformung des Bußsakraments mit der Betonung von Reue, Beichte und priesterlicher Lossprechung bewirkte auch eine neue Bewertung der Bußstrafen. Da sie nicht länger einen möglichst präzisen Ausgleich der Sünden leisten mußten, sondern die Bußgesinnung und die Einordnung in die kirchliche Disziplin dokumentieren sollten, konnten sie flexibler gehandhabt werden. Schon im frühen Mittelalter war es möglich gewesen, Bußstrafen gegen gleichwertige andere Strafleistungen zu tauschen oder durch unbeteiligte Dritte ausführen zu lassen. Außerdem hatte die Kirche den Büßenden immer schon ihre Hilfe zur Vollendung der Bußwerke zugesagt. Daraus entstanden im Laufe des 11. Jahrhunderts die Ablässe, von Bischöfen proklamierte Nachlässe von Bußstrafen, die an vergleichsweise geringfügige fromme Werke wie den andächtigen Besuch einer bestimmten Kirche oder das Almosen für einen eigens benannten Zweck geknüpft waren. Es handelte sich zunächst um Teilablässe (Partikularablässe), bei denen der Straferlaß mit Hilfe der herkömmlichen Bußkataloge in Entsprechung zu den Tagen einer Fastenstrafe quantifiziert wurde.

1095 stellte Urban II. den Ablaß in den Dienst der päpstlichen Kirchenpolitik, als er in Verbindung mit dem Aufruf zum Kreuzzug (s.o. II.2.b) die in Clermont versammelte Synode verkünden ließ:

---

163 Caesarius von Heisterbach, Dialogus Miraculorum III,13: hg. von *Josef Strange*, Köln u.a. 1851, Bd. 1, 126f.

»Wer immer aus reiner Hingabe, nicht um Ehre und Reichtum zu erlangen, zur Befreiung der Kirche Gottes in Jerusalem aufgebrochen ist, dem soll dieser Pilgerweg als Abgeltung jeglicher Buße [= Bußstrafe] angerechnet werden.«[164]

Bei der Beteiligung am Kreuzzug handelte es sich natürlich um eine alles andere als geringfügige Ersatzleistung, dafür wurde aber auch nicht nur ein teilweiser, sondern ein vollständiger Straferlaß in Aussicht gestellt. Solche zunächst mit dem Kreuzzugswesen verbundenen päpstlichen Plenarablässe waren besonders begehrt, zumal sie so verstanden werden konnten, daß mit ihnen nicht nur diejenigen Strafen wegfielen, die von der Kirche im Zuge des Bußsakraments auferlegt wurden, sondern auch die darüber hinaus von Gott selbst verhängten zeitlich begrenzten Strafen, die nach dem irdischen Leben im Fegfeuer (Purgatorium, s.u. V.4.b) abzuleisten waren. Mit solchen Strafen mußten auch diejenigen rechnen, die durch die Absolution im Bußsakrament von der ewigen Höllenstrafe befreit waren und sich damit im »Stand der Gnade« befanden.

Die Ablässe in ihren verschiedenen Formen breiteten sich im 12. Jahrhundert in der abendländischen Christenheit rasch aus. Sie unterstützten die Konzentration auf die Bußgesinnung und auf das kirchliche Handeln im Bußsakrament und erleichterten die Praxis einer kontinuierlichen Buße in kirchlicher Bindung. Auch der in den religiösen Aufbrüchen des 12. und beginnenden 13. Jahrhunderts lebendige Bußgedanke konnte mit Hilfe des Ablasses auf ermäßigtem Niveau popularisiert werden. Im Franziskanerorden wurde in der zweiten Hälfte des 13. Jahrhunderts erzählt, daß Honorius III. schon 1216 auf Bitten des Franziskus allen Gläubigen, welche die von diesem wiederaufgebaute Portiuncula-Kapelle unterhalb von Assisi am Jahrestag ihrer Weihe aufsuchen würden, einen Plenarablaß gewährt habe. Wie immer es um die Historizität dieser Überlieferung bestellt sein mag, belegt sie eine Vorstellung, nach der die andächtige Teilnahme an der franziskanischen Spiritualität mit einem vollkommenen Straferlaß rechnen konnte. Im Spätmittelalter wurde der Portiuncula-Ablaß auf zahlreiche andere Kirchen in ganz Europa übertragen, so daß diese Religiosität auch fern von Assisi mit dem gleichen Erfolg praktiziert werden konnte.

---

164 Synode von Clermont (1095), canon 2: *Ü* KTGQ 2^5, 118.

Die theologische Ablaßlehre folgte der zunehmend attraktiven kirchlichen Ablaßpraxis erst mit beträchtlichem Abstand. Im 12. Jahrhundert waren die Ablässe umstritten, und auch diejenigen Theologen, die sie akzeptierten, hatten Mühe, das kirchliche Recht zum Erlaß von Bußstrafen zu begründen. Das gelang erst mit der Theorie vom Kirchenschatz, die wohl als erster der Dominikaner Hugo von St. Cher († 1263) um 1230 formulierte:

»Weil der Sohn Gottes nicht nur einen Tropfen, sondern sein ganzes Blut für die Sünder vergossen hat, und weil darüber hinaus die Märtyrer ihr Blut für den Glauben und die Kirche vergossen haben und damit über das hinaus, was sie gesündigt hatten, gestraft worden sind, ergibt sich, daß durch das genannte Blutvergießen eine Strafe für jegliche Sünde geleistet worden ist. Dieses Blutvergießen wird nun als Schatz im Schrein der Kirche aufbewahrt, zu dem die Kirche die Schlüssel besitzt. Wann immer sie will, kann sie daher den Schrein öffnen und den Schatz mitteilen, wem sie will, indem sie Strafermäßigungen und Strafnachlässe ausspricht. Dabei bleibt keine Sünde ungesühnt, weil sie gesühnt wurde an dem Sohn Gottes und an seinen heiligen Märtyrern.«[165]

Der Verweis auf die Verdienste Christi und der Märtyrer (später: aller Heiligen) sicherte den objektiven Gegenwert, der beim kirchlichen Straferlaß zum Einsatz kam. Zugleich wurde das Recht der Zumessung von Anteilen aus diesem unerschöpflichen Vorrat von Verdiensten an die Schlüsselgewalt der kirchlichen Hierarchie geknüpft. Die Lehre vom Kirchenschatz wurde von den Theologen des 13. Jahrhunderts allgemein rezipiert. Der Straferlaß wurde darauf aufbauend als kirchlicher Rechtsakt praktiziert und ausdrücklich auch auf die Fegfeuerstrafen ausgedehnt. Strittig blieb vorerst nur, ob Ablässe auch Verstorbenen zugewandt werden konnten. Thomas von Aquin ordnete die Ablaßtheorie in seine systematische Darstellung der kirchlichen Lehre ein und spitzte sie auf die päpstliche Verfügungsgewalt über den Kirchenschatz zu:

Die Ablässe »nützen sowohl vor dem Richterstuhl der Kirche als vor dem Richterstuhl Gottes zum Nachlaß der Strafe, die nach Reue, Lossprechung und Beichte übrigbleibt, ob sie nun auferlegt ist oder nicht. … Die Heiligen

165 Hugo von St. Cher nach Heinrich von Susa, Summa aurea V: *Nikolaus Paulus*, Geschichte des Ablasses im Mittelalter, Bd. 2, Darmstadt ²2000, 342, Anm. 49.

aber, bei denen sich ein Überfluß von Werken der Genugtuung findet, haben solche Werke … für die ganze Kirche zusammen vollbracht. … Und so sind die besagten Verdienste der ganzen Kirche gemeinsam. Was aber einer Menge gemeinsam ist, wird den einzelnen aus der Menge zugeteilt nach dem Ermessen dessen, der der Menge vorsteht.«[166]

Eine kirchenamtliche Festlegung der Lehre vom Kirchenschatz erfolgte erst 1343 durch Clemens VI. in der Bulle »Unigenitus«.

Die allgemeine Verfügbarkeit von Plenarablässen und Partikularablässen führte dazu, daß die Bußstrafen kaum noch auferlegt wurden, um tatsächlich abgeleistet zu werden, sondern um das in den Ablässen präsente Angebot einer überreichen, kirchlich vermittelten Gnadenerfahrung wahrzunehmen: Die durch das Bußsakrament von der ewigen Höllenstrafe gelösten und in den »Stand der Gnade« versetzten Gläubigen konnten durch einen Akt kirchlich normierter Frömmigkeit auch größtmögliche Gewißheit über die Befreiung von zeitlich begrenzten Bußstrafen nicht genau bekannten Ausmaßes erhalten. Die päpstliche Vollmacht zur Ablaßgewährung institutionalisierte Bonifaz VIII. mit der Einführung des römischen Jubiläumsablasses im Jahre 1300, indem er für die Romwallfahrt im Jahr des vollen Jahrhunderts einen im höchsten Maße vollständigen Straferlaß zusagte:

»Damit aber die allerseligsten Apostel Petrus und Paulus in der Weise mehr geehrt werden, daß ihre Kirchen in Rom von den Gläubigen mit größerer Andacht besucht werden …, bestimmen wir im Vertrauen auf die Barmherzigkeit des allmächtigen Gottes sowie die Verdienste und die Autorität der Apostel nach dem Rat unserer Brüder und aus der Fülle apostolischer Vollmacht folgendes: In diesem am unlängst verstrichenen Fest der Geburt unseres Herrn Jesus Christus begonnenen 1300. Jahr und in jedem weiteren hundertsten Jahr sollen alle …, die diese Kirchen ehrfürchtig besuchen und dabei, nachdem sie ihre Sünden bekannt haben, wahrhaftige Buße tun, oder die aufrichtig büßen und beichten werden, nicht nur die volle und reichere, sondern die vollste Vergebung ihrer Sünden erhalten. … Jeder wird um so mehr Verdienste erwerben und um so wirksameren Ablaß erlangen, je häufiger und andächtiger er die Kirchen aufsucht.«[167]

---

166 Thomas von Aquin, Summa theologiae III Suppl q 25 a 1: *Ü* Deutsche Thomas-Ausgabe (lat.-dt.), Bd. 32, Graz u.a. 1985, 120f.

167 Bonifaz VIII., Bulle »Antiquorum habet«, 22. Februar 1300: *Ü* KTGQ 2^5, 178f.

Der Jubiläumsablaß erwies sich als durchschlagender Erfolg, so daß der Abstand der »Heiligen Jahre« im Laufe des Spätmittelalters auf zunächst 50 Jahre (Clemens VI., 1343), dann auf 33 Jahre (Urban VI., 1389) und schließlich auf 25 Jahre (Paul II., 1470) reduziert wurde. Es gelang den Päpsten damit, die Rombezogenheit der abendländischen Kirchenfrömmigkeit zu stärken und die mittelalterliche Bußfrömmigkeit noch deutlicher an das Papsttum zu binden. Die Übertragung des Jubelablasses auf eine Vielzahl auch weit von Rom entfernter Kirchen sorgte (und sorgt bis heute) für die leichte Erreichbarkeit dieser Gnadenzuwendung und für die Möglichkeit, die religiöse Romorientierung ohne größeren Aufwand zu praktizieren. Mit der kirchlichen Ablaßpraxis und der ihr nachfolgenden theologischen Ablaßlehre wurde der Grund dafür gelegt, daß im Spätmittelalter die Aussicht auf Ablässe die Gläubigen zu einer Fülle kirchlich normierter religiöser Handlungen (»Werke der Frömmigkeit«, s.u. V.4.b) motivierte. Damit wurde das Ablaßwesen zu einem integrierenden Moment der kirchlichen Frömmigkeit und zog als solches im 16. Jahrhundert die Kritik der reformatorischen Theologie auf sich.[168]

168 S. *Karl-Heinz zur Mühlen*, Reformation und Gegenreformation, Teil I und II, Zugänge zur Kirchengeschichte 6/I–II, Göttingen 1999 (= Zugänge 6/I und 6/II), I, 49–53.

IV. Linien des theologischen Denkens (12.–15. Jahrhundert)

1. Die Typen der Theologie im 12. Jahrhundert

a. Monastische und scholastische Theologie

Die institutionelle Vervollkommnung der Papst- und Kleruskirche samt ihren weltumspannenden Leitungsansprüchen forderte im 12. Jahrhundert auch die Theologie als methodische Reflexion über den christlichen Glauben neu heraus. Im Dienst einer Kirche, die mit ihrem Rechtssystem die universale Präsenz des göttlichen Heilswillens repräsentierte, standen die Theologen vor der Aufgabe, auch die Inhalte des Christentums als ein zusammenhängendes Ganzes zu durchdenken und zu formulieren, so daß sowohl die Bindung an die ursprünglichen Quellen der christlichen Lehre gesichert wurde, als auch deren Vermittlung in den zeitgenössischen Verstehenshorizont überzeugend gelang.

Selbstverständlich waren die Bibel, die »Väter« und die kirchlichen Lehrentscheidungen diejenigen Autoritäten, die von allen Theologen zugrunde gelegt wurden. Strittig war aber, welche Art gegenwärtigen Verstehens die theologische Reflexion anstreben sollte und welche Methoden auf dem Weg dahin angewandt werden sollten. Ging es um ein Verstehen in der religiösen Erfahrung oder um eines in der begrifflichen Analyse? Was war methodisch sachgemäß: Das von der eigenen christlichen Erfahrung ausgehende Erschließen der Glaubensquellen mit dem Ziel der Formung eines in sich zusammenhängenden religiösen Lebens? Oder eine Indienstnahme philosophischer Denkregeln mit dem Ziel eines Glaubensverstehens, das vernünftige Allgemeingeltung beanspruchen konnte? Sollte das Ganze des christlichen Glaubens also eher als Erfahrungsraum oder als Diskursraum erschlossen werden?

Im 11. Jahrhundert und an der Schwelle zum 12. Jahrhundert hatte das Beschreiten philosophischer Denkwege in der Theologie schon zu Konflikten mit kirchlichen Lehrinstanzen geführt (s.o. I.5.a und b). Zur gleichen Zeit konnte Anselm von Canterbury (s.o. I.5.c) noch eine theologische Gesamtsicht entfalten, die den Anspruch auf Vernünftigkeit mit dem Bezug auf religiöse Erfahrung verband. Demgegenüber führte die Frage nach Erkenntnisziel und Erkenntnisweg der Theologie in der ersten Hälfte des 12. Jahrhunderts zur Herausbildung zweier zunächst konkurrierender theologischer Typen. Ihr Profil war geprägt durch die klassischen christlichen Bildungsinstitutionen Kloster und Schule. Deswegen läßt sich die in den Klöstern beheimatete »monastische Theologie« unterscheiden von der »scholastischen Theologie«, die an den Schulen, später an den Universitäten, getrieben wurde.

In den Klöstern vollzog sich Theologie in einem religiös geformten Lebenszusammenhang, zu dem die Distanz zur »Welt« ebenso konstitutiv gehörte wie das Ideal der Einheit von geregelter Gemeinschaft und persönlicher Frömmigkeit. In der klösterlichen Klausur standen nicht die Auseinandersetzungen mit Welt- und Zeitproblemen im Vordergrund der theologischen Reflexion, sondern die Fragen der Aneignung und Vertiefung der eigenen geistlichen Existenz. Die monastische Theologie erfaßte daher das Ganze des christlichen Glaubens in einem Vorgang der Verdichtung und Intensivierung der religiösen Erfahrung von Mönchen und Nonnen. Dem entsprach ein kreisender, zugleich nach Selbsterkenntnis und nach Gotteserkenntnis strebender Denkstil, bei dem Schrift und Tradition als Ausdruck von Erfahrung auf neue Erfahrung hin interpretiert wurden. Die theologische Lehre ereignete sich vornehmlich im persönlichen Lehrer-Schüler-Verhältnis und fand ihre Ansatzpunkte in der Praxis von Askese und Gottesdienst, Gebet und Lesung, in der Mönche und Nonnen tagtäglich mit den theologischen Autoritäten umgingen. Die theologische Reflexion der geistlichen Erfahrung führte von der Lesung über Meditation und Gebet zur Kontemplation, zur ganzheitlichen, die Affekte einbeziehenden Betrachtung, die mitunter in außerordentliche, »mystische« Erfahrungen übergehen konnte (zur Mystik s.u. IV.3). Diesem theologischen Erkenntnisweg entsprachen als bevorzugte, häufig kunstvoll ausgearbeitete literarische Gattungen Predigt, Brief, religiöser Traktat und Heiligenbiographie. Philosophische Begrifflichkeiten konnten aufgenommen werden, spielten aber keine tragende Rolle. Inhaltlich beschränkte sich die monastische

Theologie nicht auf eine Deutung des Klosterlebens selbst, sondern thematisierte ausgehend von dieser kirchlich normierten Lebensform insbesondere die Heils- und Unheilserfahrung des religiösen Subjekts: Bewährung, Anfechtung und Versagen, Gottesbegegnung und Christusnachfolge in der spannungsreichen Einheit von Körper, Geist und Seele, Selbsterkenntnis und Selbstverleugnung. Diese theologische Erschließung von Tiefendimensionen in der christlichen Tradition für die religiöse Erfahrung in der eigenen Gegenwart hatte über die monastische Lebensform hinaus dann auch das christliche Leben in der Welt und die Kirche als ganze im Blick. Alle Glaubenden und die ganze Kirche sollten an der im Kloster gelebten und reflektierten ganzheitlichen religiösen Erfahrung Anteil gewinnen und daraus Impulse der Erneuerung und der existentiellen Vertiefung empfangen.

Wesentlich unmittelbarer gestaltete sich der Bezug der theologischen Lehre zur »Welt« an den Schulen. Sie dienten, ob als Schulen in der Verantwortung eines Bischofs (Dom- oder Kathedralschulen), eines Kanonikerstifts (Stiftsschulen) oder eines freien Lehrers, der Ausbildung des höheren Weltklerus. Damit zielten sie auf ein kirchliches Wirken in der Gesellschaft und ihren Konflikten: in Seelsorge und Glaubensunterweisung, in der Bekämpfung von Abweichungen in Lehre und kirchlicher Disziplin, in der Mission unter Nichtchristen. Diese Aufgaben erforderten von den Theologen nicht eine sich gegenüber der Welt abschirmende Verdichtung der religiösen Erfahrung »nach innen«, sondern eine sich »nach außen« öffnende Bereitschaft und Fähigkeit zur überzeugenden Argumentation in Fragen der kirchlichen Lehre und Praxis. In den Schulen wurden daher die Autoritäten der christlichen Tradition mit Methoden der philosophischen Logik bzw. Dialektik bearbeitet: Problemstellungen wurden präzise umrissen, Begriffe definiert und sorgsam gegeneinander abgehoben, Widersprüche in der Tradition durch Anwendung allgemeingültiger Denkregeln ausgeglichen, offene Fragen auf diesem Wege nachvollziehbar entschieden. Grundform scholastisch-theologischen Lehrens und Lernens war die mündliche »Disputation« von Einzelproblemen, als ihr entsprechende literarische Gattung bildete sich die als »Quaestio« bezeichnete Problemerörterung heraus (s.u. IV.2.a). Diese Einzelerörterungen gaben dem individuellen Erkenntnisdrang Raum und ermöglichten ein immer weiter ins Detail fortschreitendes, durchaus auch spekulationsfreudiges Problembewußtsein. Die autoritativen Aussagen von Bibel, Kirchenvätern und kirchlichem Dogma wurden als Satzwahrheiten behandelt und dienten als Axiome zum Aufbau einer systematischen Ordnung des gesamten christlichen Lehrbestandes. Bevorzugte Gegenstände scholastischer Problembehandlung waren dabei die Themen der kirchlichen Lehrnorm wie Trinität und Christologie und die sich aus der kirchlichen Praxis der Vermittlung des Heils ergebenden Fragen, wie sie beispielsweise in der Lehre von den Sakramenten behandelt wurden. Die scholastische Theologie erstrebte sowohl die Nachvollziehbarkeit in der Einzelargumentation wie eine auf objektiv-begriffliches Erfassen und auf vernünftiges Erkennen ausgerichtete Gesamtsicht des christlich-religiösen Bewußtseins. Sie übte daher eine Kultur des argumentativen Diskurses ein, die auf eine vernünftige Einheit des Lehrsystems zielte und so dem universalen Anspruch der kirchlichen Institution einen nicht minder universalen Anspruch der wissenschaftlichen Theologie zur Seite stellte.

Im Kern unterschieden sich monastische und scholastische Theologie in ihrem Verständnis von Wahrheit: Die monastische Theologie ging aus von der Wahrheit als Erfahrung, die der einzelne im Umgang mit den Quellen der christlichen Tradition gewinnt. Eine allgemeine, die religiösen Individuen verbindende Wahrheit wächst durch den Bezug der erfahrungsgeleiteten Reflexion auf einen geordneten spirituellen Lebenszusammenhang. Demgegenüber setzte die scholastische Theologie eine übersubjektive, durch Offenbarung, Tradition und Vernunft vorgegebene Wahrheit voraus. Sie kann und muß im methodisch nachprüfbaren, dialektischen Diskurs gefunden und begrifflich präzise formuliert werden.

b. Bernhard von Clairvaux und Petrus Abaelard

Das Profil der beiden Typen von Theologie im 12. Jahrhundert zeigt sich am deutlichsten im Konflikt ihrer glänzendsten Vertreter: Bernhard von Clairvaux, in dessen Werk die monastische Theologie ihren Höhepunkt erreichte, und Petrus Abaelard, der mit genialem Schwung die Ausbildung der frühen scholastischen Theologie vorantrieb.

Bernhard hat sich selbst einmal als »Chimäre meines Zeitalters« bezeichnet, als ein Ungeheuer in einer Vielzahl äußerer Gestalten. Nicht ohne Ironie formulierte er so die für ihn charakteristische Spannung von mönchischem Rückzug aus der Welt, die er als Organisator des Zisterzienserordens (s.o. I.4) programmatisch verfocht, und kirchenpolitischem Willen zur Weltgestaltung, der ihn als Kreuzzugsprediger (s.o. II.2.d), als Lehrer des Papsttums (s.o. I.4) und im Vorgehen gegen tatsächliche oder vermeintliche Ketzer (s.o. III.1.a) auszeichnete. In seinem Wirken blieb die klösterliche Weltdistanz nicht Selbstzweck, sondern entfaltete eine schon von den Zeitgenossen mit Staunen wahrgenommene Kraft zur Durchdringung und Formung des Ganzen von Kirche und Welt. Das Fundament dieses Wirkens bildete Bernhards monastische Theologie: In ihr verbinden sich biblische Überlieferung, Lehre der Kirchenväter und mönchische Erfahrung zu einer Gesamtdeutung christlicher Existenz, die Kontemplation und Aktion umschließt. Zu dieser grundlegenden theologischen Reflexion setzte Bernhard immer wieder neu an, nicht in systematischer Gesamtdarstellung, sondern in Traktaten, Briefen und Predigten, die jeweils ausgehend von Texten und Situationen die christliche Religion denkend zu erschließen versuchen. Das bedeutendste Zeugnis der Dichte und Weite dieses theologischen Ansatzes sind Bernhards 86 Predigten über das Hohelied. In diesen sprachlich glanzvoll geformten Auslegungen der beiden ersten Kapitel des Hohenliedes intensiviert Bernhard die allegorische Deutung des Liebesliedes auf die Beziehung der glaubenden Seele zu Christus, während die bis ins Frühmittelalter vorherrschende Übertragung auf das Verhältnis der Kirche zu Christus zurücktritt. So werden die Verse des Hohenliedes für Bernhard zum Ausgangspunkt einer erfahrungsbezogenen Reflexion über den christlichen Weg zu Gott und mit Gott, auf dem Selbsterkenntnis und Gotteserkenntnis einander bedingen:

»Ich wünsche deshalb, daß eine Seele zuallererst sich selbst erkennt, denn das ist eine Forderung sowohl der Nützlichkeit als auch der Ordnung; und zwar der Ordnung, weil wir für uns selbst an erster Stelle stehen; der Nützlichkeit jedoch, weil ein solches Wissen nicht aufgeblasen, sondern demütig macht. … Solange ich auf mich schaue, verweilt mein Auge in Bitterkeit. Wenn ich jedoch aufschaue und meine Augen erhebe zur Hilfe des göttlichen Erbarmens, wird der frohmachende Anblick Gottes sogleich die bittere Schau meiner selbst mäßigen. … Durch eine solche Erfahrung und in einer solchen

Ordnung gibt sich Gott auf heilsame Weise zu erkennen, wenn sich der Mensch zuerst als einen Bedürftigen erkennt und dann zum Herrn ruft, und dieser wird ihn erhören .... Eben auf diese Weise wird deine Selbsterkenntnis ein Schritt zur Gotteserkenntnis sein.«[169]

Eine heilvolle, religiös erstrebenswerte Gotteserkenntnis setzt für Bernhard die demütige Selbsterkenntnis voraus. Diese theologische Basis kann nicht durch begriffliche Herleitung und logische Spekulation gewonnen werden, sondern durch denkendes Eindringen in die Tiefenschichten der eigenen Erfahrung. Daraufhin redete Bernhard seine Hörer und Leser an:

»Heute lesen wir im Buch der Erfahrung. Lenkt euren Blick auf euch selbst; jeder beachte sein eigenes Bewußtsein im Hinblick auf das, was gesagt werden soll.«[170]

In der Spannung von Selbsterkenntnis und Gotteserkenntnis konzentriert sich Bernhards Erfahrungstheologie auf die christliche Existenz, die er bestimmt sieht durch Sündenbewußtsein und Erlösungsglauben, durch den Kampf gegen Anfechtungen und durch den in der Wahrnehmung Christi präsenten Sieg.

Die Denkanstrengung von Bernhards monastischer Theologie galt im wesentlichen der Erkenntnis Gottes bzw. Christi im Herzen der Glaubenden und einem von ihr geprägten christlichen Leben. Sie war insofern offen für mystische Ausnahmeerlebnisse der gegenwärtigen Gemeinschaft mit Gott, ordnete solche individuellen Höhepunkte aber deutlich dem Interesse an einer theologischen Einsicht zu, die die Breite christlich-religiöser Erfahrung in den Blick nahm und zu vertiefen suchte. So führte die Reflexion von Erfahrung zu neuer Erfahrung und wurde selbst zu einem religiösen Vorgang:

»Die Erfahrenen mögen es prüfen, die Unerfahrenen sollen in Verlangen entbrennen, nicht so sehr nach Erkenntnis als nach Erfahrung.«[171]

Die Erkenntnisbemühungen der Schultheologie konnte Bernhard kaum als eigenständigen theologischen Ansatz gelten lassen. Um den

---

169 Bernhard von Clairvaux, Predigten über das Hohelied 36: *Ü* Ders., Sämtliche Werke lat./dt., hg. von *Gerhard B. Winkler*, Bd. 5, Innsbruck 1994, 569/571.

170 A.a.O. 3: *Ü* a.a.O., 77.

171 A.a.O. 1: *Ü* a.a.O., 63.

Vorrang der frommen Erfahrung vor der schulmäßigen Durchdringung des Glaubensgehalts zu wahren, erkannte er die »freien Künste« der Philosophie nur als kirchliche Hilfswissenschaft auf dem Weg zu erfahrungsgeleiteter Selbst- und Gotteserkenntnis an:

»Alles übrige [abgesehen von Selbsterkenntnis und Gotteserkenntnis] ist gleichgültig; es bedeutet weder Heil, es zu wissen, noch Verdammung, es nicht zu wissen. Dennoch sage ich nicht, daß man wissenschaftliche Bildung verachten soll, welche die Seele ziert, bildet und dazu befähigt, auch andere zu bilden. Doch ist es nötig und nützlich, zuerst jene doppelte Erkenntnis zu besitzen, in der ... die Summe des Heils gründet.«[172]

Bernhards theologischer Antipode, der gut zehn Jahre ältere Petrus Abaelard († 1142) konnte sich mit einer derart eingeschränkten Funktionszuweisung an die philosophisch-theologische Schulwissenschaft nicht zufriedengeben. Abaelard hatte als freier Lehrer in Paris seit 1113/14 die philosophische Logik konsequent auf die Theologie, d.h. auf die Auslegung der Bibel mit dem Ziel einer systematisierten kirchlichen Lehre, angewandt. Als Lehrerpersönlichkeit stellte er seine eigenen Lehrer rasch in den Schatten und begeisterte viele Zeitgenossen, weil er sich nicht damit begnügte, die Tradition zu rezipieren, sondern sich um die selbständige Erfassung ihres Sachgehalts bemühte. Abaelards Karriere brach nach wenigen Jahren jäh ab, zum einen infolge der Liebesbeziehung zu seiner Schülerin Héloïse († 1164), zum andern durch die 1121 auf einer Synode in Soissons erfolgte Verurteilung seiner »Theologie des höchsten Gutes« (Theologia summi boni), einer umfassenden Erörterung der Trinitätslehre. Obwohl Abaelard einem dogmenkritischen Gebrauch der philosophischen Logik entgegensteuern und selbst das Dogma neu zur Geltung bringen wollte, wurde ihm vorgeworfen, mit seiner neuartigen Begrifflichkeit dem Geheimnis von Einheit und Dreiheit in Gott zu nahe zu treten. Trotz aller Beschränkungen wirkte Abaelard weiter als Lehrer und hielt an seinem theologischen Programm fest. In einer späteren Fassung seiner »Theologie« schrieb er:

»Den Christen ist das Studium der Schriften der weltlichen Wissenschaften und der Bücher der Heiden erlaubt, damit wir mit ihrer Hilfe etwas über Redeformen, Argumentationsweisen und das Wesen der Dinge wissen, was wir

172 A.a.O. 37: *Ü* a.a.O., 573.

dann zum Verständnis und zur Verherrlichung der Heiligen Schrift, zur Verteidigung und zur Darlegung ihrer Wahrheit, anwenden können. Je schwieriger nämlich die Fragen scheinen, … die sich mit unserem christlichen Glauben verbinden, und je weiter er von der menschlichen Vernunft entfernt scheint, mit um so stärkeren Vernunftgründen muß er untermauert werden«.[173]

Die Anwendung der philosophischen Dialektik und ihre Formung zur scholastischen Theologie propagierte Abaelard im Interesse an der Verstehbarkeit und an der Zuverlässigkeit der Kirchenlehre. Auch für ihn blieb die wissenschaftliche Reflexion eine Funktion des Glaubens, dessen Vereinbarkeit mit vernunftgeleitetem Erkennen er demonstrieren wollte. Für die weitere Entwicklung der scholastischen Theologie wurde die Lehrmethode wegweisend, die er in der Schrift »Ja und nein« (Sic et non) begründete und darstellte: Widersprüche in der kirchlichen Überlieferung sollen nicht vorschnell harmonisiert, sondern aufgewiesen und methodisch ausgeglichen werden. Das war die zentrale Aufgabe, die Abaelard den Disputationen des Schulbetriebs zuwies, und sein Werk beschränkte sich darauf, das Material dafür zusammenzustellen. Eingangs stellte Abaelard methodische Regeln auf, mit deren Hilfe dann das Material aus der Überlieferung zur Lösung theologischer Probleme kunstgerecht bearbeitet werden soll:

»Wenn man uns Aussagen von Heiligen vorhält, als ob sie widersprüchlich wären oder von der Wahrheit entfernt, dann gilt es, sorgfältig darauf zu achten, daß wir nicht durch falsche Titelaufschriften oder Verderbnis des Textes selbst getäuscht werden. … Wenn deshalb nun etwas in den Schriften der Heiligen nicht mit der Wahrheit übereinzustimmen scheint, so ist fromm, … daß wir glauben, diese Stelle der Schrift sei entweder nicht richtig übersetzt oder [die Lesart] verdorben, oder daß wir zugeben, daß wir sie nicht verstehen. Ebensosehr muß man, glaube ich, darauf achten, ob das, was aus den Schriften der Heiligen angeführt wird, … von ihnen selbst an anderer Stelle wieder zurückgenommen und, nachdem sie die Wahrheit kannten, berichtigt wurde. … Wenn über dieselbe Sache Verschiedenes gesagt wird, so ist auch sorgfältig zu prüfen, was als streng verpflichtende Vorschrift gemeint ist und was auf die Gewährung von Nachsicht oder die Ermunterung zur Vollkommenheit zielt, damit wir entsprechend der Verschiedenheit der Absichten ein Heilmittel gegen die Widersprüchlichkeit suchen. … Der sorgfältige Leser

173 Petrus Abaelard, Theologia ›scholarium‹, Prolog 2f: CChr.CM 12, 401.

wird also die Widersprüche in den Schriften der Heiligen auf alle diese genannten Weisen zu lösen versuchen. Wenn nun aber der Widerspruch so offensichtlich ist, daß er auf keine Weise gelöst werden kann, so soll man die Autoritäten miteinander vergleichen und die vor allen anderen bevorzugen, welche über die bessere Bezeugung und die durchschlagendere Begründung verfügt.«[174]

Abaelard hob die Freiheit im Umgang mit den Kirchenvätern von der Bindung an die biblischen Aussagen ab und relativierte damit die normative Geltung der Vätertheologie für die gegenwärtige christliche Lehre. Gültige Lehraussagen können nach Abaelards Auffassung nur auf dem Wege der eigenständigen denkerischen Anstrengung und des methodischen Zweifels entwickelt werden:

»Ich möchte nun … voneinander abweichende Meinungen der heiligen Väter sammeln, … die wegen ihrer scheinbaren Unstimmigkeit Fragen hervorrufen, die die jugendlichen Leser zur größten Anstrengung, die Wahrheit zu suchen, anreizen und durch die Untersuchung ihren Blick schärfen. Denn dies wird ja als der erste Schlüssel zur Weisheit bestimmt: das beständige und häufige Fragen. … Durch Zweifeln kommen wir nämlich zur Untersuchung; in der Untersuchung erfassen wir die Wahrheit, gemäß dem, was die Wahrheit selbst sagt: ›Sucht, und ihr werdet finden; klopft an, und es wird euch aufgetan‹ [Mt 7,7].«[175]

Die Degradierung der theologischen Tradition zum Material der eigenen Neuformulierung christlicher Lehre bringt den Gegensatz zur monastischen Theologie auf den Punkt. Abaelards Methode geriet in Konflikt mit einem Theologieverständnis, das sich an den Formulierungen der Väter als Norm orientierte und sich gegen eine begriffliche Modernisierung wandte:

»Daher suchen wir keine Wortgefechte; auch meiden wir der apostolischen Lehre entsprechend neue Ausdrücke. Wir stellen [der falschen Lehre] nur die Lehraussagen der Väter entgegen und führen ihre, nicht unsere Worte an, denn wir sind nicht weiser als unsere Väter.«[176]

---

174 Petrus Abaelard, Sic et non, Prolog: *Ü* Geschichte der Philosophie in Text und Darstellung, Bd. 2: Mittelalter, hg. von *Kurt Flasch*, Stuttgart 1982, 264–266.

175 A.a.O.: *Ü* KTGQ 2^5, 104.

176 Bernhard von Clairvaux an Hugo von St. Viktor, 1127/28: *Ü* Ders., Sämtliche Werke lat./dt., hg. von *Gerhard B. Winkler*, Bd. 2, Innsbruck 1992, 609.

Diese programmatische Äußerung Bernhards von Clairvaux aus den zwanziger Jahren des 12. Jahrhunderts war vielleicht schon gegen Abaelard gerichtet. Zum großen Konflikt kam es im Jahre 1140, als Bernhard auf Abaelards neueste Fassung seiner Trinitätstheologie und auf seine Ethik (s.o. III.3.b) aufmerksam geworden war:

Abaelard »bemüht sich, mit seinem Verstand das zu erforschen, was der fromme Sinn mit der Lebendigkeit des Glaubens erfaßt. Der Glaube der Frommen glaubt, er diskutiert nicht. Jener aber betrachtet Gott mit Argwohn und will nur das glauben, was er zuvor mit seinem Verstand untersucht hat.«[177]

Obwohl ein persönliches Gespräch offenbar nicht unfreundlich verlief, eskalierte der Konflikt. Es gelang Bernhard, die von seinem Gegner angeregte Disputation bei einer Synode in Sens im Juni 1140 zu einem Ketzergericht umzufunktionieren, das 19 Einzelsätze Abaelards zur Trinitätslehre, zur Ethik und zur Anthropologie verurteilte. Dabei ging es Bernhard im Grunde um Abaelards theologischen Ansatz: Im Gegenüber zu seinem eigenen monastisch-theologischen Streben nach Wahrheitsfindung durch Erschließen eines überzeitlichen christlich-religiösen Erfahrungsraums konnte er in Abaelards analytischer Erkenntnismethode nur Lästerung und Selbstüberhebung eines die menschliche Einsicht absolut setzenden Ketzers sehen. Abaelard nahm im Gegenzug Bernhard als bösartigen Vertreter einer Riege frommer Reflexionsverweigerer und erkenntnisunwilliger traditionalistischer Dunkelmänner wahr. Den Gegensatz von philosophischer Logik und Glaubenserkennen ließ er nicht gelten; vielmehr nahm er für sich in Anspruch, als Philosoph Christ und als Christ Philosoph sein zu können:

»Die Logik hat mich der Welt verhaßt gemacht. Die Erzverdreher, deren Weisheit im Verderben besteht, verkünden der Welt, ich rage in der Logik hervor, aber im Paulus hinke ich stark. Sie rühmen damit meinen Scharfsinn, aber sie wollen die Reinheit meines Christenglaubens nicht anerkennen. Dabei werden sie – so scheint es mir – vom Vorurteil zum Urteil geführt und lassen sich nicht durch eigene Prüfung belehren. Ich will nicht Philosoph

177 Bernhard von Clairvaux an Kardinal Haimerich, 1140: *Ü* Ders., Sämtliche Werke lat./dt., hg. von *Gerhard B. Winkler*, Bd. 3, Innsbruck 1992, 581/583.

sein, indem ich mich gegen Paulus verhärte. Und ich will nicht Aristoteles sein, indem ich mich von Christus scheide.«[178]

Im personalisierten Konflikt der theologischen Typen des 12. Jahrhunderts geriet aus dem Blick, daß sowohl Bernhard als auch Abaelard auf ihren unterschiedlichen Wegen die Wahrheit des Glaubens denkerisch verantworten und ihren Zeitgenossen verstehbar vermitteln wollten.

Abaelards gegen seine Verurteilung in Sens gerichtete Appellation nach Rom blieb erfolglos, weil es Bernhard gelang, die päpstliche Bestätigung des Ketzerurteils und Abaelards Exkommunikation zu erreichen, noch bevor dieser in Rom gehört werden konnte. Dabei spielte eine Rolle, daß ein prominenter Schüler Abaelards, nämlich Arnold von Brescia, zur gleichen Zeit als Gegner des Papsttums in Erscheinung trat (s.o. III.1.a). Abaelard fand schließlich den Schutz des Abtes Petrus Venerabilis († 1156) von Cluny, der eine Aussöhnung mit Bernhard und die Aufhebung des päpstlichen Bannes erreichte. Nicht lange danach starb Abaelard, und Petrus Venerabilis würdigte ihn in seiner Grabinschrift als einen Philosophen, der in der monastischen Lebensform zur wahren Philosophie Christi gefunden habe:

»Sokrates der Franzosen, größter Plato des Abendlandes, unser Aristoteles, allen Logikern ebenbürtig oder überlegen, als Fürst der Studien weltbekannt, an Begabung vielseitig, tiefgründig und scharfsinnig, alles überragend durch die Kraft seines Verstandes und die Kunst seiner Rede: das war Abaelard. Doch noch weit mehr hat er alles überwunden, als er das Leben eines Mönchs von Cluny gelobte und so zur wahren Philosophie Christi fand«.[179]

So sehr auch der Abt von Cluny die monastische Erfahrungsweisheit der philosophisch-scholastischen Bildung überordnete, deutet seine Würdigung doch an, daß Bernhard mit seinem persönlichen Triumph über Abaelard nicht das letzte Wort behielt. Die Theologiegeschichte des 12. und 13. Jahrhunderts wurde vielmehr zum Siegeszug der

178 Petrus Abaelard, Brief Nr. 17 = Glaubensbekenntnis an Héloïse: *Ü* Ders., Die Leidensgeschichte und der Briefwechsel mit Heloisa, hg. von *Eberhard Brost*, Heidelberg [4]1979, Tb.-Ausg. München 1987, 401.

179 Petrus Venerabilis, In epitaphio Petri Abaelardi: PL 189, 1022–1024.

scholastischen Methode, und es setzte sich die Tendenz durch, die Schulwissenschaft in den Dienst der kirchlichen Lehre und Frömmigkeit zu nehmen – und sie so zugleich in gewisser Weise mit der monastischen Theologie zu versöhnen. Diese Entwicklung zeichnete sich noch zu Lebzeiten Bernhards ab, dem es 1147/48 im Zuge einer Neuauflage der Auseinandersetzung um den Einsatz der philosophischen Dialektik zur Begründung der trinitarischen und christologischen Lehrbestände nicht mehr gelang, eine kirchliche Verurteilung seines Gegners Gilbert Porreta († 1154), Lehrer in Paris und seit 1142 Bischof von Poitiers, zu erreichen.

c. Die Durchsetzung einer gemäßigten Frühscholastik

Die Tendenz zur behutsamen Harmonisierung des Gegensatzes von monastischer und scholastischer Theologie zeigte sich zuerst bei den theologischen Lehrern des Chorherrenstifts St. Viktor in Paris. Sie standen als Regularkanoniker zwischen Kloster und Welt und verbanden insofern die Reflexion religiöser Erfahrung schon in ihrer eigenen Lebensform mit der Öffnung für ein das Ganze der Weltwirklichkeit umschließendes Erkennen. Hugo von St. Viktor († 1141), der bedeutendste Theologe der Schule, ordnete in seinem »Studienbuch« (Didascalicon de studio legendi), einem umfassenden Studienführer, der philosophischen Grundlagenerkenntnis sowohl eine anspruchsvolle Zielvorgabe wie eine überraschende Breite an Erkenntnisgegenständen zu:

»Philosophie ist die Wissenschaft, welche die Prinzipien aller menschlichen und göttlichen Dinge umfassend erforscht.«[180]

»Die Philosophie wird eingeteilt in Theorik, Praktik, Mechanik und Logik. Diese vier enthalten alles Wissen. Theorik bedeutet spekulative, Praktik aktive Wissenschaft. Letztere wird mit anderem Namen auch ethische, das heißt moralische Wissenschaft genannt, und zwar deshalb, weil Moralität in guten Taten besteht. Mechanik bedeutet unechte Wissenschaft, weil sie sich mit menschlichen Werken beschäftigt; Logik heißt Wort-Wissenschaft, weil sie

180 Hugo von St. Viktor, Didascalicon I,4: *Ü* FC 27, 127.

von Wörtern handelt. Die Theorik wird eingeteilt in Theologie, Mathematik und Physik.«[181]

Zur »Mechanik« als der Wissenschaft vom menschlichen Tun gehören nach Hugo von St. Viktor neben der Medizin auch die Tuchherstellung, die Waffenschmiedekunst, die Handelsschiffahrt, die Landwirtschaft, die Jagd und das Theater. Das methodische Band der verschiedenen Wissensgebiete bildet für Hugo die Logik, d.h. die Einsicht in Wesen und Gehalt von Wörtern und Begriffen und die Kunst des vernunftgeleiteten Argumentierens. In allen Wissenschaften ist dabei das Erkennen auf das religiöse Ziel der Annäherung an Gott bezogen:

»Dies aber ist, womit alle Wissenschaften sich beschäftigen, und dies ist, was sie anstreben: daß die göttliche Ähnlichkeit in uns wiederhergestellt werde, die Ähnlichkeit, die für uns eine Form, für Gott aber seine Natur ist. Je ähnlicher wir der göttlichen Natur werden, um so mehr Anteil haben wir an der Weisheit. Dann nämlich beginnt in uns wieder zu erstrahlen, was in Gottes Geist immer existiert hat, was in uns vergänglich ist, bei ihm aber unveränderlich fortbesteht.«[182]

Hugo von St. Viktor kombinierte scholastische und monastische – philosophisch-wissenschaftliche und religiös-erfahrungsbezogene – Erkenntnisbemühungen, vermied es aber, diese deutlich aufeinander zu beziehen. Eine Anwendung philosophischer Denkformen auf die Theologie sah sein Studienprogramm nicht vor. Die Theologie blieb als Auslegung der Heiligen Schrift ein im Kern religiöser Akt, mußte aber methodisch betrieben werden. Hugo wies die Studierenden darauf hin, daß ihr Studium nur eine untere Erkenntnisstufe erreicht und zur volleren Gotteserkenntnis, ja zur Vollkommenheit, Meditation, Gebet, frommes Handeln und Kontemplation hinzutreten müssen. Sein Ideal eines methodischen Studiums im Einklang mit der Lehrtradition grenzte er scharf ab gegen Abaelards Verständnis von Theologie, wie es sich ihm darstellte:

»Daher kommt es auch, daß heutzutage gewisse Kleinigkeitskrämer sich wichtig machen …, die alten Väter der Einfältigkeit beschuldigen und glauben, die Weisheit sei mit ihnen geboren und werde mit ihnen sterben. Sie

181 A.a.O. II,1: *Ü* a.a.O., 157/159.
182 Ebd.: *Ü* a.a.O., 155.

behaupten, ... jeder könne durchaus nur mit Hilfe seiner eigenen Geisteskraft zu den Geheimnissen der Wahrheit vordringen. Sie rümpfen die Nase und verziehen den Mund über die Lehrer der Theologie und sehen nicht ein, daß sie Gott beleidigen, wenn sie seine einfachen Worte zwar in brillanten Formulierungen verkünden, dabei aber ihre Bedeutung so verdrehen, daß sie ganz unsinnig werden. Es ist nicht mein Rat, solchen Leuten nachzueifern.«[183]

Auch in seinem dogmatischen Hauptwerk »Von den Heilszeichen des christlichen Glaubens« (De sacramentis christianae fidei) konzentrierte sich Hugo von St. Viktor auf die heilvolle Gottesbeziehung des Menschen. Bewegte er sich damit inhaltlich auf der Linie der monastischen Theologie, zeigte sich eine scholastische Tendenz in dem Bemühen um Systematisierung des Lehrbestandes. Hugo wählte ein heilsgeschichtliches Schema, das durch die Abfolge von Schöpfung und Erlösung in den drei Epochen der Natur, des Gesetzes und der Gnade strukturiert ist. Auf diese Weise versuchte er, einer weitergehenden, stärker an Begriffen und ihrer logischen Verknüpfung orientierten Systematik ein traditionsorientiertes Modell entgegenzusetzen.

Auch die philosophisch arbeitenden scholastischen Theologen vermieden in der zweiten Hälfte des 12. Jahrhunderts zunehmend die Provokation und begnügten sich weithin damit, die christliche Lehrtradition zu systematisieren, das Material zusammenzustellen und die Denkregeln zu verdeutlichen, die begründete theologische Entscheidungen ermöglichen sollten. In dieser Weise verfuhr Petrus Lombardus († 1160), Lehrer an der Pariser Kathedralschule, in seinen nach 1150 entstandenen »Vier Büchern der Sentenzen (= Lehrmeinungen)«. In der Anordnung des dogmatischen Stoffs folgte der Lombarde auf der Linie Hugos von St. Viktor einem heilsgeschichtlichen Aufriß von Schöpfung und Erlösung: Das erste Buch präsentiert die Fragen der Gotteslehre, einschließlich der Trinitätslehre; das zweite handelt von der Schöpfung und berücksichtigt auch Erbsündenlehre und Anthropologie; im dritten Buch folgen Christologie und christliche Ethik, im vierten schließlich die Lehre von den kirchlichen Sakramenten und die Eschatologie. Die scholastische Arbeitsweise brachte Petrus Lombardus durch die Zuordnung des Materials

183 A.a.O. III,13: *Ü* a.a.O., 257.

aus Bibel und theologischer Tradition – insbesondere aus den Schriften des Kirchenvaters Augustinus[184] – zu klaren begrifflichen Unterscheidungen und präzise umrissenen Problemstellungen in das heilsgeschichtliche Schema ein. In strittigen Fragen vermied er eine eigene Festlegung oder suchte nach vermittelnden Lösungen. Programmatisch bemerkte er im Vorwort zu den Sentenzenbüchern:

»Um ihnen [= den falschen Lehrern] … den Mund zu stopfen … und um das Licht der Wahrheit auf den Leuchter zu erheben, haben wir unter großer Last und Mühe mit Gottes Hilfe in diesem Band Belegstellen für die Wahrheit zusammengestellt, die immerwährenden Bestand haben, und sie in vier Bücher eingeteilt. Darin finden sich die Lehraussagen der Väter; zugleich haben wir durch das aufrichtige Bekenntnis zum christlichen Glauben die betrügerische Art der schlangengleichen [falschen] Lehre bloßgestellt. Wir haben das Ziel verfolgt, die Wahrheit aufzuweisen, haben nichts hinzugefügt, um uns vor verderblichen Meinungsäußerungen zu hüten, und haben bei gegensätzlichen Auffassungen [der Väter] äußerste Mäßigung walten lassen. Wenn irgendwo etwas von unserer eigenen Stimme zu vernehmen ist, überschreitet es die von den Vätern gezogenen Grenzen nicht.«[185]

Der Respekt vor der Tradition und der Verzicht auf theologische Originalität, deren sich der Lombarde befleißigte, beförderten entscheidend die Durchsetzung der scholastischen Methodik für eine den kirchlichen Bedürfnissen – z.B. nach plausibler Darstellung der kirchlichen Lehre gegenüber tatsächlichen oder vermeintlichen »Häretikern« (s.o. III.2) – entsprechende »moderne« Theologie. Die Denkformen und Intentionen der monastischen Theologie gingen fortan mehr und mehr in die scholastische Theologie ein, und an die Stelle eines prinzipiellen Unterschieds von theologischen Typen traten Differenzen innerhalb der insgesamt scholastisch betriebenen Theologie. Auch wenn die Schriftauslegung weiterhin die vornehmste Aufgabe theologischen Denkens darstellte, wurde sie nun im Schulbetrieb strukturiert und überlagert durch die Konzentration auf theologische Themen, durch die problemorientierte Methodik und durch das Streben nach einer plausiblen Systematisierung. Die Sentenzen des Petrus Lombardus wurden gerade infolge der positionel-

184 S. Zugänge 3 (s. Anm. 22), 113–148.

185 Petrus Lombardus, Sententiae in IV libris distinctae, Prolog: Bd. I/2, Grottaferrata 1971, 4.

len Zurückhaltung des Autors und der Offenheit für die weitere Arbeit an theologischen Problemstellungen zum maßgeblichen Lehrbuch der Theologie bis zum Ende des Mittelalters. Schon bald nach dem Tode des Lombarden wurden sie eifrig kopiert und glossiert; im 13. Jahrhundert wurde die Kommentierung der Sentenzen zur Standardlehrveranstaltung an den theologischen Fakultäten (s.u. IV.2), und das Ganze der Theologie wurde immer wieder in Sentenzenkommentaren dargestellt.

d. Visionäre Ausformungen der monastischen Theologie

Der monastischen Theologie eröffneten sich besondere Entfaltungsmöglichkeiten, wenn sie sich an einer markant ausgeprägten religiösen Erfahrung orientieren konnte und sich so die heilsgeschichtlich strukturierte Schriftauslegung zu einer »visionären« Gesamtsicht formte. Zwei herausragende – in ihrer Eigenart ganz unterschiedliche – Beispiele einer solchen visionär gesteigerten monastischen Theologie stellen die theologischen Entwürfe Hildegards von Bingen und Joachims von Fiore dar.

Hildegard von Bingen (1098–1179) lebte seit ihrem achten Lebensjahr in einer strengen monastischen Frauengemeinschaft auf dem Disibodenberg bei Kreuznach, deren Leiterin sie 1136 wurde, ehe sie 1151 das von ihr neu gegründete Kloster Rupertsberg bei Bingen bezog. Von klein auf machte sie die Erfahrung einer geistlichen, aber nicht ekstatischen Schau des »lebendigen Lichts«, deren Bilder sie ab 1141 aufschrieb und theologisch deutete. Die Eigenart ihrer Visionen und den Beweggrund zu ihrer Aufzeichnung beleuchtet Hildegards Vorrede zu ihrem ersten großen theologischen Werk »Wisse die Wege« (Scivias):

»Und es geschah im 43. Jahr meines irdischen Lebenslaufs: Voller Furcht und zitternd vor gespannter Aufmerksamkeit blickte ich gebannt auf ein himmlisches Gesicht. Da sah ich plötzlich einen überhellen Glanz, aus dem mir eine Stimme vom Himmel zurief: ›Du hinfälliger Mensch, … sage und schreibe nieder, was du siehst und hörst. Doch weil du furchtsam bist zum Reden, einfältig zum Auslegen, und ungelehrt zum Schreiben, rede und schreibe darüber nicht nach Menschenart …, sondern so, wie du es in himmlischen Wirklichkeiten in den Wundertaten Gottes siehst und hörst.‹ … Und plötzlich erhielt ich das Verständnis zur Auslegung der Schriften, nämlich des Psalters, der Evangelien und der übrigen katholischen Bücher des Alten und Neuen Testaments. Doch erhielt ich keine Kenntnis vom wörtlichen Sinn ihrer Texte, noch über die Silbentrennung, die grammatischen Fälle und die Zeiten. Die Kraft und die geheimnisvolle Bedeutung der wunderbaren Visionen aber erfuhr ich auf eine wunderbare Weise seit meiner Kindheit, d.h. vom fünften Lebensjahr an, so wie auch heute noch. … Bis zu der Zeit, da Gott es durch seine Gnade kundtun wollte, begrub ich alles in tiefem Schweigen. Die Visionen aber, die ich sah, empfing ich nicht in Träumen, nicht im Schlaf oder in Geistesverwirrung, nicht durch die leiblichen Augen oder die Ohren des äußeren Menschen, auch nicht an abgelegenen Orten, sondern ich erhielt sie nach Gottes Willen in wachem Zustand, bei klarem Verstand, durch die Augen und Ohren des inneren Menschen, an zugänglichen Orten. Wie das geschieht, kann der fleischliche Mensch schwer begreifen.«[186]

Hildegards Visionen nehmen die Themen der Dogmatik und der Heilsgeschichte auf; in der »Scivias« bewegt sie sich von der Schöpfung bis zu den letzten Dingen, wobei sie der genauen Beschreibung der – auch bildlich festgehaltenen – Visionen Auslegungen und Anwendungen mit einer Fülle biblischer Verweise folgen läßt. Gottheit und menschliche Existenz, die Einheit von Mensch und geschöpflicher Welt, die Gegenwart des Heils in der Kirche und ihren Sakramenten verschmelzen in Hildegards visionärer Denkform zu einer in sich bewegten Einheit, innerhalb derer alle Einzelphänomene aufeinander verweisen und als Symbole Bedeutung gewinnen. Ihre Schau des trinitarischen göttlichen Lebens schilderte Hildegard folgendermaßen:

»Dann sah ich ein überhelles Licht und darin eine saphirfarbene Menschengestalt, die völlig von einem überaus sanften rötlichen Feuer durchglüht war. Und das helle Licht überstrahlte das ganze rötliche Feuer und das rötliche Feuer das ganze helle Licht und das helle Licht und das rötliche Feuer die ganze Menschengestalt, so daß sie ein einziges Licht in derselben Stärke und Leuchtkraft bildeten. Und wieder hörte ich das lebendige Licht zu mir sprechen: So zeigt sich das Gespür für die Geheimnisse Gottes: klar zu erkennen und zu verstehen, was diese Fülle darstellt, deren Ursprung man nie gesehen hat, und der nichts mangelt an einer höchst wirksamen Energie, der alles ent-

---

186 Hildegard von Bingen, Scivias, Vorrede: *Ü* hg. von *Walburga Storch*, Freiburg u.a. ²1996, 5f.

springt, was den Geistesmächtigen entströmt. Denn wenn der Herr keine eigene Lebenskraft besäße, wie wäre es dann um sein Werk bestellt? Es wäre offenbar vergeblich. Deshalb erkennt man am vollendeten Werk, wer sein Urheber ist.«[187]

Nachdem Papst Eugen III. Hildegard, auch auf die Fürsprache Bernhards von Clairvaux hin, 1148 als »Seherin« anerkannt hatte, wurde sie als »deutsche Prophetin« berühmt. Sie unternahm mehrere ausgedehnte Reisen und predigte dabei vor Laien und Klerikern – während sonst im 12. Jahrhundert die Predigt von Frauen zu den Kennzeichen der »häretischen« religiösen Bewegungen zählte. Dabei sparte sie nicht mit Kritik an Klerus und weltlichen Herrschern und rief zur Buße und zur Erneuerung der kirchlichen Frömmigkeit und der gesellschaftlichen Moral auf. Neben weiteren visionären theologischen Werken verfaßte sie Schriften zur Naturkunde und zur Naturmedizin. Alle ihre Werke sind von der Erfahrung einer kosmischen Zusammengehörigkeit der ganzen Schöpfung bestimmt und zielen auf eine umfassende Harmonie von Gott, Mensch und Natur. In ihrem letzten theologischen Werk, dem »Buch von den göttlichen Werken« faßte Hildegard diese theologische Gesamtsicht alles Wirklichen in das Bild des Menschen im Weltenrad:

»Alsdann erschien … ein Rad von wunderbarem Aussehen. … Inmitten dieses Riesenrades erschien die Gestalt eines Menschen. … Abermals hörte ich eine Stimme vom Himmel, die also zu mir sprach: Gott hat zum Ruhme seines Namens die Welt aus ihren Elementen zusammengesetzt. … Auf dieser Welt hat er den Menschen mit allem umgeben und gestärkt und hat ihn mit gar großer Kraft rundum durchströmt, damit ihm die ganze Schöpfung in allen Dingen beistünde. Die ganze Natur sollte dem Menschen zur Verfügung stehen, auf daß er mit ihr wirke, weil ja der Mensch ohne sie weder leben noch bestehen kann. Das wird dir in dieser Schau gezeigt. … Denn die Gestalt der Welt existiert unvergänglich im Wissen der wahren Liebe, die Gott ist: unaufhörlich kreisend, wunderbar für die menschliche Natur und so, daß sie von keinem Alter aufgezehrt, aber auch nicht durch Neues vermehrt werden könnte, vielmehr so bleibt, wie Gott sie geschaffen hat, dauerhaft bis an das Ende der Zeit. … Mitten im Weltenbau steht der Mensch. … An Statur ist er zwar klein, an Kraft seiner Seele jedoch gewaltig. … Wie nämlich der Leib des Menschen das Herz an Größe übertrifft, so sind auch die Kräfte der Seele gewaltiger als die des Körpers, und wie das Herz des Menschen im Körper

187 A.a.O. II,2: *Ü* a.a.O., 118 und 120f.

verborgen ruht, so ist auch der Körper von den Kräften der Seele umgeben, da diese sich über den gesamten Erdkreis hin erstrecken. So hat der gläubige Mensch sein Dasein im Wissen aus Gott und strebt in seinen geistlichen wie weltlichen Bedürfnissen zu Gott. … Denn wie der Mensch mit den leiblichen Augen allenthalben die Geschöpfe sieht, so schaut er im Glauben überall den Herrn und nimmt ihn durch die Geschöpfe wahr, indem er erkennt, daß er ihr Schöpfer ist.«[188]

In ganz anderer Weise gelangte die monastische Theologie zu einer die Weltzeiten umspannenden Gesamtsicht bei dem süditalienischen Mönch Joachim von Fiore († 1202), der zunächst als Zisterzienser lebte, ehe er um 1189 eine eigene kontemplative Gemeinschaft gründete. Er entfaltete seine Theologie als großangelegte Sicht der Heilsgeschichte mit besonderem Augenmerk auf die nach seinem Verständnis biblischer Aussagen nahe bevorstehende, grundlegende apokalyptische Veränderung des Weltgeschehens. Nicht visionäre Erlebnisse standen am Anfang seines Denkweges, sondern die methodische Schriftauslegung im monastischen Kontext, in deren Verlauf es zu mehreren religiös-intellektuellen Erkenntnisdurchbrüchen kam, die ihm den »Geist der Einsicht« vermittelten, auf den er sich fortan berief. In exegetischen Schriften, insbesondere in dem um 1191 fertiggestellten »Buch der Übereinstimmung von Neuem und Altem Testament« (Liber concordiae Novi ac Veteris Testamenti) und der einige Jahre später entstandenen Auslegung der Johannesoffenbarung, arbeitete er seine Grunderkenntnisse zu einer eigenen geschichtstheologischen Vision aus. Joachim verband traditionelle heilsgeschichtliche Schemata mit einem auf die Geschichte bezogenen Streben nach Ganzheit und theologischer Systematik, indem er den Geschichtsverlauf aus der Trinitätstheologie ableitete und trinitarisch strukturierte:

»Weil aber der Vater einer ist, aus dem der Sohn und der Heilige Geist hervorgehen, weil es ein Geist ist, der gleichzeitig aus dem Vater und dem Sohn hervorgeht, weil es zwei sind, die aus dem einen Geist hervorgehen, darum wird der erste Weltzustand richtigerweise dem Vater zugeschrieben, der dritte dem Heiligen Geist, der zweite aber dem Sohn und dem Heiligen Geist gemeinsam. Das sage ich aber nicht, als solle man – was fern sei von den Herzen

188 Hildegard von Bingen, Liber divinorum operum I,2: *Ü* Dies., Welt und Mensch, hg. von *Heinrich Schipperges*, Salzburg 1965, 35, 37 und 44f.

der Gläubigen! – glauben, ihre Herrschaft sei geteilt oder das Wirken einer Person könne von der Herrschaft oder dem Wirken der beiden anderen getrennt werden; vielmehr muß dies offensichtlich entsprechend der Eigenart des Heilsgeheimnisses angenommen werden.«[189]

Die Personen der Trinität gewinnen im Verlauf der Heilsgeschichte eine eigene dynamische Potenz, mit der sie deren sich überlappende Abschnitte in unterschiedlicher Weise bestimmen: Die Weltzeit des Vaters reicht nach Joachim von der Schöpfung zur Menschwerdung Christi, die Epoche des Sohnes von der Zeit des judäischen Königs Asarja (8. Jh. v. Chr.) bis in die nahe Zukunft des 13. Jahrhunderts, die Zeit des Heiligen Geistes hat mit dem Propheten Elisa (2. Hälfte 9. Jh. v. Chr.; vgl. 1Kön 19,19–21; 2Kön 2–9 und 13) bzw. mit dem Mönchsvater Benedikt von Nursia († Mitte 6. Jh. n. Chr.) eingesetzt und wird in Bälde im siegreichen Kampf der Glaubenden gegen den Antichrist zum Durchbruch gelangen. Joachim glaubte, Altes und Neues Testament so aufeinander beziehen zu können, daß sich in Verbindung mit den Visionen der Johannesapokalypse eine aufsteigende heilsgeschichtliche Linie auch in die Zukunft ausziehen ließe:

»Die Geheimnisse der Heiligen Schrift verweisen uns auf drei Weltzustände … : auf den ersten, in dem wir unter dem Gesetz leben; auf den zweiten, in dem wir unter der Gnade leben; auf den dritten, den wir schon ganz nahe erwarten und in dem wir unter einer noch reicheren Gnade leben werden … . Der erste Weltzustand besteht also im Wissen, der zweite in der Teilhabe an der Weisheit, der dritte in der Vollkommenheit der Erkenntnis. Der erste Weltzustand besteht in sklavischer Knechtschaft, der zweite in kindlicher Knechtschaft, der dritte in Freiheit; der erste in Züchtigungen, der zweite in Tätigkeit; der dritte in Kontemplation; der erste in der Furcht, der zweite im Glauben, der dritte in der Liebe.«[190]

Joachims Interesse konzentrierte sich auf die eigene Gegenwart als Übergangsperiode zu einer neuen heilsgeschichtlichen Epoche. Anders als die traditionelle Kirchenlehre erwartete er mit der Zeit des Heiligen Geistes noch eine – zeitlich freilich möglicherweise nur kurz bemessene – innergeschichtliche Steigerung, die dem Jüngsten

---

189 Joachim von Fiore, Liber concordiae II/1,8: hg. von *Emmett Randolph Daniel*, Philadelphia 1983, 75f.

190 Joachim von Fiore, Liber concordiae V,84: *Ü* KTGQ 2^5, 137.

Tag vorangehen sollte, vertrat also eine im weiteren Sinne »chiliastische« Sicht der Endereignisse.

Der heilsgeschichtlichen Intensivierung der göttlichen Zuwendung zur Welt entspricht nach Joachim von Fiore auf der Seite des Menschen eine Vergeistlichung der bestimmenden Lebensformen im Gottesvolk: Das Zeitalter des Vaters war bestimmt durch die Eheleute, das des Sohnes durch den zölibatären Klerus, die neue Epoche des Geistes sah Joachim bezeichnet durch das kontemplative Mönchtum. Angesichts des Selbstverständnisses der Kleruskirche als Heilsinstitution bis zum Weltende barg diese Anschauung einer heilsgeschichtlichen Vorwärtsbewegung erheblichen kirchenkritischen Zündstoff. Immerhin konnte Joachim die von ihm prognostizierte Wandlung der hierarchisch verfaßten Kirche zur Geistkirche in der Ablösung der Synagoge durch die Kirche vorgezeichnet sehen:

»Wie das gläubige Volk, das sich aufmachte aus der Synagoge und hinüberging durch die Lehre und das Wort Christi, aufgenommen wurde in den Schoß der Mutter Kirche, die in Rom gegründet ist, so werden nun auch die Liebhaber Christi hinübergehen durch die geistliche Lehre, um dereinst aufgenommen zu werden im Schoß der geistlichen Kirche«.[191]

Zu Joachims Lebzeiten taten diese Lehreigentümlichkeiten der Hochschätzung des wegen seiner vorbildlichen Askese und seiner »prophetischen« Lehre gerühmten Mönchs keinen Abbruch. Ihre Brisanz zeigte sich in der Mitte des 13. Jahrhunderts, als radikale Teile der Bettelordensbewegung (s.o. III.2), die sogenannten »Spiritualen« im Franziskanerorden, sie aufnahmen, vergröberten und aggressiv gegen die in ihren Augen verweltlichte und verkommene Papstkirche wandten. Dieser »Joachitismus«, die Rezeption der geschichtstheologischen Vision Joachims von Fiore im Sinne einer das Christus-Evangelium und die kirchliche Heilsvermittlung überbietenden Geist-Offenbarung, wurde 1255 durch eine päpstliche Theologenkommission verurteilt.

---

191 Joachim von Fiore, Liber concordiae IV,37: hg. von *Emmett Randolph Daniel*, Philadelphia 1983, 413f.

2. Die scholastische Theologie in der Universität

Die Blüte der scholastischen Theologie in der »Hochscholastik« des 13. und beginnenden 14. Jahrhunderts war das Ergebnis äußerer und innerer wissenschaftsorganisatorischer Entwicklungen. In den Universitäten wurde die Gesamtheit des Wissens in neuer Weise institutionalisiert, und die Bildungsgänge wurden durch die Aufnahme der aristotelischen Philosophie standardisiert. In diesem Zusammenhang entstand auch ein neues Selbstverständnis der Theologie als einer Wissenschaft, die ihre eigenen methodischen Denkwege ausbildete und sich in Schulrichtungen differenzierte.

a. Universitäten und Schultraditionen

Universitäten entstanden zuerst um 1200 als freie Zusammenschlüsse der Lehrer bzw. der Studenten bestehender Schulen zu Personenverbänden, die in der Folge mit kirchlichen und weltlichen Privilegien ausgestattet wurden und eine gewisse rechtliche Autonomie erhielten. Die inneren Strukturen wurden seit 1215 (Paris) durch Statuten geregelt. Die ersten Universitäten entstanden in Bologna aus den dortigen Rechtsschulen und in Paris aus dem philosophisch-theologischen Lehrbetrieb, als dritte Universität folgte wenig später Oxford. Weitere Universitäten entstanden im Laufe des 13. Jahrhunderts in Süd- und Westeuropa (u.a. Cambridge 1209, Salamanca 1218/19, Padua 1222, Toulouse 1229). Erst seit der Mitte des 14. Jahrhunderts, als kirchliche und weltliche Gründungsakte an die Stelle der freien Zusammenschlüsse traten, wurden auch in Mitteleuropa Universitäten gegründet (im 14. Jahrhundert Prag 1347, Krakau 1364, Wien 1365, Heidelberg 1386, Köln 1388, Erfurt 1392).

Die Universitäten gliederten sich in bis zu vier Fakultäten. Die gemeinsame Basis aller Studien bildete die »artistische« (= philosophische) Fakultät, in der die sieben »freien Künste« (artes liberales) gelehrt wurden. Diese wiederum zerfielen in den meist bevorzugt betriebenen sprachlich-logischen Bereich (»Trivium«: Grammatik, Dialektik, Rhetorik) und in die mathematischen Disziplinen (»Quadrivium«: Arithmetik, Geometrie, Astronomie, Musik). Auf den dort vermittelten Grundlagen bauten die »oberen Fakultäten« der Theologie, der Jurisprudenz und der Medizin auf, die nicht alle an jeder Universität vertreten waren. Die erste »Volluniversität« mit allen vier Fakultäten (die juristische seit 1219 auf das kirchliche Recht beschränkt) war Paris. Bis in die Mitte des 14. Jahrhunderts gab es nur dort sowie in Oxford und Cambridge theologische Fakultäten.

In allen Disziplinen organisierten die Universitäten ein Studium, das an der Rezeption autoritativ vorgegebener Textbestände (in der Theologie die Bibel, spätestens seit dem zweiten Drittel des 13. Jahrhunderts die Sentenzen des Petrus Lombardus als moderne Zusammenstellung von Lehrautoritäten) und an der methodischen Erörterung der mit den Texten gegebenen Probleme orientiert war. Diesem Ziel dienten Vorlesungen und Disputationen. Die methodische Erörterung von Problemen nahm in allen Wissenschaften die Gestalt der »Quaestio« an: Dabei folgten auf eine möglichst präzise Problemformulierung die Argumente pro und contra. In einem weiteren Schritt wurde durch Einsatz der Logik eine Lösung gefunden, und abschließend wurden die Gegengründe mit Argumenten zurückgewiesen. Die Quaestio strukturierte als Grundform auch die wissenschaftliche Literatur in ihren verschiedenen Gattungen, in der Theologie sowohl in den Kommentaren zur Bibel und zu den Sentenzen des Petrus Lombardus als auch in Schriften zu Einzelfragen und in den aus ihnen zusammengestellten, systematisch angelegten »Summen«. Diejenigen Studierenden, die sich Universitätsprüfungen unterzogen und so akademische Grade erwarben, wurden schrittweise an der Lehre in der Universität beteiligt. In allen Fakultäten berechtigte der Grad des Bakkalars (baccalarius bzw. baccalaureus) zu einer propädeutischen Lehrtätigkeit, der Grad des Magisters bzw. Doktors zu selbständiger Lehre; dieser verschaffte also, wenn die Lehrtätigkeit kontinuierlich ausgeübt wurde, die Stellung eines Professors. Da das Studium an einer der oberen Fakultäten in der Regel den Abschluß des philosophischen Grundstudiums voraussetzte, unterrichteten deren Studenten zum Großteil an der artistischen Fakultät und gehörten damit bereits zum Lehrkörper ihrer Universität. Die Studiengänge dauerten lange: Für den Magister der Artistenfakultät waren vier bis fünf Jahre zu veranschlagen, für ein zum Doktorat führendes Theologiestudium bis zu 15 Jahre! Allerdings strebte nur eine Minderheit der Studenten eine Graduierung an. Das Universitätsstudium war nicht als Ausbildung zu einer Berufstätigkeit konzipiert, und den meisten Studenten genügte für ihre weitere Karriere der ein- bis zweijährige bloße Besuch der Universität, andere begnügten sich mit dem untersten Grad eines Bakkalars der freien Künste. Nur 10 bis 20 Prozent der Studenten erwarben den Grad eines Magister Artium und damit die Zugangsberechtigung zu den oberen Fakultäten, die nur ein weitaus geringerer Prozentsatz tatsächlich wahrnahm, geschweige denn mit einem weiteren Abschluß krönte.

Die mit den Universitäten gegebene Chance zu einer die zeitgenössischen geistigen Möglichkeiten ausschöpfenden und erweiternden methodischen Bildung wurde schon bald von den ebenfalls gerade entstandenen Bettelorden (s.o. III.2) wahrgenommen. Ursprünglich hatten sie, insbesondere die Franziskaner, dem akademischen Milieu ferngestanden, waren aber unter Studenten und Lehrenden auf erhebliche Resonanz gestoßen. In der Folge verbanden sie rasch ihre eigene Modernität mit der modernen Wissenschaftsinstitution und untermauerten so die Erneuerung christlicher Frömmigkeit durch den Einsatz für eine höchsten Ansprüchen genügende theologische Lehre. In Paris, wo die Dominikaner schon 1229 einen ersten Lehrstuhl innehatten und die Franziskaner seit 1236 an der Universität vertreten waren, konnten die Bettelorden in der zweiten Jahrhunderthälfte ihre Stellung gegen erhebliche Widerstände aus dem Weltklerus (sog. Mendikantenstreit) behaupten und mit päpstlicher Unterstützung ausbauen.

Die beiden großen Bettelorden wurden auch zum Ansatzpunkt für philosophisch-theologische Schulrichtungen. Die philosophischen und theologischen Positionen der Dominikaner wurden geprägt durch die universale Gelehrsamkeit des Albertus Magnus († 1280), der an der Pariser Universität und am Ordensstudium in Köln wirkte. Seine auf ein Höchstmaß an Vernünftigkeit bedachte Theologie wurde von seinem bedeutendsten Schüler, dem Pariser Universitätslehrer Thomas von Aquin († 1274), in glänzender und nachhaltig wirksamer Weise systematisiert, insbesondere in seinen beiden »Summen« (Summa contra gentiles/Summe gegen die Heiden, um 1264; Summa theologiae/Summe der Theologie, nach 1265 begonnen, unvollendet). Die in Paris von Alexander von Hales († 1245) begründete Franziskanerschule blieb stärker einer heilsgeschichtlichen Orientierung der Theologie verpflichtet und pflegte die Nähe von theologischer Lehre und religiösem Affekt. Mit dieser Tendenz, die besonders in den Werken ihres bedeutendsten Theologen Bonaventura († 1274) ihren Niederschlag fand, integrierten die Franziskaner Momente der monastischen Theologie in die neue Schulwissenschaft. Die Differenz der dominikanischen und der franziskanischen Schultradition, gekennzeichnet durch die Hochschätzung der vernünftig-gesetzmäßigen Ordnung von Gott und Welt einerseits bzw. durch die Betonung der Kontingenz göttlicher und menschlicher Willensakte andererseits, wurde von dem Franziskaner Johannes Duns Scotus († 1308) in Auseinandersetzung mit der Theologie des Thomas von Aquin vertieft und in philosophischer Begrifflichkeit präzisiert.

Im Fortgang des 14. Jahrhunderts wurde der von der Ordenszugehörigkeit bestimmte Gegensatz der Schultraditionen überlagert durch die Erneuerung des Universalienstreits zwischen Realisten und Nominalisten (s.o. I.5.b), nachdem der englische Franziskaner Wilhelm von Ockham († 1347) den heilsgeschichtlichen Offenbarungspositivismus mit dem philosophischen Nominalismus verbunden hatte. Nominalistische Anschauungen vertraten im Spätmittelalter u.a. auch der Dominikaner Robert Holcot († 1349), der Augustiner-Eremit Gregor von Rimini († 1358) und der zur Verbindung von Theologie und Frömmigkeit zurücklenkende Pariser Universitätskanzler Johannes Gerson († 1429), sowie der Tübinger Universitätstheologe Gabriel Biel († 1495), der in seinem unvollendet gebliebenen Sentenzenkommentar die Gedanken Wilhelms von Ockham lehrbuchartig zusammenfaßte. Im philosophischen, auf die Theologie ausstrahlenden Universitätsbetrieb etablierte sich der Nominalismus im 14. und 15. Jahrhundert als »via moderna« in Konkurrenz zur »via antiqua« des an Thomas von Aquin oder an Johannes Duns Scotus orientierten philosophischen Realismus. Über den Gegensatz von Schultraditionen hinausweisende philosophische und theologische Neuansätze gingen von den nationalkirchlichen und kirchenreformerischen Bewegungen des späten Mittelalters aus (s.u. V.2) oder revolutionierten wie Humanismus und Renaissance (s.u. V.3.b) das kirchlich gebundene scholastische Bildungsideal von Grund auf.

Für die Breitenwirkung der scholastischen Theologie über ihren universitären Entstehungszusammenhang hinaus sorgten Kurzdarstellungen der christlichen Dogmatik und Ethik, die vor allem in der nicht-akademischen Bildung des Pfarrklerus zum Einsatz kamen. Massenhaft verbreitet war insbesondere die »Kurze Darstellung der theologischen Wahrheit« (Compendium theologicae veritatis) des Dominikaners Hugo Ripelin von Straßburg († 1268), die auch in zahlreiche europäische Volkssprachen übersetzt wurde.

b. Die Aristoteles-Rezeption

Die Theologie der Hochscholastik erhielt ihre Prägung durch die institutionelle Verflechtung von Philosophie und Theologie an den Universitäten: Die methodische Bildung war nicht länger eine Sache der individuellen Gewichtung durch den einzelnen Lehrer, sondern Voraussetzung allen theologischen Lehrens und Lernens. Damit gewannen die Entscheidungen über die Inhalte des philosophischen Grundstudiums auch unmittelbare Relevanz für die Theologie.

Für die innere Einheit der universitären Wissenschaft sorgte die Rezeption der aristotelischen Philosophie, die sich infolge ihrer pragmatischen Orientierung an den Phänomenen und ihrer systematischen Leistungsfähigkeit mit verschiedenen Erkenntnisinteressen verbinden ließ. Im Laufe des 12. Jahrhunderts waren – nicht zuletzt aufgrund von Kulturbegegnungen im Zusammenhang mit den Kreuzzügen – zahlreiche Aristotelesschriften aus dem Griechischen oder Arabischen neu ins Lateinische übersetzt worden, weitere Texte zur Metaphysik, zur Naturphilosophie und zur Ethik wurden im 13. Jahrhundert erschlossen. Zugleich wurden arabische Aristoteleskommentare studiert, darunter die des Averroës († 1198), die den Aristotelismus mit Elementen der platonischen Philosophie zu verbinden suchten und damit den Interessen der traditionell platonisch geprägten christlichen Philosophie und Theologie entgegenkamen. Die Orientierung an der aristotelischen Philosophie war Ausweis von Modernität und bot die günstigsten Möglichkeiten, das Ganze des Wissens gleichmäßig zu strukturieren und Zweifelsfragen methodisch zu diskutieren und zu entscheiden. Nicht nur für die Philosophie, sondern auch für die auf ihr aufbauenden Wissenschaften waren mit der Aristoteles-Rezeption eine standardisierte Terminologie und gemeinsame Kategorien für die Problemlösung gegeben, z.B. das Vier-Ursachen-Schema von materialer und formaler Ursache, Wirk- und Zielursache (causa materialis, formalis, efficiens und finalis). Infolge ihrer vielseitigen Anwendbarkeit setzte sich die aristotelische

Philosophie im 13. Jahrhundert – trotz mancher Skepsis vor allem unter den franziskanischen Theologen – rasch durch. In Paris wurde 1255 die Orientierung des Unterrichts der artistischen Fakultät an allen bekannten Werken des Aristoteles festgeschrieben, und allgemein wurde Aristoteles einfach als »der Philosoph« zitiert. Die Übernahme seiner philosophischen Methodik für die Theologie beförderte die Systembildung in der kirchlichen Lehre als geistiges Pendant zum Rechtssystem der hochmittelalterlichen Papstkirche.

Auch Konflikte einer radikalen philosophischen Aristoteles-Rezeption mit der Kirchenlehre konnten den philosophischen und theologischen Siegeszug des Aristotelismus nicht entscheidend bremsen. Solche Konflikte ergaben sich aus der Aufnahme der Ethik, der Metaphysik und der Naturphilosophie, die im System der sieben freien Künste eigentlich nicht enthalten waren, in das Lehrprogramm der artistischen Fakultäten. Insbesondere die aristotelische Naturphilosophie bereitete Probleme, da sie die Ewigkeit der Welt behauptete und damit der christlichen Schöpfungslehre widersprach. Schon 1210 untersagte eine Synode in Sens der Pariser Universität den Lehrvortrag der Naturphilosophie des Aristoteles wegen möglicher häretischer Schlußfolgerungen. Dieses Verbot wurde 1215 in die ersten Statuten der Universität aufgenommen, blieb aber wirkungslos. 1228 appellierte Gregor IX. an die Pariser Universitätslehrer, insbesondere an die Theologen:

»Wir sind fürwahr von Schmerz im Herzen innerlich berührt, … daß … einige bei euch … eifrig damit beschäftigt sind, ›die von den Vätern aufgestellten Grenzsteine‹ [vgl. Spr 22,28] durch gottlose Neuerung zu verrücken; denn sie biegen das Verständnis der himmlischen Schrift, die aufgrund der Bemühungen der heiligen Väter von festen Grenzsteinen der Auslegung begrenzt ist, die zu überschreiten nicht nur leichtfertig, sondern gottlos ist, zur philosophischen Lehre von den natürlichen Dingen hin, um ihr Wissen zur Schau zu stellen, nicht um den Hörern irgendwie zu nützen, auf daß sie so nicht als Gottesgelehrte bzw. Theologen, sondern als Gottesverleumder erscheinen.«[192]

Indem der Papst angesichts der Aristoteles-Rezeption die Frage nach dem Selbstverständnis der Theologie stellte, gab er zugleich einer sich der kirchlichen Lehre geschmeidiger anpassenden Aufnahme

192 Gregor IX. an die Pariser Theologen, 7. Juli 1228: *Ü* DH, Nr. 824.

des Aristotelismus eine Chance. In der Theologie wurde sie im Umkreis der Pariser Universität insbesondere von den beiden Dominikanern Albertus Magnus und Thomas von Aquin geleistet, in Oxford, wo man von Verboten hinsichtlich der Naturphilosophie unbehelligt geblieben war, durch Robert Grosseteste († 1253). Dennoch führte in den siebziger Jahren des 13. Jahrhunderts der Verdacht, Universitätslehrer wie Siger von Brabant († um 1284) in Paris lehrten eine »doppelte Wahrheit«, indem sie konkurrierende philosophische Aussagen neben solchen der Glaubenslehre gelten ließen, erneut zu Lehrverurteilungen. Unter anderem verurteilte 1277 der Pariser Bischof Stephan Tempier († 1279), selbst ein ehemaliger Universitätstheologe, 219 Thesen, die eine solche Tendenz formulierten. Selbst Thomas von Aquin mußte von seinen Ordensbrüdern postum gegen diese Verurteilung in Schutz genommen werden. Diese Konflikte setzten die allgemeine Aristoteles-Rezeption bereits voraus und zielten nicht auf deren Rücknahme, sondern auf eine theologische Begrenzung. In ihnen stellte sich zugleich mit Nachdruck die Frage nach dem Selbstverständnis theologischer Lehre zwischen Wissenschaftlichkeit und Kirchlichkeit bzw. in bezug auf Vernunft und Offenbarung.

c. Die scholastische Theologie als Wissenschaft

Schon im Laufe der Entstehung der frühen Scholastik im 12. Jahrhundert war der Begriff »Theologie« neu gefüllt worden. Konnte er vorher die Lehre von Gott im engeren Sinne bezeichnen, für metaphysische oder religiöse Aussagen verwendet werden oder einfach die Bibel als Inbegriff christlicher Lehre meinen, gewann nun die präzise Füllung des Begriffs im Sinne einer methodischen Reflexion des Ganzen der christlichen Glaubenslehre an Bedeutung und setzte sich bis zum Beginn des 13. Jahrhunderts vollends durch. Die Entstehung der Universitäten und an ihnen der theologischen Fakultäten festigte die Begrifflichkeit und etablierte die Theologie als wissenschaftliche Gesamtwahrnehmung der christlichen Glaubensinhalte neben anderen Wissenschaften. Das brachte die Notwendigkeit zu wissenschaftstheoretischen Überlegungen mit sich, die zum einen die Eigenart der Theologie hinsichtlich ihres Gegenstandes und ihrer Methode, zum anderen ihre Kompatibilität mit einem allgemeinen, in aristotelischen Kategorien aussagbaren Wissenschaftsverständnis zu bedenken hatten.

Durchweg wurde die Theologie mit älteren Begriffen wie »heilige Lehre« (sacra doctrina) oder »göttliche Wissenschaft« (divina scientia) von anderen Wissenschaften abgehoben:

»Es gibt menschliche und göttliche Wissenschaften. Die göttliche Wissenschaft ist diejenige, von der wir erkennen, daß sie unmittelbar von Gott stammt, so wie es bei der Theologie der Fall ist. … Die menschliche Wissenschaft geht aus menschlichen Überlegungen hervor; von ihr gibt es drei Arten: die Philosophie, die Mechanik und die Magie.«[193]

Als Gegenstand der Theologie wurden Gott oder alle Dinge in Beziehung auf Gott benannt. Thomas von Aquin formulierte in seiner für angehende Theologiestudenten, denen die philosophische Argumentationsweise bereits wohlvertraut war, bestimmten »Summe der Theologie«:

»In der heiligen Lehre werden alle Dinge auf Gott hin betrachtet: entweder, weil es sich um Gott selbst handelt, oder weil die Dinge auf Gott hingeordnet sind als auf ihren Ursprung oder ihr Ziel. Daraus folgt, daß tatsächlich Gott der Gegenstand dieser Wissenschaft ist.«[194]

Mit der Rede von Gott als Gegenstand der theologischen Wissenschaft entstand die Frage, wie diese wissenschaftliche Lehre sich zur Glaubensüberzeugung bzw. zur biblischen Botschaft und ihren Aussageformen verhielt, modern gesprochen die Frage nach der Unterscheidung von Theologie und Religion. In der theologischen Wissenschaftstheorie der Scholastik wurde sie nur ansatzweise aufgenommen. Für Unklarheit sorgte unter anderem, daß nach wie vor auch von scholastischen Theologen die Begriffe »Theologie« und »Heilige Schrift« bedeutungsgleich verwendet wurden oder die Begriffe »Wissenschaft« oder gar »Theologie« für die Bibel bzw. für die existentielle Aneignung eines vertieften Glaubenswissens, also in einem religiös-erbaulichen Kontext, Verwendung fanden. Der Fran-

193 Anonymus Magister Artium Parisiensis, Philosophica Disciplina, um 1245: *Claude Lafleur*, Quatre Introductions à la Philosophie au XIIIe siècle, Montreal/Paris 1988, 259.

194 Thomas von Aquin, Summa theologiae I q 1 a 7: Deutsche Thomas-Ausgabe (lat.-dt.), Bd. 1, Salzburg 1933, 21 (nach dem lateinischen Text).

ziskanertheologe Bonaventura unterschied die theologisch-wissenschaftliche Durchdringung des Glaubensinhalts, wie er sie in seinem Sentenzenkommentar betrieb, von anderen Weisen, sich auf denselben Gegenstand zu beziehen:

»Der Glaubensinhalt ist auf jeweils unterschiedliche Weise Gegenstand der Tugend [des Glaubens] und der Wissenschaft. Insofern er nämlich in sich den Beweisgrund ursprünglicher Wahrheit trägt, dem der Glaube um seiner selbst willen und über alles andere hinaus zustimmt, ist er auf den Glauben bezogen. Insofern zum Wahrheitsanspruch der Beweisgrund der Autorität hinzutritt, ist der Glaubensinhalt bezogen auf die Lehre der Heiligen Schrift … . Insofern ihm schließlich über den Wahrheitsanspruch und die Bezeugung durch die Autorität auch eine vernünftige Überzeugungskraft innewohnt, ist er bezogen auf die Untersuchung des vorliegenden Buches [der Sentenzen], in dem die vernünftigen Beweisgründe für unseren Glauben zusammengestellt sind.«[195]

Die Nähe der Theologie zur religiösen Rede von Gott bzw. zur Bibel als offenbarter, mithin von Gott selbst autorisierter, »heiliger Lehre« konnte dennoch Zweifel an der Wissenschaftlichkeit der Theologie nähren, zumal dann, wenn die aristotelische Forderung ernst genommen wurde, eine Wissenschaft dürfe nur von allgemein evidenten Prämissen ausgehen. Solche kritischen Einwände gegen die Theologie als Wissenschaft nahm Stephan Tempier 1277 unter die von ihm verurteilten Irrtümer auf:

»150. Der Mensch darf sich nicht zufriedengeben mit der Autorität, um in einer Frage Gewißheit zu erlangen. 151. Gewißheit über eine Schlußfolgerung gibt es nur, wenn sie auf Prinzipien gegründet ist, die aus sich selbst heraus bekannt sind. … 152. Die Reden des Theologen sind auf Fabeln gegründet.«[196]

Um die Theologie deutlicher von Glaubensformulierungen abzuheben, ordnete Thomas in seiner »Summe der Theologie« die Theolo-

---

195 Bonaventura, Sentenzenkommentar, Prooemium q 1 ad 5–6: Opera Omnia 1, Quaracchi 1882, 8.

196 Stephan Tempier von Paris, Verurteilung von 219 Sätzen Sigers von Brabant u.a., 7. März 1277: *Heinrich Denifle/ Émile Châtelain* (Hg.) Chartularium Universitatis Parisiensis, Bd. 1, Paris 1889, 552. *Ü* (teilweise) Geschichte der Philosophie in Text und Darstellung, Bd. 2: Mittelalter, hg. von *Kurt Flasch*, Stuttgart 1982, 362.

gie als abgeleitete Wissenschaft der »höheren« Wissenschaft des Wissens Gottes um sich selbst unter:

»Die heilige Lehre ist eine Wissenschaft. Aber man muß beachten, daß es zwei Arten von Wissenschaften gibt. Die einen leiten sich aus Prinzipien ab, die durch das natürliche Licht des Verstandes erkannt werden, … die anderen aber aus Prinzipien, die durch das Licht einer übergeordneten Wissenschaft erkannt werden. … Und auf diese Weise ist die heilige Lehre eine Wissenschaft, weil sie sich aus Prinzipien ableitet, die durch das Licht einer übergeordneten Wissenschaft erkannt werden, nämlich der Wissenschaft Gottes und der Seligen. Wie sich also die Musik auf die Prinzipien verläßt, die ihr von der Arithmetik vermittelt werden, so verläßt sich die heilige Lehre auf die Prinzipien, die ihr von Gott offenbart werden.«[197]

Mit einer solchen Bestimmung der Theologie als einer abgeleiteten Wissenschaft war die Möglichkeit eröffnet, ihr ein eigenes wissenschaftliches Beweisverfahren zuzuordnen, in dem sich die Berufung auf die Autorität geoffenbarter, selbst nicht begründbarer Prinzipien mit der Indienstnahme der Vernunft zur methodisch reflektierenden Entfaltung christlicher Lehre verbinden ließ:

»So wie die anderen Wissenschaften nicht mit dem Ziel argumentieren, ihre Prinzipien zu beweisen, sondern um von ihren Prinzipien aus anderes in ihren Wissenschaften herzuleiten, so argumentiert auch diese Lehre [= die Theologie] nicht, um ihre Prinzipien, die Glaubensartikel, zu beweisen, sondern sie geht von ihnen aus, um daraus eine andere Aussage herzuleiten. … Es ist ausdrücklich die Eigenart dieser Lehre, daß sie die Autorität [der Glaubenswahrheit] für ihre Argumentationen einsetzt: Weil die Prinzipien dieser Lehre durch Offenbarung gegeben sind, muß man sich auf die Autorität derer verlassen, denen die Offenbarung widerfahren ist. … Die heilige Lehre macht aber auch Gebrauch von der menschlichen Vernunft: nicht um den Glauben zu beweisen, denn das würde das Verdienst des Glaubens zerstören, sondern um etwas zu bekräftigen, was in dieser Lehre enthalten ist. Da also die Gnade die Natur nicht zerstört, sondern vollendet, muß die natürliche Vernunft dem Glauben dienen.«[198]

Die Wissenschaftlichkeit der Theologie blieb in der Scholastik umstritten. Namentlich die Franziskanertheologen wiesen darauf hin,

197 Thomas von Aquin, Summa theologiae I q 1 a 2: Deutsche Thomas-Ausgabe (lat.-dt.), Bd. 1, Salzburg 1933, 21 (nach dem lateinischen Text).

198 A.a.O. I q 1 a 8: a.a.O., 23–25 (nach dem lateinischen Text).

daß es bei allen wissenschaftstheoretischen Überlegungen einer eigenen Definition des Wissenschaftsscharakters der Theologie bedurfte und so die Zuordnung zu einem allgemeinen Wissenschaftsverständnis immer nur näherungsweise erfolgen konnte. Mindestens eine gewisse Nähe zu religiöser, bekenntnishafter Rede von Gott schien ihnen daher auch für die methodische Reflexion dieser Rede unabdingbar. Johannes Duns Scotus koppelte die Theologie deshalb als ausdrücklich nicht-spekulative, »praktische« Wissenschaft von der Metaphysik ab und gab ihr ein offenbarungspositivistisches, durch die Kontingenz der Heilsgeschichte geformtes Profil:

»Wie die Theologie der Seligen eine Grenze hat, so auch unsere Theologie gemäß dem Willen des offenbarenden Gottes. Die vom göttlichen Willen vorgegebene Grenze in bezug auf die allgemeine Offenbarung ist durch den Inhalt der Heiligen Schrift bezeichnet; denn so heißt es im letzten Kapitel der Apokalypse: ›Wenn jemand etwas hinzufügt, so wird Gott ihm die Plagen zufügen, die in diesem Buch geschrieben stehen.‹ [Apk 22,18] Unsere Theologie bezieht sich also ihrem Inhalt nach nur auf das, was in der Heiligen Schrift enthalten ist und was daraus abgeleitet werden kann.«[199]

Wilhelm von Ockham schließlich ließ die Theologie nur in einem weiten Sinne als Wissenschaft gelten, da er sie als Reflexion der vorgegebenen Glaubensinhalte auffaßte, deren Wissenschaftlichkeit lediglich auf der Evidenz erzeugenden Anwendung der Logik, also auf der konsequenten Methodik, nicht aber auf der Verankerung in selbst evidenten metaphysischen Prinzipien beruht.

Auf welche Weise ein spekulativ-metaphysisches Verständnis der Theologie als Wissenschaft konkret durchgeführt wurde, zeigen die sogenannten »Gottesbeweise«, die in der »Summe der Theologie« des Thomas von Aquin die dann klassisch gewordene Gestalt der »fünf Wege« gefunden haben. Thomas ging, anders als Anselm von Canterbury mit seinem »ontologischen Gottesbeweis« (s.o. I.5.c), nicht von einer vorgegebenen Definition Gottes aus, sondern von der Kausalität als einer innerweltlich evidenten, allgemeinen Gesetzmäßigkeit. Er verfolgte empirisch verifizierbare Kausalketten bis zu einer abstrakten Erstursache zurück und identifizierte diese dann mit einem allgemeinen Gottesbegriff. Der erste und wichtigste Beweis-

199 Johannes Duns Scotus, Ordinatio, Prolog 3 q 1–3: Ders., Opera Omnia, 1, Rom 1950, 13f.

gang weist die Kausalität am empirischen Phänomen der Bewegung auf:

»Der erste und augenfälligere Weg aber ist der, welcher von der Bewegung her genommen wird. Es ist nämlich gewiß und steht für die Sinneswahrnehmung fest, daß einige Dinge in dieser Welt bewegt werden. Alles aber, was bewegt wird, wird von etwas anderem bewegt. … Wenn also das, wovon es bewegt wird, seinerseits bewegt wird, dann muß es auch selbst von einem anderen bewegt werden, und jenes wiederum von einem anderen. Hier aber kann es nicht ins Unendliche gehen, weil so nicht etwas erstes Bewegendes wäre, und infolgedessen auch kein anderes Bewegendes, weil die zweiten bewegenden Ursachen nur dadurch bewegen, daß sie von einem ersten Bewegenden bewegt sind … . Also ist es notwendig zu etwas erstem Bewegenden zu kommen, das von nichts bewegt wird. Und dies verstehen alle als Gott.«[200]

In ähnlicher Weise gelangte Thomas von den Wirkursachen, vom Gegensatz des Möglichen zum Notwendigen, von den Seinsstufen und von der Zielgerichtetheit der Naturphänomene zu »Gott« als letzter Ursache. Die Argumentation zielt nicht darauf ab, Gott als den sich in der Heilsgeschichte Offenbarenden zu »beweisen«; die Offenbarung zu beweisen, stellte für Thomas eine Unmöglichkeit dar und lag außerhalb der Aufgabe der theologischen Wissenschaft. Der Nachweis einer philosophisch sinnvollen Rede von Gott bot Thomas und anderen scholastischen Theologen aber die Möglichkeit, in den weiteren, die Offenbarungswahrheiten als Prämissen voraussetzenden und insofern in ihrem Sinne eigentlich »theologischen« Erörterungen an eine über die Theologie hinaus akzeptable Terminologie und an einen allgemeine Plausibilität beanspruchenden Erkenntnisweg anzuknüpfen. Demgegenüber verzichtete Duns Scotus programmatisch auf einen Gottesbeweis, da er Gott nicht aus den Gesetzmäßigkeiten der Natur erschloß, sondern der durch sie bezeichneten Ordnung als unendlichen absoluten Willen gegenüberstellte.

Im soteriologischen Kernbereich der Theologie, bei der Reflexion des christlichen Weges zum Heil, gingen alle scholastischen Theologen vom augustinischen Verständnis von Sünde und Gnade[201] aus

200 Thomas von Aquin, Summa theologiae I q 2 a 3: *Ü* Ders., Die Gottesbeweise in der »Summe gegen die Heiden« und der »Summe der Theologie«, hg. von *Horst Seidl*, Hamburg 1982, 53/55.

201 S. Zugänge 3 (s. Anm. 22), 137f.

und bemühten sich um Präzisierungen und Differenzierungen im Gnadenbegriff. Er bezeichnete sowohl den göttlichen Anstoß zur Zuwendung des sündigen Menschen zu Gott als auch die in den kirchlichen Sakramenten verdichtete, die gesamte christliche Existenz stützende gottgewirkte Lebenskraft. Insbesondere stellte sich in diesem Zusammenhang das Problem, ob und wie die ganz dem Gnadenhandeln Gottes verdankte Erlösung – die Anerkennung durch Gott bzw. die Rechtfertigung vor Gott – mit der freien Verantwortlichkeit des Menschen gegenüber Gott zusammengedacht werden könne. Bei der Lösung dieser Frage setzten die theologischen Schultraditionen unterschiedliche Akzente, die durch ihr Verständnis von der Theologie als Wissenschaft bestimmt waren: Thomas von Aquin deutete die göttliche Gnadenwirkung als ontologische Umformung der menschlichen Natur und nahm auf dem Weg zum Heil das menschliche Vermögen nur als bereits von der Gnade geprägtes in den Blick. Die Hinwendung des Menschen zu Gott stellte sich ihm als Teil der unverbrüchlichen göttlichen Gnadenordnung dar, in die sich die natürlichen geschöpflichen Fähigkeiten des Menschen, z.B. seine Entscheidungsfreiheit zwischen Gut und Böse, einfügen. Demgegenüber orientierten sich Alexander von Hales und seine Schüler stärker an der religiösen Erfahrung und interpretierten dementsprechend die Erlösung als einen Prozeß in der Beziehung von Gott und Mensch, bei dem das göttliche Gnadenwirken und die menschliche Aktivität – als Vorbereitung auf das Heil und als tatsächliche Aneignung des Heils – ineinandergreifen. In Verbindung damit entwickelten die Franziskanertheologen eine differenzierte Lehre von menschlichen Verdiensten auf dem Weg zum Heil, die durch die Gnadeninitiative und die permanente Gnadenhilfe Gottes ermöglicht werden. Johannes Duns Scotus modifizierte die starke Betonung des heilsbedeutsamen Zusammenwirkens von Gott und Mensch durch die Verknüpfung mit der Lehre von der ewigen Prädestination der Erlösten im absoluten Willensratschluß Gottes. Wilhelm von Ockham führte die Unterscheidung der theoretischen Handlungsmöglichkeiten des allmächtigen Gottes und seiner faktisch gültigen Heilsordnung weiter. Er hob die mit dem freien Willen gegebenen Möglichkeiten des Menschen hervor, schränkte sie aber zugleich ein durch den Hinweis auf den im höchsten Maße freien Gnadenwillen Gottes. Vergröberungen dieser subtilen Verhältnisbestimmung konnten im späten Mittelalter sowohl zu einer sich auf die menschliche Disposition gründenden Heilssicherheit als auch zu einer an der göttlichen Erwählung verzweifelnden Heilsungewißheit führen.

Bei allen hier nur angedeuteten Differenzierungen in der Soteriologie waren sich alle scholastischen Theologen darin einig, daß sie das göttliche Gnadenwirken an die Sakramente und an eine kirchlich normierte Praxis des christlichen Lebens banden. Die Wortverkündigung und der – als äußere Zustimmung zur Kirchenlehre verstandene – Glaube wurden demgegenüber nur als erste Schritte zu einer durch die Gnade geformten und so zu wahrer Gottesliebe befähigten christlichen Existenz betrachtet. Der priesterliche Dienst der Kirche, konzentriert in der als Vergegenwärtigung des Opfertodes Christi gedeuteten Feier der Messe, war auf dem menschlichen Weg mit der Gnade unverzichtbar. So ergänzten sich die theologische Reflexion, die Institution der Kleruskirche und die sakramental zentrierte Frömmigkeit zu einem umfassenden religiösen System.

3. Mystik und Theologie

Auch die scholastische Theologie blieb auf religiöse Erfahrung bezogen, denn sie versuchte, deren Gehalt durch begriffliche Reflexion in allgemeingültiger Weise als das Ganze christlicher Wahrheit zu erfassen. Gerade eine starke religiöse Erfahrung konnte aber auch ihrerseits eine ganzheitliche Wahrnehmung des Gehalts der christlichen Religion für sich in Anspruch nehmen. Im 13. und 14. Jahrhundert gedieh vor allem im Umkreis der neu entstandenen Bettelorden und des Beginenwesens, jedenfalls in einem Milieu frommer Konzentration, eine Religiosität, die das Streben nach unmittelbarer Gottes- und Christusbegegnung in Aufnahme entsprechender Traditionen kultivierte und bis zur Erfahrung des punktuellen Einswerdens mit dem religiösen Gegenüber (unio mystica) vorstieß. Diese mit dem schillernden Begriff »Mystik« zusammengefaßte außerordentliche Frömmigkeit, gekennzeichnet durch Visions- und Auditionserfahrungen, durch eine radikale Wendung ins Innere der eigenen Seele, aber auch durch ekstatische Zustände, gewann theologische Bedeutung durch den mit ihr verbundenen Drang zur Mitteilung und zum Verstehen. Indem mystische Erfahrungen in Worte gefaßt und aufgezeichnet wurden, setzte eine theologische Reflexion ein, die in bildhafter, teilweise poetischer Sprache die Spur der monastischen Erfahrungstheologie aufnahm. Damit wurde das subjektive Erleben zum Ausgangspunkt für eine nach eigenen Begriffen suchende bzw. den Erfahrungsgehalt der schultheologischen Begrifflichkeit erschließende Entfaltung christlicher Lehre. Durch den scholastischen Bildungsgang geprägte Theologen konnten diese monastische Theologie der Mystik in spekulative Entwürfe integrieren bzw. von solchen Entwürfen aus neu zu mystischer Erfahrung anleiten.

a. Die theologische Reflexion in der Frauenmystik

Es waren vor allem Frauen, die mystische Erfahrungen aufzeichneten und damit den Schritt zu eigengeprägter theologischer Reflexion auf der Basis außerordentlicher Frömmigkeit unternahmen, durchweg Frauen, die in irgendeiner Form mit der monastischen Lebensweise verbunden waren. Mit ihrer Theologie der Mystik nahmen solche religiösen Frauen die ihnen institutionell vorgegebenen Möglichkeiten zur theologischen Lehre wahr, während es Männern, namentlich Klerikern und Mönchen, offenstand, mystische Erfahrungen schulmäßig theologisch zu verarbeiten und so zu »normalisieren«.

In Deutschland wurde das sich an den Zisterzienserorden anlehnende, aber von Theologen des Dominikanerordens geprägte Kloster Helfta bei Eisleben zu einem Zentrum der Frauenmystik. Unter der vierzigjährigen Leitung durch die Äbtissin Gertrud von Hackeborn († 1291) wirkte zunächst deren Schwester Mechthild von Hackeborn († 1299) mit visionären Mitteilungen, die von ihrer Schülerin Gertrud der Großen von Helfta († 1301/02) als »Buch der besonderen Gnade« (Liber specialis gratiae) aufgezeichnet wurden. Gertrud selbst schrieb ihre auf die Vereinigung mit Christus zentrierten mystischen Widerfahrnisse im »Gesandten der göttlichen Liebe« (Legatus divinae pietatis) nieder. Helfta bot auch der wohl bedeutendsten deutschen Mystikerin, Mechthild von Magdeburg († 1282/1294 ?), seit 1270 eine Heimstatt. Ihre Aufzeichnungen mystischen Erlebens unter dem Titel »Das fließende Licht der Gottheit« nahmen in ihren poetischen Teilen Formen der zeitgenössischen höfischen Minnedichtung auf, um die gesteigerte religiöse Liebeserfahrung im Einswerden der Seele mit Christus bzw. mit der in sich von der Liebe getriebenen Trinität darzustellen.

Wenig später ließ sich in Italien Angela von Foligno († 1309) durch die Spiritualität des Franziskus von Assisi zu teilweise ekstatischen Erfahrungen des mystischen Einswerdens, vor allem mit dem leidenden Christus, anregen. Die Intensität, mit der sie ihre Erfahrungen reflektierte, trug Angela den Ehrentitel einer »Lehrerin der Theologen« ein. Einen deutlich prophetischen Zug erhielt die Mystik in der zweiten Hälfte des 14. Jahrhunderts bei der wiederum eng den Dominikanern verbundenen Katharina von Siena († 1380), die ihre asketisch verinnerlichte Frömmigkeit mit dem tätigen Einsatz für die Einheit der Kirche angesichts des Papstschismas von 1378 (s.u. V.1.d) und für den durch politische Konflikte in Italien bedrohten Frieden verband. Ihre sich auf die Anrede durch Christus selbst berufende Lehre legte sie in einem umfangreichen Briefwechsel sowie in dem »Dialog der göttlichen Vorsehung« nieder. Deutliches Profil gewann die Frauenmystik auch in England, wo insbesondere Juliana von Norwich († nach 1416) die ihr zuteil gewordenen »Offenbarungen der göttlichen Liebe« intensiv und tiefgründig reflektierte.

Die Inhalte dieser von Frauen vertretenen monastischen Theologie der Mystik ergaben sich aus der Struktur des mystischen Erlebens selbst, das häufig durch sakramentale Vollzüge ausgelöst wurde. Die spannungsreiche Erfahrung des Gegenübers und der Einheit von Gott und Seele war für dieses Erleben konstitutiv. Im Blick auf Gott wurde sie zumeist durch erlebnishafte trinitarische Anschauungen erläutert, im Blick auf die Seele durch gesteigerte Aufmerksamkeit auf die Regungen des Willens und der Affekte. In einer beträchtlichen Vielfalt von Nuancierungen diente die Rede von der göttlichen und menschlichen Liebe als einigendes Band für diese Aspekte. Mechthild von Magdeburg faßte ihre Schau der Liebesbewegung von Gott und Mensch folgendermaßen in Worte:

»Diese Minne / wohnt im christlichen Glauben / und ruht im Palast ihrer Herrin und Königin. / Und das ist ihre Aufgabe: daß sie Lieb zu Liebe zwingt, / Gott zur Seele und die Seele zu Gott«.[202]

---

202 Mechthild von Magdeburg, Das fließende Licht der Gottheit VII,62: *Ü* hg. von *Margot Schmidt*, Stuttgart-Bad Cannstatt 1995, 338.

Juliana von Norwich sah in der Liebe die sich in ihren Visionen manifestierende göttliche Heilsabsicht zusammengefaßt:

»Von der Zeit meiner Visionen an begehrte ich oft, die Absicht unseres Herrn zu erkennen. Mehr als 15 Jahre danach erhielt ich eine geistliche Antwort, indem zu mir gesagt wurde: ›Du willst die Absicht des Herrn dabei erkennen? Erkenne wohl: Liebe war seine Absicht. Wer zeigte es dir? Liebe. Was zeigte er dir? Liebe. Warum zeigte er es dir? Aus Liebe. Halte dich daran und du wirst mehr in dieser Art erkennen, aber du wirst ohne Ende nichts anderes darin erkennen.‹ So wurde ich gelehrt, daß Liebe die Absicht unseres Herrn war. Und ich sah in voller Gewißheit darüber und in jeder Hinsicht, daß Gott, bevor er uns erschuf, uns liebte, und daß diese Liebe niemals erlosch und niemals erlöschen wird.«[203]

Manche der mystischen Autorinnen, insbesondere Angela von Foligno und Juliana von Norwich, ließen ihre Leserinnen und Leser an einem literarisch gestalteten, existentiellen Lern- und Verstehensprozeß teilnehmen, in dem sich Schau und Reflexion ablösen und so theologische Einsicht wächst. Über den Sinn ihrer erfahrungsgeleiteten theologischen Reflexion gaben die Mystikerinnen gelegentlich auch selber Auskunft, insbesondere dann, wenn sie auf das Phänomen der Verschriftlichung zu sprechen kamen, das ja gegenüber der mystischen Erfahrung selbst einen Schritt der Distanzierung bezeichnet. Mechthild von Magdeburg faßte diesen Vorgang in ein Zwiegespräch mit Gott, das die Gefahr der Verschriftlichung (bis hin zum möglichen Häresieverdacht) ebenso thematisiert wie den göttlichen Schreibimpuls, in dem Gott aber auch selber die Lehre ihres Buches als wahre Theologie legitimiert. Die Lehre der »ungelehrten« Frau wird dann mit der Schultheologie konfrontiert und von Gott aufgewertet:

»›Eia, Herr, wär ich ein gelehrter geistlicher Mann, / und hättest du dieses einzig große Wunder an ihm getan, / du würdest ewige Verherrlichung dafür empfangen. / Wer wäre, Herr, der das nun glaubt, / daß du in einem unflätigen Pfuhl / hast ein goldenes Haus erbaut, / in dem du wahrhaft wohnst mit deiner Mutter und aller Kreatur / und mit all deinem himmlischen Gesinde? / Herr, da kann dich die irdische Weisheit nicht finden.‹ / ›Tochter, es verliert manch weiser Mann sein kostbares Gold / aus Nachlässigkeit auf einer breiten Hee-

203 Juliana von Norwich, Showings 86: neuengl. *Ü* hg. von *Edmund Colledge/ James Walsh*, New York u.a. 1978, 342f.

resstraße; / er wollte damit zur hohen Schule reisen. / Nun muß es jemand finden. / … / Die irdischen höchsten Berge können sich nicht beladen / mit der Offenbarung meiner Gnaden. / Denn die Flut meines Heiligen Geistes fließet von Natur aus zu Tal. / Man findet manchen weisen Meister in der Schrift, / der vor meinen Augen dennoch ein Tor ist. / Und ich sage dir noch mehr: / Es ist mir vor ihnen eine große Ehr / und stärkt die heilige Kirche gar sehr, / daß der ungelehrte Mund die gelehrte Zunge / aus meinem Heiligen Geist belehrt.‹«[204]

In vergleichbarer Weise verband ungefähr hundert Jahre später Katharina von Siena die Kritik an der professionellen theologischen Wissenschaft mit einem eigenen Anspruch auf Verstehen und auf eine sich göttlicher Erleuchtung verdankende Wissenschaftlichkeit:

»Du siehst also, daß das Auge des Verstandes über das natürliche Licht hinaus eingegossenes Licht bekam, durch welches die Kirchenlehrer und andern Heiligen das Licht in der Finsternis erkannten; und aus der Finsternis wurde Licht, denn das Verstehen war schon da, ehe die Heilige Schrift verfaßt wurde, also kam die Wissenschaft aus dem Verstehen, denn im geistigen Schauen begreift man. … Die unwissenden und stolzen Gelehrten aber sind mitten im Licht blind, weil der Hochmut und die Wolke der Eigensucht es ihnen verhüllt und weggenommen haben; deshalb verstehen sie die Schrift bloß ihrem Wortsinn und nicht dem inneren Geist nach; sie wälzen viele Bücher und schmecken darin nur den Buchstaben, nicht das Mark der Schrift, … . Sie wundern sich deshalb und beginnen zu murren, daß viele in der Schriftkenntnis Unerfahrene und Ungebildete dennoch an Einsicht der Wahrheit so erleuchtet sind, als hätten sie sie lange Zeit studiert. Das ist durchaus kein Wunder, weil sie den eigentlichen Quell jenes Lichtes besitzen, woraus die Wissenschaft stammt. … Das habe ich [= Gott] dir gesagt, mein liebes Kind, damit du die Vollkommenheit dieses Einigungszustands begreifst, in dem das Geistesauge vom Feuer meiner Liebe entrückt wird. In dieser Liebe wird das übernatürliche Licht empfangen. Mit diesem Licht liebt man mich, denn die Liebe kommt im Gefolge des Verstehens, und je mehr man erkennt, desto mehr liebt man auch, so fördert eines das andere.«[205]

Zu theologischen Lehrerinnen sahen die mystischen Autorinnen sich von Gott selbst berufen. So stellte beispielsweise Gertrud die Große

---

204 Mechthild von Magdeburg, Das fließende Licht der Gottheit II,26: *Ü* hg. von *Margot Schmidt*, Stuttgart-Bad Cannstatt 1995, 71f.

205 Katharina von Siena, Gespräch von Gottes Vorsehung 85: *Ü* hg. von *Ellen Sommer-von Seckendorff/ Hans Urs von Balthasar*, Einsiedeln ²1964, 104–106.

von Helfta die literarische Gestaltung ihrer Erfahrungen als religiösen Akt dar, als propädeutische Verstehenshilfe auf dem Weg zu neuer Erfahrung:

»Kein anderer Grund hat mich getrieben, dies zu schreiben oder auszusprechen, als die Übereinstimmung mit deinem [Gottes] Willen, als das Verlangen, dich zu loben, als der Eifer für die Seelen. ... Mein Wunsch ist, du werdest auch darin gelobt, daß diejenigen, die dies lesen, die Süßigkeit deiner Liebe genießen, und – durch sie gezogen – noch Größeres in ihrem eigenen Inneren erfahren. Wie die Schüler über kurz oder lang vom Alphabet zur Logik fortschreiten, so mögen die Lesenden durch diese [Aufzeichnungen] wie durch Bilder und Vorstellungen dazu geführt werden, jenes verborgene Manna in sich zu schmecken, das nicht vermischt mit körperlichen Vorstellungen mitgeteilt werden kann.«[206]

Mit der ausdrücklichen Parallelisierung des mystischen Verstehens mit den schulmäßig-logischen Verstehensregeln siedelte auch Gertrud ihre Theologie der Mystik in einem eigenen Verständnis von Wissenschaft an und zog sich nicht auf einen vorwissenschaftlichen Raum der bloßen Erfahrung zurück. Damit verdeutlichte sie die Verhältnisbestimmung von Frömmigkeit und Reflexion, die für sie und andere mystische Autorinnen charakteristisch war, und konkretisierte die in Helfta überlieferte Maxime der Äbtissin Gertrud von Hackeborn:

»Nachdrücklich setzte sie sich dafür ein, daß die Mädchen in den freien Künsten vorwärtskamen. Denn sie sagte: ›Wenn der Eifer für die Wissenschaft verloren geht, wenn sie darüber hinaus auch die Heilige Schrift nicht mehr verstehen, dann wird zugleich die Pflege des klösterlichen Lebensideals aufhören.‹«[207]

---

206 Gertrud von Helfta, Legatus divinae pietatis II,24: SC 139, 350.

207 Mechthild von Hackeborn, Liber specialis gratiae VI,1: Revelationes Gertrudianae et Mechtildianae 2, Paris/Poitiers 1877, 375.

b. Meister Eckharts scholastische Theologie der Mystik

Ein sich auf das mystisch-unmittelbare Erleben des religiösen Gegenübers gründender Wahrheitsanspruch und eine von ihm getragene theologische Reflexion konnte in starke Spannung geraten zu der begrifflich distanzierenden Wissenschaftlichkeit der Schultheologie. Deren Funktion für die Sicherung der durch die klerikale Hierarchie autorisierten kirchlichen Lehre konnte zudem durch ein gesteigertes Selbstbewußtsein der nicht-klerikalen Trägerkreise einer mystischen Religiosität in Frage gestellt werden. Das zeigte sich im Konflikt der Amtskirche mit Teilen der Beginenbewegung, der in der Hinrichtung der Marguerite Porète († 1310) gipfelte (s.o. III.2.e).

Angesichts der Gefahr eines weiteren Auseinanderfallens von Mystik und Theologie versuchten zahlreiche scholastische Theologen, dem religiösen Erfahrungswissen einen Platz in ihren Systemen einzuräumen. Deutlich über ein solches Streben nach Integration des Mystischen in die Theologie ging der Dominikaner Meister [= Magister] Eckhart († 1328) hinaus, indem er die Begegnung von Gott und Seele, also den Kern mystischer Religiosität, zum entscheidenden Strukturmoment seiner gesamten Theologie erhob. Eckhart wirkte als scholastischer Theologe an der Pariser Universität (1302/03 und 1311–1313) und am Generalstudium seines Ordens in Köln (seit 1323), widmete sich aber auch der Seelsorge und der Predigt. Verschiedentlich oblag ihm die Betreuung von Frauenklöstern und Beginengemeinschaften, so daß er mit den dort gepflegten mystischen Erfahrungen vertraut war. Sowohl in seinen dem akademischen Kontext entstammenden lateinischen Werken als auch in seinen deutschsprachigen Predigten und Traktaten konzentrierte sich Eckhart auf die Analyse des Verhältnisses von Gott und Seele. Dabei wollte er im Denken eine umfassende Einheit erreichen und so sowohl über die zergliedernde Methode der scholastischen Theologie als auch über die subjektiven Erfahrungshöhepunkte der Mystik hinauskommen. Philosophische Denkformen zum Gottesgedanken aufnehmend verstand Eckhart Gott als »reines« Sein im Unterschied zum Sein der Einzelphänomene. Von da aus gelangte er zu einem radikal abstrakten Gottesbegriff, der alle Analogien zur Welt der Erfahrung und der Vorstellungen hinter sich läßt:

»Die Meister lehren, Gott sei Sein und ein vernünftiges Sein und erkenne alle Dinge. Ich aber lehre: Gott ist weder Sein, noch ein vernünftiges Sein, noch erkennt er dies oder das. Daher ist Gott losgelöst von allen Dingen, und deshalb ist er alle Dinge.«[208]

Damit entwickelte Eckhart eine paradoxe »negative« Theologie, die die prinzipielle Unaussagbarkeit Gottes zur Basis der theologischen Gesamtanschauung macht. Dieser Gotteslehre korrespondiert Eckharts Auffassung von der menschlichen Seele als dem zwar von Gott unterschiedenen, ihm aber wesensverwandten Haftpunkt menschlicher Religiosität, als »Spiegel« der Gottheit:

»Ich nehme ein Becken mit Wasser und lege einen Spiegel hinein und halte es ins Sonnenlicht. Dann wirft die Sonne ihren hellen Schein aus der Scheibe [des Spiegels] und aus dem Grund der Sonne und vergeht darum doch nicht. Das Rückstrahlen des Spiegels in der Sonne ist in der Sonne die Sonne [selbst], und doch bleibt er [= der Spiegel], was er ist. So ist es auch mit Gott. Gott ist in der Seele mit seiner Natur, mit seinem Sein und mit seiner Gottheit, und doch ist er nicht die Seele. Das Rückstrahlen der Seele, das ist in Gott Gott, und doch bleibt sie [= die Seele], was sie ist.«[209]

Eckhart sah in der bildhaft unter anderem als »Seelengrund« oder »Seelenfünklein« bezeichneten Seelenkraft die ontologische Grundlage einer dynamischen Beziehung von Gott und Seele. Sie ist die Voraussetzung einer Einheit von beiden, die als »Geburt« in der Unanschaulichkeit des göttlichen Seins das religiöse, auch das mystische, Erleben übersteigt. Die Einheit der »Gottesgeburt« wird durch eine vergeistigte Askese erreicht: die Seele muß sich frei machen von allen Bindungen an das Sinnenhafte, sich entleeren von allem Wollen, Wissen und Haben, ja sogar von der Gottesvorstellung und allem frommen Bewußtsein, um ganz für Gott selbst bereit zu sein.

Obwohl Eckhart sowohl als theologischer Lehrer wie als Prediger unverkennbar aus eigener religiöser Erfahrenheit sprach, legte er keinen besonderen Akzent auf das Erleben der Einheit mit Gott. Ausdruck des Ideals der »Gelassenheit«, des Zurücklassens des Eigenen,

---

208 Meister Eckhart, Predigt »Beati pauperes spiritu«: Ü *Georg Steer/ Loris Sturlese* (Hg.), Lectura Eckhardi, [Bd. 1], Stuttgart u.a. 1998, 175.

209 Meister Eckhart, Predigt »Nolite timere eos«: Ü Ders., Deutsche Predigten und Traktate, hg. von *Josef Quint*, München ²1963, 273.

kann gerade der Verzicht auf Erfahrungen mystischer Ekstase zugunsten schlichter Werke der Nächstenliebe sein:

»Wäre der Mensch so in Verzückung, wie es Sankt Paulus war [vgl. 2Kor 12,2–4], und wüßte einen kranken Menschen, der eines Süppleins von ihm bedürfte, ich erachtete es für weit besser, du ließest aus Liebe von der Verzükkung ab und dientest dem Bedürftigen in größerer Liebe.«[210]

Dementsprechend zeichnete Eckhart den »Durchbruch« zur Einheit mit Gott nicht als Verzückung, sondern in Verbindung mit seiner negativen Theologie als einen Vorgang des Erkennens oder Erkannt-Werdens, in dem die Seele teilnimmt am unsagbaren Grund ihres Seins:

»Beim Durchbrechen, wo ich losgelöst stehe von meinem Willen in dem Willen Gottes und losgelöst stehe vom Willen Gottes, von allen seinen Werken und von Gott selbst; da stehe ich oberhalb von allen Geschöpfen. Da bin ich weder Gott noch Geschöpf, ja, da bin ich das, was ich war und bleiben werde, jetzt und für immer. Da empfange ich ein Gepräge, das mich hinaufbringt über alle Engel. Dieses Gepräge gibt mir einen solchen Reichtum, daß Gott mir nicht mehr genügen kann mit alldem, was er als Gott ist und mit allen seinen göttlichen Werken, denn ich empfange in diesem Durchbrechen, daß ich und Gott eins sind. Dort bin ich, was ich war. Da erhalte ich weder etwas hinzu noch verliere ich etwas. Denn da bin ich das unveränderliche Wesen, das alles verändert.«[211]

Die äußeren Vollzüge kirchlicher und klösterlicher Frömmigkeit – und mit ihnen die hierarchische Strukturierung der Christenheit – verloren für Eckhart an Bedeutung gegenüber der Existenz der Seele in der Einheit mit Gott:

»Wer aber recht daran ist, der hat Gott in Wahrheit bei sich; wer aber Gott recht in Wahrheit hat, der hat ihn an allen Stätten und auf der Straße und bei allen Leuten ebensogut wie in der Kirche oder in der Einöde oder in der Zelle [eines Klosters]«.[212]

---

210 Meister Eckhart, Reden der Unterweisung 10: *Ü* Ders., Werke, hg. von *Niklaus Largier*, Frankfurt a. M. 1993, Bd. 2, 363.

211 Meister Eckhart, Predigt »Beati pauperes spiritu«: *Ü Georg Steer/ Loris Sturlese* (Hg.), Lectura Eckhardi, [Bd. 1], Stuttgart u.a. 1998, 179/181.

212 Meister Eckhart, Reden der Unterweisung 6: *Ü* Ders., Werke, hg. von *Niklaus Largier*, Frankfurt a. M. 1993, Bd. 2, 345.

Meister Eckhart verband das mystische Erleben von Einheit mit einem theologisch-philosophischen Einheitsbegriff und versuchte so, die Differenz von theologischer Wissenschaft und religiöser Erfahrung in der unanschaulichen Einheit eines abstrakten Gottesgedankens aufzuheben. Insofern war er selbst ein Mystiker des Intellekts, und seine zugespitzten Lehraussagen sprengten die Konventionen einer kirchlich akzeptierten Schultheologie. Paradoxe Aussagen, z.B. über Gott als Nicht-Seienden oder Eigenschaftslosen, konnten, wenn sie aus ihrem gedanklichen Zusammenhang gelöst wurden, von intellektuell anspruchsloseren Gemütern als theologische Satzwahrheiten mißverstanden werden. So erregten sie die kritische Aufmerksamkeit der kirchlichen Hierarchie, die sich überdies durch die bei Eckhart wahrgenommene Relativierung ihrer religiösen, das Heil vermittelnden Funktion bedroht sah. 1326 wurde Eckhart vom Kölner Erzbischof beschuldigt, häretische Anschauungen zu verbreiten. Insbesondere wurde ihm eine unscharfe Unterscheidung von Gott und Geschöpf vorgeworfen. Eckhart beteuerte seine Rechtgläubigkeit und verteidigte sich am päpstlichen Hof in Avignon, wo er aber noch während des laufenden Prozesses starb. 1329 verurteilte Papst Johannes XXII. 28 Lehrsätze Eckharts. Eine persönliche Verurteilung blieb ihm erspart, weil er seine Anschauungen vor seinem Tode – angeblich – widerrufen hatte. Sein Projekt einer umfassenden intellektuellen Einheit von Wissen, Glauben und Erfahrung war gescheitert; sein theologisches Denken fand keine unmittelbare Fortsetzung.

c. Theologische Anleitung zu mystischer Erfahrung

Die Theologen der auf Meister Eckhart folgenden Generation, von ihm direkt oder indirekt beeinflußt, mäßigten die intellektuelle Spekulation zugunsten der theologisch reflektierten Anleitung zu religiöser – auch mystischer – Erfahrung und mieden so dogmatische Risiken.

Der bedeutendste Schüler Eckharts war der Konstanzer Dominikaner Heinrich Seuse († 1366), der selbst durch mystisch-visionäres Erleben geprägt war, zeitweise in Verbindung mit einer extremen, Folterungen des eigenen Körpers einschließenden Passionsfrömmigkeit. Von diesem Erleben ausgehend nahm er die theologische Spekulation Eckharts auf und bezog sie unmittelbarer als dieser auf die Praxis der mystischen Erfahrung. Diese im Kern monastisch-theologische Bewegung von der Erfahrung über die theologische Reflexion zu neuer Erfahrung vollzog sich – wie bei fast allen theologischen Lehrern der Mystik – in Wechselwirkung mit den ihm anvertrauten Frauenkonventen und deren mystischer Spiritualität. Durch seine – überwiegend deutschsprachigen – Schriften wirkte Seuse aber auch weit darüber hinaus. Neben der Anleitung zur »Gelassenheit« war es vor allem die Terminologie einer negativen Theologie, die er von Eckhart übernahm:

»Wohin führt die Erkenntnis eines gelassenen Menschen? Antwort: Der Mensch kann in dieser [irdischen] Zeit dahin gelangen, daß er sich in der Einheit mit dem erkennt, das ein Nichts ist an allem, was man mit Gedanken oder Worten erfassen kann. Und dieses Nichts nennt man nach allgemeiner Übereinstimmung ›Gott‹, und das ist in sich selbst das allereigentlichste Sein. Hierin erkennt sich der Mensch als eins mit diesem Nichts; dieses Nichts jedoch erkennt sich selber ohne irgendeine Erkenntnistätigkeit. … Daß aber dieses Nichts die Vernunft, das Sein oder das Genießen selber ist, das ist wohl wahr in der Weise, wie wir darüber denken können. Es ist aber von seiner eigenen Wahrheit weit, ja noch weiter entfernt, als wenn man eine wunderschöne Perle als ›Hackklotz‹ bezeichnete.«[213]

Anders als Eckhart bezog Seuse gerade angesichts der prinzipiellen Unaussagbarkeit Gottes die Bildhaftigkeit konkreter mystischer Erfahrungen programmatisch in die Entfaltung seiner Lehre ein. Er machte auch seinen eigenen spirituellen Lebensgang zum Material der religiösen Belehrung, indem er seine Autobiographie als geistlichen Abenteuerroman des »Dieners der ewigen Wahrheit« gestaltete. In seinem einzigen lateinischen Werk »Uhr der Weisheit« (Horologium sapientiae) vermittelte er seine Anschauungen auch dem Klerus und verdeutlichte sein Verständnis von Theologie. Die für die scholastische Arbeitsweise charakteristische Distanz wollte er durch eine am Begriff der Weisheit orientierte Einheit von Erkennen und Erleben überwinden:

»Auf eine … geistliche Weise studieren diejenigen, die sich mit der ganzen Empfindung ihres Herzens und mit all ihren Kräften zu dem ausstrecken, was

213 Heinrich Seuse, Buch der Wahrheit VI: *Ü* hg. von *Loris Sturlese/ Rüdiger Blumrich*, Hamburg 1993, 35/37.

zur Vollkommenheit erforderlich ist. Sie bemühen sich unablässig, daß wie ihr Intellekt mit Wissen, so auch ihr Gemüt mit der göttlichen Weisheit angefüllt wird und daß sie in der Liebe zum höchsten Gut genauso voranschreiten wie in der Erkenntnis der Wahrheit.«[214]

Die Vergegenwärtigung der Passion Jesu stellt für Seuse den – von Gott selbst gebahnten – Weg von der ans Bild gebundenen menschlichen Erfahrung zur diese Bindung hinter sich lassenden mystischen Gottesschau dar:

»Liebster Herr, ich suche deine ganze Gottheit, du aber bietest mir deine Menschheit; ich suche deine Süßigkeit, und du kehrst deine Bitterkeit heraus; ich wollte [wie ein Kind] saugen, aber du lehrst mich kämpfen. Ach Herr, was ist deine Absicht dabei? Antwort der ewigen Weisheit: Niemand kann zu göttlicher Erhabenheit und zu ungewöhnlicher Süßigkeit [des Gottgenießens] gelangen, er werde denn zuvor durch das Bild meiner menschlichen Bitterkeit gezogen. ... Meine Menschheit ist der Weg, den man gehen, mein Leiden das Tor, das man durchschreiten muß, will man zu dem gelangen, was du suchst.«[215]

Auch der Straßburger Dominikanerprediger Johannes Tauler († 1361) nahm die begrifflichen Anregungen Meister Eckharts auf, wenn er von der Gegenwart Gottes im Seelengrund und der Gottesgeburt in der Seele sprach. Ihm lag besonders an einem verinnerlichten Gottesverhältnis, an der Gelassenheit als dem Freiwerden von Bindungen an die Sinnenwelt, um in völliger innerer Leere das »Einströmen« der Gottheit erfahren zu können. Von seiner Kenntnis einer theoretischen Theologie der Mystik aus zielte er auf die praktische Anwendung im vertieften religiösen Erleben und erstrebte eine Verschmelzung von theologischer Reflexion und frommer Erfahrung. Beispielsweise gelangte er von Lehraussagen der theologischen und philosophischen Tradition über den Seelengrund zur Betrachtung des menschlichen Weges zur Seligkeit:

»Von diesem inwendigen Adel, der im Grunde [der Seele] verborgen liegt, haben viele Meister gesprochen, alte und neue: Bischof Albrecht [= Albertus Magnus], Meister Dietrich [von Freiberg, † um 1318/20], Meister Eckhart.

---

214 Heinrich Seuse, Horologium sapientiae II,2: hg von *Pius Künzle*, Freiburg/Schweiz 1977, 526.

215 Heinrich Seuse, Büchlein der ewigen Weisheit 2: *Ü* Ders., Deutsche mystische Schriften, hg. von *Georg Hofmann*, Düsseldorf ²1986, 213.

Der eine nennt ihn einen ›Funken der Seele‹, der andere einen ›Boden‹ oder einen ›Wipfel‹ … . Dieser Funke fliegt, wenn er sich in der rechten Verfassung befindet, so hoch, daß ihm das Verstehen nicht folgen kann, denn er rastet nicht, bis er wieder in den [göttlichen] Grund gelangt, aus dem er geflossen ist und wo er in seiner Ungeschaffenheit war. Die Meister, die hiervon sprachen, haben das dank ihres Lebens und ihrer Vernunft erkannt und durch ihre Erfahrung bestätigt gefunden. Und sie haben es empfangen von den großen Heiligen und Lehrern der heiligen Kirche; und auch vor Gottes Geburt [auf Erden] haben viele Meister davon gesprochen: Platon, Aristoteles und Proklos. … Nun wollen wir den Weg prüfen, der zu der wahren Seligkeit führt: das ist wahre Demut und ein gänzliches Verleugnen seiner selbst …, nichts von sich selbst zu halten noch von allem, was man tut oder tun kann; … . Gibt es irgend etwas, so ist es nichts [dem Menschen] Eigenes, sondern ganz und gar Gottes. In diesen Grund mußt du kommen«.[216]

Neben der Seelsorge in Konventen von Dominikanerinnen widmete Tauler sich der Predigt vor Laien, insbesondere in den frommen Kreisen der »Gottesfreunde«, die für mystische Erfahrungen offen waren. Diese nicht-institutionalisierten Zirkel einer intensivierten Laienfrömmigkeit gerieten mitunter in den Verdacht der Häresie, namentlich wenn sie mit den enthusiastischen »Brüdern und Schwestern vom Freien Geist« verwechselt wurden, die sich im Bewußtsein ihrer mystischen Vergöttlichung der kirchlichen Gnadenvermittlung entzogen und über moralische Regeln hinwegsetzten. Infolgedessen war Tauler – ebenso wie andere theologische Lehrer der Mystik – bemüht, die kirchliche Rechtgläubigkeit seiner Lehre zu betonen. Zugleich nahm er auch die laikale Lebenswelt seiner Hörerinnen und Hörer in den Blick und verortete die mystische Erfahrung im Alltag der christlichen Stadtkultur mit seinen ethischen Herausforderungen:

»Der Geist [= des Menschen] verschmilzt hier [= im Abgrund der Seele] gänzlich [mit Gott] und entsinkt sich selbst und allen Dingen und wird hineingezogen in das heiße Feuer der Liebe, die selber Gott dem Wesen und der Natur nach ist. Und von dort steigen [diese Menschen] dann hernieder in all die Not der heiligen Christenheit und begeben sich mit heiligem Gebet und Verlangen an alles das, wofür Gott gebeten sein will und für ihre Freunde; sie gehen auch zu den Sündern im Fegfeuer und mühen sich um Rat in aller Liebe für eines jeden Menschen Not in der heiligen Christenheit. … So gehen

216 Johannes Tauler, Predigt »Beati oculi qui vident«: *Ü* Ders., Predigten, hg. von *Georg Hofmann*, Freiburg 1961, 407f.

sie aus und ein und bleiben doch allzeit in dem stillen Grund voller Liebe; da ist ihr Wesen, da ihr Leben, dort auch all ihr Wirken und ihre Bewegung. Wo man auch auf sie trifft, findet man nichts als göttliches Leben in ihnen. Ihr Benehmen, ihr Tun, ihre Art, [alles] ist ganz göttlich. Das sind edle Menschen; sie sind der ganzen heiligen Christenheit nützlich und dienen allen zur Besserung, Gott zum Lob, allen Menschen zum Trost.«[217]

Gedanken Taulers wurden gegen Ende des 14. Jahrhunderts in einer kleinen anonymen – einmal »Der Frankfurter« titulierten – Schrift zusammengestellt und verbreitet. Seit Martin Luther sie in den Jahren 1516 und 1518 im Druck publizierte, hat sich für diese Schrift der Name »Theologia deutsch« eingebürgert.

Auch unter den oberdeutschen »Gottesfreunden« kursierten Schriften des bedeutendsten niederländischen Lehrers der Mystik, Jan van Ruusbroec († 1381). Als Seelsorger in Brüssel unter anderem für Beginengemeinschaften zuständig, war er zum theologischen Schriftsteller geworden, auch um häretische Einflüsse abzuwehren. 1343 zog er sich in eine Einsiedelei zurück, die wenige Jahre später zur Chorherrengemeinschaft umgestaltet wurde. Seine volkssprachlichen Schriften, tiefsinnige, zuweilen schwer verständliche allegorische Auslegungen biblischer Sätze oder Motive, richteten sich als Lehrbücher der Mystik an Menschen, die sich bereits zu einem kontemplativen Leben entschlossen hatten. Sie zielten auf eine immer neu intensivierte Liebesbegegnung mit Gott in der passiv gewordenen Seele. In seiner berühmtesten Schrift »Die Zierde der geistlichen Hochzeit«, einer kunstvoll nach scholastischen Regeln aufgebauten allegorischen Auslegung von Mt 25,6 (»Seht, der Bräutigam kommt! Geht hinaus, um ihm zu begegnen!«), wird diese Gottesschau auf einem gestuften Weg über die Einübung geistlicher Tugenden und die Stimulierung spiritueller Affekte erreicht. Am Ende steht die Gottesbegegnung in einer alles Verstehen übersteigenden Erfahrung:

»Dies ist die tätige Begegnung des Vaters und des Sohnes, worin wir, durch den Heiligen Geist in ewiger Minne liebevoll umarmt werden. … Hier vollzieht sich ein genießendes Übersteigen und ein fließendes Eintauchen in die wesentliche Nacktheit, da alle göttlichen Namen, alle Weisen und alle lebendigen Ideen, die im Spiegel der göttlichen Wahrheit abgebildet sind, in einer einfaltigen Namenlosigkeit und Unweise außerhalb jeder verstandesmäßigen

---

217 Johannes Tauler, Predigt über 1Petr 4,7: *Ü* a.a.O., 167f.

Erkenntnis zusammenfallen. Denn in diesem bodenlosen Wirbel der Einfalt werden alle Dinge in die genießende Seligkeit hineingezogen, der Grund und Boden selbst bleibt aber unverstanden, außer durch die wesentliche Einheit selbst. … Dies ist die dunkle Stille, worin alle Liebenden verloren sind.«[218]

Ruusbroec formte die theologische Reflexion der kirchlichen Lehrbestände in Richtung auf eine esoterische Belehrung der mystisch Erfahrenen um. Damit zielte er auf ein bis hin zur Aufhebung der Differenz von Gott und Seele gesteigertes Erfahrungslernen, das er ausdrücklich gegenüber begrifflichen Lehrbildungen abgrenzte:

»Zu diesem göttlichen Schauen können nur wenige Menschen vorstoßen wegen ihrer Mängel und der Verborgenheit des Lichtes, worin man schaut. Daher wird niemand diesen Sinn eigentlich und zutiefst verstehen mittels eigener Lehren oder eigener spitzfindiger Gedankengänge. Denn alle Worte und alles, was man im kreatürlichen Sinn lernen und verstehen kann, ist jenem Sinn fremd und liegt weit unter der Wahrheit, die ich meine. Wer aber mit Gott vereint ist und in der Wahrheit erleuchtet, der darf die Wahrheit mit Hilfe ihrer selbst verstehen. Denn Gott begreifen und verstehen über allen Gleichnissen, so wie Gott in sich selbst ist, das heißt Gott mit Gott sein, unmittelbar und ohne irgendein Anderssein, das ein Hindernis bilden könnte.«[219]

Die scholastische Theologie, wohl gerade in ihrer im 14. Jahrhundert zunehmenden Differenzierung in Schulrichtungen, erschien Ruusbroec als Abweg, den er bissig karikierte:

»Man findet Menschen, die sehr spitzfindig mit Worten sind und geschickt, erhabene Dinge zu ergründen, dennoch aber schmecken sie weder den erleuchteten Seinszustand noch die allumfassende Minne voller Milde. … Während der erleuchtete Mensch eine von Gott eingegebene Weisheit besitzt, worin er mit Unterscheidungsfähigkeit die Wahrheit ohne Mühe erkennt, hat jener Mensch spitzfindige Einfälle, von denen ausgehend er phantasiert, dichtet und mit Gewandtheit argumentiert. … Sie [= seine Lehre] führt weder zur Einheit, noch zeigt sie den Weg dorthin, sondern sie lehrt bloß, über Verschiedenartiges geschickt zu argumentieren. Diese Leute sind hartnäckig darauf bedacht, ihre Lehre und ihre Meinung zu behalten, auch wenn eine andere Meinung ebenso gut wäre wie ihre.«[220]

---

218 Jan van Ruusbroec, Die Zierde der geistlichen Hochzeit III,4: *Ü* hg. von *Marijke Schaad-Visser*, Einsiedeln 1987, 162.

219 A.a.O. III, Vorrede: *Ü* a.a.O., 151f.

220 A.a.O. II,2–3: *Ü* a.a.O., 100f.

Ruusbroec formulierte damit zugleich einen eigenen Anspruch auf wahre Theologie: sie sucht die einheitsstiftende Wahrheit nicht im rational argumentierenden Diskurs, sondern in der Gestalt einer die in der christlichen Tradition aufbewahrten religiösen Erfahrungen reflektierenden und aufschließenden Anleitung zu neuer, vertiefter Erfahrung. Mit seiner kontemplativen Lebenslehre regte Ruusbroec die Frömmigkeitsbewegung der Devotio moderna (s.u. V.4.a) an.

Auch die englischen Lehrer der Mystik praktizierten Theologie als Anleitung zur Gotteserfahrung. In dem Traktat »Die Wolke des Nichtwissens« (The Cloud of Unknowing) verortete der anonyme, zweifellos theologisch hochgebildete Verfasser die Gotteserfahrung nicht im Denken, sondern in der Liebesempfindung. Er verband eine negative Theologie der Unerkennbarkeit Gottes – er ist verhüllt von der titelgebenden »Wolke« – mit der Orientierung theologischer Lehre an den geistlichen Affekten:

»Gott selbst kann kein Mensch gedanklich erfassen. Und daher will ich alles, was ich denken kann, hinter mir lassen und zum Gegenstand meiner Liebe das erwählen, das nicht gedacht werden kann. Denn Gott kann wohl geliebt, aber nicht gedacht werden. Von der Liebe läßt er sich fassen und halten, vom Intellekt jedoch nicht. Und wenn es darum auch zuweilen gut ist, an die Güte und Erhabenheit Gottes im besonderen zu denken …, müssen doch solche Gedanken bei diesem Werk abgeworfen und mit einer Wolke des Vergessens bedeckt werden. Sodann mußt du mit festem, freudigem Schritt über sie emporsteigen und mit einer innigen und süßen Liebesregung versuchen, das Dunkel, das über dir ist, zu durchdringen.«[221]

Eine methodische Anleitung zur mystischen Vereinigung mit Gott bot der Kanoniker Walter Hilton († 1393) mit seiner auch außerhalb Englands verbreiteten Schrift »Die Stufenleiter zur Vollkommenheit« (The Scale of Perfection). Den Aufstieg der Seele aus der Sinnenwelt bis zum Höhepunkt einer ekstatischen Gotteserfahrung deutete Hilton als Prozeß der spirituellen »Reform«, als Rückverwandlung der in die Sünde verstrickten Seele zur ursprünglichen Gottebenbildlichkeit. Die akademische theologische Wissenschaft konnte er dabei immerhin einer ersten Stufe der Kontemplation zu-

221 The Cloud of the Unknowing 7: *Ü* Das Buch von der mystischen Kontemplation genannt Die Wolke des Nichtwissens …, hg. von *Wolfgang Riehle*, Einsiedeln 1980, 45f.

ordnen. Die ihr mögliche Gotteserkenntnis bildet aber nur die Basis für eine erhebliche qualitative Steigerung auf den beiden folgenden Stufen:

»Das kontemplative Leben hat drei Teile. Der erste besteht in der Kenntnis Gottes und der geistlichen Dinge, wie sie mittels des Verstandes durch menschliche Lehre und das Studium der Heiligen Schrift erworben wird, ohne die geistliche Berührung oder den inwendigen Geschmack, die als besondere Gabe des Heiligen Geistes erfahren wird. Dieser Teil ist insbesondere die Sache einiger gelehrter Männer und bedeutender Wissenschaftler, die durch lange Studienarbeit an der Heiligen Schrift zu dieser Kenntnis gelangen, mehr oder weniger nach dem Maß ihres natürlichen Scharfsinns und ihrer andauernden Bemühung, so wie es auf der Grundlage der natürlichen Gottesgaben jedem möglich ist, der seinen Verstand benutzt. Diese Kenntnis ist gut und kann als Teil der Kontemplation bezeichnet werden, insofern sie eine Vorstellung von der Wahrheit und eine [äußere] Kenntnis geistlicher Sachverhalte darstellt. … Der zweite Teil der Kontemplation besteht im wesentlichen im Gefühl ohne ein Verständnis geistlicher Dinge; er kommt üblicherweise den einfachen und ungebildeten Menschen zu, die sich ganz der Frömmigkeit hingeben. … Der dritte Teil der Kontemplation, der so vollkommen ist, wie es hier [auf Erden] möglich ist, besteht sowohl im Verstehen wie im Fühlen, darin, Gott zu erkennen und vollkommen zu lieben.«[222]

Veranlaßt durch die Auseinandersetzungen in der englischen Kirche mit Wyclif und den Lollarden (s.u. V.2.b) betonte Hilton, daß die persönliche religiöse Erfahrung durch die kirchliche Lehre und Ordnung begrenzt bleiben müsse:

»Nichts darf angenommen werden, was der Anordnung der Kirche, den Aussprüchen der heiligen Väter und der Autorität der von der Kirche anerkannten Lehrer widerspricht. Auch wenn du etwas fühlst, was von der Kirche noch nicht ausdrücklich gelehrt und von den alten Vätern nicht klar vorgetragen wird, mußt du dich hier selbst aufgeben und dich und jenes [Gefühl] dem Glauben der Kirche anvertrauen und nicht hartnäckig an deinem Gefühl festhalten, als sei es von der Wahrheit erleuchtet.«[223]

---

222 Walter Hilton, The Scale of Perfection I,4f. und 8: neuengl. *Ü* hg. von *John P.H. Clark/ Rosemary Dorward*, New York/Mahwah 1991, 79f. und 82.

223 Walter Hilton, Epistula de Lectione: Ders., Latin Writings, hg. von *John P.H. Clark/ Cheryl Taylor*, Salzburg 1987, 228f.

Die Betonung der kirchlichen Rechtgläubigkeit verband die theologischen Lehrer der Mystik in den verschiedenen regionalen Wirkungsbereichen. Gemeinsam war ihnen ferner die Tendenz zur Verinnerlichung der mystischen Affekte und – abgesehen von Seuse – eine gewisse Zurückhaltung gegenüber extremen ekstatischen Erlebnissen. Vor allem aber betrieben sie theologische Lehre als an der Praxis orientierte Weitergabe religiösen Erfahrungswissens. Obwohl ihr Bildungsgang und ihr Wille zur Reflexion sie bleibend an die Theologie als Schulwissenschaft band, lockerte sich diese Bindung in Richtung auf eine erbauliche Lebensunterweisung, so daß – durchaus programmatisch – der Unterschied von theologischer Lehre und Frömmigkeitsbewegung verschwamm.

4. Die kirchliche Theologie und die Juden

a. Voraussetzungen

Die christliche Botschaft hatte sich seit ihren Anfängen mit der Existenz des Judentums auseinandersetzen müssen: Daß das Volk der alttestamentlichen Heilsgeschichte und ihrer Verheißung in seiner Mehrheit Jesus von Nazareth nicht als den Messias Israels anerkannte, irritierte die Christen, gerade weil sie ihrerseits die Identität des Christentums an die Geschichte Gottes mit Israel knüpften. Die theologische Reflexion stand damit vor der schwierigen Aufgabe, den universalen und definitiven Charakter der Christusoffenbarung herauszustellen und dabei zugleich die besondere geschichtliche und religiöse Verbindung zum Judentum zu erläutern. Die Theologen der Alten Kirche entwickelten ein Repertoire von Deutungen, in dem der zentrale Gedanke der Ablösung des »alten« Sinaibundes durch den »neuen« Christusbund ergänzt wurde durch Aussagen über die Verstockung der Juden, über ihre Schuld am Tod Jesu (»Gottesmord«) und die darauf folgende Strafe ihrer Zerstreuung in alle Welt, aber auch über den Sinn ihrer weiteren Existenz als »Vorboten« des Evangeliums. Je nach Auswahl und Kombination dieser Theorieelemente ergaben sich differenzierte Ansätze für die christliche Sicht des Judentums und für deren praktische Konsequenzen. Möglich war die

Betrachtung der Rolle des Judentums unter der Perspektive der jüdischen Feindseligkeit gegenüber der Christusoffenbarung, wozu bevorzugt die Selbstverfluchungsformel aus Mt 27,25 (»Sein Blut komme über uns und unsere Kinder!«) herangezogen wurde. Christliche Judenfeindschaft und die Herstellung sozialer Distanz bis hin zu Verfolgungen und Vertreibungen schienen dann geboten. Möglich war aber auch die Hervorhebung des eschatologischen Ausblicks auf die von Juden und Christen erwartete Vollendung der Offenbarungsgeschichte, wenn man sich vor allem auf Röm 11,25–32 stützte und in der »Verstockung« Israels das Vorzeichen seiner Rettung erkannte. Bei einer deutlichen Trennung von Christen und Juden blieb es auch dann, vorrangige Aufgabe der Christen mußte es aber sein, in der Hoffnung auf das Ziel der Geschichte die getrennten jüdischen »Geschwister« doch noch für die Christusbotschaft zu gewinnen.

b. Theologische Lehre und kirchliche Praxis

Für die christliche Theologie des Mittelalters ergaben sich kaum wesentlich neue Aspekte. Allerdings sorgten im 12. Jahrhundert die Orientkreuzzüge und die Reconquista auf der spanischen Halbinsel dafür, daß neben den Muslimen auch die Juden verstärkt als »Feinde Christi« wahrgenommen wurden. Die gegensätzlichen theologischen Antworten auf die Frage nach dem Umgang mit ihnen, wie sie Bernhard von Clairvaux und Petrus Venerabilis gaben (s.o. II.2.d), aktualisierten jeweils bestimmte Aspekte der altkirchlichen Tradition. Die verstärkte Aufmerksamkeit auf die Existenz der Juden schlug sich im 12. Jahrhundert in einer Vielzahl von Traktaten über bzw. gegen die Juden nieder, die die traditionellen Elemente einer christlichen Deutung des Judentums erneuerten. Eine solche, in ihren Kernaussagen konventionelle Schrift verfaßte etwa der monastische Theologe Rupert von Deutz († 1129), selbst vermutlich an Disputationen mit Juden im Kölner Raum beteiligt, unter dem Titel »Ringlein oder Dialog zwischen einem Christen und einem Juden«. Er ging aus von Jesu Gleichnis von den beiden Söhnen (Lk 15,11–32) und wollte den älteren – jüdischen – »Bruder« vom christlichen Verständnis des Alten Testaments überzeugen, insbesondere davon, daß die Messiasverheißungen sich auf Jesus beziehen und daß das Zeremonialgesetz nicht mehr wörtlich zu befolgen sei. Im Verhältnis zum Gesetz macht Rupert den Kern des Gegensatzes von Christen und Juden fest:

»Gott-Vater, der Erhabene, entsprach dem Glaubensverlangen, mit dem die Väter seine innersten Ohren bestürmten: Er gewährte ihnen das Zeremonialgesetz und brachte damit ein Volk hervor, das mehr zur Knechtschaft als zur Freiheit taugt, das Gott als seinen Vater oder Schöpfer mehr aus Furcht als aus Liebe verehrt und erkennt. Das sollst du wissen: Gott hat jenes Gesetz nicht erlassen, sondern zugelassen; er hat es nicht gewollt, sondern erlaubt.«[224]

Während die Juden durch die Furcht vor Strafe an Gott gebunden sind, ist die christliche Religion durch die Freiheit zur Gottesliebe ausgezeichnet. Wider Willen werden aber auch die Juden zu Zeugen der Christusbotschaft: Ihr Schicksal der Zerstreuung und der Knechtschaft ist Strafe für den jüdischen Unglauben und Ungehorsam und erweist die Überlegenheit der christlichen Religion.

Während Rupert von Deutz wie die meisten mittelalterlichen Theologen in den Bahnen traditioneller Bibelauslegung blieb, hob Petrus Abaelard, der Verfechter einer philosophisch anspruchsvollen Theologie (s.o. IV.1.b), die Reflexion über das Judentum auf eine abstraktere Ebene. Mit seinem unvollendet gebliebenen »Gespräch eines Philosophen, eines Juden und eines Christen« zielte er auf ein christliches Wahrheitsbewußtsein, das sich auf vernünftige Argumente gründet, und wollte so auch gegenüber dem Judentum den Universalitätsanspruch des Christentums philosophisch tragfähig fundieren. Auch Abaelard kennzeichnete das Judentum als drückende Gesetzesreligion. Die dem Juden in den Mund gelegten Worte reflektieren aber auch die Tragik jüdischer Existenz in der christlichen Gesellschaft:

»Denn von keinem Volk weiß man …, es habe auch nur einmal so Gewaltiges für Gott ertragen, wie wir es beständig für ihn erdulden. … Von allen werden wir einer solchen Verachtung und eines solchen Hasses für wert erachtet, daß jeder, der uns irgendein Unrecht antut, dies für die größte Gerechtigkeit hält … . Sie meinen nämlich, das Unglück einer derartigen Gefangenschaft sei uns nur wegen Gottes äußerstem Haß zugestoßen, und sie rechnen einer gerechten Vergeltung jede Grausamkeit zu, die Heiden wie Christen an uns verüben. … Weder Äcker noch Weinberge oder überhaupt irgendwelches

224 Rupert von Deutz, Anulus II: PL 170, 581.

Grundeigentum zu besitzen, wird uns gestattet … . Daher bleibt uns vorrangig als Erwerbsquelle übrig, daß wir … auf Zinsen leihen und dadurch ein elendes Leben fristen, was uns freilich gerade denen aufs höchste verhaßt macht, die glauben, dadurch aufs äußerste niedergedrückt zu sein. … In welche Schwierigkeiten bereits die Vorschriften des Gesetzes verwickelt sind, entgeht auch niemandem, der sich mit ihnen befaßt hat, so daß wir ebenso durch die Unterdrückung der Menschen wie durch das Joch des Gesetzes unerträglich niedergeworfen werden. … Daraus erhellt unumstößlich, wie schwierig es sich unter euch auf unserer Pilgerfahrt um Gottes willen lebt.«[225]

Nach Abaelard hat nur noch der katalanische Theologe Raimundus Lullus († 1316) die christlich-jüdische Auseinandersetzung mit der philosophischen Frage nach universaler religiöser Wahrheit verbunden. In seinem 1274–1276 entstandenen »Buch vom Heiden und den drei Weisen« überzeugen die Vertreter von Judentum, Christentum und Islam den heidnischen Philosophen von der Wahrheit des ihnen gemeinsamen Monotheismus. Ob es einem von ihnen gelingt, ihn ganz von seiner eigenen Religion zu überzeugen, bleibt offen. Das Buch endet mit der Vision eines fortgesetzten interreligiösen Gesprächs als Weg zur Einheit der Welt:

»Als sie nun gerade auseinandergehen wollten, sagte einer der drei Weisen: ›… Wie wäre es, wenn wir uns einmal am Tag treffen und … diskutieren … ? Und wenn sich unsere Diskussion so lange fortsetzte, bis wir alle drei uns zu einem einzigen Glauben und einer einzigen Religion bekennen und bis wir einen Weg finden, wie wir einander am besten ehren und dienen können, so daß wir zur Eintracht gelangen? Denn Krieg, Wirrsal, Mißgunst, Unrecht und Schande hindern die Menschen daran, sich auf einen Glauben zu einigen.‹ Die beiden anderen Weisen hielten für gut, was der Weise gesagt hatte; sie vereinbarten Zeit und Ort für die Streitgespräche und legten die Verhaltensregeln für einen respektvollen Umgang miteinander in der Diskussion fest. Sobald sie zu einem Einverständnis hinsichtlich ihres Glaubens gekommen seien, würden sie durch die Welt ziehen, um den Namen des Herrn, unseres Gottes, zu preisen.«[226]

---

225 Petrus Abaelard, Gespräch eines Philosophen, eines Juden und eines Christen: *Ü* hg. von *Hans-Wolfgang Krautz*, Frankfurt a. M./Leipzig 1995, 29–35.

226 Raimundus Lullus, Das Buch vom Heiden und den drei Weisen IV: *Ü* hg. von *Theodor Pindl*, Stuttgart 1998, 248f.

Raimundus Lullus war davon überzeugt, daß ein solches Gespräch der Religionen die universale Wahrheit des Christentums erweisen und so die christliche Mission vollenden werde.

Von solchen philosophisch-theologischen Höhenflügen abgesehen, bewegte sich die theologische Reflexion in dem Horizont, der durch die kirchlichen Verlautbarungen über den Umgang mit den Juden abgesteckt wurde. Die seit der zweiten Hälfte des 12. Jahrhunderts regelmäßig wiederkehrenden päpstlichen Judenbullen blieben in der Spannung von Judenschutz und Judenfeindschaft. So sprach sich Innozenz III. 1199 gegen eine Störung der jüdischen Religionsausübung und gegen Zwangsbekehrungen von Juden aus, deutete aber auch einige Einschränkungen an:

»Wenn auch den Juden nicht erlaubt ist, in ihren Synagogen sich mehr herauszunehmen, als das Gesetz es gestattet, so dürfen sie doch in dem, was ihnen zugestanden ist, keine Beeinträchtigung erfahren. … Wir bestimmen aber, daß kein Christ sie wider ihren Willen mit Gewalt zwingt, zur Taufe zu kommen. … Kein Christ wage es, sie ohne das Urteil der Obrigkeit seines Landes zu verletzen oder zu töten und ihnen ihr Geld zu nehmen oder gutes Gewohnheitsrecht zu ändern, das sie … besitzen. Außerdem soll kein Christ sie bei der Feier ihrer Feste mit Knütteln oder Steinen stören … … Es soll niemand wagen, der Juden Friedhöfe zu verletzen oder zu verkleinern … … Wir wollen aber unter den Schutz dieses Dekrets nur diejenigen nehmen, die sich nicht herausnehmen, etwas zur Untergrabung des christlichen Glaubens zu unternehmen.«[227]

Gegen Ritualmordbeschuldigungen (s.u. V.4.b) und ihnen folgende Pogrome erhoben die Päpste mehrfach ihre Stimme. Andererseits betonten sie den Knechtsstatus der Juden und unterstützten Maßnahmen zu ihrer Ausgrenzung und Diskriminierung. Das von Innozenz III. veranstaltete Vierte Laterankonzil von 1215 schrieb unter anderem vor, daß Juden durch eine besondere Tracht – in der Folge meist der spitze Judenhut und der am Gewand befestigte gelbe Judenring – erkennbar sein sollten, begrenzte die Zinsen der jüdischen Geldverleiher und untersagte den Juden die Ausübung öffentlicher Ämter –

227 Innozenz III., Bulle »Licet perfidia«, 15. September 1199: *Ü* Kirche und Synagoge, hg. von *Karl Heinrich Rengstorf* und *Siegfried von Kortzfleisch*, Bd. 1, Stuttgart 1968, Tb.-Ausg. 1988, 216f.

von den meisten gewerblichen Tätigkeiten waren sie ohnehin schon ausgeschlossen.

Die scholastischen Theologen behandelten das Thema »Juden« durchweg auf der durch die Papstkirche vorgezeichneten Linie und konzentrierten sich auf Aspekte der kirchlichen Praxis. Thomas von Aquin widmete sich den Juden in seiner »Summa theologiae« im Abschnitt über den Unglauben. Im einzelnen erörterte er – wie andere Scholastiker auch – die Fragen des Glaubenszwanges und der Tolerierung des jüdischen Gottesdienstes. Daß Thomas sich gegen Zwangstaufen wandte, entsprach den päpstlichen Richtlinien, denen die Praxis freilich nicht immer folgte. Nach Thomas ist der jüdische Gottesdienst auch deshalb zu dulden, weil er ein wirksames Glaubenszeugnis enthält und insofern auch für die Christen von Bedeutung ist:

»So können also die Ungläubigen in ihren Riten geduldet werden, obwohl sie damit sündigen, entweder wegen etwas Gutem, das daraus erwächst oder wegen eines Übels, dem man damit vorbeugt. Daraus aber, daß die Juden ihre Riten beobachten, mit denen einst die Wahrheit des von uns festgehaltenen Glaubens vorgebildet wurde, erwächst dieses Gute, daß wir von unserer Feinden ein Zeugnis unseres Glaubens erhalten und uns das, was wir glauben, wie in einem Bild vor Augen geführt wird. Deshalb werden sie mit ihren Riten geduldet.«[228]

Für Johannes Duns Scotus, der die Juden in erster Linie als Übertreter des göttlichen Willens in den Blick nahm, lag es näher, ihre Entfernung aus der christlichen Gesellschaft zu fordern:

»Man soll nicht, weil einige wenige sich später noch bekehren, dulden, daß so viele Juden in so vielen Gebieten für so lange Zeit in ihrem Gesetz verharren, denn die letztlich daraus für die Kirche erwachsende Frucht ist und bleibt bescheiden. Daher würde es genügen, wenn man einigen wenigen, die man auf eine Insel verbannt, gestatten würde, ihr Gesetz zu beobachten. An ihnen könnte sich dann die Weissagung des Jesaja [10,22] erfüllen.«[229]

---

228 Thomas von Aquin, Summa theologiae II-II q 10 a 11: *Ü* Deutsche Thomas-Ausgabe (lat.-dt.), Bd. 15, Heidelberg u.a. 1950, 225.

229 Johannes Duns Scotus, Sentenzenkommentar d 4 q 9: *Ü* Kirche und Synagoge, hg. von *Karl Heinrich Rengstorf* und *Siegfried von Kortzfleisch*, Bd. 1, Stuttgart 1968, Tb.-Ausg. 1988, 220.

c. Talmudstreit und Religionsgespräche

Zur direkten theologischen Auseinandersetzung von Christen und Juden kam es über die Frage nach dem Recht der Juden auf ihre religiösen Bücher, namentlich den Talmud. Der Streit darüber wurde durch Nikolaus Donin († nach 1279), einen zum Christentum konvertierten französischen Juden, angestoßen: Er unterbreitete 1236 oder 1238 Papst Gregor IX. eine Liste von Anklagen gegen den Talmud. Insbesondere behauptete er, dieser enthalte Lästerungen Jesu und seiner Mutter und mache in seinen erzählenden (haggadischen) Teilen Gott durch massive Anthropomorphismen lächerlich. Der Papst ordnete daraufhin 1239 die Beschlagnahme aller hebräischen Bücher an. Nur in Frankreich wurde diese Anordnung befolgt, und in Paris kam es 1240 zu einer Disputation, bei der Rabbi Jechiel ben Joseph aus Paris († um 1265) den Talmud gegen die Anschuldigungen des Nikolaus Donin verteidigte. 1242 wurden die konfiszierten Exemplare des Talmud in Paris verbrannt. Das Vorgehen gegen den Talmud blieb auch unter den christlichen Theologen umstritten. So setzte sich der spanische Dominikaner Raimund Martini († 1284) für den Talmud ein, weil er – bei entsprechender Kenntnis – für die Missionierung der Juden eingesetzt werden könne:

»Daher weisen wir diese Überlieferungen nicht zurück, sondern heißen sie vielmehr gut …, weil man nichts findet, das so geeignet ist, die Schamlosigkeit der Juden zu erschüttern, nichts so wirksam, ihre Bosheit zu besiegen. Was endlich könnte dem Christen angenehmer sein, als so ganz leicht der Hand der Feinde das Schwert entwinden zu können und ihnen sodann mit ihrem eigenen Schwert das ungläubige Haupt abzuschneiden?«[230]

Die Autorität des Talmud und die in ihm angeblich enthaltenen Lästerungen standen auch im Mittelpunkt weiterer Religionsgespräche. Auf christlicher Seite waren durchweg Konvertiten als – tatsächliche oder vorgebliche – Kenner der jüdischen Literatur federführend. Die bedeutendsten Religionsgespräche fanden in Spanien statt. Dort lebten Christen und Juden von jeher durchmischter als im übrigen Europa; die unter arabischer Herrschaft gewachsene religiöse Toleranz

230 Raimund Martini, Dolch des Glaubens gegen Mauren und Juden: *Ü* a.a.O., 234.

wurde aber im Zuge der fortschreitenden Reconquista brüchig. Religionsgespräche von Christen und Juden sollten die Judenmission unterstützen, die teilweise durch Zwangstaufen vorangetrieben wurde; sie konnten aber auch als Grundlage für Maßnahmen gegen die »verstockten« Juden dienen. Ein erstes großes Religionsgespräch fand 1263 auf Anordnung von König Jakob I. von Aragon (1213–1276) in Barcelona statt. Es zeichnete sich aus durch die umfassende Redefreiheit, die der jüdische Disputant Moses ben Nachman († 1270), Rabbiner der großen Judengemeinde von Girona, genoß. Er trat dem Dominikaner Paulus Christiani († 1274), einem ehemaligen Juden, gegenüber. Das Gespräch begann mit der Diskussion von Talmudstellen und stieß zu zentralen Fragen des Gottesbegriffes und der Christologie vor. Beide Kontrahenten sahen sich als Sieger, der Rabbiner mußte für sein Disputationsgeschick allerdings mit der Ausweisung aus Aragon büßen.

Im 14. Jahrhundert agitierten in Spanien zahlreiche antijüdische Prediger, manche riefen zur Gewaltanwendung gegen die Juden und ihre Synagogen auf. Am 6. März 1391 kam es in Sevilla zu einem Massaker an den Juden, dem eine Welle antijüdischer Gewaltakte in ganz Spanien folgte. Vor diesem Hintergrund fand 1413/14 in Tortosa ein von Papst Benedikt XIII. (Avignon) einberufenes und geleitetes Religionsgespräch mit 69 Sitzungen statt. Es handelte sich um eine als »Podiumsdiskussion« konzipierte christliche Propagandaveranstaltung. Die jüdischen Teilnehmer, unter ihnen der bedeutende Gelehrte Josef Albo († um 1444), sahen sich von vornherein eingeschüchtert und in ihrer Redefreiheit beschränkt:

»Als wir in das Haus des Papstes eintraten, erblickten wir einen großen, mit farbigen Stoffen geschmückten Hof. Dies war der Ort der Disputation. Es standen dort siebzig Sessel für die Kardinäle, Bischöfe und Erzbischöfe, die in goldgestickte Gewänder gekleidet waren; von sonstigen vornehmen Vertretern der Römischen Kirche, Bürgern und Vertretern der Obrigkeit waren hier etwa tausend Männer anwesend. Unser bemächtigte sich eine große Bangigkeit. … Nun nahm der Papst das Wort: ›Wisset, jüdische Gelehrte, daß ich nicht zu dem Zweck erschienen bin und euch hierher befohlen habe, um darüber zu diskutieren, welche von den beiden Religionen die wahre sei, da ich nicht im geringsten daran zweifle, daß es die meinige ist, während eure Tora wohl einmal wahr gewesen, dann aber aufgehoben worden ist. Wir wollen hier nur die Argumente des Hieronymus [de Santa Fé] einer Erörterung unterziehen, der bereit ist, aufgrund des Talmuds eurer alten Meister, die weiser waren als ihr, den Beweis zu erbringen, daß der Messias bereits erschienen sei; ihr aber sollt euch eurerseits allein zu dieser Frage äußern.‹«[231]

Die christlichen Vertreter, die beiden Konvertiten Hieronymus de Santa Fé und Paulus von Burgos († 1435) versuchten, die Messianität Jesu aus dem Talmud zu erweisen. Als Folge des Religionsgesprächs kam es zu einer Konversionswelle, zu der die Durchschlagskraft theologischer Argumente vermutlich weniger beitrug als der soziale Druck auf die Juden. Die »Neuchristen« wurden denn auch von der Inquisition mit Argwohn betrachtet und in Kirche und Gesellschaft diskriminiert. 1492 wurden alle Juden aus Spanien ausgewiesen.

Im deutschen Reich lebte die Diskussion um den Talmud im ersten Jahrzehnt des 16. Jahrhunderts noch einmal auf, als der Kölner Dominikaner Johannes Pfefferkorn († um 1522), auch er ein Konvertit, in polemischen Kampfschriften die Vernichtung der hebräischen Bücher verlangte, weil er sie für die »Verstocktheit« der Juden verantwortlich machte. Obwohl Pfefferkorn alles andere als ein Talmudkenner war, forderte Kaiser Maximilian I. (1493–1519) 1509 die Juden auf, alle ihre religiösen Schriften ihm zur Prüfung zu übergeben und sich auf ihre Bibel, das Alte Testament der Christen, zu beschränken:

»Wenn ihr schon unseren christlichen Glauben nicht halten wollt, in dem euch der allmächtige Gott mit Gnaden unterweisen will, so sollt ihr doch unter zwei Übeln nur das eine wählen und nicht zu weiterem und größerem Schaden eurer Seelen Seligkeit aus eurem überkommenen jüdischen Glauben in Irrsal und Ketzerei fallen, sondern bei den Büchern Moses und der Propheten bleiben, die wir auch halten«.[232]

Dagegen protestierte der Humanist Johannes Reuchlin († 1522), der bedeutendste christliche Kenner der hebräischen Sprache und Literatur seiner Zeit. Er nahm den Talmud vor der Klassifizierung als »Schmähbuch« in Schutz und gestand den Juden zu, sich gegen christliche Angriffe unter Bezug auf ihre eigene Tradition zu verteidigen. Reuchlins Position konnte zwar die gebildete Öffentlichkeit für sich gewinnen, unterlag aber im kirchlichen Prozeß, den die Domini-

---

231 Zeitgenössischer Bericht: *Ü* a.a.O., 242.

232 Maximilian I., Mandat, 19. August 1509: *Ü* a.a.O., 280.

kaner gegen ihn anstrengten. Als Leo X. 1520 gegen Reuchlin entschied, war die Auseinandersetzung bereits durch den Beginn der deutschen Reformation überlagert. Den Fragen nach der christlichen Deutung des Judentums und nach der von ihr nahegelegten Behandlung der Juden mußte sich die theologische Reflexion freilich weiterhin stellen.

V. Krise und Stabilität der Papstkirche im Spätmittelalter (14./15. Jahrhundert)

1. Der Niedergang der Autorität des Papsttums

a. Anspruch und Wirklichkeit der päpstlichen Stellung

Seit die große Kirchenreform des 11. Jahrhunderts (s. o. I) den Papst als unbestrittene hierarchische Spitze der Kleruskirche etabliert hatte, war diese innerkirchliche Stellung zugleich der Ausgangspunkt für den päpstlichen Anspruch auf die universale Leitung der Christenheit. Dieser Anspruch hatte gerade im Konflikt mit dem konkurrierenden Selbstverständnis des hochmittelalterlichen deutschen Kaisertums an Profil und Durchschlagskraft gewonnen. Mit Innozenz III. (s.o. II.3.b) hatte die päpstliche Universalgewalt den Höhepunkt ihrer politischen Realisierung erreicht, eine Höhe, die auch Gregor IX. im Konflikt mit Friedrich II. (s.o. II.3.c) noch annähernd hatte halten können. Der Untergang der Stauferdynastie und die mit ihm verbundene Krise des deutschen Kaisertums, die sich im »Interregnum« der Jahre 1256 bis 1273 zeigte, riß auch die politische Stellung des Papsttums in den Strudel einer zunächst nur in Ansätzen erkennbaren Neuformierung der abendländischen Machtverhältnisse. Sie lief auf eine Stärkung partikularer Gewalten und das Ende universaler Leitungsansprüche hinaus. Zur gleichen Zeit fiel mit dem Verlust der letzten Kreuzfahrerstützpunkte im Heiligen Land (s.o. II.2.e) auch dieses Symbol einer päpstlichen Oberhoheit über die abendländischen Mächte weg.

Im letzten Drittel des 13. Jahrhunderts wurde das Papstamt in die durch den Niedergang der kaiserlichen Macht angeheizten Herrschaftsstreitigkeiten in Italien hineingezogen. Die Hilflosigkeit des Papsttums zwischen den Interessen auswärtiger Mächte und italienischer Adelsparteien zeigte sich ab 1261 in einer Serie komplizierter Papstwahlen. Beispielsweise konnte 1271 erst nach fast drei Jahren der Sedisvakanz ein neuer Papst gewählt werden. Der schließlich

Gewählte, Gregor X., versuchte, eine Wiederholung dieses Vorgangs zu verhindern, indem er 1274 vom Zweiten Konzil von Lyon verschärfte Bestimmungen für die Papstwahl beschließen ließ. Sie sahen vor, die wählenden Kardinäle im »Konklave« von der Außenwelt abzuschließen und unter erheblichen äußeren Druck zu setzen. Den politischen Druck auf das Papsttum konnte diese Ordnung aber nicht wirklich mindern. Er führte 1294 auch zu der Verlegenheitswahl des frommen Eremiten Petrus von Morrone († 1296), der sich als Papst Cölestin V. nannte. Weil er in seinem religiösen Profil so ganz aus dem Rahmen der Kirchenfürsten auf dem Papstthron fiel, richteten sich apokalyptische Hoffnungen auf ihn: er sei der »Engelpapst«, der eine grundsätzliche Wende der Geschichte Gottes mit seinem Volk einleiten werde. Den konkreten Anforderungen seines Amtes zeigte sich Cölestin V. freilich nicht gewachsen, so daß er nach wenigen Monaten zurücktrat – ein bislang in der Papstgeschichte singulärer Vorgang. Um diese Zeit entstand auch die papstkritische Legende von einer »Päpstin« Johanna, die – als Mann verkleidet – im »dunklen« 9. Jahrhundert auf den Stuhl Petri gelangt und erst infolge einer Schwangerschaft entdeckt worden sein sollte. Diese im Spätmittelalter weitverbreitete Erzählung hatte zwar keinen Anhalt an der geschichtlichen Realität, formulierte aber das Ungenügen an einem Papsttum, das den Anspruch auf seine kirchliche Spitzenstellung repräsentativ ausgestaltete, dessen politische Macht und dessen religiöser Ernst aber zusehends schwanden.

Bonifaz VIII., der Nachfolger Cölestins V., versuchte energisch, dem Bedeutungsverlust des Papsttums entgegenzuarbeiten. Um Rom als Zentrum der abendländischen Christenheit wieder fest im religiösen Bewußtsein zu verankern, rief er das Jahr 1300 zum »Jubiläum« bzw. »Heiligen Jahr« aus. Die Pilgerfahrt zu den römischen Apostelgräbern – und damit zugleich zum Sitz des Nachfolgers des Petrus und Stellvertreters Christi – wurde in diesem Jahr mit besonderen Ablaßzusagen verbunden (s.o. III.3.c). So wurde die Rombezogenheit der abendländischen Kirchenfrömmigkeit gestärkt und die religiöse Bedeutsamkeit des Papstamtes unterstrichen.

Weniger erfolgreich war Bonifaz VIII. in dem Bemühen, die politische Stellung seines Amtes zu stabilisieren und dessen universalem Anspruch erneut Geltung zu verschaffen. Insbesondere die aufsteigende nationale Macht des französischen Königtums stellte sich dem entgegen. Philipp IV. der Schöne (1285–1314) verband das Bewußtsein eigener, durch die Königssalbung besiegelter, göttlicher Bevollmächtigung mit dem Streben nach Etablierung einer geschlossenen, auch die Kirche umfassenden, königlichen Rechtsgewalt. An den Fragen der Steuer- und der Gerichtshoheit über den Klerus entzündete sich ein rasch eskalierender Konflikt mit dem Papst. Im Zuge dieser Auseinandersetzungen faßte Bonifaz VIII. 1302 in der Bulle »Unam sanctam« die hochmittelalterliche Theorie von der päpstlichen Universalgewalt noch einmal konzentriert zusammen:

»Die eine und einzige Kirche hat also einen Leib, ein Haupt ..., nämlich Christus und den Stellvertreter Christi, Petrus, und den Nachfolger des Petrus. ... Beide Schwerter sind also in der Gewalt der Kirche, nämlich das geistliche und das weltliche. Dieses Schwert ist aber für die Kirche, jenes hingegen von der Kirche zu führen. Jenes gehört dem Priester, dieses liegt in der Hand der Könige und Ritter, aber auf die Zustimmung und Duldung des Priesters hin. Es gehört sich aber, daß das eine Schwert dem anderen untergeordnet ist, daß sich also die weltliche Autorität der geistlichen Gewalt unterwirft. ... Wenn also die irdische Gewalt in die Irre geht, dann wird sie von der geistlichen Gewalt gerichtet werden; wenn aber eine niedrigere geistliche abirrt, dann von ihrer höheren; wenn aber die höchste, dann wird sie allein von Gott, nicht von einem Menschen gerichtet werden können. ... Diese Autorität ist aber, auch wenn sie einem Menschen verliehen wurde und durch einen Menschen ausgeübt wird, keine menschliche, sondern vielmehr eine göttliche Gewalt, die Petrus aus göttlichem Munde verliehen und ihm und seinen Nachfolgern durch Christus selbst ... bestätigt wurde ... . Wir erklären, sagen, definieren und verkünden nun aber, daß es für jedes menschliche Geschöpf unbedingt notwendig zum Heil ist, dem Bischof von Rom unterworfen zu sein.«[233]

Die geistliche und rechtliche Unterordnung unter den Papst war damit zum Dogma erhoben, und Bonifaz VIII. bereitete im Anschluß die Exkommunikation des französischen Königs vor. Dieser jedoch führte aller Welt die Machtlosigkeit des Papstes vor Augen, als er ihn am 7. September 1303, einen Tag vor der geplanten Veröffentlichung der Bannbulle, in seiner Residenz Anagni verhaften ließ. Zwar gelang es Bonifaz VIII., seine Bewegungsfreiheit noch einmal wiederzuerlangen und nach Rom zurückzukehren, doch starb er dort wenige

233 Bonifaz VIII., Bulle »Unam Sanctam«, 18. November 1302: *Ü* DH, Nr. 872–875.

Wochen später. Das Auseinanderklaffen hoher päpstlicher Leitungsansprüche und kläglicher politischer Realität hätte kaum deutlicher zum Ausdruck kommen können als durch die Abfolge der Bulle »Unam sanctam« und des Attentats von Anagni!

b. Die Päpste in Avignon, die französische Krone und das deutsche Kaisertum

Die Nachfolger Bonifaz' VIII. zogen aus seinem Geschick die Konsequenz, sich eng an die französische Krone anzulehnen. Die Päpste der Jahre 1305 bis 1378 gingen aus dem französischen Klerus hervor, aus dem sich auch die Mehrheit der Kardinäle rekrutierte. Clemens V., 1305 in Lyon gekrönt, verließ den französischen Einflußbereich nicht mehr, und Johannes XXII. verlegte 1316 die päpstliche Residenz dauerhaft nach Avignon. Die Stadt war ein von Verbündeten des französischen Königs verwaltetes Lehen des Heiligen Römischen Reiches; 1348 erwarb Clemens VI. das Gebiet für den päpstlichen Kirchenstaat. Noch stärker als zuvor war in Avignon die Zentralisierung der Papstkirche nicht mehr auf die Tradition der Stadt Rom, sondern auf die Person des Stellvertreters Christi ausgerichtet; es galt die sprichwörtliche Wendung »Wo der Papst ist, da ist Rom«. Johannes XXII. und seine Nachfolger bauten Avignon nicht nur äußerlich zur Zentrale der abendländischen Kirche aus, indem sie u.a. den gewaltigen Papstpalast errichteten, sondern perfektionierten zugleich die kuriale Verwaltung mit dem Ziel, alle bedeutsamen Stellenbesetzungen zu entscheiden bzw. zu bestätigen. Ein ausgefeiltes und erfindungsreiches System der Erhebung von Steuern und Gebühren sicherte den päpstlichen Finanzbedarf. Zusätzliche Stabilität erreichte das Papsttum in Avignon durch die Besetzung leitender Stellen mit Verwandten der Päpste (Nepotismus) oder mit Klerikern, die dem französischen Hof nahestanden.

Die Unterordnung der Päpste unter die Interessen Frankreichs kam prägnant im Prozeß gegen den Templerorden zum Ausdruck. König Philipp IV. beanspruchte den erheblichen Landbesitz dieser Kreuzrittergemeinschaft (s.o. II.2.c) für die Krone. Um dieses Ziel zu erreichen, ließ er 1307 sämtliche französischen Templer unter der Anklage der Ketzerei verhaften und unter der Folter von ihnen »Geständnisse« erpressen. In Verbindung mit zusätzlichem politischem Druck gelang es dem König, Clemens V. in die Verfolgung des Ordens einzuspannen. Gemeinsam mit dem Konzil von Vienne verfügte der Papst 1311 die Auflösung des Ordens. Damit wurde das brutale Vorgehen Philipps IV. gegen die Ordensangehörigen legitimiert und eine erhebliche Bereicherung der französischen Krone ermöglicht.

In Italien stießen die politischen Interessen der Kurie und Frankreichs mit denen der deutschen Königs- bzw. Kaiserherrschaft zusammen. Deshalb beriefen sich die Päpste dem Reich gegenüber nach wie vor auf ihre Oberhoheit. Nachdem 1314 die Königswahl zwiespältig ausgegangen war, setzte sich im Laufe der folgenden Jahre der Wittelsbacher Ludwig IV. († 1347) – päpstlicherseits polemisch nur als »der Bayer« bezeichnet – als König weitgehend durch. Als er auch in dem zum Reich gehörigen Teil Italiens die Regierung auszuüben begann, protestierte Johannes XXII. Er berief sich auf sein Bestätigungsrecht bei der Wahl zum deutschen König und eröffnete 1323 einen Prozeß gegen Ludwig, der im folgenden Jahr mit dessen Exkommunikation endete. In seiner Antwort, der Appellation von Sachsenhausen, bestritt Ludwig IV. eine über die kirchlichen Angelegenheiten hinausgehende Leitungsvollmacht des Papsttums und berief sich auf das eigene Recht der christlichen Herrscher:

> Der Papst »mißbraucht offenkundig die Fülle der Vollmacht, die [ihm] nur zum Aufbau der Kirche gegeben ist. … Klar zu erkennen ist seine schändliche Absicht, die abzielt auf die Austilgung des heiligen Reiches …, obgleich feststeht, daß das Römische Reich von Gott dazu bestimmt ist, das Evangelium vorzubereiten und auszubreiten und den katholischen Glauben aus allen böswilligen Angriffen herauszureißen. Und so ist er des heiligen Evangeliums offenkundiger Verderber und Vernichter. … Das sind nicht Werke eines Hohenpriesters, nicht des Stellvertreters Christi, wie er sich nennt, sondern eines grausamen, schrecklichen Gewaltherrschers, der … in die Tiefen des Bösen hinabgestiegen ist«.[234]

1327 zog Ludwig nach Italien und ließ sich im Januar 1328 von einem Vertreter des »römischen Volkes« im Petersdom zum Kaiser krönen, brach also mit der Tradition der Übertragung der Kaiserwürde durch den Papst. Ein von ihm wenig später eingesetzter Ge-

---

234 Ludwig IV., Appellation von Sachsenhausen, 22. Mai 1324: *Ü Otto Berthold* (Hg.), Kaiser, Volk und Avignon, Berlin 1960, 47, 49 und 65.

genpapst konnte sich nicht durchsetzen, ebensowenig gelang es aber dem Papst, die faktische Anerkennung Ludwigs als Kaiser zu unterbinden. Der Konflikt erreichte nicht mehr die universalen Dimensionen früherer Auseinandersetzungen, weil weder Weltherrschaftsansprüche des Papstes noch solche des Kaisers durch die politische Realität gedeckt waren. Der Streit endete mit der deutlichen Abkopplung der Herrschaftsrechte im Heiligen Römischen Reich vom Papsttum. 1338 faßten die Kurfürsten des Reiches im Kurverein von Rhens einen Grundsatzbeschluß zur Königswahl. Darin heißt es:

»Nach Recht und altem anerkannten Herkommen des Reiches gilt folgendes: Sobald jemand von den Kurfürsten des Reiches oder von der zahlenmäßigen Mehrheit dieser Fürsten – auch im Zwiespalt – zum Römischen König gewählt ist, bedarf er keiner Benennung, Anerkennung, Bestätigung, Zustimmung oder Ermächtigung von seiten des Apostolischen Stuhles zur Aufnahme der Verwaltung der Güter und Rechte des Reiches oder zur Annahme des Königstitels; ferner: Derentwegen muß sich der Erwählte nicht mit Notwendigkeit an den genannten Stuhl wenden«.[235]

Dieser Grundsatz ging in die von Kaiser Karl IV. (1347–1378) 1356 verkündete »Goldene Bulle« ein, in der die päpstliche Rolle bei der Verleihung der Kaiserwürde mit Schweigen übergangen wurde. Das dem Papst verbliebene Gewohnheitsrecht zur Krönung des gewählten Kaisers – 1530 an Karl V. zum letzten Mal vollzogen – hatte fortan bloß repräsentativen Charakter und war nicht auf tatsächliche Herrschaftsrechte bezogen.

c. Papstkritik und Reformstreben

Die Perfektionierung der Kurie in Avignon durch ein straffes Finanzsystem (»Fiskalismus«) und durch ein enges Beziehungsgeflecht der leitenden Persönlichkeiten (»Günstlingswirtschaft«, »Nepotismus«) sorgte für das reibungslose Funktionieren des päpstlichen Apparats. Sie rief aber auch Kritik am Papsttum hervor, die sich mit verschiedenartigen Vorstellungen von einer Erneuerung der abendländischen Christenheit verband. Im Umkreis des Konzils von Vienne (1311/12)

---

235 Kurverein von Rhens, 16. Juli 1338: *Ü* AQDGMA 33, 289.

fand der Gedanke einer Reform der Kirche »an Haupt und Gliedern« beträchtliche Aufmerksamkeit. Ein einflußreicher französischer Kleriker, Wilhelm Durand d. J. († 1330/31), Bischof von Mende, machte diese Formulierung zum Leitgedanken einer Denkschrift:

»Man muß gewiß überlegen, daß es ungemein nutzbringend und sogar notwendig ist, vor allem anderen das zu berichtigen und zu reformieren, was in der Kirche Gottes an Haupt und Gliedern berichtigenswert und reformbedürftig ist.«[236]

Die Formel knüpfte an das kleruszentrierte Kirchenverständnis der Reform des 11. Jahrhunderts an und zielte auf eine Klerusreform, die beim Papst und seiner Kurie als dem »Haupt« der Kirche einsetzen sollte. Es ging Durand um eine Reform im Interesse des päpstlichen Vollmachtsanspruchs:

»Im Hinblick auf die Reform der Römischen Kirche, der Kirche, die weder Makel noch Runzeln aufweisen darf, der Kirche, die Mutter des Glaubens ist und Lehrerin der Gesamtkirche sein soll, der Kirche, vor die alles getragen und von der alles entschieden werden muß, was unsere heilige Religion betrifft, wäre es ratsam, sie zeigte und erwiese sich als Richtschnur und Schule der Tugenden, sie lehrte durch vorbildliches Leben und durch getreue Befolgung der Wege der Gerechtigkeit alle anderen, welche Lebensführung sie anzunehmen hätten, und ließe sich selbst keinerlei Mißbrauch zuschulden kommen. So müßte sie beginnen, sich selbst zu bessern: Gottes und Nächstenliebe zu üben, wahre Demut und Rechtschaffenheit im sittlichen Verhalten an den Tag zu legen, wirklichen Ernst in der Lebensführung und Eifer für die Feier des Gottesdienstes zu beweisen, in Nahrung und Kleidung auf unnötigen und nur dem Stolz dienenden Luxus, Aufwand und Prachtentfaltung zu verzichten und statt dessen einen einfachen Lebensstil einzuführen; dann könnte sie aus dem Reichtum eines tiefgegründeten Wissens ihrerseits darangehen, nachdem sie endlich den Balken aus dem eigenen Auge entfernt hat [vgl. Mt 7,3–5], alles zu verbessern, was sie bei ihren Gliedern an Schlechtem und Fehlerhaftem erblickt. So würde sie eine Reform nach dem Vorbild Christi vornehmen, der auch erst gehandelt und dann zu lehren begonnen hat.«[237]

---

236 Wilhelm Durand d.J., De modo generalis concilii celebrandi I,1 [= Tractatus maior I,1]; *Ü* AQDGMA 38a, 4, Anm. 13.

237 A.a.O. III, 27 [= Tractatus Maior II, 97]: *Ü Joseph Lecler*, Vienne, Mainz 1965, 199.

Eine höhere Akzeptanz päpstlicher Entscheidungen könnte nach Durand durch die regelmäßige Abhaltung von Konzilien erreicht werden. Eine deutlich systemsprengende Brisanz entwickelte der Gedanke einer konziliaren Repräsentanz der Gesamtkirche bei papstkritischen Denkern am Münchner Hof Kaiser Ludwigs IV. So machte Marsilius von Padua († 1342/43) in seinem staatsphilosophischen Hauptwerk »Verteidiger des Friedens« von 1324 die päpstliche Kirchenleitung von der Übertragung durch ein allgemeines Konzil abhängig:

»Der Bischof von Rom oder dessen Kirche … hat nach göttlichem oder menschlichem Recht keine … Gewalt oder Vollmacht über die anderen Bischöfe und Kirchen außer der, die ihnen das obengenannte allgemeine Konzil schlechthin oder auf Zeit übertragen hat. Weil dem so ist, wird sich auch klar ergeben: Der römische Bischof … beansprucht die Fülle der Vollmacht über einen Fürsten, eine Gemeinschaft oder irgendeine Einzelperson ungehörig, ohne jedes Recht und ohne Rücksicht auf den Sinn der göttlichen Schriften und der menschlichen Beweise, ja in vollem Gegensatz dazu.«[238]

Noch deutlicher bestritt Wilhelm von Ockham (s.o. IV.2.a) in der Auseinandersetzung mit dem Papsttum in Avignon dessen universale Vollmachtsansprüche:

»Wenn Könige und Fürsten, die Prälaten der Kirchen und die übrigen Christen erkennen würden, daß die Christenheit deshalb allen Schikanen und Bedrückungen ausgesetzt ist und deshalb unablässig von allen unerträglichen und ungerechten Widerwärtigkeiten bedrängt wird, weil einige römische Päpste oder solche, die sich als römische Päpste gebärden, die alten Grenzen überschritten und ihre gottlosen Hände nach fremdem Gut ausgestreckt haben, und weil, schlimmer als all jene, die Kirche von Avignon in unseren gefährlichen Zeiten besonders wild gegen die Christen tobt, ich glaube, die meisten von ihnen würden diese Kirche von Avignon nicht unterstützen, sondern versuchen, sich gegen künftige Fälle klug zu wappnen und sich vorzusehen, damit das begonnene Unheil nicht die Oberhand behält. … Es ist daher insbesondere festzuhalten, daß Christus, als er den heiligen Petrus zum Haupt und Fürsten aller Gläubigen bestimmte, ihm nicht solche Fülle der Amtsvollmacht in weltlichen und geistlichen Dingen gab, daß er von Rechts wegen alles regelmäßig vermocht hätte, was weder dem göttlichen Gesetz noch dem

238 Marsilius von Padua, Defensor pacis II, 18: *Ü* hg. von *Walter Kunzmann/ Horst Kusch*, Darmstadt 1958, Bd. 2, 701.

Gesetz der Natur widerspricht, sondern er setzte seiner Gewalt feste Grenzen, die nicht überschritten werden durften.«[239]

In solcher politischen Papstkritik erhielt das von Gott gegebene Recht der weltlichen Herrscher ebenso einen eigenen Stellenwert wie das Konzil als Organ der Gesamtkirche. Das Reforminteresse richtete sich demgemäß auf eine grundlegende Neuverteilung rechtlicher Zuständigkeiten in der abendländischen Christenheit. Sie entfaltete in ihrer Entstehungszeit keine weitere Wirkung, bereitete aber dem Konziliarismus des ausgehenden 14. und beginnenden 15. Jahrhunderts (s.u. V.3.a) die Bahn.

Handgreiflicher wirkte eine Papstkritik, die die in Avignon noch gesteigerte Prachtentfaltung des päpstlichen Hofes mit dem religiösen Armutsideal konfrontierte. Dieses Ideal war besonders im Franziskanerorden (s.o. III.2.c) lebendig. Trotz mancher Differenzen um die Strenge der Armutsvorschriften im Orden waren sich alle Franziskaner darin einig, daß sie im Verzicht auf Besitz das deutlichste Kennzeichen einer vollkommenen Christusnachfolge erblickten. Nikolaus III. hatte 1279 diesen Grundgedanken ausdrücklich bestätigt und die Frage, ob Jesus und sein Jüngerkreis tatsächlich völlig besitzlos gewesen seien, im franziskanischen Sinne beantwortet. Diese Auffassung konnte unter Verweis auf die von Judas verwaltete Kasse (vgl. Joh 12,6; 13,29) angezweifelt werden und wurde von Johannes XXII. 1322 neu zur Diskussion gestellt. Offenbar war der Papst dabei von dem Bewußtsein des papst- und kirchenkritischen Potentials in diesem »theoretischen« Problem geleitet: Denn was sollte man von einem »Stellvertreter« des armen Christus halten, der selber in Saus und Braus lebte? Und was von einem Klerus, der anders als die Apostel dem Besitz durchaus nicht abgeschworen hatte? Johannes XXII. fürchtete eine am Leitbild einer armen Kirche in schlichter Christusnachfolge orientierte Reformvorstellung, die sich aus dem Gedankengut der religiösen Bewegungen des 12. Jahrhunderts (s.o. III.1) speiste. Das Generalkapitel der Franziskaner beharrte auf dem Standpunkt des Ordens und verwies auf die frühere päpstliche Entscheidung:

---

239 Wilhelm von Ockham, De imperatorum et pontificum potestate 1: *Ü Jürgen Miethke/ Arnold Bühler* (Hg.), Kaiser und Papst im Konflikt, Düsseldorf 1988, 171.

»Wir schließen uns ganz und gar der Entscheidung der heiligen Römischen Kirche an und lehren und bekennen einträchtig und einmütig: Zu lehren und zu behaupten, daß Christus, der den Weg der Vollkommenheit zeigte, und die Apostel, die diesen Weg der Vollkommenheit einschlugen, und die andere, die vollkommen leben wollten, durch ihr Beispiel anleiteten, nichts besaßen im Sinne von Eigentums- und Herrschaftsrechten, weder einzeln noch gemeinsam, ist nicht häretisch, sondern gesund, katholisch und zuverlässig.«[240]

Johannes XXII. erklärte diese Auffassung 1323 für häretisch, konnte aber den Widerstand im Franziskanerorden nur mit Gewalt brechen. Der 1328 verhaftete franziskanische Generalminister Michael von Cesena († 1342) floh noch im gleichen Jahr mit einigen Getreuen, darunter Wilhelm von Ockham, zu Ludwig IV. (s.o. V.1.b), an dessen Hof sie in den Folgejahren religiöse und politische Papstkritik miteinander verbanden.

Johannes XXII. hatte zwar den theoretischen Armutsstreit mit dem Ketzerurteil in seinem Sinne beendet; dennoch bestimmte die Bereitschaft zur Kritik an einem reichen und zuweilen moralisch zweifelhaften Klerus auch weiterhin die Einstellung vieler Laien zur kirchlichen Institution. Schon in den Jahren vor dem Armutsstreit hatte Dante Alighieri (1265–1321) in der Höllenvision seiner »Göttlichen Komödie« politische und moralische Kriterien der Papstkritik miteinander verknüpft, wobei die päpstliche Anlehnung an die französische Krone den Höhepunkt eines Ausverkaufs der Kirche von apokalyptischen Ausmaßen markiert:

»›Nach ihm [= Bonifaz VIII.] kommt mit noch scheußlicherem Tun / von Westen her ein Hirte ohne Gesetz [= Clemens V.], / einer der ihn und mich [= Nikolaus III.] [im Höllenloch] zudecken soll. / Ein neuer Jason [= ein Hoherpriester aufgrund von Ämterkauf, vgl. 2Makk 4,23] wird er sein, von dem wir im Buch der / Makkabäer lesen; und wie für jenen sein König nachgiebig / war, so wird ihm der sein, der über Frankreich herrscht.‹ / Ich weiß nicht, ob ich [= Dante] mich hier zu dreist betrug, als ich ihm in dieser Tonart antwortete: / ›Jetzt sag mir einmal, welchen Schatz / verlangte unser Herr zuerst vom heiligen Petrus, / daß er ihm die Schlüssel in seine Verfügung übergäbe? / Gewiß forderte er nichts als ›Folge mir nach!‹ / … / Und wenn es nicht so wäre, daß die Ehrfurcht vor den / höchsten Schlüsseln, die du im heiteren Leben hieltest, / es mir immer noch verbietet, / würde ich noch härtere Worte

240 Generalkapitel, Perugia 4. Juni 1322: *Helmut Feld*, Franziskus von Assisi und seine Bewegung, Darmstadt 1994, 496f., Anm. 143.

gebrauchen; / denn eure Habsucht macht die Welt trauern, / sie tritt die Guten nieder und hebt die Schlechten empor. / Euch Hirten hatte der Evangelist im Sinn, / als sie, die an den Wassern sitzt [= die Kirche] und mit den Königen / Unzucht treibt, von ihm geschaut wurde, / sie, die mit den sieben Köpfen geboren wurde / und aus den zehn Hörnern sich Stärke holte [vgl. Apk 17,1–3], / solange ihrem Gemahl [= dem Papst] die Tugend lieb war. / Gemacht habt ihr euch einen Gott aus Gold und aus Silber, / und was ist anders zwischen euch und den Götzendienern, / als daß sie zu einem und ihr zu hundert betet?‹«[241]

Mit dem Vorwurf der Käuflichkeit der Ämter, der »Simonie«, knüpfte solche Papst- und Kirchenkritik an die Maßstäbe der Kirchenreform des 11. Jahrhunderts (s.o. I) an; insofern blieb sie weithin deren Vorstellung vom Klerus als eigentlichem Träger der Kirche verhaftet.

Viele Zeitgenossen erhofften die Rückkehr der Päpste nach Rom als entscheidenden Schritt zu einer kirchlichen Erneuerung. Die päpstliche Residenz in Avignon wurde – zumal in Italien – als »Babylonische Gefangenschaft« gedeutet, und die Rückkehr in die heilige Stadt galt als Symbol für die Wiederherstellung einer guten Ordnung in der von politischen Krisen geschüttelten und seit 1348 von einer großen Pestepidemie geängstigten Welt. Auch die Kurie faßte seit den fünfziger Jahren des 14. Jahrhunderts die Rückkehr ins Auge. Die chaotischen politischen Verhältnisse in Rom sprachen freilich dagegen, und sie ließen auch den ersten Rückkehrversuch scheitern, den Urban V. in den Jahren 1367 bis 1370 unternahm. Die Hoffnung, ein Papst in Rom werde die Geschichte der abendländischen Christenheit wenden, verstummte dennoch nicht. Die große Mystikerin Katharina von Siena (s.o. IV.3.b), in ihrer Korrespondenz zugleich eine Kirchenpolitikerin von hohen Graden, setzte als Sprachrohr solcher Hoffnung Gregor XI. zu:

»Kommen Sie, kommen Sie und widerstehen Sie nicht länger dem Rufe Gottes. Die ausgehungerte Herde wartet auf Sie, daß Sie den Stuhl Ihres Vorgängers, des Apostelfürsten Petrus, in Besitz nehmen. Als Stellvertreter Christi sollen Sie an dem Ort sich niederlassen, der allein Ihnen zukommt. Kommen Sie also, kommen Sie und zögern Sie nicht länger.«[242]

---

241 Dante Alighieri, Die göttliche Komödie, Hölle, 19. Gesang, Verse 83–93 und 100–114: *Ü* in Prosa von *Walter Naumann*, Darmstadt 2003, Bd. 1, 101f.

242 Katharina von Siena an Gregor XI., Anfang März 1376: *Ü* Dies., Politische Briefe, hg. von *Ferdinand Strobel*, Einsiedeln/Köln 1944, 52.

Gregor XI. kehrte tatsächlich im Januar 1377 nach Rom zurück. Es gelang ihm allerdings bis zu seinem Tod im folgenden Jahr nicht, die päpstliche Herrschaft in der heiligen Stadt und in Italien zu festigen. Die mit seiner »Heimkehr« verbundenen Sehnsüchte blieben unerfüllt.

d. Das Große Abendländische Schisma

Unter dem Druck der unübersichtlichen römischen Verhältnisse wählten die Kardinäle im April 1378 einen Italiener zum Papst. Urban VI. erwies sich aber schon während der ersten Monate seiner Amtsführung als ebenso sendungsbewußt wie starrsinnig, so daß die Kardinäle im September desselben Jahres seine Wahl für ungültig erklärten und einen neuen Papst erhoben, der das Amt unter dem Namen Clemens VII. antrat. Da der zuerst Gewählte und seine Anhänger diese Entscheidung nicht akzeptierten, sich aber auch keiner der beiden Konkurrenten allgemeine Anerkennung verschaffen konnte, war ein Papstschisma eingetreten. Anders als frühere solche Schismen war es nicht durch das Eingreifen einer weltlichen Macht hervorgerufen worden, sondern durch innerkirchliche Rechtsfragen um das Papstwahlrecht und die Rechtsstellung des Papstes. Clemens VII. nahm seine Residenz in Avignon, während Urban VI. seinen kirchlichen Leitungsanspruch von Rom aus verfocht. An beiden Standorten wurde das päpstliche System voll ausgebaut; alle gesamtkirchlichen Institutionen wurden verdoppelt: Es gab nicht nur zwei Päpste, sondern auch zwei Kardinalskollegien, die dafür sorgten, daß beide Päpste wieder Nachfolger erhielten, und vor allem zwei Kurien, von denen aus die Rechts- und Finanzansprüche des jeweiligen Papstes angemeldet wurden. Das Schisma führte im kirchlichen Leben vielerorts zu völliger Unklarheit über Zuständigkeiten und Stellenbesetzungen.

Die zentralistische Struktur der abendländischen Kirche und ihre Verflechtung mit den weltlichen Rechtsgewalten sorgten dafür, daß aus dem Papstschisma eine Jahrzehnte währende kirchliche Spaltung des Abendlandes erwuchs. Die europäischen Mächte mußten sich für einen der Päpste entscheiden und folgten dabei ihrem politischen Kalkül. So versammelte sich hinter jedem Papst seine »Obödienz«:

Zum römischen Papst hielten neben der überwiegenden Mehrheit der Territorien des deutschen Reichsgebiets England, Portugal und die Reiche im Norden und Osten des Abendlands, während Frankreich, Neapel, Schottland und die spanischen Königreiche den Kern der Anhängerschaft des Papstes in Avignon bildeten. Das verdoppelte Papsttum, völlig auf die Gunst der politischen Gewalten angewiesen, verlor jede politische Eigenständigkeit, und seine Schwäche verschaffte nationalkirchlichen Bestrebungen (s.u. V.2) weiteren Raum. Die abendländischen Mächte konnten bei Bedarf die Obödienz wechseln und die Orientierung im Papstschisma für ihre eigenen politischen Zwecke einsetzen. Der Autorität des Papsttums erwuchs aus diesem Zustand schwerer, bleibender Schaden: Sein Anspruch auf höchste Vollmacht in der Christenheit als Spitze der hierarchisch aufgebauten Kleruskirche wurde durch die Existenz zweier konkurrierender Spitzen mit konkurrierenden Hierarchien ad absurdum geführt. Daß beide Päpste je für sich das Vollmachtsbewußtsein ihrer hochmittelalterlichen Vorgänger ungebrochen fortsetzten, vertiefte die Autoritätskrise eher noch. Jeder der beiden Päpste exkommunizierte seinen Gegner und dessen Anhängerschaft, so daß sich das ganze Abendland im Bann befand, den der jeweils nicht anerkannte »Stellvertreter Christi« verhängt hatte. Angesichts nagender Zweifel an der Rechtmäßigkeit jeder der beiden Papstlinien konnten tiefgehende Skrupel hinsichtlich des eigenen Heilsstandes die Folge sein und konnte der religiöse Wert des gesamten päpstlichen Kirchensystems fraglich werden. Der Pariser Universitätstheologe Heinrich von Langenstein († 1397) schilderte diese Verwirrung in seinem »Brief über ein Friedenskonzil« von 1381, also aus den Anfangsjahren des Schismas:

> »Wen der eine exkommuniziert, den erklärt der andere für freigesprochen; wen der eine gerechterweise verurteilt, den rechtfertigt der andere, wenn er fälschlich an ihn appelliert. So geschieht der Gerechtigkeit Unrecht, die Schlüssel der Kirche werden kraftlos, das Schwert des Petrus findet keinen Respekt.«[243]

---

243 Heinrich von Langenstein, Epistola concilii pacis: *G.J. Jordan*, The Inner History of the Great Schism of the West, New York 1930, Nachdr. New York 1972, 32, Anm. 2.

Ungefähr zwanzig Jahre später zeichnete der französische Kleriker Nikolaus von Clémanges († 1437) vor dem Hintergrund seiner Erfahrungen als päpstlicher Sekretär in Avignon ein grelles Bild des kirchlichen Verfalls:

»Wir sehen, wie alles in Unordnung gebracht, umgestürzt und verwirrt wird. Die weltweite Harmonie der kirchlichen Rechtsordnung ist aufgelöst. Das Haupt liegt darnieder. Die Glieder brechen auseinander. Das gesamte Gefüge wird auseinandergebrochen und zerfällt. Alle Ordnungen, alle Ränge, alle Würden, alle Stände und Ämter erschlaffen.«[244]

Wo das Schisma als Folge eines innerkirchlichen Reformstaus begriffen wurde, konnten die Ansätze zur Kritik dieses Systems massiv ausgebaut werden, so bei Matthäus von Krakau († 1410) in seiner Schrift »Über den Sumpf der römischen Kurie«, der die Herrschaft Gottes und die Ordnung der Kirche deutlich unterschied und die Amtsvollmacht des Papstes auf menschliches Normalmaß herunterschraubte:

»Weil Gott der König der Könige und der Herr der Herren ist, der allein unbegrenzte Herrschaft ohne Ausnahme besitzt, steht jede Herrschaft unter ihm und ist begrenzt. Weder der Papst noch irgendein Mensch hat nämlich mehr Gewalt, als Gott ihm gewährt hat. ... Damit er [der Papst] aber in seinem Leitungsamt besser aufbauen, Gutes fördern und Übles und zur Zerstörung Führendes vermeiden kann, deshalb ist ihm eine weitere Einschränkung und ein Gesetz gegeben worden, nämlich das Evangelium, der ganze Kanon der Heiligen Schrift und die Konzilien, soweit sie in der Kirche amtlich anerkannt und feierlich bestätigt worden sind. Weil es nicht Aufgabe eines einzelnen Menschen ist, Kenntnis von allen diesen Dingen zu haben und vor allem Einsicht, Gedächtnis und Aufmerksamkeit für all dies, ist auch der Papst beschränkt und ist gehalten, sich als in vielem fehlbarer und zu einem solchen Leitungsamt unzureichender Mensch zu erkennen«.[245]

Die krisenhafte Zuspitzung des Autoritätsverfalls der Papstkirche setzte erhebliche Energien zur Beseitigung des Schismas frei, die allerdings angesichts der komplizierten Gemengelage aus religiös begründeten Ansprüchen, kirchenrechtlichen Normen und politischen

244 Nikolaus von Clémanges, De ruina ecclesiae 42: hg. von *Alfred Coville*, Paris 1936, 150.

245 Matthäus von Krakau, De squaloribus curiae Romanae 16; *Ü* AQDGMA 38a, 127.

Interessen nicht zu einer raschen Lösung führten. Weder konnte sich eine Papstlinie militärisch oder diplomatisch durchsetzen, noch gelang es, das Schisma durch Rücktritt oder Verzicht auf Neuwahl zu beenden. Auch erheblicher Druck, wie ihn beispielsweise der französische König ausübte, indem er 1398 dem Papst von Avignon die Obödienz aufkündigte, erreichte nichts. Immerhin war am Anfang des 15. Jahrhunderts die Mehrheit der europäischen Mächte so einig in dem Wunsch nach Beendigung des Schismas, daß das von Theologen und Kirchenrechtlern bis dahin eher theoretisch behandelte Mittel des allgemeinen Konzils (s.u. V.3.a) sich zur Problemlösung anbot. 1409 kam es mit beträchtlicher politischer Unterstützung zu einem Konzil in Pisa, das beide Päpste exkommunizierte, ihnen die Obödienz entzog und mit Alexander V. einen neuen Papst wählte. Da dieser ebenso wie sein im folgenden Jahr gewählter Nachfolger Johannes XXIII. zwar von der großen Mehrheit der abendländischen Mächte, aber nicht von allen, anerkannt wurde, und die beiden bisherigen Päpste eine gewisse Anhängerschaft halten konnten, steigerte das Pisaner Konzil das Zweier- zu einem Dreier-Schisma. Erst mit erhöhtem politischen Druck gelang es dem deutschen König Sigismund (1411–1437), 1413 ein weiteres Konzil einzuberufen, das 1414 bis 1418 in Konstanz tagte und neben der Papstfrage auch die kirchlichen Reformanliegen bearbeitete. Sigismund konnte die verschiedenen Obödienzen zur Unterstützung dieses Konzils gewinnen und so die Überwindung des Schismas einleiten. Der römische Papst erklärte 1415 seinen Rücktritt, gegen die beiden anderen ergingen 1415 bzw. 1417 Absetzungsurteile, die diesmal auch faktisch durchgesetzt werden konnten. Das Konzil wählte 1417 einen neuen Papst, Martin V., und stellte so die einheitliche Leitung der abendländischen Kirche wieder her. Die wiedergewonnene organisatorische Einheit verdankte sich offenkundig nicht der – völlig geschwundenen – inneren Kraft des päpstlichen Kirchensystems, sondern dem Handeln der abendländischen Mächte. Das Papsttum war vom kirchlichen Entscheidungsträger mit weitreichenden weltlichen Machtansprüchen zum Objekt eines politisch dominierten kirchlichen Entscheidungsprozesses geworden, und es zeigte sich, daß durch das Große Abendländische Schisma seine politische Stellung endgültig zerstört war. Ansprüche auf die universale Leitung der Christenheit blieben fortan bloße Rhetorik und waren in ihrer tatsächlichen Wirkung von den

Interessen der weltlichen Gewalten abhängig. Auch den Verlust an religiöser Autorität konnten das Papsttum und die von ihm geleitete und repräsentierte Kleruskirche im 15. Jahrhundert kaum wieder wettmachen.

2. Nationalkirchliche Bestrebungen

a. Die »gallikanische Freiheit« der französischen Königskirche

Philipp IV. von Frankreich hatte im Konflikt mit Papst Bonifaz VIII. (s.o. V.1.a) versucht, seine Rechtshoheit über die Kirche und ihre Güter zu erweitern und so eine umfassende königliche Souveränität zu realisieren. Im 14. Jahrhundert hatte die von der französischen Krone abhängige Kurie in Avignon dieser Tendenz zu einer vom König geleiteten Nationalkirche wenig entgegenzusetzen. Vielmehr brachte sie den französischen Klerus durch ihre finanziellen Forderungen gegen sich auf, so daß dieser sich unter Berufung auf die sogenannte »gallikanische Freiheit«, die traditionelle Eigenständigkeit der französischen Kirche gegenüber Rom, lieber dem Schutz des Königs anvertraute. Diese Parole, 1394 von der Pariser theologischen Fakultät ausgegeben und von König Karl VI. (1380–1422) 1398 zur Begründung seiner Abwendung vom Papst in Avignon benutzt, verband sich mit konziliaristischen Kirchentheorien (s.u. V.3.a), wie sie insbesondere die bedeutenden Pariser Theologen Petrus von Ailly († 1420) und Johannes Gerson († 1429) vertraten. Solange die französische Krone durch den Hundertjährigen Krieg mit England (1339–1453) geschwächt war, ermöglichte die – später als »Gallikanismus« bezeichnete – Berufung auf das eigene Recht der französischen Kirche dem Klerus einen größeren Entscheidungsspielraum. Das änderte sich, als Karl VII. (1422/29–1461) die zentrale Königsherrschaft konsolidierte und seine Herrschaft über die Kirche wirksam geltend machte. Dabei spielte die religiöse Deutung des Königtums durch die Charismatikerin Johanna von Orléans (Jeanne d'Arc, † 1431) eine entscheidende Rolle. Sie erkannte Papst und Klerus zwar an, berief sich aber für ihr militärisches Engagement im Krieg gegen England auf die »himmlische Kirche«:

»Ich glaube schon, daß unser Herr, der Papst in Rom, die Bischöfe und die andern Geistlichen dazu da sind, den katholischen Glauben zu hüten und die Abweichler zu bestrafen. Was mich betrifft, so unterwerfe ich mich in dem, was ich getan habe, einzig der Kirche des Himmels, das heißt Gott, der Jungfrau Maria und den Heiligen des Paradieses.«[246]

Johanna wurde 1431 durch ein von ihren politischen Gegnern eingesetztes Inquisitionsgericht als Ketzerin verurteilt, nach dem Ende des Hundertjährigen Krieges aber 1456 rehabilitiert (und 1920 als französische Nationalheilige vom Papst heiliggesprochen). Es war nicht zuletzt ihr Auftreten, das Karl VII. von der Gottunmittelbarkeit seiner königlichen Herrschaft über Frankreich überzeugte. Mit der 1438 erlassenen Pragmatischen Sanktion von Bourges ordnete er das königliche Recht dem päpstlichen Kirchenrecht vor und beanspruchte faktisch die Zuständigkeit für die Benennung der französischen Bischöfe. Der damit begründete Charakter der französischen Kirche als einer nationalen Königskirche wurde auch nicht angetastet, als die einseitige Gesetzgebung der Pragmatischen Sanktion 1516 durch das von Franz I. von Frankreich mit Papst Leo X. vereinbarte Konkordat von Bologna abgelöst wurde. Der Gedanke der »gallikanischen Freiheit« von Rom bestimmte das Selbstverständnis des französischen Katholizismus bis ins 19. Jahrhundert.

b. John Wyclif und die Kirche von England

Auch in England bestimmte und belastete das königliche Streben nach Erweiterung der Rechtshoheit über die Kirche das Verhältnis zum Papsttum. Seit der Regierungszeit Eduards I. (1272–1307) löste sich die englische Krone aus der traditionell besonders engen Bindung an Rom. Im Laufe des 14. Jahrhunderts häuften sich Eingriffe von König und Parlament in die Vergabe kirchlicher Pfründen; der Klerus wurde zu Steuern herangezogen und die kirchliche Jurisdik-

---

246 Jeanne d'Arc, Antwort auf Artikel 1 der Klageschrift, 27./28. März 1431: *Ü Josef Bütler* (Hg.), Jeanne d'Arc. Die Akten der Verurteilung, Einsiedeln/Köln 1943, 161.

tion begrenzt. Seit 1339 befand sich England im Hundertjährigen Krieg mit Frankreich, und die in Avignon residierenden, von der französischen Krone abhängigen Päpste wurden zu politischen Gegnern. 1366 wurde das zuletzt 1213 von Innozenz III. durchgesetzte Lehensverhältnis der englischen Krone zum Papst formell aufgekündigt.

Die Spannungen steigerten sich dramatisch, als an der Universität Oxford mit John Wyclif († 1384) ein Theologe auftrat, der die Forderung nach weltlicher Kirchenhoheit ins Grundsätzliche wendete. Wyclif konzentrierte sich als Universitätslehrer und Prediger auf den Bibeltext und insbesondere auf das von ihm als neues Gesetz verstandene Vorbild Jesu. Er orientierte sich an einem Ideal der Nachfolge Christi, das den hochmittelalterlichen Armutsbewegungen (s.o. III.1) nahestand. Damit konfrontierte er die Realität der Papst- und Kleruskirche, übte heftige Kritik an deren Verweltlichung und forderte eine grundlegende Reform:

»Als Fundament des Glaubens legte ich zugrunde, daß Jesus Christus wahrer Gott und wahrer Mensch ist, und diesem Fundament fügte ich zweitens alle seine Taten und Worte, wie sie im Evangelium … aufgezeichnet sind, bei. Und drittens nahm ich hinzu, daß alle jene Berichte oder Taten der Unterweisung der irdischen Kirche dienen sollen. … Da nun diese Glaubensartikel … dem Klerus Christi die Entsagung von weltlicher Herrschaft offenkundig gebieten, so muß nach Christi Verordnung der gesamte Klerus auf Erden von solchem Besitz irdischer Güter ganz und gar gereinigt werden. … Niemals wird die Kirche ohne beträchtliche Störung sein, bis die Verordnung Christi, die heutzutage so sehr verachtet wird, wieder in ihrer ursprünglichen Weise durchgeführt wird.«[247]

Wyclifs Reformvorstellungen von einer den biblischen Normen entsprechenden Kirche des Evangeliums gingen über die nationalkirchlichen Bestrebungen, wie sie der König und Teile des englischen Adels vertraten, weit hinaus. Sie eigneten sich aber zu deren theologischer Untermauerung. Denn Wyclif sah in der Unterordnung des kirchlichen Rechts- und Finanzwesens unter die weltliche Gewalt ein Mittel, die Kirche von allem irdischen Streben nach Herrschaft und Reichtum zu reinigen und sie dem Ideal einer geistlichen Kirche anzunähern. Zunächst im Rahmen theoretischer Erörterungen stellte

247 John Wyclif, Predigt über 1Joh 5,4: *Ü* KlProt 1, 261f.

Wyclif 1375/76 die Unverbrüchlichkeit kirchlicher Rechts- und Besitzansprüche in Frage; die Enteignung der Güter einer ungeistlichen Kirche hielt er für ein geeignetes Mittel zu deren Reform. Der englische Klerus erwirkte 1377 eine erste päpstliche Verurteilung entsprechender Aussagen Wyclifs. Dieser konnte aber unter dem Schutz des Königs und der Universität Oxford weiterhin unbehelligt wirken und seine Ansichten in den folgenden Jahren noch zuspitzen.

Das Papstschisma entzog den letzten Hoffnungen auf eine von der päpstlichen Hierarchie getragene Kirchenreform den Boden. In einer ausführlichen Schrift »Über die Kirche« wandte sich Wyclif 1378 ganz der Betrachtung der Kirche als geistlicher Gemeinschaft der von Gott Erwählten zu:

»Obschon in der Schrift in vielfacher Weise von der Kirche geredet wird, so verstehe ich sie in dieser Untersuchung im tiefsten Sinne, nämlich als Gemeinschaft aller Vorherbestimmten. … Dies ist die heilige katholische Kirche, welche die Christen [im Glaubensbekenntnis] unmittelbar nach dem Glauben an den Heiligen Geist bekennen … . … Kein Stellvertreter Christi darf zu behaupten wagen, daß er das Haupt der heiligen katholischen Kirche sei; ja, wenn er nicht eine besondere Offenbarung [über seine Vorherbestimmung zum Heil] empfangen hat, so sollte er nicht einmal behaupten, daß er ein Glied dieser Kirche sei.«[248]

Legitime Autorität kommt den kirchlichen Amtsträgern bis hinauf zum Papst nach Wyclif nicht aufgrund ihrer äußeren Stellung, sondern allein aufgrund ihrer geistlichen Orientierung am Gesetz Christi zu. Wyclif folgerte daraus, daß der Papst, wenn er eine umfassende Leitungsgewalt beansprucht und damit von dieser Norm abweicht, zum Antichristen wird.

Wyclifs Kritik erstreckte sich nicht nur auf die ungeistliche Amtsführung der Päpste und des Klerus, sondern erfaßte auch die von der Papstkirche gelenkte Religiosität. Weil er alle Christen zu vollkommener Nachfolge gefordert sah, verneinte er das Existenzrecht des Mönchtums. Er verlangte, das Abendmahl müsse auch den Laien mit Brot und Wein gereicht werden, forderte also den »Laienkelch« (zum Kelchverzicht s.o. I.5.a). Das Transsubstantiationsdogma und das Verständnis der Messe als Opfer lehnte Wyclif ebenso ab wie den

---

248 John Wyclif, De ecclesia 1: *Ü Ernst Staehelin* (Hg.), Die Verkündigung des Reiches Gottes in der Kirche Jesu Christi, Bd. 3, Basel 1955, 443f.

Heiligenkult, die Fürbitten für Verstorbene, das Ablaßwesen und andere durch das päpstliche Kirchenrecht reglementierte Frömmigkeitsformen. An die Stelle der kirchlich-sakramentalen Heilsvermittlung sollte eine der biblischen Ordnung entsprechende Gestalt religiöser Vollzüge treten und die Unterscheidung von Klerikern und Laien wegfallen. Wyclifs Kritik traf die gesamte Kirchlichkeit seiner Zeit und kostete ihn Sympathien in Adel, Klerus und Mönchtum. 1382 verurteilte eine Synode in London eine Reihe seiner Aussagen. Der königliche Schutz reichte gerade noch so weit, daß Wyclif, der sich aus der Universität auf eine Pfarrstelle zurückziehen mußte, persönlich unbehelligt blieb und zwei Jahre später in Frieden sterben konnte. Erst 1427 wurde an seinen Gebeinen das endgültig 1415 vom Konstanzer Konzil gegen ihn ausgesprochene Ketzerurteil (s.u. V.2.c) vollstreckt.

Wyclifs Ideal der nach dem Gesetz Christi geordneten Kirche des Evangeliums wurde von Gruppen englischer Laien, die religiösen und sozialen Protest miteinander verbanden, aufgenommen und weitergetragen. Sie wurden mit dem älteren Ketzernamen »Lollarden« belegt. Ähnlich wie die Waldenser im 12. Jahrhundert (s.o. III.1.c) zogen ihre Abgesandten als schlichte Wanderprediger (»poor priests«) über Land und verbreiteten wyclifitisches Gedankengut. 1395 legten sie dem englischen Parlament Thesen zur Kirchenreform vor, die den Niedergang der englischen Kirche auf den verderblichen Einfluß Roms zurückführen und insofern einen nationalkirchlichen Reformansatz vertreten – freilich nicht mit dem Ziel einer Königs-, sondern dem einer Laienkirche:

»Als die Kirche Englands, im Gefolge ihrer Stiefmutter, der großen Kirche von Rom, im Besitz weltlicher Güter von der rechten Bahn abzuweichen begann …, da begannen Glaube, Hoffnung und Liebe aus unserer Kirche zu fliehen, denn die Hoffart samt ihrer elenden Verwandtschaft, den Todsünden, nahm erblichen Besitz von ihr. … Unser übliches Priestertum, das in Rom seinen Anfang nahm …, ist nicht das Priestertum, das Christus seinen Aposteln übertragen hat.«[249]

In logischer Konsequenz von Wyclifs Schriftprinzip und vielleicht ausgehend von seinen Vorarbeiten entstand als Grundlage für die

249 12 Thesen der Lollarden, 1395: *Ü* KlProt 1, 294f.

Laienpredigt die erste englische Übersetzung der ganzen Bibel. Die Verbreitung eines vom Klerus nicht autorisierten volkssprachlichen Bibeltextes – und der damit verbundene Anspruch von Laienchristen auf eine eigenständige religiöse Urteilsbildung – wurde 1408 von einer Oxforder Synode verboten.

Gerade weil die englische Krone weiter nach einer Stärkung ihrer kirchlichen Rechte strebte, war ihr an der Einheit der Kirche von England gelegen. Deshalb wurden die Lollarden seit dem Beginn des 15. Jahrhunderts mit zunehmender Intensität als Ketzer verfolgt und als zusammenhängende Bewegung zerschlagen. In der englischen Reformation[250], die unter Heinrich VIII. (1509–1547) als Etablierung einer englischen Nationalkirche begann, entfalteten manche ihrer Anschauungen neue Wirkung.

c. Jan Hus und die böhmische Kirchenspaltung

Wyclifs Lehren entfalteten ihre nachhaltigste Wirkung in Böhmen; dort zeigte sich das ganze Ausmaß ihrer systemsprengenden Kraft. Seit der Regierungszeit Karls IV. als böhmischer König und deutscher Kaiser (1346/47–1378) erlebte Böhmen eine kulturelle Blütezeit. Die 1348 gegründete Universität Prag, die erste im deutschen Sprachraum, zog Studenten aus ganz Europa an. Zugleich wurde sie zum Kristallisationskern eines neu erwachenden tschechischen Volksbewußtseins, das sich gegen die deutsche Sprache und Kultur zu behaupten suchte. Seit den neunziger Jahren des 14. Jahrhunderts wurden besonders unter den Tschechen an der Prager Universität die Schriften Wyclifs intensiv studiert. Sie entnahmen ihnen philosophisch-theologische Ansätze, vor allem aber Anregungen zu einer biblisch gegründeten Kirchenreform. Einer der Wortführer dieser universitären Reformkreise war Jan Hus, Magister der philosophischen Fakultät, der 1402 das Amt eines Predigers an der Prager Bethlehemskapelle übernahm. Die Volkspredigt in tschechischer Sprache wurde durch sein Wirken und das einer ganzen Reihe von Gleichgesinnten zum eigentlichen Medium der Kirchenreform. Hus, eher

250 S. Zugänge 6/II (s. Anm. 168), 70–73 (der dort S. 73 genannte Kardinal heißt nicht »Bowle«, sondern Reginald Pole).

praktisch als theologisch spekulativ orientiert, popularisierte Wyclifs Ekklesiologie und griff insbesondere dessen Kritik am Reichtum und an der Verweltlichung der kirchlichen Oberen auf. Wyclifs prinzipielle Kritik am Papsttum, an der Ämterstruktur der Kirche und an der sakramentalen Frömmigkeit übernahm er hingegen nicht. Hus ging es um eine national-tschechische, volkstümliche Erneuerung der Kirche mit besonderem Nachdruck auf der Forderung nach einem moralisch einwandfreien Klerus. Kritik und Reformverlangen stießen angesichts der anhaltenden Autoritätskrise des Papsttums nicht nur bei Adel und Bürgertum, sondern auch beim böhmischen König Wenzel IV. (1378–1419) auf Gehör. Ähnlich wie andere europäische Monarchen versuchte er, seine Machtbasis auf Kosten der Kirche zu erweitern, und mit Hilfe einer königlichen Universitätsreform setzten sich 1409 die tschechischen Wyclifanhänger gegen die Lehrer aus den anderen Nationen durch. Der Einsatz des Königs für eine nationalkirchliche Reform blieb aber orientiert an der Durchsetzung seiner königlichen Rechte und begrenzt durch die Sorge um Rechtgläubigkeit und Treue zum päpstlichen Kirchensystem. Insofern wurden in der Folge Adel und Bürgertum und nicht der König, die Universität auch nur zum Teil, zu Trägern der böhmisch-nationalkirchlichen Bestrebungen.

Der zunächst auf die Prager Universität konzentrierte Streit um Wyclif eskalierte, als sich noch 1409 zunächst der Prager Erzbischof und dann der vom Pisaner Konzil (s.o. V.1.d) neugewählte Papst Alexander V. gegen die Predigten von Hus und seinen Gesinnungsgenossen wandten. Hus predigte in den folgenden Jahren trotz päpstlicher Verbote und Exkommunikationsurteile und warb für eine durch schlichte Christusnachfolge geprägte Gestalt der Kirche. Als er sich 1412 gegen einen von Johannes XXIII. ausgeschriebenen, politisch motivierten Ablaß wandte, kam es zum Bruch mit dem an den Ablaßgeschäften finanziell beteiligten König und den papsttreuen Prager Universitätstheologen. Nach der öffentlichen Hinrichtung von drei Ablaßgegnern spitzte sich der Streit zu. Da Hus vergeblich auf eine Widerlegung der ihm bzw. Wyclif angekreideten, angeblich häretischen Aussagen gedrungen hatte, sprengte er den Rahmen des kirchlichen Prozeßrechts, indem er an Christus als eigentliches Oberhaupt der Kirche appellierte:

»Da mir also die Appellation von einem Papst an seinen Nachfolger nichts genützt hat, und da die Appellation von einem Papst an das Konzil soviel ist wie mitten in der Bedrängnis langwierige und unsichere Hilfe herbeirufen, darum habe ich schließlich an das Haupt der Kirche, an den Herrn Jesus Christus, appelliert. Er steht hinsichtlich der Entscheidung des Rechtsstreits auf jeden Fall über dem Papst, denn er kann nicht irren, noch kann er einem Menschen, der ordnungsgemäß darum bittet, Gerechtigkeit versagen, noch kann er ihn auf Grund seines Gesetzes unschuldig verdammen.«[251]

Hus mußte Prag verlassen, setzte seine Wirksamkeit aber unter adligem Schutz fort und übte weiterhin einen beträchtlichen Einfluß auf die öffentliche Meinung in Böhmen aus. 1413 verfaßte er sein Hauptwerk »Über die Kirche« in enger Anlehnung an Wyclifs gleichnamige Schrift. Wie dieser definierte nun auch Hus die Kirche als geistliche Gemeinschaft der von Gott Erwählten, die sich nicht mit der äußeren Kirche deckt, so daß selbst deren Obere nicht sicher als Mitglieder der eigentlichen Kirchengemeinschaft identifiziert werden können. Ob der hohe Klerus Christus repräsentiert oder den Teufel, ist am Lebenswandel und einer schriftgemäßen Lehre abzulesen:

»Es ist möglich, daß sie [= die hohen Prälaten der Römischen Kirche] der Stuhl nicht Christi, sondern des Satans sind, denn sie sitzen, ihrem eigenen Leben nach zu urteilen, auf dem Stuhl der Pestilenz. … Wahrhaftig also sitzt auf dem Stuhl Moses [vgl. Mt 23,2] oder des Petrus wer in der Vollmacht der Schrift richtig lebt und richtig lehrt, wer nichts Fremdes zum Gesetz hinzutut noch bei dem Stuhl Gewinn oder Hoheit sucht. Umgekehrt sitzt unrichtig auf dem Stuhl, wer unrichtig lehrt und unrichtig lebt oder wer das Richtige lehrt und falsch lebt … . Und solche gibt es leider in großer Zahl, die das Ihre suchen und nicht, was Jesu Christi ist [vgl. Phil 2,21]«.[252]

Nach wie vor konzentrierte sich Hus auf eine die Christusnachfolge ethisch akzentuierende Reformekklesiologie und rezipierte Wyclifs Kritik an der kirchlich gelenkten Religiosität, vor allem an der Sakramentenfrömmigkeit, nicht. Als der Laienkelch, bald das Symbol der böhmischen Nationalkirche, von Prager Reformern eingeführt wurde, befand sich Hus bereits auf dem Weg zum Konstanzer Konzil.

Nach dem Willen des deutschen Königs Sigismund (1411–1437), der das Konzil einberufen hatte (s.o. V.1.d), und des böhmischen Kö-

251 Jan Hus, De ecclesia 18: *Ü* KlProt 1, 351.
252 Ebd., *Ü* a.a.O., 349.

nigs Wenzel, seines Bruders, sollte die Kirchenversammlung nicht nur das Papstschisma beseitigen, sondern auch die durch die böhmische »Häresie« bezeichneten nationalen Auflösungserscheinungen der Papstkirche wirksam bekämpfen. Beide Aufgaben waren dem Gedanken der Einheit des christlichen Abendlandes verpflichtet. Hus, trotz des von Sigismund zugesagten freien Geleits alsbald in Haft, sah sich einem Konzil gegenüber, das keine theologische Diskussion zuließ, sondern seine Unterwerfung verlangte. Viele Konzilsväter waren Konziliaristen (s.u. V.3.a) und davon durchdrungen, daß dem Konzil die höchste Lehrgewalt in der Kirche zukomme. Der Prozeß gegen Hus bot die Gelegenheit, diesen Grundsatz in die Praxis umzusetzen. Für Hus machte es aber keinen Unterschied, ob ein Papst oder ein Konzil sich ohne biblische Begründung zum Richter in Glaubensfragen aufwarf; seine Erfahrung belegte die Irrtumsfähigkeit auch des Konzils:

»Das Konzil hat auch dreimal oder öfter geirrt, indem es aus meinen Schriften falsche Auszüge machte und einige, die entstellt und verzerrt waren, verwarf …, wie es denjenigen klarwerden wird, die meine Schriften mit den [vom Konzil verurteilten] Artikeln vergleichen. Daher bin ich … vollauf belehrt darüber, daß nicht alles, was ein Konzil tut, sagt oder entscheidet, von Christus Jesus, dem wahrhaftigsten Richter, gebilligt wird. Selig also die, welche sein Gesetz halten und kennen, das Gepränge, die Habsucht, die Heuchelei und die Tücke des Antichrists und seiner Diener fliehen und verachten und die Ankunft des gerechtesten Richters geduldig erwarten.«[253]

Nachdem das Konzil im Mai und Juni die Verurteilung Wyclifs erneuert und den Laienkelch verboten hatte, wurde Hus am 6. Juli 1415 als hartnäckiger Ketzer zum Tode verurteilt. Den ihm nahegelegten Widerruf lehnte er ab, obwohl er sich mit Wyclifs Anschauungen, die ihm zur Last gelegt wurden, nicht voll identifizierte:

»Ich scheue mich, das zu tun [= zu widerrufen], um nicht vor dem Angesicht des Herrn als Lügner dazustehen, sowie um nicht mein Gewissen und Gottes Wahrheit zu verletzen, da ich die fälschlicherweise gegen mich angeführten Sätze niemals behauptet habe, vielmehr ihnen entgegen geschrieben, gelehrt und gepredigt habe, und schließlich, um nicht einer so großen Menge, der ich

253 Jan Hus, Brief an die Freunde in Konstanz: *Ü* a.a.O., 358.

gepredigt habe, sowie anderen, die getreu das Wort Gottes verkündigen, Ärgernis zu geben.«[254]

Noch am gleichen Tag wurde Hus in Konstanz verbrannt. Für seine böhmischen Gefolgsleute wurde er damit zum Märtyrer. Eine gewisse Stilisierung in diesem Sinne durchzieht bereits den bald nach den Ereignissen abgefaßten Augenzeugenbericht des Peter von Mladoniowitz († 1451):

»Als der Magister zur Hinrichtungsstätte kam, beugte er die Knie, betete mit ausgebreiteten Händen und mit zum Himmel erhobenen Augen inbrünstig Psalmverse, besonders ›Gott sei mir gnädig‹ [Ps 51,3] und ›Herr, auf dich vertraue ich‹ [Ps 31,2]. Bei der Wiederholung des Verses ›in deine Hände, o Herr‹ [Ps 31,6], wurde er von den Seinen, die dabeistanden, gehört, wie er heiter und mit ruhigem Blick betete. ... Einige ... Laien sagten: ›Wir wissen nicht, was er früher getan oder gesprochen hat. Jetzt aber sehen und hören wir, daß er heilige Worte betet und redet.‹ ... Auf Geheiß des Henkers aber erhob sich der Magister von der Stelle des Gebetes und sprach mit lauter und vernehmbarer Stimme, daß er auch von den Seinen gut gehört werden konnte: ›Herr Jesus Christus! Diesen entsetzlichen, schändlichen und grausamen Tod will ich um deines Evangeliums und um der Predigt deines Wortes willen auf das geduldigste und demütig ertragen.‹ ... Als man ihn aber am Hals mit einer berußten Kette zusammenschnürte, betrachtete er sie, lächelte und sprach zu den Henkern: ›Der Herr Jesus Christus, mein Erlöser und Heiland, ist mit einer härteren und schwereren Kette gefesselt worden, und ich Armer scheue mich nicht, um seines Namens willen gefesselt diese Kette zu tragen.‹ ... Dann zündeten die Henker den Magister an. Er sang darauf mit lauter Stimme zuerst ›Christus, Sohn des lebendigen Gottes, erbarme dich meiner‹; zum zweiten Mal ›Christus, Sohn des lebendigen Gottes, erbarme dich meiner‹; und beim dritten Mal ›Der du geboren bist aus Maria, der Jungfrau‹. Und als er zum dritten Mal begonnen hatte zu singen, schlug ihm alsbald der Wind die Flamme ins Gesicht, und also in sich betend und Lippen und Haupt bewegend, verschied er im Herrn.«[255]

Hus' Feuertod führte nicht, wie eigentlich beabsichtigt, zur kirchlichen Befriedung Böhmens, sondern wirkte im Gegenteil als Signal zur nationalkirchlichen Eigenständigkeit. Der Laienkelch wurde zum

---

254 Jan Hus vor dem Konstanzer Konzil, 6. Juli 1415: Ü *Franz Machilek*, Art. Hus/Hussiten, TRE 15, Berlin/New York 1986, 710–735, 721.

255 Peter von Mladoniowitz, Bericht, Teil 5: Ü *Josef Bujnoch* (Hg.), Hus in Konstanz, Graz u.a. 1963, 253–256.

Symbol der böhmischen Kirchenreform, die von Adel und Universität getragen und vom König zunächst geduldet wurde. Als der vom Konstanzer Konzil gewählte Papst Martin V. 1418 aufgrund der einschlägigen Konzilsbeschlüsse zum Kreuzzug gegen die »böhmische Häresie« aufrief, war es allerdings mit der königlichen Unterstützung nationaler Kirchenreformen vorbei. Die Hussiten wurden zur Widerstandsbewegung gegen die doppelte Autorität von Papst und König. 1419 brach mit demonstrativen Aktionen gegen den papstkirchlichen Gottesdienst und gegen die königliche Verwaltung die hussitische Revolution aus, gegen die Sigismund, nun auch König von Böhmen, ab 1420 militärisch vorging.

Der äußere Druck veranlaßte die Hussiten zur Präzisierung ihrer Grundpositionen. Im Frühjahr 1420 verbanden sie in den vier Prager Artikeln ein nationalkirchliches Reformprogramm mit dem Gedanken einer moralisch erneuerten Gesellschaft:

»Kund sei allen Christgläubigen, daß die Gläubigen im Königreich Böhmen für die nachstehenden Artikel einstehen und mit Gottes Hilfe, in Tod oder Leben, soviel sie vermögen, einstehen werden: Erstens, daß das Wort Gottes im Königreich Böhmen frei und ohne Hindernis von den Priestern des Herrn ordentlich gepredigt werde. … Zweitens, daß das Sakrament der göttlichen Eucharistie unter beiderlei Gestalt, Brot und Wein, allen Christgläubigen, die ohne Todsünde sind, frei dargereicht werde … … Drittens, daß die weltliche Herrschaft über Reichtum und irdische Güter, welche der Klerus gegen das Gebot Christi zum Schaden seines Amtes und zum Nachteil des weltlichen Armes innehat, von ihm genommen und aufgehoben und der Klerus selbst zur evangelischen Regel und zum apostolischen Leben Christi und seiner Apostel zurückgeführt werde. … Viertens, daß alle Todsünden, insbesondere die öffentlichen, und die übrigen dem Gesetz Gottes zuwiderlaufenden Mißstände in jedem Stand nach der Ordnung und auf vernünftige Weise durch die Verantwortlichen verhindert und abgestellt werden.«[256]

Innerhalb der hussitischen Bewegung zeigten sich trotz dieser gemeinsamen Basis beträchtliche Differenzen hinsichtlich der Reformziele und der religiösen Gesamtanschauung. Adel und Universität bildeten den Kern der »gemäßigten« Hussiten, die sich auf die Forderung nach dem Laienkelch konzentrierten und deshalb als »Utraquisten« (von der Kommunion »sub utraque specie« = unter beiden Ge-

256 Prager Artikel, Fassung vom 27. Mai 1420: *Ü* KlProt 1, 368f.

stalten, d.h. mit Brot und Wein) bezeichnet werden. Demgegenüber griffen die »Radikalen«, meist sozial niedrigerer Herkunft, die gesamte Kirchen- und Frömmigkeitskritik Wyclifs auf und verbanden sie mit einer apokalyptischen Zeitdiagnose. Die Auseinandersetzung mit Königsmacht und Papstkirche stellte sich ihnen als Endzeitkampf der Erwählten gegen den Antichrist dar. Sie sahen sich von Gott zur gewaltsamen Ausrottung der »Gottlosen« ermächtigt und erhofften nach ihrem Sieg eine irdische Heilszeit für die wahrhaft Glaubenden. Dieser Chiliasmus spricht aus den 76 Artikeln der »Taboriten« (nach ihrem Versammlungsort auf einem Berg, den sie mit dem Namen des biblischen Tabor, dem Ausgangspunkt einer Schlacht im Namen Gottes [Ri 4], bezeichneten) von 1422:

»(25) Jetzt im gegenwärtigen Jahr des Herrn 1422 wird sein und ist das Ende der Welt, das ist: die Vertilgung alles Bösen. ... (26) Jetzt wird die kämpfende Kirche, lange vor der letzten Wiederkunft Christi zum Jüngsten Gericht, durch eine andere, in Kürze bevorstehende Wiederkunft Christi in ihrem Pilgerstand zum Reich Gottes wiederhergestellt werden und wiederhergestellt, so daß in ihr keine Sünde, kein Ärgernis, kein Greuel, keine Lüge noch irgendein Makel sein wird. ... (31) Zu dieser Zeit der Rache ist jeder Gläubige verflucht, der sein Schwert vor dem Blutvergießen der Feinde des Gesetzes Christi zurückhält, vielmehr muß jeder Gläubige seine Hände im Blut der Feinde Christi waschen. ... (45) In dem ... wiederhergestellten Reich Christi wird es keine Verfolgung der Pilger mehr geben, weil jede Verfolgung Christi und alles Leiden seiner Glieder ein Ende haben wird. ... (46) In dem genannten Reich der Pilger, das bis zur allgemeinen Auferstehung dauern wird, wird es lange zuvor keinen Steuereinnehmer mehr geben, und die Steuer wird ruhen, und jedes Fürstentum und weltliche Gewalt wird ein Ende haben. ... (48) Die Herrlichkeit dieses wiederhergestellten Reiches jetzt bis zur allgemeinen Auferstehung wird größer sein als die der Urkirche.«[257]

Demgegenüber distanzierten sich pazifistische Gruppen, die sich als »Böhmische Brüder« bezeichneten, ganz von den militärischen Kämpfen. Sie sahen im völligen Gewaltverzicht das Zeichen wahrer Christusnachfolge:

»Dem Erlöser nachfolgen heißt: leibliche Schäden und Unrecht, das einem zustößt, übersehen und die Feinde lieben [vgl. Mt 5,44] und ihnen Gutes erweisen für ihr Böses und ihre Seelenschäden mehr als die eigenen leibli-

257 76 Artikeln der Taboriten, 1422: *Ü* a.a.O., 372f. und 375.

chen beklagen. ... Hier liegt die ganze Last der abtrünnigen Christen, die sich von Christus scheiden: in diesem Gebot der Feindesliebe. Denn wenn sie diesem Gebot glauben und ihm untereinander Raum geben würden, würde ihren Händen das Schwert ganz von selbst entfallen, und alle Streitigkeiten und Kämpfe würden damit unter ihnen aufhören, keiner würde dem anderen Schwerthiebe zufügen, sondern aus Liebe würde er Böses mit Gutem vergelten [vgl. Röm 12,21] und würde, falls einer dem anderen Unrecht täte, das Unrecht dulden, ohne mit dem Schwert dreinzuschlagen [vgl. Lk 22,49]«.[258]

Es gelang König Sigismund nicht, die als Kreuzzüge geführten Hussitenkriege für sich und die Papstkirche zu entscheiden. Das seit 1431 tagende Konzil von Basel (s.u. V.3.a) leitete schließlich Verhandlungen mit den gemäßigten Hussiten ein, die Ende 1433 zum Abschluß eines Vertrages, der Prager Kompaktaten, führte. Darin wurde den Böhmen der Laienkelch zugestanden, sofern sie sich ansonsten der Lehre und Ordnung der Römischen Kirche fügen würden. Diese nationalkirchliche Sonderregelung wurde 1436/37 von den böhmischen Ständen und vom Konzil ratifiziert. Der Widerstand der Taboriten wurde mit Gewalt gebrochen. Der Papst erkannte die Kompaktaten nicht an; 1462 annullierte sie Pius II. formell. Das beeinträchtigte ihre Geltung in Böhmen nicht: Die utraquistische Kirche etablierte sich als böhmische Landeskirche und als regional begrenzte eigene »Konfession« neben der zentral geordneten Papstkirche, der sie sich freilich – abgesehen von der Praxis des Laienkelchs und der Stellung zu Hus – weitgehend anglich. Im Kuttenberger Religionsfrieden von 1485 wurde sie auch durch königliches Landesgesetz anerkannt.

Wyclifs radikaleres Streben nach einer am Maßstab der Christusnachfolge erneuerten Kirche des Evangeliums lebte im Untergrund in den Gemeinden der Böhmischen Brüder, die sich zur »Brüderunität« zusammenschlossen, weiter. Sie distanzierten sich als bewußte Minderheitengemeinden unter Berufung auf die Ethik der Bergpredigt von allen Gestalten offizieller Kirchlichkeit und sonderten sich zugleich von der sozialen Gemeinschaft ab. Ihr geistiger Führer, der Laienprediger Peter Chelčický († nach 1450) schrieb in seinem »Netz des Glaubens«:

258 Peter Chelčický, Netz des Glaubens: *Ü* a.a.O., 402f.

»Viele aus dem Menschengeschlecht hätten es nicht nötig, sich zur Regelung ihrer Angelegenheiten an die bürgerlichen, menschlichen Gesetze zu halten, sofern sie das Gesetz der Liebe recht beobachten würden; denn das Gesetz der Liebe würde alle ihre Dinge so vollkommen regeln, daß sie jener bürgerlichen Ordnung gar nicht bedürften. Deshalb ist der saure Essig der bürgerlichen Ordnung allein den Übertretern des Gesetzes der Liebe vonnöten. ... Die jedoch, die unter dem Gesetz der Liebe stehen, die haben ein geistliches, gesundes und starkes Leben. Darum vermögen sie auch in Zeiten des Unrechts, der Versuchung und der bösen Zufälle festzustehen, Unrecht zu ertragen und nicht Böses mit Bösem zu vergelten [vgl. Röm 12,17]«.[259]

Diese Haltung trug den Böhmischen Brüdern bis 1464 massive Verfolgungen ein. Ab 1494 gab die Brüderunität unter dem Einfluß des Lukas von Prag († 1528) die schroffe Distanz zur weltlichen Ordnung und den prinzipiellen Pazifismus auf.

Ungeachtet der regionalen Begrenzung der böhmischen Reformbewegung wurde »Böhmen« am Ende des Mittelalters für das ganze Abendland zur Chiffre für die Möglichkeit eines eigenständigen kirchlichen Weges und einer partiellen Auflösung des päpstlichen Kirchensystems. Diese symbolische Bedeutung der auf Jan Hus zurückgehenden nationalkirchlichen Reform wirkte ungebrochen ins 16. Jahrhundert hinein: Die Römische Kirche fürchtete in Luthers Auftreten eine Wirkung des böhmischen Virus, und Luther und seine Anhänger konnten in »den Böhmen« Vorläufer im Kampf für die Freiheit des Evangeliums erkennen.

3. Konziliare und päpstliche Leitungsansprüche

a. Der Konzilsgedanke und die Reformkonzilien

Angesichts der Krise der päpstlichen Autorität gewann im 14. Jahrhundert der Gedanke an die gesamtkirchliche Aufgabe eines Konzils an Attraktivität – sowohl in papstfreundlicher Absicht, wie bei Wilhelm Durand d.J., als auch im Rahmen grundsätzlicher Papstkritik, wie bei Marsilius von Padua und Wilhelm von Ockham (s.o. V.1.c). Konziliare Überlegungen erhielten mit dem Schisma von 1378 einen

259 Ebd.: *Ü* a.a.O., 397f.

neuen kirchenpolitischen Rahmen und praktische Dringlichkeit. Da es keinen allgemein anerkannten Papst gab, stellte sich die Frage, wem in einem solchen Fall die entscheidende Autorität in der Kirche zukomme, ganz neu. Angesichts der im Hochmittelalter gesteigerten päpstlichen Ansprüche auf die dem »Stellvertreter Christi« zukommende Fülle der kirchlichen Leitungsgewalt, handelte es sich dabei um eine höchst brisante Frage. Theoretische Überlegungen aus der Kirchenrechtswissenschaft, wie im Falle eines häretischen Papstes zu verfahren sei, ließen sich auf die Situation des Schismas übertragen: Ein allgemeines Konzil konnte die Entscheidungsgewalt ausüben. In diesem Sinne sprachen sich schon bald nach Eintritt des Schismas die Pariser Magister Konrad von Gelnhausen († 1390) und Heinrich von Langenstein († 1397) für ein konziliares Notrecht aus:

»Sobald ein neues Ärgernis erregender Tatbestand erkennbar wird, der die Einheit der ganzen katholischen Kirche zerreißt, aus dessen Fortdauer mit Wahrscheinlichkeit auch die gänzliche Zerstörung der Ruhe und des Friedens der Kirche und die Entstehung unzähliger Gefahren für die Seelen zu befürchten steht, und hierüber ... auch die Mächtigsten und Weisesten der ganzen Welt, Geistliche und Weltliche unter sich gespalten und verschiedener und gegensätzlicher Meinung sind, so gibt es, wenigstens faktisch, kein einziges, unumstrittenes, höchstes Haupt der Kirche, an das man sich zur Entscheidung über diesen Tatbestand wenden könnte. Denn gerade über dieses Haupt wird ja gestritten. Und so ist ohne Zweifel ein allgemeines Konzil notwendig, das derartige Meinungsverschiedenheiten und Gefahren schlichtet und beseitigt«.[260]

Die Fortdauer des Schismas führte am Anfang des 15. Jahrhunderts zu einem allgemeinen Drängen auf ein Konzil als Ausweg aus der Krise. In diesem Zusammenhang wurde die theologische und kanonistische Reflexion über die Stellung des Konzils in der Kirche intensiviert. Die konziliaristische Theoriebildung beförderten insbesondere die Pariser Theologen Petrus von Ailly († 1420) und Johannes Gerson († 1429) sowie der italienische Kirchenjurist Francesco Zabarella († 1417). Sie banden den unbestrittenen Primat des Papstes stärker an die Gesamtkirche, die sie als Körperschaft verstanden und durch ein Konzil repräsentiert sahen. Petrus von Ailly führt das Recht des Konzils zur Kirchenleitung unmittelbar auf Christus zurück:

260 Konrad von Gelnhausen, Epistola Concordiae, 1380: *Ü* a.a.O., 145.

»Von Christus, dem Haupt und dem Bräutigam der Kirche, hat der geistliche Leib der Kirche seinen Ursprung und unmittelbar seine Gewalt und Machtbefugnis, so daß er zur Bewahrung seiner Einheit sich rechtmäßig zu einem ihn darstellenden allgemeinen Konzil versammeln darf.«[261]

Als das politische Drängen auf das tatsächliche Zustandekommen eines Konzils zunahm, wurde auch das in den konziliaren Theorien enthaltene Konfliktpotential immer deutlicher. Nach dem unzureichenden Ergebnis des Konzils von Pisa 1409 (s.o. V.1.d) vertrat beispielsweise Dietrich von Niem († 1418) eine radikalere Fassung des Konziliarismus, indem er die Leitungsvollmacht des Papstes der des Konzils unterordnete:

»Ist etwa ein solches Konzil, dessen Vorsitz der Papst nicht führt, dem Papst übergeordnet? Ja, gewiß; der Autorität, der Würde und dem Amt nach. Einem solchen Konzil muß nämlich auch der Papst in allen Dingen gehorsam sein. Ein solches Konzil kann die Amtsgewalt des Papstes beschränken, denn einem solchen Konzil sind die Schlüssel, zu binden und zu lösen [vgl. Mt 16,19; 18,18], anvertraut, weil es die Gesamtkirche repräsentiert.«[262]

Im November 1414 wurde das maßgeblich von König Sigismund betriebene Konzil von Konstanz eröffnet, das sich über die Beendigung des Schismas hinaus auch der böhmischen »Häresie« und einer Kirchenreform »an Haupt und Gliedern« widmen sollte. Als sich abzeichnete, daß ein Ende des Schismas nur im Konflikt mit den drei Päpsten möglich sein würde, proklamierte das Konzil seinen Leitungsanspruch mit dem Dekret »Haec sancta synodus« vom 6. April 1415 in feierlicher Weise:

»Erstens ...: Die im Heiligen Geist rechtmäßig versammelte [Synode], die ein Generalkonzil bildet und die streitende katholische Kirche repräsentiert, hat ihre Gewalt unmittelbar von Christus. Ihr ist jeder, unabhängig von Stand und Würde, wäre sie auch päpstlich, in dem, was den Glauben und die Ausrottung des besagten Schismas und die allgemeine Reform der Kirche an Haupt und Gliedern betrifft, zum Gehorsam verpflichtet. Zweitens erklärt sie: Jeder – unabhängig von Stellung, Stand und Würde, wäre sie auch päpst-

261 Petrus von Ailly, Thesen über das allgemeine Konzil, 1409: *Ü Ernst Staehelin* (Hg.), Die Verkündigung des Reiches Gottes in der Kirche Jesu Christi, Bd. 3, Basel 1955, 472.

262 Dietrich von Niem, De modis uniendi et reformandi ecclesiam in concilio universali, 1410: *Ü* KlProt 1, 155f.

lich –, der den Befehlen, Bestimmungen, Anordnungen oder Vorschriften dieser heiligen Synode oder eines anderen rechtmäßig versammelten Generalkonzils, die bezüglich des oben Gesagten oder dazu Gehörenden erlassen sind oder noch erlassen werden, hartnäckig den Gehorsam verweigert, unterliegt … der entsprechenden Buße und wird gebührend bestraft«.[263]

Damit ordnete das Konzil seine eigene Autorität der päpstlichen über. Es blieb freilich offen, ob es sich dabei um ein situationsabhängiges Ausnahmerecht oder um eine Grundordnung der Kirche handelte. In dieser Hinsicht blieb das Konstanzer Dekret umstritten, und 1441 erklärte Papst Eugen IV. es ausdrücklich für ungültig. Das Konstanzer Konzil selbst verfolgte seinen Leitungsanspruch nur halbherzig: Nachdem das Schisma 1417 endgültig beseitigt war, machte es sich nicht kraft eigener Autorität an die anstehenden Reformfragen, sondern schritt zur Neuwahl eines Papstes und stärkte so den konkurrierenden päpstlichen Leitungsanspruch. Immerhin verabschiedete das Konzil zuvor, am 9. Oktober 1417, noch das Dekret »Frequens«, das die Abhaltung von Konzilien innerhalb fester Fristen von bis zu zehn Jahren vorschrieb und damit eine Institutionalisierung des Konzils als Organ der Gesamtkirche vorsah. Die Kirchenreform wurde nach der Wahl Martins V. nur noch schleppend beraten und das Konzil am 22. April 1418 geschlossen.

Das Konstanzer Konzil hatte die päpstliche Autorität mit so großem Erfolg wiederhergestellt, daß der konziliare Leitungsanspruch verblaßte. 1423/24 konnte Martin V. das entsprechend den Konstanzer Beschlüssen fristgerecht nach Pavia einberufene und dann nach Siena verlegte Konzil als bedeutungslose, päpstlich beherrschte Versammlung durchführen. Erst das 1431 nach Basel berufene Konzil erhob wieder eigenständige Ansprüche auf die Leitung der Kirche und auf den Gehorsam des Papstes gegenüber dem Konzil. Als das Konzil sich anschickte, diese Ansprüche zu realisieren, wurde es von Papst Eugen IV. aufgelöst bzw. verlegt, setzte sich aber aufgrund politischer Unterstützung vorerst durch. Das Basler Konzil versuchte, als permanent tagendes Konzil eine echte Kirchenregierung mit eigenem Verwaltungsapparat in Konkurrenz zur päpstlichen

263 Konzil von Konstanz, Dekret »Haec sancta synodus«, 6. April 1415: *Ü Josef Wohlmuth* (Hg.), Dekrete der Ökumenischen Konzilien, Bd. 2: Konzilien des Mittelalters, Paderborn u.a. 2000, 409.

Kurie aufzubauen. Mit einer großen Zahl von Reformdekreten schränkte es die Rechte des Papstes zur Stellenbesetzung und zur Gebührenerhebung ein und übertrug synodale Entscheidungsvollmachten auch auf die Ebenen der Kirchenprovinzen und Diözesen. 1436/37 verschafften Pläne zur Überwindung des Schismas zwischen West- und Ostkirche, veranlaßt durch den militärischen Druck der Türken auf den Rest des Byzantinischen Reiches, Eugen IV. die Gelegenheit, seinem Leitungsanspruch von neuem Geltung zu verschaffen. Er schloß 1437 das Basler Konzil und verlegte es 1438 nach Ferrara und 1439 nach Florenz. Die Mehrheit des Konzils widersetzte sich der Verlegung und arbeitete in Basel weiter. 1439 verkündete das Basler Konzil die Überordnung des Allgemeinen Konzils über den Papst, nunmehr ausdrücklich als Dogma:

»Die Wahrheit über die Amtsgewalt des Allgemeinen Konzils, das die Gesamtkirche verkörpert, über den Papst und jeden anderen sonst … ist Wahrheit des katholischen Glaubens. Die Wahrheit, der Papst könne ein Allgemeines Konzil, das die Gesamtkirche verkörpert und das sich wirklich rechtmäßig versammelt hat …, ohne dessen Zustimmung keinesfalls aus eigener Vollmacht auflösen, auf eine andere Zeit vertagen oder von einem Ort an einen anderen verlegen, ist Wahrheit des katholischen Glaubens. Wer diesen beiden vorgenannten Wahrheiten hartnäckig Widerstand leistet, ist als Ketzer zu betrachten.«[264]

Daraufhin setzte das Konzil Eugen IV. ab und wählte einen Gegenpapst. Das Gegeneinander von konziliaren und päpstlichen Leitungsansprüchen führte also zu einem neuerlichen Schisma: diesmal konkurrierten nicht nur zwei Päpste, sondern auch zwei Konzilien um die Anerkennung im christlichen Abendland! Die europäischen Mächte verhielten sich zunächst weitgehend neutral, doch nach und nach gelang es Eugen IV. und dessen Nachfolger Nikolaus V., die römische Autorität durchzusetzen. 1449 trat der Gegenpapst zurück, und der Rest des Basler Konzils löste sich auf. Zum Sieg des Papsttums trug auch der Erfolg der Verhandlungen mit der Ostkirche bei: Das päpstliche Konzil von Florenz verkündete am 6. Juli 1439 eine Union mit den Griechen aufgrund von Formelkompromissen zu strittigen Lehrfragen und zum römischen Primat. Die Union wurde freilich nicht

264 Konzil von Basel, Erklärung »Sicut una«, 16. Juni 1439: *Ü* AQDGMA 38b, 397.

wirksam, weil sie im Osten kaum Anhänger fand. Nach der türkischen Eroberung Konstantinopels 1453 entfiel auch der politische Druck, der sie ermöglicht hatte.

Als reale Machtalternative zum Papsttum waren die Reformkonzilien des 15. Jahrhunderts gescheitert. Die konziliare Theorie stellte aber weiterhin eine potentielle Bedrohung der päpstlichen Monarchie in der abendländischen Christenheit dar. Die Päpste blieben äußerst wachsam, um neue Manifestationen konziliarer Leitungsansprüche zu verhindern. 1460 verbot Pius II. mit der Bulle »Execrabilis« das Rechtsmittel der Appellation an ein Allgemeines Konzil und dekretierte damit die Letztgültigkeit päpstlicher Entscheidungen. Auf den Versuch einer französischen Kardinalsgruppe, 1511/12 ein papstunabhängiges Konzil in Pisa durchzuführen, reagierte Julius II. 1512 mit der Einberufung des Fünften Laterankonzils, das bis 1517 als Papstkonzil in der Tradition der hochmittelalterlichen Kirchenversammlungen tagte. Die Angst der Päpste vor der konziliaren Bestreitung ihrer Leitungsvollmacht verhinderte auch, daß die mit der Reformation aufbrechenden Fragen auf einem Konzil behandelt wurden. Das 1545 eröffnete Konzil von Trient[265] tagte als Versammlung der römisch-katholischen Konfessionskirche bereits unter völlig veränderten Rahmenbedingungen.

b. Das erneuerte Papsttum und seine Grenzen

Die Verfassungsstruktur der abendländischen Kirche war nach der Beendigung des Schismas und der Durchsetzung der päpstlichen Leitungsgewalt gegen ein konziliares Kirchenmodell gefestigt: Von neuem konzentrierten sich im Papstamt als monarchischer Spitze der klerikalen Hierarchie religiöse Vollmachten und rechtliche Zuständigkeiten. Die Päpste des ausgehenden Mittelalters konnten ihr Selbstverständnis in scheinbar ungebrochener Anknüpfung an die seit der Reform des 11. Jahrhunderts entwickelten Anschauungen bekunden. Pius II., in seinen jüngeren Jahren selbst ein Anhänger der konziliaren Idee und Mitarbeiter des Basler Gegenpapstes, distanzierte sich 1463 ausdrücklich von seinen früheren Auffassungen und

265 S. Zugänge 6/II (s. Anm. 168), 111–122.

unterstrich bei dieser Gelegenheit den Gedanken der monarchischen Stellvertretung Christi:

»Gebt euch nicht der Meinung hin, daß die göttliche Vorsehung … die streitende Kirche ohne Ordnung zurückgelassen habe. … Eine Ordnung aber erfordert es, daß Unteres von Oberem gelenkt wird und letztlich auf einen zurückzuführen ist, der Fürst und Lenker von allem ist, das unter ihm steht. Die Kraniche fliegen einem hinterher, und unter den Bienen ist eine die Königin. So ist auch in der streitenden Kirche, die Abbild der triumphierenden ist, einer der Lenker und Richter aller, nämlich der Stellvertreter Jesu Christi. Alle Macht und Autorität, die in ihn unmittelbar von Christus, unserem Herrn und Gott, einströmt, leiten die untergebenen Glieder von ihm als dem Haupt ab. … Und die Evangelisten erwähnen nicht zwei oder noch mehr Petrusse, und der Herr hat nicht zwei oder mehr eingesetzt, die gleichberechtigt als Häupter seine Statthalter wären. Sondern einen hat er zum Haupt, zum Fürsten und zum Hirten der ganzen Herde eingesetzt, nämlich Simon Petrus«.[266]

Die auf Christus selbst zurückgeführte besondere kirchliche Leitungskompetenz der Päpste wurde im späten Mittelalter allgemein akzeptiert. Klagen über Mißbräuche in der Wahrnehmung dieser Kompetenz oder über persönliche Mängel der Amtsinhaber stellten das papstkirchliche System nicht in Frage, sondern ergaben sich gerade aus der Hochschätzung dieses Amtes. In den »Heiligen Jahren« (s.o. III.3.c) 1450, 1475 und 1500 strömten Pilger aus dem gesamten Abendland nach Rom und demonstrierten damit, wie intensiv sich religiöse Erwartungen auf die vom Papst verwalteten Heilsgnaden richteten.

Die Erneuerung der päpstlichen Stellung in der abendländischen Christenheit stellte freilich keine Restauration des hochmittelalterlichen Papsttums dar. Was sich schon beim Scheitern Bonifaz' VIII. (s.o. V.1.a) angedeutet hatte, wurde im 15. Jahrhundert offenkundig: Ein mit der Stellvertretung Christi verbundener Anspruch auf die universale, den politischen Bereich umgreifende Leitung der christlichen Welt besaß keinen Realitätsgehalt mehr. Das Verhalten der weltlichen Mächte wurde zunehmend von nationalen oder dynastischen Interessen bestimmt, und der Gedanke, die gesamte Christenheit sei zu politischem Handeln berufen und werde vom Papst dazu ermächtigt, reduzierte sich auf politische Rhetorik. Das zeigte sich drastisch

266 Pius II., Retraktationsbulle, 26. April 1463: *Ü* KTGQ 2^5, 241.

bei den Versuchen der Päpste, nach der türkischen Eroberung Konstantinopels im Jahr 1453 einen Kreuzzug zustande zu bringen. Das Desinteresse der europäischen Herrscher machte einen 1459/60 von Pius II. in Mantua durchgeführten Fürstenkongreß zu einem Fiasko: An eine gemeinsame Unternehmung der abendländischen Christenheit gegen die Türken war nicht zu denken. Wie stark das päpstliche Bewußtsein der Weltlenkung und die politische Realität auseinanderklafften, illustriert in diesem Zusammenhang ein – nicht abgeschickter – Kunstbrief, den Pius II. an Sultan Mehmed II. (1451–1481) richtete. Darin versuchte er, den Sultan von der Wahrheit des Christentums zu überzeugen und stellte ihm für den Fall seiner Konversion die Krone des oströmischen Kaiserreiches in Aussicht:

»Wenn du unter den Christen dein Reich ausbreiten und deinen Namen mit Ruhm bedecken willst, dann hast du nicht Gold, nicht Waffen, nicht Heere und nicht Flotten nötig. Ein kleines Ding jedoch kann dich unter allen, die heute leben, zum Größten, Mächtigsten und Herrlichsten machen. Du fragst, was es sei? … In aller Welt kann man es haben: es ist ein Wassertröpfchen, womit du dich taufen läßt, dich zu den Heiligtümern der Christen wendest und an das Evangelium glaubst. Tust du das, so ist kein Fürst auf dem Erdkreis, der dich an Ehre überträfe oder an Macht dir gewachsen wäre. Wir werden dich Kaiser der Griechen und des Ostens heißen, und was du jetzt mit Gewalt einnimmst und zu Unrecht festhältst, besitzt du dann zu Recht.«[267]

In der Realpolitik war das Papsttum auf den politischen Interessenausgleich mit den politischen Mächten angewiesen. Wo sich starke Monarchien etablierten, wie in Frankreich und England, aber auch auf der iberischen Halbinsel, schränkten sie die päpstliche Rechtshoheit ein. Im deutschen Reich, wo eine solche zentrale politische Gewalt fehlte, gelang es dem Papsttum leichter, seine Rechtspositionen bezüglich der Besetzung kirchlicher Stellen und der damit verbundenen finanziellen Leistungen durchzusetzen. Auch dafür bedurfte es jetzt eines Vertrages, des 1448 mit Kaiser Friedrich III. (1440–1493) abgeschlossenen Wiener Konkordats. Angesichts der für die Interessen der Kurie günstigen Situation in Deutschland artikulierte sich gerade dort vehementer Protest gegen die päpstlichen Rechte. 1456

267 Pius II., Epistula ad Mahumetem, 1461: *Ü Berthe Widmer* (Hg.), Enea Silvio Piccolomini – Papst Pius II., Basel/ Stuttgart 1960, 467.

stellte ein Fürstentag in Frankfurt am Main erstmals die »Gravamina [= Beschwerungen] der deutschen Nation« zusammen:

»Wir sehen mit Besorgnis, wie schwer die deutsche Nation allenthalben bedrückt und bedrängt wurde und noch ständig wird: Noch immer verfügt die Kurie aufs ärgste über allgemeine und besondere Gnadenerweise und Reservationen [= Rechte hinsichtlich der Besetzung vieler kirchlicher Ämter], erteilt sie, deutet sie, hebt sie auf und richtet sie anderweitig wieder ein. Die rechtmäßigen Wahlen werden so unterlaufen. … Man bringt das Gold aus Deutschland fort und läßt die Armen mitsamt ihren Unterstützern zugrunde gehen. Derweil geschehen Morde, die Gottesdienste werden nicht mehr besucht, man kümmert sich nicht mehr um das Seelenheil, die geistliche Lebensführung wird unterdrückt, die Frömmigkeit der Christen wird geschmälert. Geistlichen und weltlichen Lehnsherren werden die Rechtsansprüche auf ihr Lehen, die verteilten Pfründen, genommen, und es geschehen viele Verstöße gegen göttliches und menschliches Recht und das Seelenheil. Hierdurch wird Deutschland in seinem Innern so aus der Ordnung gebracht, daß die gewaltige Stärke und Macht der Deutschen … wie auch Rechtsansprüche und Obergewalt des Reichs so sehr bedrückt werden, daß die Deutschen, die die Würde des Römischen Reiches und daher die Oberhoheit über alle anderen Länder erlangt haben, nun von anderen Ländern mächtig bedrängt, verachtet und geringgeschätzt werden.«[268]

Die päpstlichen Rechte wurden also nicht mehr als Teil der gesamtkirchlichen Leitungsgewalt akzeptiert, sondern als ein die politische Ordnung schwächender Eingriff einer auswärtigen Instanz mißbilligt. Die Gravamina wurden auf den Reichstagen des 15. und der ersten Hälfte des 16. Jahrhunderts mehrfach wiederholt. Weitreichende Wirkungen entfalteten sie, nachdem Martin Luther sie 1520 in das Reformprogramm seiner Schrift »An den christlichen Adel deutscher Nation von des christlichen Standes Besserung« aufgenommen hatte.[269]

Der politische Zerfall der abendländischen Christenheit in nach Souveränität strebende Staaten brachte auch die Päpste dazu, sich auf ihre Machtbasis im mittelitalienischen Kirchenstaat zu konzentrieren. Zunehmend überlagerten die italienischen Machtinteressen oder sogar die familiären Interessen des gerade regierenden Papstes die

268 Frankfurter Avisamenta, 1456: *Ü* KTGQ 2^5, 244f.
269 S. Zugänge 6/I (s. Anm. 168), 69–72.

päpstliche Funktion einer gesamtkirchlichen Leitung. Unter Alexander VI. standen Teile des Kirchenstaates vor der Umwandlung zu einem erblichen Fürstentum der Familie Borgia. Julius II. hingegen sicherte den Kirchenstaat durch ein gesamteuropäisches antifranzösisches Bündnis und profilierte das Papsttum als italienische Militärmacht. Die Amts- und Lebensführung der »Renaissancepäpste« seit der Mitte des 15. Jahrhunderts hob sich nicht nennenswert von der anderer italienischer Fürsten ab und war durch die Kombination von herrscherlicher Repräsentation, Begünstigung der eigenen Familie, moralischer Laxheit und rigorosem Vorgehen gegen politische und persönliche Gegner geprägt. Mindestens bei den Papstwahlen von 1492 und 1503, aus denen Alexander VI. bzw. Julius II. hervorgingen, spielten finanzielle Zusagen an die Kardinäle eine entscheidende Rolle: Die von den Reformern des 11. Jahrhunderts so entschieden bekämpfte »Simonie« (s.o. I.3.a) kehrte also an der Spitze des päpstlichen Kirchensystems wieder. Wenn es im übrigen darum ging, die hohen päpstlichen Ausgaben für Repräsentation und Militär durch entsprechende Einnahmen zu kompensieren, waren dem kurialen Erfindungsreichtum in der Verbindung von »geistlichen« Rechtsakten und finanziellen Leistungen kaum Grenzen gesetzt.

Im Rahmen fürstlicher Selbstdarstellung bewegte sich das Papsttum auch mit seinem erheblichen Einsatz für Kunst und Wissenschaft. In der Kultur der italienischen Städte war seit der Mitte des 14. Jahrhunderts der Gedanke der Wiedergeburt der Antike – später im Epochenbegriff »Renaissance« aufgenommen – auf fruchtbaren Boden gefallen. In Literatur, Philosophie und Künsten hatten die »Humanisten« ihn aufgenommen, den Menschen ins Zentrum von Erkenntnis und Darstellung gerückt, Texte und Ideen der heidnischen Antike sprachlich neu erschlossen und ohne Rücksicht auf die scholastische Dogmatik oder das kirchliche Lehramt mit christlichen Anschauungen zu einer neuen Weltsicht verbunden. Die Akademie von Florenz stellte das Zentrum dieses neuen Ansatzes zu einer – nicht mehr kirchlich gelenkten – abendländischen Einheitskultur dar. An ihr wirkten mit Marsilio Ficino († 1499) und seinem Schüler Giovanni Pico della Mirandola († 1494) die größten Geister der italienischen Renaissancephilosophie. Seit dem Pontifikat Nikolaus' V. in der Mitte des 15. Jahrhunderts zeigten sich die meisten Päpste als eifrige Förderer der humanistischen Wissenschaft und der Renaissancekultur. Vielleicht hofften sie, den politischen Abstieg zur Regionalmacht durch den Aufstieg zu einer universalen Kulturmacht auszugleichen und die Einheit von Christentum und Kultur neu zu begründen, vielleicht ging es ihnen auch nur darum, Rom gegenüber Florenz als kulturelles Zentrum Italiens zur Geltung zu bringen. Jedenfalls zogen die Päpste humanistische Gelehrte an ihren Hof, und immerhin einer von ihnen, Pius II., zuvor Enea Silvio Piccolomini, hatte sich selbst als Humanist einen Namen gemacht. Den nachhaltigsten Ausdruck fand das päpstliche Streben nach kultureller Größe in der Neugestaltung Roms. Die im Mittelalter weithin verfallene Stadt wurde nun zum sichtbaren Zentrum der abendländischen Christenheit ausgebaut. Straßenzüge und Brücken, Kirchen und Paläste – unter anderem die päpstliche Residenz im Vatikan – wurden errichtet und prachtvoll ausgestaltet, so daß die religiöse Phantasie der anschwellenden Pilgermassen durch eine eindrucksvolle architektonische Kulisse unterstützt wurde. Gekrönt wurde der Ausbau Roms durch die Errichtung der neuen Peterskirche, begonnen 1506 nach dem Entwurf von Donato d'Angelo Bramante († 1514). Bevor der Petersdom 1626 in modifizierter Gestalt fertiggestellt wurde, hatte sich freilich – ausgelöst durch den Protest, den der zur Finanzierung des Unternehmens ausgeschriebene Ablaß im fernen Provinznest Wittenberg hervorgerufen hatte – die Gestalt der abendländischen Christenheit und mit ihr die Bedeutung Roms grundlegend gewandelt.

War es dem Papsttum der vorangegangenen Jahrhunderte gelungen, seinen Anspruch auf die Spitzenstellung in der Kirche und in der christlichen Welt mit den Mitteln des Kirchenrechts und der Theologie zur Geltung zu bringen, glückte dem Renaissancepapsttum die ästhetische Darstellung dieses Anspruchs. Damit war aber keine Erneuerung eines gesamtkirchlichen Bewußtseins verbunden, weder bei den Päpsten selbst, die vornehmlich auf ihren eigenen Nachruhm bedacht waren, noch in der Einschätzung der abendländischen Christenheit, die den päpstlichen Repräsentationsaufwand mit Skepsis beobachtete. Es war unverkennbar, daß dem römischen Geschick bei der Inszenierung der eigenen Bedeutung keine tiefergehende geistliche Gesinnung entsprach. Die Rufe nach einer Reform der Kirche »an Haupt und Gliedern« führten an der Kurie zwar immer wieder zur Ausarbeitung von Reformkonzepten, die jedoch nie beschlossen oder gar umgesetzt wurden. Schon 1461 klagte der Universalgelehrte

Nikolaus von Kues († 1464), der sich als Kardinal wie kaum ein anderer für eine Reform einsetzte:

»Nichts gefällt mir, was hier an der Kurie getrieben wird; alles ist verdorben, keiner füllt sein Amt hinreichend aus. Weder dir [= Papst Pius II.] noch den Kardinälen geht es um die Kirche. Wie steht es um die Beobachtung des Kirchenrechts, um die Ehrfurcht vor den Gesetzen, um die Sorgfalt beim Gottesdienst? Alle kümmern sich nur um Ehrgeiz und Habsucht. Wenn ich in der Kardinalsversammlung einmal das Wort zur Reform ergreife, werde ich ausgelacht!«[270]

Die Neigung zur Reform wurde in den späteren Jahren eher noch geringer, und es war gerade das päpstliche »Haupt« der Kirche, das sich infolge politischer und persönlicher Interessen einer Reform mit gesamtkirchlicher Perspektive verweigerte. Das Papsttum klammerte sich an die Reste seiner weltlichen Stellung, verlor aber seine geistliche Autorität aus dem Auge bzw. behandelte sie als Angelegenheit der kurialen Verwaltung und der äußeren Darstellung. Dabei stand gerade sein weltlicher Herrschaftsanspruch auf tönernen Füßen: Seit jeher hatten die Päpste ihn auf die legendarische Übergabe römischer Herrschaftsrechte von Kaiser Konstantin an Papst Silvester I. (314–335) begründet und diese Herleitung seit dem 9. Jahrhundert durch eine Urkunde über die »Konstantinische Schenkung« gestützt gefunden – seit dem 11. Jahrhundert das zentrale Argument für den päpstlichen Primat. Nachdem schon Nikolaus von Kues die Echtheit dieses Dokuments angezweifelt hatte, wies der Humanist Lorenzo Valla († 1457) 1440 nach, daß es sich um eine Fälschung handelte. Konsequenz der Absage an weltliche Machtausübung sollte der Wandel des Papsttums zu neuer universaler Größe sein – nunmehr als Friedensmacht:

»Vielleicht wird er [= der Papst] sich, wenn er die Wahrheit erfahren hat, freiwillig aus dem fremden Haus in sein eigenes und vor den schädlichen Fluten und wütenden Wettern in den Hafen zurückziehen. ... O dürfte, dürfte ich es noch erleben ..., daß der Papst allein ein Stellvertreter Christi ist ... ... Dann wird der Papst mit Recht genannt werden und sein ein ›heiliger Vater‹, der Vater aller, ein Vater der Kirche, und er wird keine Kriege mehr führen

270 Pius II., Commentarii rerum memorabilium: hg. von *Adrian van Heck*, Bd. 1, Città del Vaticano 1984, 446.

unter den Christen, sondern wird den Kriegen, die andere begonnen haben, mit apostolischer Strafe und päpstlicher Majestät ein Ende bereiten!«[271]

Vallas Destruktion der Rechtsbasis für die weltliche Papstherrschaft zeigte im 15. Jahrhundert noch kaum Wirkung; die politischen Verhältnisse zogen den päpstlichen Ansprüchen ohnehin enge Grenzen.

Die von Valla erhoffte Schiedsrichterrolle konnte dem Papsttum auch ohne Grundsatzdiskussionen zufallen, wenn ihre Wahrnehmung den Interessen der beteiligten Mächte entgegenkam. Die koloniale Expansion Portugals und Spaniens bot dem Papsttum die Gelegenheit, eine universale Zuständigkeit wahrzunehmen, ohne daß es freilich etwas von der Tragweite der Vorgänge ahnte. Die portugiesische Kolonisierung hatte an der westafrikanischen Küste schon in der ersten Hälfte des 15. Jahrhunderts eingesetzt. Der Fall Konstantinopels im Jahre 1453 intensivierte die Suche nach einem von türkischer Kontrolle unabhängigen Seeweg nach Indien. Nach einem Ausspruch von Vasco da Gama († 1524), der 1498 den indischen Subkontinent nach Umseglung Afrikas erreichte, suchten die Europäer »Christen und Gewürze«, neben Wirtschaftsgütern also den Kontakt zu Relikten eines alten, sagenumwobenen Christentums. 1455 gewährte Nikolaus V. den portugiesischen Kolonien päpstlichen Schutz und verlieh der portugiesischen Krone kirchliche Rechte in den neuerworbenen Gebieten sowie die Zuständigkeit für die Mission unter den Eingeborenen. Als Christoph Kolumbus († 1506) 1492 in spanischen Diensten bei dem Versuch, Indien in Westrichtung zu erreichen, auf die »westindischen« Inseln stieß, in Wirklichkeit aber eine »neue Welt« entdeckte, drohte ein politischer Konflikt. Die spanische Krone erwirkte 1493 von Alexander VI. die päpstliche Anerkennung ihrer Landnahme, die der Papst nach dem Muster einer Belehnung formulierte; zugleich grenzte er den Bereich spanischer Rechtsansprüche von dem Portugals geographisch ab:

»Wir verlangen, daß ihr, wenn ihr diese Expedition betreibt, zugleich rechtschaffenen Sinnes und voller Eifer für den rechten Glauben danach strebt, die in jenen Inseln und Ländern wohnenden Völker zur Annahme der christlichen Religion zu bewegen … . Damit ihr ein so großes Unternehmen bereit-

271 Lorenzo Valla, De falso credita et ementita Constantini donatione declamatio XXX,99: *Ü* KlProt 1, 482.

williger und wagemutiger … anpackt, schenken, gewähren und übertragen Wir hiermit – aus Unserer eigenen und alleinigen Großmut und sicheren Erkenntnis und aus der Fülle Unserer apostolischen Machtbefugnis, die durch den allmächtigen Gott, durch die Vermittlung des heiligen Petrus auf Uns übertragen worden ist, sowie aufgrund der Stellvertreterschaft Jesu Christi auf Erden – an euch und eure Erben und Nachfolger … alle entdeckten oder zu entdeckenden Inseln und Festländer mitsamt allen Herrschaften, Städten, Lagern, Plätzen und Dörfern und allen umfassenden Rechten, soweit diese Inseln und Festländer westlich oder südlich einer vom arktischen zum antarktischen Pol in einer Entfernung von 100 Meilen westlich und südlich von einer der gemeinhin unter dem Namen Azoren und Kapverden bekannten Inseln zu ziehenden Linie gelegen sind«.[272]

Die beiden iberischen Königreiche akzeptierten das päpstliche Vorgehen und einigten sich 1494 im Vertrag von Tordesillas auf eine weiter westlich verlaufende Demarkationslinie. Auch dieser Vertrag wurde 1506 päpstlich bestätigt, als man schon wußte, daß es um mehr ging als um ein paar Inseln. Die großen Entdeckungen des ausgehenden 15. Jahrhunderts waren also Gelegenheit, noch einmal die universale Zuständigkeit des Papsttum zu bekunden. Mehr als Symbolik blieb diese Aktualisierung der päpstlichen Weltherrschaftsansprüche freilich nicht, denn die kirchlichen Zuständigkeiten gingen in die Regie der Kolonialmächte über, deren Praxis von »Mission« ganz im Dienst ihrer wirtschaftlichen Interessen stand. Kolumbus und andere Entdecker waren allerdings von der ganz mittelalterlichen Hoffnung beseelt, einen Beitrag zum Kreuzzug gegen die Ungläubigen und damit zur eschatologischen Einheit der christlichen Welt zu leisten. 1514 formulierte der portugiesische Gesandte Diogo Pacheco vor Papst Leo X.:

»Ihr sollt herrschen von Meer zu Meer und vom Tiber bis an die Enden der Erde. Die Könige der Araber und von Saba sollen Geschenke bringen, alle Fürsten sollen Euch huldigen und alle Völker Euch dienen. … Was kann man mehr erhoffen, als daß auch die äußersten Grenzen des Orients, vom Ruhm des Christennamens bisher noch kaum erreicht, mit unseren Ländern im Westen vereint werden, daß sie bekehrt werden zum Glauben an den wahren Gott und zu seiner Verehrung, und daß Eurer Heiligkeit als dem obersten

272 Alexander VI., Bulle »Inter cetera«, 4. Mai 1493: *Ü Mariano Delgado* (Hg.), Gott in Lateinamerika, Düsseldorf 1991, 70.

Hirten der christlichen Herde schon bald neuer Gehorsam mit den entsprechenden Treueiden entgegengebracht wird, so daß, wenn Indus und Ganges, Tejo und Tiber, als kämen sie in einem Flußbett zusammen, unter Eurer Leitung harmonisch dahinströmen, es eine Herde und einen Hirten [vgl. Joh 10,16] gibt?«[273]

Tatsächlich wurde die Papstkirche des Mittelalters auf dem Wege über die portugiesischen und spanischen Entdeckungen zu einer weltumspannenden Institution. Daß ihr Anspruch auf Universalität sich der Realisierung näherte, indem er sich von der Bindung an das christliche Abendland löste, ist freilich den Päpsten erst im 20. Jahrhundert, und auch da nur ansatzweise, bewußt geworden.

4. Reformansätze und Kirchenbindung in der Frömmigkeit

Die Autoritätskrise an der Spitze der abendländischen Kleruskirche im 14. und beginnenden 15. Jahrhundert führte keineswegs zu einem Verfall der christlichen Frömmigkeit. Während die so häufig beschworene Reform der Kirche »an Haupt und Gliedern« auf sich warten ließ, konzentrierte sich das Reformverlangen zunehmend auf die gelebte Religiosität. Dabei war sowohl eine Erneuerung der individuellen Frömmigkeitspraxis als auch der Institutionen geistlichen Lebens im Blick. Das religiöse Reformstreben äußerte sich in zum Teil heftiger Kritik an Kirche und Klerus und zielte damit auf die erneuerte Glaubwürdigkeit des – selbst nicht in Frage gestellten – hierarchischen Systems als Basis für die Erlangung persönlichen und kollektiven Heils.

273 Diogo Pacheco, Gehorsamsadresse des Königs von Portugal, 20. März 1514: engl. *Ü Francis M. Rogers*, The Quest for Eastern Christians, Minneapolis 1962, 130.

a. Devotio moderna und Klosterreformen

In den Niederlanden entstand in den siebziger Jahren des 14. Jahrhunderts – also ungefähr zeitgleich mit dem Papstschisma – eine Bewegung, die sich selbst als »Devotio moderna«, »neue Frömmigkeit«, bezeichnete. Ihr Begründer war der Patriziersohn Geert Groote († 1384) aus Deventer, der nach breitgefächerten Studien eine religiöse Wende erlebt hatte. 1374 stellte er sein Elternhaus einer Frauengemeinschaft nach Art der Beginen (s.o. III.2.e) zur Verfügung, die sich zur Keimzelle der »Schwestern vom gemeinsamen Leben« entwickelte. Erfahrungen mit dem Mönchtum und die Lektüre mystischer Schriften, vor allem von Jan van Ruusbroec und von Heinrich Seuse (s.o. IV.3.d), formten Grootes Ideal eines einfachen und geregelten frommen Lebens. Ein solches Leben wollte er aber nicht im Mönchsstand, sondern als geistlich vertieftes Laienchristentum verwirklichen. »Beschlüsse und Vorsätze, nicht Gelübde« überschrieb er deshalb eine Zusammenstellung von religiösen Lebensnormen, mit denen er auch andere für seine Vorstellung von erneuerter Frömmigkeit gewinnen wollte. Dabei spielt die Abkehr von allem weltlichen Ehrgeiz eine zentrale Rolle:

> Ich will »kein Buch verfassen, keine Reise oder Arbeit auf mich nehmen oder eine Wissenschaft ausüben zur Ausbreitung meines Rufes, des Namens meiner Wissenschaft und um Ehren oder Dank von irgendwem zu erhalten oder um meines Nachruhms willen. Wenn ich nämlich aus diesen Gründen so etwas oder anderes tue und Lohn davon erwarte, wird dieser mir nicht beim himmlischen Vater erstattet, selbst wenn ich es um des Guten willen und im Hinblick auf den ewigen Lohn tue. Daher ist auf jede Weise zu meiden, daß ich mir einen Namen mache.«[274]

Groote strebte nicht nach spirituellen Ausnahmeerfahrungen, nach visionären oder ekstatischen Widerfahrnissen, die auf die religiöse Elite der mystisch Begabten beschränkt bleiben mußten. Sein Ideal von geistlicher Vollkommenheit richtete sich vielmehr auf das christliche Leben in der bürgerlichen Lebenswelt, auf eine innerliche Got-

---

274 Geert Groote, Conclusa et proposita, non vota 13: *Ü Hans Norbert Janowski* (Hg.), Geert Groote, Thomas von Kempen und die Devotio moderna, Olten/Freiburg 1978, 49.

tesbeziehung, die gerade durch die methodische Verbindung persönlicher Frömmigkeitsübungen mit der Alltagsarbeit erreicht werden sollte. In die Forderung nach Verinnerlichung der Frömmigkeit bezog Groote die kirchliche Institution und ihren Gottesdienst ausdrücklich ein: gerade vom Klerus erwartete er eine spirituelle Neuausrichtung. Seit 1379 zog er als Buß- und Reformprediger durch die Niederlande und wandte sich vehement gegen einen weltlich gesinnten Klerus, insbesondere gegen Geldgeschäfte mit kirchlichen Ämtern (»Simonie«) und gegen den lockeren Umgang mit der Zölibatsverpflichtung – er nahm also die großen Themen der Kirchenreform des 11. Jahrhunderts (s.o. I) auf. Ein bischöfliches Predigtverbot war die Folge solcher Kritik.

Erfolgreicher war Groote bei der Sammlung eines Kreises Gleichgesinnter. Dabei zeigte sich, daß seine Vorstellung von einem geistlichen Leben in der Alltagswelt doch zur Strukturierung in einer besonderen Lebensform tendierte. 1381 begannen Groote und sein wichtigster Mitarbeiter Florens Radewijns († 1400) in Deventer mit dem Aufbau der Gemeinschaft der »Brüder vom gemeinsamen Leben«. Ohne kirchenrechtliche Reglementierung und ohne lebenslängliche Gelübde bildeten die Brüder eine Lebensgemeinschaft. Sie verbanden eine strikte Methodik geistlicher Übungen, Zeiten des Gebets, des Schriftstudiums, der Meditation und der Selbsterforschung, mit der Handarbeit, vor allem mit der Buchproduktion. Die Brüder wollten sich zum einen erkennbar von der Welt unterscheiden, zum andern lag ihnen daran, auf die Welt einzuwirken und andere gleichfalls zu einer geistlichen Neuorientierung ihres Lebens zu veranlassen. In dieser Hinsicht wirkten sie durch ihr Vorbild, vor allem aber durch Erbauungsschriften. Dem Interesse der Brüder an der konkreten Lebenswelt korrespondierte dabei die Zuwendung zum irdischen Jesus als Vorbild und Lehrer eines gottgefälligen Lebens. »Von der Nachfolge Christi« (De imitatione Christi) lautet bezeichnenderweise der Titel der meistgelesenen Schrift aus der Devotio moderna, die von Thomas von Kempen († 1471) zusammengestellt wurde (die Verfasserschaft ist unsicher). Das Leben Jesu zielt auf die Nachahmung durch die Glaubenden:

»Wenn du auf das Leben Christi schaust, kannst du dich wohl schämen, daß du dir noch nicht mehr Mühe gegeben hast, dich ihm anzugleichen, obgleich du schon lange auf dem Weg zu Gott bist. Ein frommer Mensch, der sich aufmerksam und andächtig in dem heiligsten Leben und Leiden des Herrn übt, wird darin alles im Überfluß finden, was für ihn nützlich und notwendig ist; er muß nicht außerhalb von Jesus nach etwas Besserem suchen. Käme der gekreuzigte Jesus in unser Herz, wie schnell und vollkommen würden wir belehrt werden.«[275]

Die Kreuzesnachfolge, die Nachahmung des leidenden Jesus, bildete ein zentrales Leitmotiv der Devotio moderna. Dabei ist die Nachfolge Christi mit der Anstrengung des Willens verbunden und erweist sich in der Festigung eines Lebens christlicher Tugenden, in Demut, Geduld und Gehorsam. An der Betrachtung des Kreuzesleidens Christi bildet sich der Wille zum Ertragen des eigenen Leids:

»Herr Jesus, dein Leben war mühsam und von der Welt verachtet: gewähre mir, daß ich unter Verachtung der Welt dir ähnlich werde. … Um Jesu willen haben wir das Kreuz auf uns genommen: um Jesu willen laßt uns unter dem Kreuz ausharren! Er, unser Anführer und Wegbereiter, wird unser Helfer sein. Seht, unser König geht uns voran: er wird für uns kämpfen. Laßt uns ihm mannhaft folgen, niemand fürchte die Schrecken; laßt uns bereit sein, tapfer im Kampf zu sterben; und wandeln wir unseren Ruhm nicht in Schande, indem wir vor dem Kreuz fliehen.«[276]

Als Zentren einer solchen anspruchsvollen Religiosität entstanden zahlreiche weitere Brüder- und Schwesternhäuser; außer in den Niederlanden faßte die Devotio moderna besonders in Nord- und Westdeutschland Fuß. Mit ihrem Schrifttum zielten die Devoten auf die religiöse Laienbildung und nahmen Einfluß auf das Schulwesen; mancherorts gründeten die Brüder im Laufe des 15. Jahrhunderts eigene Schulen. Sowohl die eigene Lebensform in einem Zwischenzustand zwischen Welt und Kloster als auch die Unterweisung von Laien und Klerus zielte auf geistliche Vervollkommnung in einem moralisch geheiligten Leben. Florens Radewijns formulierte dieses Ziel in seinem »Frommen Traktätlein« so:

»Wer im geistlichen Leben wirklich vorankommen will, muß jedwede Absicht, Mühe und Anstrengung – Fasten, Nachtwachen, Lesung und Meditation der Heiligen Schrift sowie andere Tätigkeiten – auf zwei Ziele hin ausrich-

275 De imitatione Christi I,25: *Ü* hg. von *Friedrich Eichler*, München 1966, 121/123.

276 A.a.O. III,56: *Ü* a.a.O., 387/389.

ten und tun, nämlich durch diese Übungen sein Herz von Fehlern und schädlichen Leidenschaften zu reinigen und wahre Tugenden zu erwerben, besonders die Liebe zu Gott und zum Nächsten sowie die wahre Eintracht mit Gott und dem Nächsten. Diese zwei Dinge, Reinheit des Herzens und Liebe zu Gott, sind die zwei Ziele in diesem Erdenleben; und in dem Maße, wie der Mensch sich ihnen nähert, kommt er auch seiner Vollkommenheit wirklich nahe. Die wahre Liebe aber wohnt nur in einem von Fehlern freien Herzen und umfaßt jede Tugend.«[277]

Die religiöse Erfahrung im Herzen der Glaubenden bildete für die Devotio moderna das Zentrum christlicher Existenz. Der begrifflichen Reflexion und Entfaltung abstrakter Glaubenslehren in der scholastischen Theologie begegnete sie dementsprechend mit Skepsis. Bei Thomas von Kempen liest man:

»Was nützt es dir, Hohes über die Dreieinigkeit zu disputieren, wenn du keine Demut hast und daher der Dreieinigkeit nicht gefällst? Wahrlich, hohe Worte machen nicht heilig und gerecht; aber ein tugendhaftes Leben macht dich Gott lieb. Ich möchte die Reue lieber empfinden, als ihre Definition zu kennen. Wüßtest du die ganze Bibel auswendig und die Aussprüche aller Philosophen, was nützte dir alles ohne die Liebe und die Gnade Gottes? ... Das ist höchste Weisheit: durch Weltverachtung zum Himmelreich streben.«[278]

Einem spekulativen theologischen Erkenntnisinteresse stellte Florens Radewijns ein praktisches entgegen:

»Wer auf diesem Weg [der Reinigung] durch Lesen vorankommen will, muß zuallererst und hauptsächlich jedes Studium ... auf folgendes Ziel hin ausrichten: Fehler ausrotten und Tugenden einpflanzen, das Gelesene in lebendiger Tat verwirklichen, sich entflammen lassen zu Frömmigkeit, Fasten, Buße, Handarbeit und ähnlichen Tugendhilfen. Und er studiere ja nicht bloß um des Wissens willen, ... Ebensowenig ist dort wahre Wissenschaft, wenn sie nicht als Mittel zu lebendigem Tun aufgefaßt wird. Und so ist klar, daß man jedes Studium und Lesen der Heiligen Schrift auf die Liebe und die Tugenden hin ausrichten muß«.[279]

277 Florens Radewijns, Tractatulus devotus, *Ü Hans Norbert Janowski* (Hg.), Geert Groote, Thomas von Kempen und die Devotio moderna, Olten/Freiburg 1978, 70.

278 De imitatione Christi I,1: *Ü* hg. von *Friedrich Eichler*, München 1966, 33/35.

279 Florens Radewijns, Tractatulus devotus, *Ü Hans Norbert Janowski* (Hg.),

Damit lenkte die Devotio moderna zu den Grundlinien der monastischen Theologie des 12. Jahrhunderts (s.o. IV.1.a) zurück. Sie beeinflußte auch die Theologie des 15. Jahrhunderts in Richtung auf eine Verbindung der begrifflichen Abstraktion mit der Ausrichtung auf die innere Erneuerung von Frömmigkeit und kirchlicher Praxis. Der einflußreiche Pariser Theologe Johannes Gerson († 1429) nahm solche Anregungen auf, und die deutschen Reformtheologen Johannes Pupper von Goch († 1475) und Johann Wessel Gansfort († 1489) waren von der Devotio moderna geprägt.[280] Der bedeutendste deutsche Universitätstheologe des 15. Jahrhunderts, Gabriel Biel († 1495) in Tübingen, war selbst tatkräftiger Organisator der Bruderhäuser im südwestdeutschen Raum.

Es gelang den Gemeinschaften der Devotio moderna, ihre Lebensform gegen Anfeindungen und Häresieverdächtigungen seitens der etablierten Ordensgemeinschaften zu behaupten. Neben den halbmonastischen Brüder- und Schwesternhäusern entstand auch ein monastischer Zweig der Bewegung. Florens Radewijns gründete 1387 in Windesheim bei Zwolle ein Kanonikerstift, dessen Mitglieder, Kleriker und Laien, sich auf die Augustinerregel verpflichteten. Von Windesheim aus wurden weitere Chorherrenstifte gegründet oder bestehende reformiert. Aus ihnen entstand ein Verband mit einheitlicher Lebensordnung, die Windesheimer Kongregation, der im Jahre 1500 87 Stifte angehörten. Auch den devoten Chorherren ging es im Rahmen der für sie verbindlichen Ordnung um die Übung in den Tugenden der Christusnachfolge.

Als Reformbewegung im Bereich der Kanonikerstifte berührte sich die Devotio moderna mit den Klosterreformen des späten Mittelalters. Gegen Ende des 14. Jahrhunderts häuften sich Beschwerden über den Verfall der klösterlichen Disziplin und des religiösen Ernstes unter Mönchen und Nonnen. Das Schisma, das auch die Orden in Obödienzen spaltete, verschärfte die Probleme. Gleichzeitig regte aber in allen Spielarten des Mönchtums die Wahrnehmung von Mißständen dazu an, die monastische Spiritualität und eine ihr gemäße Lebensführung zu erneuern. Die Verfechter einer solchen Reform

---

Geert Groote, Thomas von Kempen und die Devotio moderna, Olten/Freiburg 1978, 75f.

280 S. Zugänge 6/I (s. Anm. 168), 21f.

bezogen sich auf die Norm der dem Klosterleben zugrundeliegende »Regel«. Darunter verstanden sie die in den verschiedenen Einzelregeln geformte Verpflichtung auf ein Leben nach den »evangelischen Räten« (consilia evangelica) von Armut, Keuschheit und Gehorsam. Die Nichtbefolgung der Regel stellte nach der Überzeugung aller Klosterreformer den Kern der monastischen Mißstände dar. So schrieb der Nürnberger Augustiner-Eremit Conrad von Zenn († 1460) in seinem 1414/15 entstandenen »Buch vom Klosterleben«:

»In unserem Orden aber wird die Regel weder von den Untergebenen noch von den Vorgesetzten beobachtet. ... Denn die Vorgesetzten ermatten und erlahmen in den Sitten; die Untergebenen aber wachsen und gedeihen in den Lastern; alle versäumen es in allen Stücken, die Regel zu beobachten, obwohl wir doch um unseres Heils willen verpflichtet sind, sie alle beständig zu lesen, einzuhalten, nach ihr zu handeln und [ihre Vorschriften] zu erfüllen, und sie unter allen Umständen mit uns führen müssen: im Herzen, indem wir sie herzlich lieben, im Mund, indem wir sie häufig lesen, in der Tat, indem wir sie im ganzen Leben beobachten.«[281]

Beklagt wurde die durch ein regelvergessenes Mönchtum in der gesamten Christenheit hervorgerufene spirituelle Desorientierung. Der an der von Melk in Oberösterreich ausgehenden Reform beteiligte Benediktiner Petrus von Rosenheim († 1433) konfrontierte 1431 die gängige klösterliche Praxis mit den hohen religiösen Ansprüchen des Mönchsstandes:

»Wehe den Mönchen unserer Zeit, die, obwohl sie sich auf den Stand der Vollkommenheit verpflichtet haben, davon Abstand nehmen, den Weg des Heils zu beschreiten und, verführt durch die Begierde nach den sichtbaren Dingen, diese entgegen ihren Gelübden dem unsichtbaren Schöpfer vorziehen; sie zeigen sich in verdorbener Weise undankbar für ihre Berufung und lieben nicht Gott über alles, sondern die Begünstiger ihres Fleisches, und lieben sich selbst, indem sie unheilig und frevelhaft leben. Zwar täuschen sie durch hohe Tonsuren und den Habit der Bekehrung die Verachtung der Welt vor, in Wahrheit sind sie dennoch Liebhaber der Welt, der sie mit der ganzen Wurzel ihres Herzens eingepflanzt sind; sie wohnen durch Heuchelei im

281 Conrad von Zenn, Liber de vita monastica I,1: *Hellmut Zschoch*, Klosterreform und monastische Spiritualität im 15. Jahrhundert, Tübingen 1988, 62.

Hause des Herrn, sie leben vom Erbe des Gekreuzigten, streiten aber treulos mit frevelnden Händen gegen den Gekreuzigten.«[282]

Das Reformziel ergab sich aus der Diagnose: Es galt, in den Klöstern für die strikte Einhaltung der Regel, die »observantia regularis«, zu sorgen. Sie mußte den Klosterangehörigen eingeschärft und mit disziplinarischen Maßnahmen durchgesetzt werden. Nur so konnte nach der Überzeugung der Klosterreformer das Mönchtum seinen geistlichen Vorrang in der Christenheit nicht nur theoretisch beanspruchen, sondern auch tatsächlich ausfüllen. Deshalb pries Conrad von Zenn die Observanz als Weg zum Heil:

»O Observanz der Regel, Werkstatt einer wunderbaren geistlichen Übung, wo ohne Zweifel die menschliche Seele das Bild ihres Schöpfers in sich erneuert und zur Reinheit ihres Ursprungs zurückkehrt, wo die abgestumpften Sinne wieder zum Gipfel ihrer Empfindungsfähigkeit gelangen! Du sorgst dafür, daß die Münder, die dein Lob singen, nicht austrocknen, und daß der Sinn für die göttliche Gnade fette Speise erhält. Du machst, daß ein Mensch Gott mit reinem Herzen schaut, der zuvor, eingehüllt in seine Finsternis, weder Gott noch sich selbst gekannt hat. Du läßt den Menschen zu seinem Anfang zurückkehren und rufst ihn aus der Verbannung ins Exil zurück zur Höhe seiner alten Würde. Was soll ich noch sagen, o Observanz der Regel? Du bist der Tod der Laster, und ohne Zweifel reizt du zu einem Leben in den Tugenden. … Du bist der Königsweg, denn du führst die Menschen zurück zum Vaterland. … O Observanz der Regel, Bad der Seelen, Tod der Vergehen, Reinigung für die Befleckten! Du nimmst die [bösen] Geheimnisse unseres Inneren fort, du tilgst die Beschmutzung durch Freveltaten und du läßt die Seelen zum Glanz der engelhaften Reinheit gelangen.«[283]

In den meisten Orden, zuerst in Italien, dann insbesondere in Spanien und in Deutschland, bildeten sich, unterstützt durch die Konzilien von Konstanz und Basel, sogenannte Reformkongregationen, eigene organisatorische Zusammenschlüsse derjenigen Klöster, die sich zu strenger Regelobservanz verpflichteten. Innerhalb der Orden blieben

282 Petrus von Rosenheim, Sermo des statu vitae monasticae sui temporis: *Ü Ralph Weinbrenner*, Klosterreform im 15. Jahrhundert zwischen Ideal und Praxis, Tübingen 1996, 35.

283 Conrad von Zenn, Liber de vita monastica, Supplementum 1: *Hellmut Zschoch*, Klosterreform und monastische Spiritualität im 15. Jahrhundert, Tübingen 1988, 229f.

die Observanzbewegung und die von ihr ausgehende Reform umstritten; viele Klosterangehörige widersetzten sich einer Beschneidung bisheriger Freiheiten. Die observanten Klöster konnten aber durchweg mit der Unterstützung durch weltliche Obrigkeiten rechnen, und es gelang ihnen, den religiösen Respekt der Laien für das Mönchtum zurückzugewinnen und so die Position der Klöster in der spätmittelalterlichen Gesellschaft zu festigen.

b. Heilsverlangen und kirchliches Heilsangebot

Die Religiosität der Laien war im späten Mittelalter angetrieben von einem intensiven Verlangen nach dem ewigen Heil. Der Gedanke der Buße (s.o. III.3) bildete das Zentrum des Bemühens um ein gottgefälliges Leben, regte zur frommen Selbstbeobachtung an und stellte die christliche Existenz in den Horizont von Lohn und Strafe. Die Angst vor göttlichen Strafen wurde durch die zunehmend populäre Vorstellung vom Fegfeuer geschürt: Die Lehre von einem Reinigungsort (Purgatorium), an dem nach dem Tod die während des irdischen Lebens noch nicht abgegoltenen Sündenstrafen zu büßen sind, hatte sich schon im 13. Jahrhundert im Abendland durchgesetzt. In der Lehrübereinkunft mit der Ostkirche (s.o. V.3.a) wurde sie 1439 abschließend als Dogma formuliert:

> »Die Seelen derer, die in wahrer Buße in der Liebe Gottes verstorben sind, ohne zuvor durch würdige Früchte der Buße für das Begangene und Unterlassene Genugtuung geleistet zu haben, werden nach dem Tod durch Reinigungsstrafen gereinigt. Und zur Milderung derartiger Strafen nützen ihnen die Fürbitten der lebenden Gläubigen, nämlich Meßopfer, Gebete, Almosen und andere Werke der Frömmigkeit, die von den Gläubigen für andere Gläubige entsprechend den Anordnungen der Kirche verrichtet zu werden pflegen.«[284]

Im christlichen Leben kam es demnach darauf an, diese Strafen – deren Umfang man nicht kannte, nur daß sie anders als die Höllenstrafe zeitlich begrenzt waren – für sich selbst nach Kräften zu vermeiden und für bereits Verstorbene zu mindern. Die Mittel dazu standen in der Heilsinstitution der Kirche zur Verfügung, und alle

284 Konzil von Florenz, Bulle »Laetentur coeli«, 6. Juli 1439: *Ü* DH, Nr. 1304.

Christen waren zur Erfüllung ihres Heilsverlangens auf den kirchlichen Klerus als Heilsvermittler angewiesen. Die große Pestepidemie in der Mitte des 14. Jahrhunderts schärfte das Bewußtsein für die Möglichkeit eines plötzlichen, unvorbereiteten Todes und für das mit ihm verbundene religiöse Risiko. Um so mehr mußte es gelten, rechtzeitig und lebenslang die kirchlichen Heilsangebote wahrzunehmen und sich so für die eigene Todesstunde zu rüsten. Die Gestaltung der Sterbestunde, die »Sterbekunst« (ars moriendi), und das Wahrnehmen der eigenen Sterblichkeit bildeten daher einen Schwerpunkt in der Glaubensunterweisung, besonders eindrücklich im Bildmotiv des »Totentanzes«, das sich im 15. Jahrhundert großer Beliebtheit erfreute.

Eine Reduzierung der Fegfeuerstrafen versprach in erster Linie das kirchliche Bußsakrament, gesteigert durch die Ablässe (s.o. III.3.c), deren Umfang man in »Jahren Fegfeuer« anzugeben pflegte. Theologische Ablaßkritik, wie sie besonders deutlich Johannes Rucherath von Oberwesel († 1481) als Domprediger in Worms und Mainz übte, blieb eine Randerscheinung. Die sakramentale Buße verwies die Gläubigen auf die »Werke der Frömmigkeit« als die von ihnen geforderten Bußleistungen. So wurden die Laien über das Bußsakrament zu kirchlich anerkannten religiösen Handlungen angeleitet. Als solche kirchlich-frommen Werke kamen Almosen in Frage: Kleine Gaben an Bedürftige, aber auch – namentlich in den spätmittelalterlichen Städten zu verzeichnende – große Stiftungen zur Armenfürsorge kamen letztlich dem Seelenheil der Stiftenden zugute. Noch stärker aber richtete sich das religiöse Interesse auf Gebetsleistungen als fromme Werke, die vor Gott Verdienst erwerben und insofern zum Ausgleich für göttliche Strafen geeignet sind. Dabei ging es vorrangig nicht um Gebete als private Frömmigkeitsübungen, sondern um die Teilnahme am kirchlich geordneten Gebet.

Die intensivste Form eines solchen Gebetsdienstes stellte die Messe dar. Die mittelalterliche Entwicklung der christlichen Mahlfeier zu einer priesterlichen Darbringung von Gebeten und zur in diese Gebete gekleideten Erneuerung des Versöhnungsopfers Christi formte die ganz auf den priesterlichen Ritus konzentrierte spätmittelalterliche Meßfrömmigkeit. In einem anonymen Predigtwerk aus der Mitte des 15. Jahrhunderts, dem »Gärtlein der Königin« (= der Kirche), wird der geistliche Nutzen der Messe prägnant zusammengefaßt:

»Das Sakrament der Eucharistie nützt nicht nur dem kommunizierenden Priester, sondern der ganzen Kirche, auch den Seelen im Fegfeuer, weil es eben nicht nur Sakrament ist, sondern zugleich das Opfer der Kirche, insofern es Christus als den, der gelitten hat, enthält.«[285]

Das Zurücktreten der Mahlhandlung und die Feier des Meßgottesdienstes in lateinischer Sprache, wobei die zentralen Teile vom Priester zudem nur halblaut gemurmelt wurden, ließen die Verehrung des unverstandenen heiligen Ritus in den Vordergrund treten und tendierten zur Schaufrömmigkeit. Es kam vor allem darauf an, die Wandlung der Elemente Brot und Wein in den Leib und das Blut Christi wahrzunehmen und die mit der Elevation, dem Hochheben der gewandelten Elemente, bezeichnete Opferhandlung andächtig mitzuvollziehen. Die Ritualisierung war daher mit einer Individualisierung der Meßfrömmigkeit verbunden, und die Laien wurden vielfach zu einem sich in ihrem Innern parallel zum Ritus vollziehenden »geistlichen Essen« angeleitet. Das intensivierte Heilsverlangen äußerte sich in der quantitativen Steigerung der Meßfeiern: Im Spätmittelalter stieg die Zahl der Stiftungen von Messen, deren geistlicher Nutzen den Stiftern und ihren Familien weit über den Tod hinaus zugute kommen sollte, sprunghaft an. Insbesondere große Kirchen füllten sich mit Nebenaltären, die die Feier mehrerer – stiller – Messen zur gleichen Zeit erlaubten. Auch die mit zunehmendem Aufwand betriebene künstlerische Gestaltung dieser Altäre, der gottesdienstlichen Gerätschaften und der liturgischen Gewänder wurde als gutes Werk im Rahmen der frommen Hochschätzung der Meßfeier betrieben. Aus dem Kapital der Meßstiftungen wurde eine immer größere Anzahl von Klerikern unterhalten, die in den großen Städten bis zu zehn Prozent der Einwohnerschaft stellten. Die überwiegende Mehrheit von ihnen war ausschließlich mit dem Lesen von Messen und mit anderen rituellen Pflichten beschäftigt. Um ihre Bildung war es durchweg schlecht bestellt: Sie mußten den Ritus korrekt feiern können, ein tieferes Verstehen, gar eine theologische Reflexion, waren nicht unbedingt gefordert.

Auch in Gestalt der Heiligenverehrung richtete sich die spätmittelalterliche Laienfrömmigkeit auf das kirchliche Heilsangebot aus. Die

285 Hortulus reginae, um 1444: *Ü Willi Massa*, Die Eucharistiepredigt am Vorabend der Reformation, St. Augustin 1966, 120.

von der Kirche anerkannten Heiligen wurden den Gläubigen als religiöse Leitbilder vor Augen gestellt: Sie hatten nach kirchlicher Lehre ihr Leben mit Hilfe der göttlichen Gnade in vollkommener Gottesgemeinschaft vollendet und das Ziel der ewigen Seligkeit erreicht. Als Glieder der »triumphierenden Kirche« (ecclesia triumphans) unterstützten sie die noch um ihr Heil ringenden Christen der »kämpfenden Kirche« (ecclesia militans) durch ihre Gebetsmittlerschaft. Der Bezug des Gebets auf diese Heiligen konnte dessen Charakter als frommes Werk insofern verdeutlichen und intensivieren. Unter allen Heiligen richteten sich die Hoffnungen der Gläubigen besonders intensiv auf Maria: Ihre Fürbitte sollte den als Richter vorgestellten Christus besänftigen und so auch den Zorn Gott-Vaters stillen. In der populären Frömmigkeit setzte sich immer stärker die Vorstellung von der »unbefleckten Empfängnis« (immaculata conceptio) Mariens durch: Schon Maria selbst wurde danach im Moment ihrer Empfängnis im Leib ihrer Mutter durch ein wunderhaftes Eingreifen Gottes von der Befleckung durch die Erbsünde ausgenommen, teilte also nicht die Sündenverfallenheit aller anderen Menschen und wurde so fähig, die Mutter des Gottessohnes zu werden. Johannes Duns Scotus (s.o. IV.2.a) hatte diese Lehrmeinung theologisch begründet, und vor allem die Franziskaner hatten für ihre Popularisierung gesorgt. Papst Sixtus IV. erklärte sie 1483 zwar für nicht verpflichtend (erst 1854 wurde sie zum Dogma erhoben), in der Frömmigkeit war sie aber allgemein akzeptiert. Der Augustiner-Eremit Johannes von Paltz († 1511) faßte sie in einem 1491 erschienenen Marientraktat in Verse; Maria spricht:

»Als ich im Mutterleib lag,
Da ich ward behütet gnädiglich
Von dem ewigen Gott vom Himmelreich
Von der Erbsünde Schnödigkeit,
Das war den bösen Geistern leid.
In dem ersten Augenblick das geschah,
Daß mich Gottes Güte ansah.
Daß ich nicht käme nackt und bloß,
Er meine Seele voll Gnaden goß
Und eint sie mit einem Körper reine,
Das war nicht allen Menschen gemeine. …
Wer das alle Tag betrachtet,

In Danksagung Gottes das achtet,
Er sei jung oder alt,
Ich will ihm's vergelten mannigfalt«.[286]

Als Konsequenz der sich auf die unbefleckte Empfängnis beziehenden Marienfrömmigkeit steigerte sich auch die Verehrung der Mutter Mariens, der heiligen Anna. Sie wurde geradezu zur »Modeheiligen« des 15. Jahrhunderts, und die Darstellung von Großmutter, Mutter und Kind (»Anna selbdritt«) oder der heiligen Großfamilie wurde zu einem bevorzugten Bildmotiv.

In den Reliquien waren die Heiligen und die Heilsgeschichte in der Kirche präsent. Der diesen irdischen Überresten erwiesene religiöse Respekt verschaffte den Glaubenden eine sinnlich erfahrbare Nähe zu den Heiligen und unmittelbare Teilhabe an ihrem verdienstvollen Leben. Am Ende des 15. Jahrhunderts entstanden große Reliquiensammlungen; in Deutschland erlangten die in Halle von Kardinal Albrecht von Brandenburg († 1545, Erzbischof von Mainz und Magdeburg) und in Wittenberg von Kurfürst Friedrich dem Weisen von Sachsen († 1525) zusammengetragenen heiligen Schätze besondere Berühmtheit. Ihrer frommen Betrachtung wurden reiche Ablässe zugesagt, deren in Jahren Fegfeuer ausgedrückter Wert (z.B. in Halle fast 40 Millionen Jahre) über menschlich faßbare Zeitvorstellungen weit hinausging.

Die Reliquienverehrung stand in engem Zusammenhang mit dem im Spätmittelalter gleichfalls aufblühenden Wallfahrtswesen: Heilige Orte stellten selbst eine Art Reliquie dar und boten den Rahmen für eine leibliche Annäherung an die Ursprünge der Glaubensgeschichte; außerdem waren besondere Reliquien eben nur an ihrem Ort zugänglich. Beispielsweise wurde der »heilige Rock«, angeblich das letzte Gewand Jesu auf seinem Weg ans Kreuz, 1512 erstmals in Trier zur Verehrung ausgestellt. An einem Tag zählte man 80 000 Pilger, mehr als das Zehnfache der damaligen Einwohnerzahl von Trier. In den Wallfahrten nahm das individuelle Heilsverlangen die Gestalt kollektiver Frömmigkeit, ja eines Massenphänomens an. Zu den

---

286 Johannes von Paltz, Die sieben Pforten oder Feste der Mutter Gottes, 1491: Ders., Werke, Bd. 3: Opuscula, hg. von *Christoph Burger* u.a., Berlin/New York 1989, 338f. (oben leicht modernisiert).

klassischen Zielen für Pilger aus der gesamten abendländischen Christenheit, Jerusalem, Rom (gesteigert in den »heiligen Jahren«, s.o. III.3.c) und Santiago de Compostela, und zu traditionsreichen regionalen Zentren traten neue Wallfahrtsorte. Besonderen Zulauf fanden seit dem 14. Jahrhundert Heiligtümer der eucharistischen Frömmigkeit: An zahlreichen Orten, z.B. in Andechs/Oberbayern oder Wilsnack/Mark Brandenburg, wurden Hostien, die partielle Verfärbungen aufwiesen, als »Bluthostien« verehrt. Sie galten als Beweis für die Realität der Verwandlung von Brot und Wein in Leib und Blut Christi. Überall bestätigten kirchliche Ablaßzusagen die Heilswirksamkeit der Wallfahrtsfrömmigkeit.

Kirchlich empfohlene religiöse Praktiken und abergläubische, magische Vorstellungen gingen vielfach ineinander über. Das gilt insbesondere für die sich an die Messe anlagernde Frömmigkeit: Prediger empfahlen die andächtige Mitfeier der Messe nicht nur als Mittel zu Sündenvergebung und ewigem Heil, sondern mitunter auch als Schutz vor Unfällen und Krankheiten oder als Mittel gegen Geburtsschmerzen und zur Verzögerung des Alterns. Gebräuchlich war die private Aufbewahrung geweihter Hostien als Mittel zur Sicherung von Glück und Wohlstand und zur Abwehr bösen Zaubers. Das Zutrauen zu einer verdinglichten Nähe des Heiligen korrespondierte mit der um sich greifenden Angst vor dem leibhaftigen Bösen: Im 15. Jahrhundert nahmen die Vorstellungen vom Wirken des Bösen durch Hexen und Zauberer, von Teufelspakten, Teufelsbuhlschaften und vom Hexenritt Gestalt an und begannen ihre tödliche Wirkung zu entfalten, die sich in der frühen Neuzeit noch erheblich steigern sollte. 1484 erklärte Papst Innozenz VIII. die Hexerei für ein reales Phänomen und machte ihre Bekämpfung zur Aufgabe der kirchlichen Inquisition. Die dazu päpstlich autorisierten deutschen Dominikaner Heinrich Institoris († 1505) und Jakob Sprenger († 1495) verfaßten 1487 mit dem »Hexenhammer« (Malleus maleficarum) das bis ins 17. Jahrhundert maßgebliche Handbuch für die Hexenverfolgungen.

Die dunkle Kehrseite der intensiven kirchlichen Frömmigkeit zeigte sich nachhaltig auch in den Phänomenen der Judenfeindschaft. Die in der scholastischen Theologie vertieften antijüdischen Motive (s.o. IV.4) stützten die seit dem 13. Jahrhundert durch Kennzeichnungspflicht und Ghettoisierung gesteigerte Ausgrenzung der Juden. Aus vielen Gebieten wurden die Juden ganz vertrieben, so 1290 aus

England, 1306 und 1394 aus Frankreich, 1492 aus Spanien und 1497 aus Portugal, im Laufe des 15. Jahrhunderts auch aus vielen Städten und Territorien des deutschen Reiches. Der Antijudaismus gehörte zum festen Repertoire der kirchlichen Predigt und der religiösen Bilder, besonders im Kontext der Passionsfrömmigkeit, der Erinnerung an das – den Juden zur Last gelegte – Leiden Jesu. Die stereotypen Anschuldigungen, die zunehmend das Verhältnis der christlichen Bevölkerung zur jüdischen Minderheit bestimmten, waren vom kirchlichen Kultus bestimmt oder wirkten auf ihn zurück. Immer wieder wurden die Juden des Ritualmords beschuldigt und deswegen blutig verfolgt: Ungeklärte Fälle von Kindstötung wurden mit der absurden Annahme in Verbindung gebracht, die Juden benötigten für ihre Passafeier das Blut eines Christenkindes. Die getöteten Kinder wurden zu Märtyrern erklärt und ihre Überreste als Reliquien verehrt. Im Zuge der intensivierten eucharistischen Frömmigkeit häuften sich seit dem Ende des 13. Jahrhunderts Vorwürfe des Hostienfrevels gegen Juden. Der angebliche Sachverhalt stellte sich stets so ähnlich dar wie bei einem 1492 aus dem mecklenburgischen Sternberg berichteten »Fall«:

»Am Tag Severi und Severini [= 22. Oktober] des Jahres 1492 nach Christi Geburt haben die erbärmlichen Juden eine besondere Handlung gegen die heilige Christenheit öffentlich eingestanden, die sie aufgrund ihrer übermäßigen Schlechtigkeit begangen haben. Dem allmächtigen Gott haben sie damit Hohn und Spott entgegengebracht und der heiligen christlichen Kirche Verachtung. In aller Deutlichkeit haben sie eine gewaltige schwerwiegende und schreckliche Verfehlung und Untat zugegeben, die sie an dem teuren, heiligen und wahren Leib unseres Herrn Jesus Christus begangen haben, ... Auch Eleasars Frau hat zugegeben, daß ihr Mann mit Hilfe und auf Anraten der anderen Juden vier geweihte Hostien gekauft und heimgebracht hat. Zwei davon hat er an einem Freitagmorgen vor Jacobi [= 25. Juli] um acht Uhr früh genommen ... . Und sechs von ihnen haben mit Nadeln hineingestochen, so daß Blut daraus floß ... ... Aufgrund dieses Bekenntnisses der verfluchten, unseligen, verstockten und blinden Juden wurden fünfundzwanzig Juden und zwei Jüdinnen verbrannt.«[287]

Auf das Pogrom an den Sternberger Juden folgte die Etablierung einer Wallfahrt. Die gemarterten »Bluthostien« repräsentierten den lei-

287 Zeitgenössischer Bericht: KTGQ 2^5, 261.

denden Christus und die von der kirchlichen Predigt hervorgehobene Schuld der Juden an seinem Tod. Zugleich sahen die Christen die kirchliche Wandlungslehre und die von ihr getragene Hostienfrömmigkeit durch den jüdischen »Frevel« eindrucksvoll bestätigt.

Die kirchliche Predigt gewann im späten Mittelalter an Bedeutung: Sie war das wichtigste Mittel, das kirchliche Heilsangebot auf das religiöse Heilsverlangen zu beziehen. Die Erfindung des Buchdrucks durch Johannes Gutenberg († 1468) aus Mainz ermöglichte die Verbreitung von Predigthandbüchern und Musterpredigten im Klerus und dürfte das allgemeine Predigtniveau gehoben haben. Durchweg galt es als Aufgabe der Predigt, unter intensiver Benutzung biblischer Texte das Glaubenswissen der Laien zu festigen, die kirchliche Praxis didaktisch aufzuschließen und zur äußeren und inneren Teilnahme an der kirchlich empfohlenen Religiosität anzuleiten. Der Heilsgewinn durch »Werke der Frömmigkeit«, die kirchliche Gnadenvermittlung in Sakramenten und Ablässen und das Vorbild und der Beistand der Heiligen waren daher die bevorzugten Predigtgegenstände. Die Predigten kreisten um den kirchlichen Ritus; indem sie ihn erklärten, wehrten sie aber zugleich einer ritualistischen Verengung der Frömmigkeit auf unverstandene äußere Handlungen. Zumal in den Städten trug die Predigt das Element der religiösen Bildung zum kirchlichen Leben bei. Das Predigtangebot, insbesondere der Bettelorden, wurde im 15. Jahrhundert immer häufiger durch Predigtstiftungen aus der Bürgerschaft ergänzt: Gebildete und vermögende Laien finanzierten Prädikaturen, Klerikerstellen, die ausdrücklich der Predigtaufgabe gewidmet waren und die mit akademisch hochqualifizierten Theologen besetzt wurden. Gerade solche Prediger, die die kirchliche Lehre auf hohem Reflexionsniveau vermittelten, gaben oft auch der Unzufriedenheit der Laien mit dem Zustand von Kirche und Klerus und den daraus abgeleiteten Reformforderungen Ausdruck. So richtete der Straßburger Münsterprediger Johannes Geiler von Kaysersberg († 1510), der berühmteste Kanzelredner seiner Zeit, eindringliche Mahnungen an Klerus und Ordensangehörige:

»Wir setzen unsre Sache auf äußerliche Dinge und orientieren uns an der Habsucht und nicht an der Wahrheit, nicht am Tun, sondern am Ton, am Getöne, mehr am Verdecken als an Werken. Wir singen viel, wachen viel, fasten und beten viel, tragen einfache und rauhe Kleider, hören viele Messen, tragen kurze Haare und schmucklose Schuhe, reden klein und ohnmächtig, und überall erscheint Jesus, aber nicht im Kopf, im Herzen, in den Händen. Jesus ist in den Worten, aber nicht in Wahrheit: Wir üben keine Demut, niemand will unterdrückt und verachtet sein«.[288]

Solche Äußerungen waren nicht Ausdruck grundsätzlicher Kritik an der Kleruskirche und am klerikal vermittelten Heilsangebot. Vielmehr nahmen die Prediger im Rahmen einer klerikalen Kleruskritik das Verlangen nach einem in Lehre und Leben vorbildlichen und so seiner religiösen Funktion gerecht werdenden Klerus auf, das gerade in bewußt kirchlichen Laienkreisen lebendig war. In satirischer Form hat der spätere Straßburger Stadtschreiber Sebastian Brant († 1521) die bürgerliche Kleruskritik in seinem 1494 in Basel entstandenen »Narrenschiff« aufgenommen:

»Drum wiegt heut Priesterwürd gering
wie irgendein ganz leichtes Ding;
so findt man jetzt viel junge Pfaffen,
die soviel können wie die Affen;
die wollen unsre Seel erbauen –
kein Tier möcht man ihn'n anvertrauen!
Verstehn vom Kirchregiern soviel
wie's Müllertier von Sang und Spiel.
Die Bischöf lassen sie gedeihen,
sie sollten solche gar nicht weihen,
ihn'n nicht die Seelsorg übertragen,
dann könnt man Guts vom Bischof sagen. …
Ach Gott, so mancher liest die Messe,
der besser sich vergriff nicht dran
und nimmer rührt' den Altar an,
denn Gott will unsre Andacht nicht,
wo sie mit Sünden sich verflicht.«[289]

---

288 Johannes Geiler von Kaysersberg, Ein Sendbrief … an die würdigen Frauen zu den Reuerinnen zu Freiburg im Breisgau, 1499: *L. Dacheux* (Hg.), Die ältesten Schriften Geilers von Kaysersberg, Freiburg 1882, Nachdr. Amsterdam 1965, 213f. (oben modernisiert).

289 Sebastian Brant, Das Narrenschiff: *Ü* hg. von *Margot Richter*, Berlin 1958, 167f.

Eine radikale Kirchenkritik blieb demgegenüber im späten Mittelalter auf Randerscheinungen beschränkt. Aufsehen erregte in Deutschland der Hirte und Spielmann Hans Böhm († 1476), der »Pfeifer von Niklashausen«, der als jugendlicher Laienprediger scharfe Kirchen- und Sozialkritik übte und nach der Verurteilung durch den Würzburger Bischof als Ketzer verbrannt wurde. In höhere politische Sphären stieß die Bußpredigt des Dominikaners Girolamo Savonarola († 1498) in Florenz vor: Er verband die Ausmalung eines apokalyptischen Szenarios mit prophetischem Selbstbewußtsein, gewann so die Massen und sorgte für einen politischen Kurswechsel in Florenz. Dabei verschärfte sich der politische und religiöse Gegensatz zum Papsttum, und in Verbindung mit einem Stimmungsumschwung in der Stadt endete der Prediger auf dem Scheiterhaufen.

Das Reforminteresse der konventionellen Prediger, ebenso wie das einer bewußten Laienfrömmigkeit, richtete sich am Ende des Mittelalters auf einen erneuerten Klerus. Die aus diesem Reforminteresse gespeiste Kritik am geistlichen Stand zielte darauf ab, die kirchliche Frömmigkeit zu stabilisieren und zu internalisieren. Damit das Heilsverlangen durch das Heilsangebot der Kirche gestillt werden konnte, war ein funktionierender Klerus erforderlich. Neben der Bildung der Geistlichen standen ihre sittlichen Qualitäten im Zentrum von Kritik und Reformforderungen: Indem Prediger und Laien die »Simonie« bei kirchlichen Stellenbesetzungen und Verstöße gegen die Zölibatsverpflichtung anprangerten, erneuerten sie die Leitbilder der Kirchenreform des 11. Jahrhunderts (s.o. I). Der theologisch gebildete Predigtklerus und die frommen Laien, besonders in den Städten und an den Fürstenhöfen, stellten am Ende des Mittelalters die Trägerschicht dieses die kirchlichen Grundsätze des Hoch- und Spätmittelalters aktualisierenden Reformprogramms. Anders als im 11. Jahrhundert fielen aber die höheren Würdenträger der kirchlichen Hierarchie und insbesondere deren päpstliche Spitze als Reformkräfte aus. So verschärfte sich die Spannung zwischen systemkonformem Reformbegehren und systembedingter Reformunfähigkeit, zwischen kirchlicher Frömmigkeit und kirchlicher Institution. Eine durchgreifende Erneuerung der abendländischen Christenheit wurde immer schwerer als Reform der Kleruskirche »an Haupt und Gliedern« vorstellbar. Angesichts dieser – von ihm nicht reflektierten – Aporien der spätmittelalterlichen Religiosität sah Geiler von Kaysersberg gegen Ende seines Lebens mit deutlicher Resignation nur noch für die einzelnen Christen eine Möglichkeit zur Erneuerung durch das Bemühen um ihr individuelles Heil:

»Du sprichst: Mag [= Kann] man nicht eine [all]gemeine Reformation machen? Ich spreche: Nein. Es ist auch keine Hoffnung, daß es besser werde um die Christenheit. ... Darum so [= Weil] es so hart [= schwer] ist, die ganze Christenheit ... zu reformieren, darum stoße ein jeglicher sein Haupt in einen Winkel, in ein Loch, und sehe, daß er Gottes Gebote halte und tue was recht ist, damit er selig werde.«[290]

290 Johannes Geiler von Kaysersberg, Die Emeis [= Die Ameise; Predigten in der Fastenzeit des Jahres 1508], Straßburg 1517 (VD 16: G 715), 21v–22r (oben leicht modernisiert).

Päpste 1046 bis 1521*

1046–1047	Clemens II.		
		1047–1048	Benedikt IX.
1048	Damasus II.		
1049–1054	Leo IX.		
1055–1057	Victor II.		
1057–1058	Stephan IX.		
		1058–1059	Benedikt X.
1059–1061	Nikolaus II.		
1061–1073	Alexander II.		
		1061–1064	Honorius II.
1073–1085	Gregor VII.		
		1080–1100	Clemens III.
1086–1087	Victor III.		
1088–1099	Urban II.		
1099–1118	Paschalis II.		
		1100–1101	Theoderich
		1101	Albert
		1105–1111	Silvester IV.
1118–1119	Gelasius II.		
		1118–1121	Gregor VIII.
1119–1124	Calixt II.		
		1124	Cölestin II.
1124–1130	Honorius II.		
1130–1143	Innozenz II.		
		1130–1138	Anaklet II.
		1138	Victor IV.
1143–1144	Cölestin II.		
1144–1145	Lucius II.		
1145–1153	Eugen III.		
1153–1154	Anastasius IV.		
1154–1159	Hadrian IV.		

* Nach *Ulrich Köpf*, Papsttum, IV. Chronologisches Verzeichnis der Päpste, in: RGG^{4} 6, Tübingen 2003, 897–902, 900f. »Gegenpäpste« sind nach rechts ausgerückt; für die Jahre des »Großen Schismas« 1378–1415/17 sind die zwei bzw. drei Obödienzen parallel dargestellt.

1159–1181	Alexander III.		
		1159–1164	Victor IV.
		1164–1168	Paschalis III.
		1168–1178	Calixt III.
		1179–1180	Innozenz III.
1181–1185	Lucius III.		
1185–1187	Urban III.		
1187	Gregor VIII.		
1187–1191	Clemens III.		
1191–1198	Cölestin III.		
1198–1216	Innozenz III.		
1216–1227	Honorius III.		
1227–1241	Gregor IX.		
1241	Cölestin IV.		
1243–1254	Innozenz IV.		
1254–1261	Alexander IV.		
1261–1264	Urban IV.		
1265–1268	Clemens IV.		
1271–1276	Gregor X.		
1276	Innozenz V.		
1276	Hadrian V.		
1276–1277	Johannes XXI.		
1277–1280	Nikolaus III.		
1281–1285	Martin IV.		
1285–1287	Honorius IV.		
1288–1292	Nikolaus IV.		
1294	Cölestin V.		
1294–1303	Bonifaz VIII.		
1303–1304	Benedikt XI.		
1305–1314	Clemens V.		
1316–1334	Johannes XXII.		
		1328–1330	Nikolaus V.
1334–1342	Benedikt XII.		
1342–1352	Clemens VI.		
1352–1362	Innozenz VI.		
1362–1370	Urban V.		
1370–1378	Gregor XI.		

[Rom]		*[Avignon]*		*[Pisa]*
1378–1389	Urban VI.	1378–1394	Clemens VII.	
1389–1404	Bonifaz IX.	1394–1417	Benedikt XIII.	
1404–1406	Innozenz VII.	(–1423)		1409–1410 Alexander V.
1406–1415	Gregor XII.			1410–1415 Johannes XXIII.

1417–1431	Martin V.		
		1423–1429	Clemens VIII.
		1425–1430 (?)	Benedikt XIV.
1431–1447	Eugen IV.		
		1439–1449	Felix V.
1447–1455	Nikolaus V.		
1455–1458	Calixt III.		
1458–1464	Pius II.		
1464–1471	Paul II.		
1471–1484	Sixtus IV.		
1484–1492	Innozenz VIII.		
1492–1503	Alexander VI.		
1503	Pius III.		
1503–1513	Julius II.		
1513–1521	Leo X.		

Literatur in Auswahl

Aufgeführt sind *Quellensammlungen* und *ausgewählte Sekundärliteratur*, der weiterführende Literaturangaben zu entnehmen sind. Nicht genannt sind *einzelne Quellenausgaben* (s. dazu aber die bibliographischen Nachweise der zitierten Quellenstücke in den Fußnoten). *Abkürzungen* erfolgen nach dem Abkürzungsverzeichnis der Theologischen Realenzyklopädie (TRE), zusammengestellt von *Siegfried M. Schwertner*, Berlin/New York ^{2}1994.

0. Allgemeines

0.1. Quellensammlungen

Aland, Kurt (Hg.): Quellen zur Geschichte des Papsttums und des römischen Katholizismus, Bd. 1, Tübingen ^{6}1967.

Denzinger, Heinrich: Kompendium der Glaubensbekenntnisse und kirchlichen Lehrentscheidungen, lat.-dt. hg. von *Peter Hünermann*, Freiburg u.a. ^{37}1991 [DH].

Kirchen- und Theologiegeschichte in Quellen, Bd. 2: Mittelalter, neu bearb. und hg. von *Adolf Martin Ritter*, *Bernhard Lohse* und *Volker Leppin*, Neukirchen-Vluyn ^{5}2001 [KTGQ 2^{5}].

Staehelin, Ernst (Hg.): Die Verkündigung des Reiches Gottes in der Kirche Jesu Christi. Zeugnisse aus allen Jahrhunderten und allen Konfessionen. Bd. 2: Von der Christianisierung der Franken bis zum ersten Kreuzzug. Bd. 3: Von Bernhard von Clairvaux bis zu Girolamo Savonarola, Basel 1953/1955.

Wöhler, Hans-Ulrich (Hg.): Texte zum Universalienstreit. Bd. 1: Vom Ausgang der Antike bis zur Frühscholastik. Bd. 2: Hoch- und spätmittelalterliche Scholastik, Berlin 1992/1994.

Wohlmuth, Josef (Hg.): Dekrete der Ökumenischen Konzilien, Bd. 2: Konzilien des Mittelalters, Paderborn u.a. 2000.

0.2. Sekundärliteratur

Andresen, Carl/ Ritter, Adolf Martin: Geschichte des Christentums I/2. Frühmittelalter – Hochmittelalter, Stuttgart u.a. 1995.

Angenendt, Arnold: Geschichte der Religiosität im Mittelalter, Darmstadt ^{2}2000.

Atlas zur Kirchengeschichte. Die christlichen Kirchen in Geschichte und Gegenwart, hg. von *Hubert Jedin* u.a., Neuausg. hg. von *Jochen Martin*, Freiburg 1987.

Barber, Malcolm: The Two Cities. Medieval Europe, 1050–1320, London/ New York 1992.

Battenberg, Friedrich: Das Europäische Zeitalter der Juden. Zur Entwicklung einer Minderheit in der nichtjüdischen Umwelt Europas. Bd. 1: Von den Anfängen bis 1650, Darmstadt 1990.

Boockmann, Hartmut: Einführung in die Geschichte des Mittelalters, München [7]2001.

Borgolte, Michael: Die mittelalterliche Kirche, München 1992.

Borst, Arno: Barbaren, Ketzer und Artisten. Welten des Mittelalters, München/ Zürich [2]1990.

Brox, Norbert u.a. (Hg.): Die Geschichte des Christentums. Religion – Politik – Kultur, hg. von *Jean-Marie Mayeur* u.a., deutsche Ausg. Bd. 5: Machtfülle des Papsttums (1054–1274), hg. von *Odilo Engels*, Freiburg u.a. 1994. Bd. 6: Die Zeit der Zerreißproben (1274–1449), hg. von *Bernhard Schimmelpfennig*, Freiburg u.a. 1991. Bd. 7: Von der Reform zur Reformation (1450–1530), hg. von *Heribert Smolinsky*, Freiburg u.a. 1995.

Dinzelbacher, Peter: Christliche Mystik im Abendland. Ihre Geschichte von den Anfängen bis zum Ende des Mittelalters, Paderborn u.a. 1994.

–: Europa im Hochmittelalter 1050–1250. Eine Kultur- und Mentalitätsgeschichte, Darmstadt 2003.

Engels, Odilo: Das Hochmittelalter I, Stuttgart u.a. 1993.

Ennen, Elisabeth: Frauen im Mittelalter, München [4]1991.

Fink, Karl August: Papsttum und Kirche im abendländischen Mittelalter, München 1981.

Frank, Isnard W.: Kirchengeschichte des Mittelalters, Düsseldorf 1984.

Frank, Karl Suso: Geschichte des christlichen Mönchtums, Darmstadt [5]1993.

Goez, Werner: Lebensbilder aus dem Mittelalter. Die Zeit der Ottonen, Salier und Staufer, Darmstadt [2]1998.

Greschat, Martin (Hg.), Gestalten der Kirchengeschichte, Bd. 3: Mittelalter I. Bd. 4: Mittelalter II. Bd. 11: Das Papsttum I. Von den Anfängen bis zu den Päpsten in Avignon. Bd. 12: Das Papsttum II. Vom Großen Abendländischen Schisma bis zur Gegenwart, Stuttgart u.a. 1983/1985.

Grundmann, Herbert: Ketzergeschichte des Mittelalters, Göttingen [3]1978.

Haas, Wolfdieter: Welt im Wandel. Das Hochmittelalter, Stuttgart 2002.

Hauschild, Wolf-Dieter: Lehrbuch der Kirchen- und Dogmengeschichte, Bd. 1: Alte Kirche und Mittelalter, Gütersloh 1995.

Haverkamp, Alfred: Aufbruch und Gestaltung. Deutschland 1056–1273, München 1984.

Holze, Heinrich: Die abendländische Kirche im hohen Mittelalter (12./13. Jahrhundert), Leipzig 2003.

Kantorowicz, Ernst H.: Die zwei Körper des Königs. Eine Studie zur politischen Theologie des Mittelalters, München 1990.

Köpf, Ulrich: Mittelalter, in: RGG[4] 5, Tübingen 2002, 1350–1357.

– (Hg.): Theologen des Mittelalters, Darmstadt 2002.

Jedin, Hubert (Hg.): Handbuch der Kirchengeschichte, Bd. III: Die mittelalterliche Kirche. Erster Halbband: Vom kirchlichen Frühmittelalter zur gregorianischen Reform. Zweiter Halbband: Vom kirchlichen Hochmittelalter bis zum Vorabend der Reformation, Freiburg u.a. 1966/1968, Tb.-Ausg. 1985.

Lambert, Malcolm: Häresie im Mittelalter. Von den Katharern bis zu den Hussiten, Darmstadt 2001.

Lexikon des Mittelalters, 9 Bde. und Reg.bd., München u.a. 1980–1999.

Lilienfeld, Fairy von: Mönchtum, II. Christlich, in: TRE 23, Berlin/ New York 1994, 150–193.

Logan, F. Donald: A History of the Church in the Middle Ages, London/ New York 2002.

Moore, Robert I.: Die erste europäische Revolution. Gesellschaft und Kultur im Hochmittelalter, München 2001.

Rengstorf, Karl Heinrich/ Kortzfleisch, Siegfried von (Hg.): Kirche und Synagoge. Handbuch zur Geschichte von Christen und Juden. Darstellung und Quellen, Bd. 1, Stuttgart 1968, Tb.-Ausg. München 1988.

Schäferdiek, Knut: Mittelalter, in: TRE 23, Berlin/ New York 1994, 110–121.

Schatz, Klaus: Allgemeine Konzilien – Brennpunkte der Kirchengeschichte, Paderborn u.a. 1997.

Schimmelpfennig, Bernhard: Das Papsttum. Von der Antike bis zur Renaissance, Darmstadt [4]1996.

Southern, Richard W.: Geistes- und Sozialgeschichte des Mittelalters, Stuttgart u.a. [2]1980.

–: Kirche und Gesellschaft im Abendland des Mittelalters, Berlin/ New York 1976.

Sumption, Jonathan: Pilgrimage. An Image of Mediaeval Religion, London [2]2002.

Swanson, Robert N.: Religion and Devotion in Europe, c. 1215–1515, Cambridge 1995.

Tellenbach, Gerd: Die westliche Kirche vom 10. bis zum frühen 12. Jahrhundert, Göttingen 1988.

Ullmann, Walter: Kurze Geschichte des Papsttums im Mittelalter, Berlin/ New York 1978.

1. Die große Kirchenreform seit der Mitte des 11. Jahrhunderts

1.1. Quellensammlungen

Quellen zur Geschichte Kaiser *Heinrichs IV.*, übers. von *Franz-Josef Schmale/ Irene Schmale-Ott*, AQDGMA 12, Darmstadt 1974.

Quellen zum *Investiturstreit*. Erster Teil: Ausgewählte Briefe Papst Gregors VII., übers. von *Franz-Josef Schmale*. Zweiter Teil: Schriften über den Streit zwischen Regnum und Sacerdotium, übers. von *Irene Schmale-Ott*, AQDGMA 12a/12b, Darmstadt 1978/1984.

Laudage, Johannes (Hg.): Der Investiturstreit. Quellen und Materialien, Köln/ Wien 1990.

1.2. Sekundärliteratur

Auctoritas und Ratio. Studien zu Berengar von Tours, hg. von *Peter Ganz, R.B.C. Huygens* und *Friedrich Niewöhner*, Wiesbaden 1990.

Backmund, Norbert: Geschichte des Prämonstratenserordens, Grafenau 1986.

Blumenthal, Uta-Renate: Gregor VII. Papst zwischen Canossa und Kirchenreform, Darmstadt 2001.

Cowdrey, Herbert E.J.: Gregory VII 1073–1085, Oxford 1998.

Dalferth, Ingolf Ulrich: Fides quaerens intellectum. Theologie als Kunst der Argumentation in Anselms Proslogion, in: ZThK 81 (1984), 54-105.

Denzler, Georg: Das Papsttum und der Amtszölibat. Erster Teil: Die Zeit bis zur Reformation, Stuttgart 1973.

Dinzelbacher, Peter: Bernhard von Clairvaux. Leben und Werk des berühmten Zisterziensers, Darmstadt 1998.

Eberl, Immo: Die Zisterzienser. Geschichte eines europäischen Ordens, o.O. [Sigmaringen/ Darmstadt] 2002.

Elm, Kaspar (Hg.): Norbert von Xanten. Adliger – Ordensstifter – Kirchenfürst, Köln 1984.

Frauenknecht, Erwin: Die Verteidigung der Priesterehe in der Reformzeit, Hannover 1997.

Fuhrmann, Horst: Gregor VII., »Gregorianische Reform« und Investiturstreit, in: GKG 11, Stuttgart u.a. 1985, 155–175.

Goez, Werner: Kirchenreform und Investiturstreit 910–1122, Stuttgart u.a. 2000.

Haendler, Gert: Von der Reichskirche Ottos I. zur Papstherrschaft Gregors VII., Leipzig 1994.

Iserloh, Erwin: Abendmahl, III/2. Mittelalter, in: TRE 1, Berlin/ New York 1977, 89–106.

Jakobs, Hermann: Kirchenreform und Hochmittelalter 1046–1215, München [2]1988.

Jasper, Detlev: Das Papstwahldekret von 1059, Sigmaringen 1986.

Keller, Hagen/ Zumhagen, Olaf: Pataria, in: TRE 26, Berlin/ New York 1996, 83–85.

Laudage, Johannes: Gregorianische Reform und Investiturstreit, Darmstadt 1993.

– : Priesterbild und Reformpapsttum im 11. Jahrhundert, Köln/ Wien 1984.

Mühlenberg, Ekkehard: Von Augustin bis Anselm von Canterbury, in: HDThG 1, Göttingen [2]1999, 406–566.

Scholkmann, Barbara/ Lorenz, Sönke (Hg.): Von Cîteaux nach Bebenhausen. Welt und Wirken der Zisterzienser, Tübingen 2000.

Schwarz, Brigide: Kurie, Römische, I. Mittelalter, in: TRE 20, Berlin/ New York 1990, 343–347.

Southern, Richard W.: Saint Anselm. A Portrait in a Landscape, Cambridge u.a. 1990.

Tellenbach, Gerd: Libertas. Kirche und Weltordnung im Zeitalter des Investiturstreites, Stuttgart 1936, Nachdr. Stuttgart u.a. 1996.

2. Papstkirche und universale Herrschaft (11.–13. Jahrhundert)

2.1. Quellensammlungen

Kaiser *Friedrich II.* in Briefen und Berichten seiner Zeit, hg. und übers. von *Klaus J. Heinisch*, Darmstadt 1968.

Quellen zur Geschichte Kaiser *Heinrichs IV.* (s.o. unter 1.1.).

Quellen zum *Investiturstreit* (s.o. unter 1.1.).

The *Jews* and the Crusaders. The Hebrew Chronicles of the First and Second Crusades, übers. und hg. von *Shlomo Eidelberg*, Madison/Wisconsin und London 1977.

Die *Kreuzzüge* aus arabischer Sicht, ausgew. und übers. von *Francesco Gabrieli*, München 1975.

Die *Kreuzzüge* in Augenzeugenberichten, hg. u. eingel. von *Régine Pernoud*, dt. von *Hagen Thürnau*, München 1971.

Laudage, Johannes (Hg.): Der Investiturstreit (s.o. unter 1.1.).

Mayer, Hans Eberhard (Hg.): Idee und Wirklichkeit der Kreuzzüge, Germering 1965.

Schaller, Hans Martin (Hg.): Politische Propaganda Kaiser Friedrichs II. und seiner Gegner, Germering 1965.
Italische Quellen über die *Taten* Kaiser Friedrichs I. in Italien und der Brief über den Kreuzzug Kaiser Friedrichs I., übers. von *Franz-Josef Schmale*, AQDGMA 17a, Darmstadt 1986.
Quellen zur deutschen *Verfassungs-, Wirtschafts- und Sozialgeschichte* bis 1250, hg. von *Lorenz Weinrich*, AQDGMA 32, Darmstadt 1977.

2.2. Sekundärliteratur

Blumenthal, Uta-Renate: Der Investiturstreit, Stuttgart u.a. 1982.
Boockmann, Hartmut: Ritterorden, Geistliche, in: TRE 29, Berlin/ New York 1998, 238–244.
Demurger, Alain: Die Ritter des Herrn. Geschichte der geistlichen Ritterorden, München 2003.
Engels, Odilo: Die Staufer, Stuttgart u.a. 1972.
Englberger, Johann: Gregor VII. und die Investiturfrage. Quellenkritische Studien zum angeblichen Investiturverbot von 1075, Köln u.a. 1996.
Der *Erste Kreuzzug* 1096 und seine Folgen. Die Verfolgung der Juden im Rheinland, hg. von der Evangelischen Kirche im Rheinland, Düsseldorf 1996.
Fischer, Wolfdietrich/ Schneider, Jürgen (Hg.): Das Heilige Land im Mittelalter. Begegnungsraum zwischen Orient und Okzident, Neustadt/Aisch 1982.
Fleckenstein, Josef/ Hellmann, Manfred (Hg.): Die geistlichen Ritterorden Europas, Sigmaringen 1980.
Goez, Werner: Investiturstreit, in: TRE 16, Berlin/ New York 1987, 237–247.
–: Kirchenreform (s.o. unter 1.2.).
Hartmann, Wilfried: Der Investiturstreit, München 1993.
Imkamp, Wilhelm: Das Kirchenbild Innocenz' III. (1198–1216), Stuttgart 1983.
Jaspert, Nikolas: Die Kreuzzüge, Darmstadt 2003.
Laudage, Johannes: Gregorianische Reform (s.o. unter 1.2.).
Mayer, Hans Eberhard: Geschichte der Kreuzzüge, Stuttgart u.a. 92000.
– (Hg.): Die Kreuzfahrerstaaten als multikulturelle Gesellschaft, München 1997.
Moeller, Bernd: Papst Innocenz III. und die Wende des Mittelalters, in: *Ders.*, Die Reformation und das Mittelalter. Kirchenhistorische Aufsätze, hg. von *Johannes Schilling*, Göttingen 1991, 21–34.
Opll, Ferdinand: Friedrich Barbarossa, Darmstadt 1990.
Riley-Smith, Jonathan: Kreuzzüge, in: TRE 20, Berlin/ New York 1990, 1–10.

–: Wozu heilige Kriege? Anlässe und Motive der Kreuzzüge, Berlin 2003.
Roscher, Helmut: Papst Innocenz III. und die Kreuzzüge, Göttingen 1969.
Runciman, Steven: Geschichte der Kreuzzüge, 3 Bde., München 1957–1960, Nachdr. 1995.
Schaller, Hans Martin: Stauferzeit. Ausgewählte Aufsätze, Hannover 1993.
Schieffer, Rudolf: Die Entstehung des päpstlichen Investiturverbots für den deutschen König, Stuttgart 1981.
Stürner, Wolfgang: Friedrich II., 2 Bde., Darmstadt 1992/2000.
Winkelmann, Friedhelm: Die Kirchen im Zeitalter der Kreuzzüge (11.–13. Jahrhundert), Leipzig ²1998.
Wolf, Gunther (Hg.): Friedrich Barbarossa, Darmstadt 1975.
– (Hg.): Stupor mundi. Zur Geschichte Friedrichs II. von Hohenstaufen, Darmstadt 1966.
Wolter, Hans/ Holstein, Henri: Lyon I/Lyon II, Mainz 1972.
Ziegler, Uwe: Kreuz und Schwert. Die Geschichte des Deutschen Ordens, Köln u.a. 2003.
Zimmermann, Harald: Der Canossagang von 1077. Wirkungen und Wirklichkeit, Wiesbaden 1975.
–: Kaisertum und Papsttum, in: TRE 17, Berlin/ New York 1988, 525–535.

3. Religiöse Bewegungen und kirchliche Frömmigkeit (12./13. Jahrhundert)

3.1. Quellensammlungen

Benrath, Gustav Adolf (Hg.): Wegbereiter der Reformation, KlProt 1, Bremen 1967, Nachdr. Wuppertal 1988.
Dominikus. Die Verkündigung des Wortes Gottes, hg. von *Vladimir J. Koudelka*, München/ Zürich 1989.
Fearns, James (Hg.): Ketzer und Ketzerbekämpfung im Hochmittelalter, Göttingen 1968.
Die Schriften des heiligen *Franziskus von Assisi.* Einführung, Übersetzung, Erläuterungen von *Lothar Hardick* und *Engelbert Grau*, Werl ⁷1982.
Patschovsky, Alexander/ Selge, Kurt-Victor (Hg.), Quellen zur Geschichte der Waldenser, TKTG 18, Gütersloh 1973.
Peters, Edward (Hg.): Heresy and Authority in Medieval Europe. Documents in Translation, Philadelphia 1980.
Selge, Kurt-Victor (Hg.), Texte zur Inquisition, TKTG 4, Gütersloh 1967.

3.2. Sekundärliteratur

Audisio, Gabriel: Die Waldenser. Die Geschichte einer religiösen Bewegung, München 1996.

Barber, Malcolm: Die Katharer. Ketzer des Mittelalters, Düsseldorf/ Zürich 2003.

Benrath, Gustav Adolf: Ablaß, in: TRE 1, Berlin/ New York 1977, 347–364.

– : Buße, V. Historisch, in: TRE 7, Berlin/ New York 1981, 452–473.

Biller, Peter/ Minnis, Alastair J. (Hg.): Handling Sin. Confessing in the Middle Ages, York u.a. 1998.

Borst, Arno: Die Katharer, Stuttgart 1953.

Dingel, Irene: Theorie und Praxis des Ablaßwesens im Mittelalter und am Vorabend der Reformation, in: EvErz 48 (1996), 361–372.

Dinzelbacher, Peter: Rollenverweigerung, religiöser Aufbruch und mystisches Erleben mittelalterlicher Frauen, in: *Ders./ Dieter R. Bauer* (Hg.), Religiöse Frauenbewegung und mystische Frömmigkeit im Mittelalter, Köln/ Wien 1988, 1–58.

Eßer, Ambrosius: Dominikaner, in: TRE 9, Berlin/ New York 1982, 127–136.

Feld, Helmut: Franziskus von Assisi und seine Bewegung, Darmstadt 1994.

Fichtenau, Heinrich: Ketzer und Professoren. Häresie und Vernunftglaube im Hochmittelalter, München 1992.

Frank, Isnard W.: Beichte, II. Mittelalter, in: TRE 5, Berlin/ New York 1980, 414–421.

Frank, Karl Suso: Tertiarier/Tertiarierinnen (Terziaren/Terziarinnen), in: TRE 33, Berlin/ New York 2002, 85–93.

Grundmann, Herbert: Religiöse Bewegungen im Mittelalter [= Nachdr. der Ausg. Berlin 1935]. Anhang: Neue Beiträge zur Geschichte der religiösen Bewegungen im Mittelalter, Darmstadt 1977.

Gutiérrez, David: Die Augustiner im Mittelalter 1256–1356, Würzburg 1985.

Hamm, Berndt: Von der Gottesliebe des Mittelalters zum Glauben Luthers. Ein Beitrag zur Bußgeschichte, in: LJ 65 (1998), 19–44.

Köpf, Ulrich: Passionsfrömmigkeit, in: TRE 27, Berlin/ New York 1997, 722–764.

Kreidler-Kos, Martina: Klara von Assisi. Schattenfrau und Lichtgestalt, Tübingen/ Basel 2000.

Lambert, Malcolm: Geschichte der Katharer. Aufstieg und Fall der großen Ketzerbewegung, Darmstadt 2001.

McDonnell, Ernest William: Beginen/Begarden, in: TRE 5, Berlin/ New York 1980, 404–411.

Moore, Robert I.: The Birth of Popular Heresy, London 1975.

– , The Origins of European Dissent, Oxford ²1985.
Müller, Daniela: Katharer, in: TRE 18, Berlin/ New York 1989, 21–30.
Oberste, Jürgen: Der ›Kreuzzug‹ gegen die Albigenser. Ketzerei und Machtpolitik im Mittelalter, Darmstadt 2003.
Ohst, Martin: Pflichtbeichte. Untersuchungen zum Bußwesen im Hohen und Späten Mittelalter, Tübingen 1995.
Paulus, Nikolaus: Geschichte des Ablasses im Mittelalter. Vom Ursprunge bis zur Mitte des 14. Jahrhunderts, 2 Bde., Darmstadt ²2000 (mit einer Einleitung und einer Bibliographie von *Thomas Lentes*).
Schneider, Martin: Europäisches Waldensertum im 13. und 14. Jahrhundert. Gemeinschaftsform – Frömmigkeit – sozialer Hintergrund, Berlin/ New York 1981.
Schwarz, Reinhard: Vorgeschichte der reformatorischen Bußtheologie, Berlin 1968.
Selge, Kurt-Victor: Die ersten Waldenser. Mit Edition des Liber Antiheresis des Durandus von Osca, 2 Bde., Berlin 1967.
Smet, Joachim/ Dobhan, Ulrich: Die Karmeliten. Eine Geschichte der Brüder U.L. Frau vom Berge Karmel. Von den Anfängen bis zum Konzil von Trient, Freiburg u.a. 1981.
Wendelborn, Gert: Franziskus von Assisi, Wien u.a. ²1982.

4. Linien des theologischen Denkens (12.–15. Jahrhundert)

4.1. Quellensammlungen

Bernhard von Clairvaux: Sämtliche Werke lateinisch/deutsch, hg. von *Gerhard B. Winkler*, 10 Bde., Innsbruck 1990–1999.
Meister *Eckehart*: Deutsche Predigten und Traktate, hg. und übers. von *Josef Quint*, München ²1963.
Meister *Eckhart*: Werke. Texte und Übersetzungen, hg. von *Niklaus Largier*, 2 Bde., Frankfurt a.M. 1993.
Flasch, Kurt (Hg.): Geschichte der Philosophie in Text und Darstellung, Bd. 2: Mittelalter, Stuttgart 1982.
Lanczkowski, Johanna (Hg.): Erhebe Dich, meine Seele. Deutsche Mystikertexte, Stuttgart 1987.
Heinrich Seuse/ Johannes Tauler: Mystische Schriften, ausgew. von *Winfried Zeller*, hg. von *Bernd Jaspert*, München 1988.
Wilhelm von Ockham: Texte zur Theorie der Erkenntnis und der Wissenschaft. Lateinisch/deutsch, hg. von *Ruedi Imbach*, Stuttgart 1984.

–: Texte zu Theologie und Ethik. Lateinisch/Deutsch, ausgew., übers. und hg. von Volker Leppin und Sigrid Müller, Stuttgart 2000.
Wöhler, Hans-Ulrich (Hg.): Texte zum Universalienstreit (s.o. unter 0.1.).

4.2. Sekundärliteratur

Andersen, Elizabeth A.: The Voices of Mechthild of Magdeburg, Oxford u.a. 2000.
Bangert, Michael: Demut in Freiheit. Studien zur Geistlichen Lehre im Werk Gertruds von Helfta, Würzburg 1997.
Berndt, Rainer: Sankt Viktor, Schule von, in: TRE 30, Berlin/ New York 1999, 42–46.
Burger, Christoph: Aedificatio, fructus, utilitas. Johannes Gerson als Professor der Theologie und Kanzler der Universität Paris, Tübingen 1986.
Clanchy, Michael T.: Abaelard. Ein mittelalterliches Leben, Darmstadt 1999.
Clayton, John: Gottesbeweise, II. Mittelalter, in: TRE 13, Berlin/ New York 1984, 724–740.
Colish, Marcia L.: Peter Lombard, 2 Bde., Leiden u.a. 1994.
Dettloff, Werner: Franziskanerschule, in: TRE 11, Berlin/ New York 1983, 397–401.
Dinzelbacher, Peter: Bernhard (s.o. unter 1.2.).
–: Mittelalterliche Frauenmystik, Paderborn u.a. 1993.
– / *Bauer, Dieter R.* (Hg.): Religiöse Frauenbewegung und mystische Frömmigkeit im Mittelalter, Köln/ Wien 1988.
Ebeling, Gerhard: Theologie, I. Begriffsgeschichtlich, in: RGG³ 6, Tübingen 1962, 754–769.
Fichtenau, Heinrich: Ketzer und Professoren (s.o. unter 3.2.).
Flasch, Kurt: Das philosophische Denken im Mittelalter. Von Augustin zu Machiavelli, Stuttgart ²2000.
Forster, Edeltraud u.a. (Hg.): Hildegard von Bingen. Prophetin durch die Zeiten. Zum 900sten Geburtstag, Freiburg u.a. 1997.
Gerwing, Manfred: Theologie im Mittelalter. Personen und Stationen theologisch-spiritueller Suchbewegungen im mittelalterlichen Deutschland, Paderborn u.a. 2000.
Gilson, Étienne: Johannes Duns Scotus. Einführung in die Grundgedanken seiner Lehre, Düsseldorf 1959.
Grane, Leif: Peter Abaelard. Philosophie und Christentum im Mittelalter, Göttingen 1969.
Grundmann, Herbert: Ausgewählte Aufsätze. Teil 2: Joachim von Fiore, Stuttgart 1977.

–: Studien über Joachim von Fiore, Leipzig/ Berlin 1927, Nachdr. Darmstadt 1966.

Heinzmann, Richard: Thomas von Aquin. Eine Einführung in sein Denken. Mit ausgewählten lateinisch-deutschen Texten, Stuttgart u.a. 1994.

Illmer, Detlef: Artes liberales, in: TRE 4, Berlin/ New York 1979, 156–171.

Jacobi, Klaus (Hg.): Meister Eckhart: Lebenssituationen – Redesituationen, Berlin 1997.

Kaffanke, Jakobus (Hg.): Heinrich Seuse – Diener der Ewigen Weisheit, Freiburg 1998.

Kandler, Karl-Hermann: Christliches Denken im Mittelalter, Leipzig 1993.

Kluxen, Wolfgang: Aristoteles/Aristotelismus, V/1. Abendländischer Aristotelismus, Mittelalter, in: TRE 3, Berlin/ New York 1978, 782–789.

Knowles, David: Englische Mystik, Düsseldorf 1967.

–: The Evolution of Medieval Thought, London/ New York 1962, 2. Aufl. hg. von *D.E. Luscombe* und *Christopher N.L. Brooke*, London/ New York 1988.

Kobusch, Theo: Nominalismus, in: TRE 24, Berlin/ New York 1994, 589–604.

Köpf, Ulrich: Die Anfänge der theologischen Wissenschaftstheorie im 13. Jahrhundert, Tübingen 1974.

–: Einleitung. Theologie im Mittelalter, in: *Ders.* (Hg.), Theologen des Mittelalters, Darmstadt 2002, 9–42.

–: Monastische Theologie, in: RGG[4] 5, Tübingen 2002, 1409f.

–: Religiöse Erfahrung in der Theologie Bernhards von Clairvaux, Tübingen 1980.

Leclercq, Jean: Wissenschaft und Gottverlangen. Zur Mönchstheologie des Mittelalters, Düsseldorf 1963.

Leinsle, Ulrich G.: Einführung in die scholastische Theologie, Paderborn u.a. 1995.

–: Scholastik, I. Scholastik/Neuscholastik, in: TRE 30, Berlin/ New York 1999, 361–366.

Leppin, Volker: Wilhelm von Ockham. Gelehrter, Streiter, Bettelmönch, Darmstadt 2003.

Liebeschütz, Hans: Synagoge und Ecclesia. Religionsgeschichtliche Studien über die Auseinandersetzung der Kirche mit dem Judentum im Hochmittelalter, hg. von *Alexander Patschovsky*, Heidelberg 1983.

Pesch, Otto Hermann: Thomas von Aquin. Grenze und Größe mittelalterlicher Theologie. Eine Einführung, Mainz 1988.

Peters, Ursula: Religiöse Erfahrung als literarisches Faktum. Zur Vorgeschichte und Genese frauenmystischer Texte des 13. und 14. Jahrhunderts, Tübingen 1988.

Rüegg, Walter (Hg.): Geschichte der Universität in Europa. Bd. 1: Mittelalter, München 1993.

Ruh, Kurt: Geschichte der abendländischen Mystik. Bd. 2: Frauenmystik und Franziskanische Mystik der Frühzeit. Bd. 3: Die Mystik des deutschen Predigerordens und ihre Grundlegung durch die Hochscholastik. Bd. 4: Die niederländische Mystik des 14. bis 16. Jahrhunderts, München 1993/1996/1999.

Schipperges, Heinrich: Hildegard von Bingen, München 1995.

Schlosser, Marianne: Bonaventura begegnen, Augsburg 2000.

Schmidt, Martin Anton: Die Zeit der Scholastik, in: HDThG 1, Göttingen ^{2}1999, 567–754.

Schreckenberg, Heinz: Die christlichen Adversus-Judaeos-Texte (11.–13. Jh.). Mit einer Ikonographie des Judenthemas bis zum 4. Laterankonzil, Frankfurt a. M. u.a. ^{2}1991.

–: Die christlichen Adversus-Judaeos-Texte und ihr literarisches und historisches Umfeld (13.–20. Jh.), Frankfurt a. M. u.a. 1994.

Spitzlei, Sabine B.: Erfahrungsraum Herz. Zur Mystik des Zisterzienserinnenklosters Helfta im 13. Jahrhundert, Stuttgart-Bad Cannstatt 1991.

Steer, Georg/ Sturlese, Loris (Hg.): Lectura Eckhardi. Predigten Meister Eckharts von Fachgelehrten gelesen und gedeutet, 2 Bde., Stuttgart 1998/2003.

Wendelborn, Gert: Gott und Geschichte. Joachim von Fiore und die Hoffnung der Christenheit, Wien/ Köln 1974.

Weiß, Bardo: Ekstase und Liebe. Die unio mystica bei den deutschen Mystikerinnen des 12. und 13. Jahrhunderts, Paderborn u.a. 2000.

Wilpert, Paul/ Eckert, Willehad Paul (Hg.): Judentum im Mittelalter. Beiträge zum christlich-jüdischen Gespräch, Berlin 1966.

Wolgast, Eike: Universität, in: TRE 34, Berlin/ New York 2002, 354–380.

Zekorn, Stefan, Gelassenheit und Einkehr. Zu Grundlage und Gestalt geistlichen Lebens bei Johannes Tauler, Würzburg 1993.

5. Krise und Stabilität der Papstkirche im Spätmittelalter (14./15. Jahrhundert)

5.1. Quellensammlungen

Benrath, Gustav Adolf (Hg.): Wegbereiter (s.o. unter 3.1.).

Delgado, Mariano (Hg.): Gott in Lateinamerika. Texte aus fünf Jahrhunderten. Ein Lesebuch zur Geschichte, Düsseldorf 1991.

Janowski, Hans Norbert (Hg.): Geert Groote, Thomas von Kempen und die Devotio moderna, Olten/ Freiburg 1978.

Quellen zur *Kirchenreform* im Zeitalter der großen Konzilien des 15. Jahrhunderts, hg. von *Jürgen Miethke* und *Lorenz Weinrich*. Erster Teil: Die Konzilien von Pisa (1409) und Konstanz (1414–1418). Zweiter Teil: Die Konzilien von Pavia/Siena (1423/24), Basel (1431–1449) und Ferrara/ Florenz (1438–1445), AQDGMA 38a/38b, Darmstadt 1995/2002.

Miethke, Jürgen/ Bühler, Arnold (Hg.): Kaiser und Papst im Konflikt. Zum Verhältnis von Staat und Kirche im späten Mittelalter, Düsseldorf 1988.

Wilhelm von Ockham: Texte zur politischen Theorie. Exzerpte aus dem Dialogus. Lateinisch/Deutsch, hg. von *Jürgen Miethke*, Stuttgart 1995.

5.2. Sekundärliteratur

Bäumer, Remigius (Hg.): Die Entwicklung des Konziliarismus. Werden und Nachwirken der konziliaren Idee, Darmstadt 1976.

– (Hg.): Das Konstanzer Konzil, Darmstadt 1977.

Benrath, Gustav Adolf: Wyclif und Hus, in: ZThK 62 (1965), 196–216.

Boockmann, Hartmut (Hg.): Kirche und Gesellschaft im Heiligen Römischen Reich des 15. und 16. Jahrhunderts, Göttingen 1994.

Brandmüller, Walter: Das Konzil von Konstanz 1414–1418, 2 Bde., Paderborn u.a. 1991/1997.

–: Papst und Konzil im Großen Schisma. Studien und Quellen, Paderborn u.a. 1990.

Brouette, Émile: Devotio moderna, I. Die Bewegung der Devotio moderna, in: TRE 8, Berlin/ New York 1981, 605–609.

Caucci von Saucken, Paolo (Hg.): Pilgerziele der Christenheit. Jerusalem – Rom – Santiago de Compostela, Darmstadt 1999.

Crowder, C.M.D.: Unity, Heresy and Reform, 1378–1460. The Conciliar Response to the Great Schism, London 1977.

Dörfler-Dierken, Angelika: Die Verehrung der heiligen Anna in Spätmittelalter und früher Neuzeit, Göttingen 1992.

Dykema, Peter A./ Oberman, Heiko A. (Hg.): Anticlericalism in Late Medieval & Early Modern Europe, Leiden u.a. 1993.

Elm, Kaspar (Hg.): Reformbemühungen und Observanzbestrebungen im spätmittelalterlichen Ordenswesen, Berlin 1989.

Farr, William: John Wyclif as Legal Reformer, Leiden 1974.

Gill, Joseph: Konstanz und Basel-Florenz, Mainz 1967.

Gründer, Horst: Welteroberung und Christentum. Ein Handbuch zur Geschichte der Neuzeit, Gütersloh 1992.

Hamm, Berndt: Frömmigkeitstheologie am Anfang des 16. Jahrhunderts. Studien zu Johannes von Paltz und seinem Umkreis, Tübingen 1982.

– / *Lentes, Thomas* (Hg.): Spätmittelalterliche Frömmigkeit zwischen Ideal und Praxis, Tübingen 2001.

Hilsch, Peter: Johannes Hus (um 1370–1415). Prediger Gottes und Ketzer, Regensburg 1999.

Lecler, Joseph: Vienne, Mainz 1965.

Machilek, Franz: Hus/Hussiten, in: TRE 15, Berlin/ New York 1986, 710–735.

Miethke, Jürgen: De potestate papae. Die päpstliche Amtskompetenz im Widerstreit der politischen Theorie von Thomas von Aquin bis Wilhelm von Ockham, Tübingen 2000.

Moeller, Bernd: Frömmigkeit in Deutschland um 1500, in: *Ders.*, Die Reformation und das Mittelalter. Kirchenhistorische Aufsätze, hg. von *Johannes Schilling*, Göttingen 1991, 73–85.

–: Spätmittelalter, Göttingen 1966.

Müller, Joseph Theodor: Geschichte der Böhmischen Brüder, Bd. 1: 1400–1528, Herrnhut 1922.

Post, Regnerus Richardus: The Modern Devotion. Confrontation with Reformation and Humanism, Leiden 1968.

Sieben, Hermann Josef: Traktate und Theorien zum Konzil. Vom Beginn des Großen Schismas bis zum Vorabend der Reformation (1378–1521), Frankfurt a. M. 1983.

Šmahel, František: Die Hussitische Revolution, 3 Bde., Hannover 2002.

Stupperich, Robert: Brüder vom gemeinsamen Leben, in: TRE 7, Berlin/ New York 1981, 220–225.

Ullmann, Walter: The Origins of the Great Schism. A study in fourteenth-century ecclesiastical history, London 1948, Nachdr. Hamden/Connecticut 1972.

Weinbrenner, Ralph: Klosterreform im 15. Jahrhundert zwischen Ideal und Praxis. Der Augustinereremit Andreas Proles (1429–1503) und die privilegierte Observanz, Tübingen 1996.

Wolgast, Eike: Gravamina nationis germanicae, in: TRE 14, Berlin/ New York 1985, 131–134.

Zschoch, Hellmut: Klosterreform und monastische Spiritualität im 15. Jahrhundert. Conrad von Zenn OESA († 1460) und sein Liber de vita monastica, Tübingen 1988.

Register

1. Bibelstellen

2. Personen und Orte

3. Begriffe

Zugänge zur Kirchengeschichte

Herausgegeben von Horst F. Rupp

Band 2: Manfred Jacobs
Das Christentum in der antiken Welt
Von der frühkatholischen Kirche bis zu Kaiser Konstantin
Kleine Vandenhoeck-Reihe 1510.
1987. 202 Seiten, 4 Karten, kart.
ISBN 3-525-33510-5

Band 3: Manfred Jacobs
Die Reichskirche und ihre Dogmen
Von der Zeit Konstantins bis zum Niedergang des weströmischen Reiches (bis 476)
Kleine Vandenhoeck-Reihe 1525.
1987. 182 Seiten, 10 Karten, kart.
ISBN 3-525-33531-8

Band 4: Wolfgang Hage
Das Christentum im frühen Mittelalter (476-1054)
Vom Ende des weströmischen Reiches bis zum west-östlichenSchisma
Kleine Vandenhoeck-Reihe 1567.
1993. 192 Seiten, 11 Karten, kart.
ISBN 3-525-33590-3

Band 6: Karl-Heinz zur Mühlen
Reformation und Gegenreformation
Teil I: Kleine Reihe V&R 4014.
1999. 160 Seiten, kart.
ISBN 3-525-34014-1

Teil II: Kleine Reihe V&R 4023.
1999. 143 Seiten, kart.
ISBN 3-525-34023-0

Teil I und II zus. ISBN 3-525-34000-1

Band 10: Reinhard Frieling
Der Weg des ökumenischen Gedankens
Eine Ökumenekunde
Kleine Vandenhoeck-Reihe 1564.
1992. 376 Seiten mit 2 Abb., kart.
ISBN 3-525-33582-2

Diese Darstellung der internationalen Kirchengeschichte ist zugleich eine übersichtliche und anschauliche Ökumenekunde.

In Vorbereitung:

Band 1: Reinhard Feldmeier
Das Urchristentum

Band 7: Albrecht Beutel
Barock und Aufklärung (bis 1789)

Band 8: Martin Friedrich
Das 19. Jahrhundert
Kirche im gesellschaftlichen Umbruch
(Erscheint 2005)

Band 9: Horst Rupp
Die deutschen Kirchen in der Weimarer Republik und im NS-Staat

V&R
Vandenhoeck & Ruprecht